天津经济技术开发区年鉴

YEARBOOK OF TIANJIN ECONOMIC-TECHNOLOGICAL DEVELOPMENT AREA

2024

天津经济技术开发区管理委员会主办

天津社会科学院出版社

天津经济技术开发区位置示意图

大众华北基地
现代产业区
滨海—中关村
科技园
东区
西区
商务片区
南港工业区

◎ 天津滨海—中关村科技园区全景

◎ 天津经开区“于响”片区夜色

◎ 天津经开区金融街

1 ◎ 2023 年，天津经济技术开发区优秀企业表彰大会

2 ◎ 2023 年 1 月 9 日，滨城核心区“于响”片区高质量发展推介会在天津经开区举行

1/2

◎ 2023 年 2 月 3 日，天津市首个成规模 M0 新型产业用地项目——滨海—中关村北塘湾数字经济产业园项目开工仪式

◎ 2023 年 2 月 20 日，第十届（2022）中国商业保理行业峰会暨第九届于家堡保理论坛在天津经开区举行

1 ◎ 2023 年 3 月 9 日，京津冀 + 雄安政务服务“跨省通办”自助办上线启动仪式在天津经开区举行

2 ◎ 2023 年 3 月 22 日，泰达产发集团与中国技术创业协会签署招商战略合作协议

1 ◎ 2023 年 4 月 25 日，纬湃科技天津实验室启动仪式

2 ◎ 2023 年 5 月 17 日，天津经开区管委会与德国格拉默集团签署投资合作协议

1 ◎ 2023 年 5 月 19 日，天津滨海—中关村科技园管委会与中国技术交易所合作备忘录签约仪式

2 ◎ 2023 年 6 月，天津经开区天河数字产业园被评为天津市现代服务业特色数字化集聚区

1 ◎ 2023 年 6 月 21 日，首届京津冀生态产业创新发展大会在天津经开区举办

2 ◎ 2023 年 7 月，天津经济技术开发区贸易企业联盟签约仪式

1 ◎ 2023 年 7 月 6 日，天津市药品检验研究院滨海实验室一期工程竣工交付仪式

2 ◎ 2023 年 7 月 29 日，天津经开区领导现场检查指导防汛工作

1 ◎ 2023年8月，天津经开区政务服务“码”上监督平台暨“政清风”活动启动

2 ◎ 2023年8月，中石化英力士（天津）石化有限公司成立仪式上，中国石化、天津经开区、英力士签署三方投资协议

1 ◎ 2023 年 8 月 2 日，“泰达上市预备板”正式开板

2 ◎ 2023 年 8 月 2 日，滨海基金小镇投融资行业峰会跨境投融资专题研讨会在天津经开区举行

1 ◎ 2023 年 8 月 31 日，天津经开区一汽大众华北基地建成 5 周年，第 100 万辆整车——探岳 GTE 下线

2 ◎ 2023 年 9 月 1 日，2023 中国汽车产业发展（泰达）国际论坛在天津经开区举行

1/2 ◎ 2023 年 9 月 20 日，PPG 全球涂料创新研究院开业庆典在天津经开区举行

◎ 2023 年 10 月 11 日，第二届京津冀国家级经济技术开发区优化营商环境改革创新论坛暨国家级开发区营商环境交流会在天津经开区举办

1 ◎ 2023 年 11 月，天津经开区领导在南港工业区调研指导工作

2 ◎ 2023 年 11 月 28 日，第十一届（2023）中国商业保理行业峰会暨第十届于家堡保理论坛在天津经开区举行

1 ◎ 2023年12月7日，中国汽车金融产业峰会在天津经开区召开

2 ◎ 2023年12月13日，经开区档案馆上门服务南港工业区

1 ◎ 2023 年 12 月 15 日，吉利天津远程新能源商用车工厂竣工活动在天津经开区举行

2 ◎ 2023 年 12 月 28 日，天津国际油气交易中心试运营启动活动在天津经开区举行

1 ◎ 2023 年 4 月 1 日，天津经开区举办泰达春日生活节

2 ◎ 2023 年 4 月 28 日，耀华中学滨城学校项目封顶仪式

1 ◎ 2023 年 4 月 30 日，位于滨海—中关村科技园的北塘古镇迎接各地游客

2 ◎ 2023 年 5 月 27 日，“健行健康　活力滨城”滨海新区职工健步走活动在天津经开区响螺湾举行

1 ◎ 2023 年 6 月 23 日，滨海新区龙舟争霸赛在天津经开区于家堡举行

2 ◎ 2023 年 7 月，天津经开区举办夏日艺术季

1 ◎ 2023 年 7 月 21 日，华东师范大学滨海附属小学项目全面封顶

2 ◎ 2023 年 7 月 21 日晚，提升改造后的泰达足球场举行首场比赛

1 ◎ 2023 年 7 月 27 日，天津经开区领导走访慰问八大街消防救援站

2 ◎ 2023 年 10 月，天津经开区老干部活动中心新址启用

◎　2023 年 12 月，津药达仁堂集团股份有限公司的津药达仁堂非遗传承体验基地被天津市文化和旅游局评为第一批市级非物质文化遗产传承体验基地

◎　2023 年 12 月，泰达国际心血管病医院医院停车楼项目封顶仪式

1 ◎ 2023 年 2 月 28 日，天津经开区中层干部学习贯彻党的二十大精神专题培训班开班

2 ◎ 2023 年 4 月 18 日，天津经开区纪委组织开展国有企业和重点领域党风廉政专题辅导

1 ◎ 2023 年 6 月 27 日，天津经开区“两新”组织党委召开庆祝建党 102 周年暨“七一”表彰大会
2 ◎ 2023 年 6 月 27 日，天津经开区国资党委预备党员及入党积极分子在泰达低碳中心宣誓

1 ◎ 2023 年 7 月 1 日，天津经开区领导在垦荒犁纪念广场重温入党誓词

2 ◎ 2023 年 8 月 29 日，天津经济技术开发区党校揭牌仪式

1/2

◎ 2023 年 9 月，天津经开区纪委党支部与泰达图书馆党支部联合开展“弘扬泰达精神　奋力建设现代化泰达”主题党日

◎ 2023 年 9 月 28 日，天津经开区召开持续净化政治生态推进会暨警示教育大会

“泰达”释义与区域标识

天津经济技术开发区英文全称为Tianjin Economic-Technological Development Area，首字母缩写为“TEDA”，音译为“泰达”。“泰”有安宁、极致之意，“达”有通达、透彻之意。“泰达”作为音译，既彰显汉语言文化的蕴意和韵味，亦是汉字文化圈和全球华人所青睐的吉祥字词。

天津经济技术开发区开创CIS理论在特定经济功能区域运用之先河。1992年，确定“泰达”为区域特定称谓，继而派生“泰达人”“泰达精神”“泰达制造”“泰达品牌”“泰达形象”等词语。1993年，完成区域识别系统首轮导入。随后，制定视觉识别体系，规范区域标识；整理区域行为规范，导入行为识别系统；将形象定位、区域观念、事业领域、组织目标导入理念识别系统，区域形象定位为“泰达—未来工业的起点”。1996年末，向原国家工商行政管理总局提出泰达区域标识预选商标注册，1997年12月获批。

2009年12月8日，在庆祝天津经济技术开发区建区25周年纪念大会上，发布新版区域标识。新版标识由图形和英文缩写“TEDA”组成，采用绿、蓝两色，展示环境友好、活力勃发、开放包容、竞争高效的区域形象，宣示先进泰达、创新泰达、人文泰达的发展理念。

TEDA

天津经济技术开发区地方志编修委员会
暨年鉴编纂委员会成员

顾　　　问：叶迪生

名誉主任：李　勇

主　　　任：洪世聪

常务副主任：张　青

副　主　任：刘越红　任东生　马建军　金香花

徐　斐　曹红钢　杨　林　吴　鹏

曲德福

委　　　员：（按姓氏笔画排序）

马　萱　马剑峰　王　峥　王　皓　王　斌

王义珠　王长坤　王安波　王鸿刚　龙　苗

卢金锁　申　远　白丽莉　刘　征　刘　炜

刘　洪　刘占全　刘红伟　刘根柱　刘雁梅

孙启俊　孙明胜　孙洪雨　李　华　李伟华

李诗南　杨学军　吴家海　邹方芳　迟越峰

张亚斌　张子龙　张立津　张瑞华　陈　强

陈旭东　岳毅宏　周弘泽　郎　培　孟繁星

赵　磊　侯晓路　秦　健　夏　亮　徐祥斌

高文军　高宏宇　郭卫东　郭纪涛　唐海军

诸葛再旺　黄礼胜　崔宇雄　韩　虹　韩　浩

韩玉刚　傅　鑫　曾　利　翟国强　冀　军

《天津经济技术开发区年鉴2024》编纂人员

主　　　编：洪世聪

副　主　编：张　青

执 行 主 编：韩玉刚

执行副主编：马爱华　刘云鹏　金　刚

编　　　辑：陈江鸿　周春华　宋懿桐　訾　颖

照 片 供 稿：（按姓氏笔画排序）

丁金萍　王　超　王　蕊　王小君　王欣欣
毛苑颖　尹　轶　付　丹　付　丹　付献杰
仝　崴　冯菲菲　吕　巍　朱　玲　任飞飞
刘　焱　刘绍帆　刘哲岳　刘锌洋　祁　洋
孙梦瑶　李　明　李书豪　杨　舟　杨久祥
吴学东　何欣然　邹圣扬　宋英杰　宋绍禹
张　璇　张　璞　张咏洁　张琦琦　张婷婷
陈宣达　金　晖　金明珠　赵　阳　赵学欧
赵梓萌　赵颇如　赵婷婷　姜　华　袁威威
徐文佳　徐晓晨　高晓岚　高晓燕　郭　娟
董　尧　韩昭阳　靳玉雪　裴　蕾

编 辑 说 明

一、《天津经济技术开发区年鉴2024》(简称《年鉴2024》)坚持以马克思列宁主义、毛泽东思想、邓小平理论、“三个代表”重要思想、科学发展观、习近平新时代中国特色社会主义思想为指导,坚持辩证唯物主义和历史唯物主义立场、观点、方法,全面、客观、系统、准确地记述区域发展情况。

二、《年鉴2024》是在中共天津经济技术开发区委员会领导下、天津经济技术开发区管理委员会主办、天津经济技术开发区档案馆编纂、相关单位参与编辑、天津社会科学院出版社出版的区域大型综合性年鉴。此系列年鉴逐年编纂,公开出版,一年一鉴。2006年首次出版,时称《天津经济技术开发区年鉴2006》。2011年更名为《天津经济技术开发区(南港工业区)年鉴2011》,2020年更名为《天津经济技术开发区年鉴2020》。《年鉴2024》为第19部。

三、《年鉴2024》系统记述天津经济技术开发区2023年政治、经济、社会、生态等方面情况。记述时限为2023年1月1日至2023年12月31日,个别内容根据实际情况略有上溯或下延。采用分类编辑法,以类目、分目、条目组成框架结构和主体部分,以条目主要信息载体。采用现代语体文记述,条目标题用黑体字加〔〕表示。采用双语检索系统,书前设中文目录和英文目录,书后设索引,便于读者查阅。

四、《年鉴2024》设23个类目:总述、大事记、特载、产业发展、投资促进、营商环境、科学技术、城区建设·生态环境、南港工业区、产业园区、经济综合管理、市场与质量监督、行政事务、国有资产经营与管理、天津泰达投资控股公司、金融、教育、卫生、社会事业、党建党务、纪检监察、群众团体、法治·军事等。类目下设156个分目、1011个条目。

五、图片分卷首专题图片和随文插图,共243张。卷首专题图片有天津经济技术开发区位置示意图、城市风貌、经济建设、社会发展、党建引领等。随文插图见条目释文,图随文出。图片未注明来源的,均来自经开区新闻办及政务网。

六、《年鉴2024》所记述的事实资料和数据资料,均由相关参与单位提供,并经相应主管部门审核。统计公报和统计资料由经开区发展和改革局(统计局)提供。

七、为行文简洁,天津经济技术开发区简称天津经开区或经开区,中共天津经济技术开发区委员会简称经开区党委,天津经济技术开发区管理委员会简称经开区管委会或管委会。

目 录

总 述

大事记

特　载

产业发展

投资促进

营商环境

科学技术

城区建设·生态环境

南港工业区

产业园区

经济综合管理

市场与质量监督

行政事务

国有资产经营与管理

天津泰达投资控股有限公司

金　融

教　育

卫　生

社会事业

党建党务

纪检监察

群众团体

法治·军事

附　录

索　引

Contents

General Description

Events

Special Chapter

Industrial Development

Investment promotion

Enterprise operation sevice

Scientific Technology

Urban construction · Environmental protection

Nangang Industrial Zone

Industrial parks

Integrated economic management

Market and quality supervision

Administration affairs

Operation and management of state-owned assets

TEDA Investment Holding Co.,Ltd.

Finance

Education

Health management

Social affairs

Party building and Party affairs

Discipline inspection and supervision

People organizations

Rule of law and military

Attachment

Index

总述

- 天津经济技术开发区简介
- 天津经济技术开发区2023年国民经济和社会发展统计公报
- 天津经济技术开发区2023年国民经济和社会发展统计资料

天津经济技术开发区简介

天津经济技术开发区(简称天津经开区),是1984年由国务院批复的全国首批国家级开发区之一。1986年8月,中国改革开放总设计师邓小平视察天津经开区,并题词“开发区大有希望”。自1997年起,在商务部国家级经开区排名中,连续16年位居第一。

1984年8月6日,天津经开区管委会成立。是年11月,中共经开区总支委员会成立。后,历经中共经开区临时委员会、中共经开区工委、中共经开区保税区工委等变更。2008年4月3日,中共经开区保税区工委并入中共滨海新区工委,并成立经开区管委会党组。2015年7月28日,经开区管委会党组改建为中共经开区工委。2019年6月27日,中共经开区党委成立。

天津经开区总规划面积403平方千米。东区为最初批准建立的区域,地域位置东起海防路、西至京山线、南到京津塘高速公路延长线、北靠当时的北塘镇,面积33平方千米。后依次辟建逸仙科学工业园、微电子工业区、化学工业区(2008年更名为现代产业区)、西区、南港工业区、南部新兴产业区、中区(2021年,中区调整至南港工业区)、北塘企业总部园区(2016年12月6日,更名为天津滨海—中关村科技园)、一汽大众华北基地;2017年12月,中心商务区并入经开区。至2023年,天津经开区形成东区、商务片区、西区、南港工业区、滨海—中关村科技园、现代产业区、逸仙科学工业园、微电子工业区、南部新兴产业区、一汽大众华北基地的一区十园发展格局。

天津经开区深入贯彻创新、协调、绿色、开放、共享的新发展理念,围绕“实业为本、创新为王、开放包容、生态宜居”的发展思路,坚持创新立区、制造强区、开放兴区,将于“十四五”时期,初步建成天津先进制造研发基地中心区、天津美丽“滨城”核心区。

天津经开区是中国北方第一个自由贸易试验区,是电子信息、汽车、石化、生物医药四大产业的国家新型工业化产业示范基地,是国务院批准的首批国家级双创示范基地,全国首批产融合作试点城市(区),国家首批两业融合试点区域,国家数字服务出口基地,国家三部委认定的全国首批三个生态工业园区之一,国家首批循环经济试点园区,以及国家级海外高层次人才创新创业基地。

截至2023年末,天津经开区形成汽车及高端装备、化工新材料等2个1000亿级产业集群,新一代信息技术、医药健康等2个500亿级产业集群,以及以全牌照金融和全业态平台经济为代表的现代服务业产业集群。

天津经开区在滨海新区开发开放中发挥主力军和排头兵作用。2023年,经开区GDP(国内生产总值)总量占全市和滨海新区的比重分别为1/7和1/3;规模以上工业总产值5412.2亿元,占全市和滨海新区的比重分别为1/4和1/2;限额以上商品销售额4056.6亿元,规模以上服务业营业收入2043.46亿元;实际利用内资700亿元,增长24.0%;全年固定资产投资492.0亿元,其中产业投资380.1亿元,占比77.2%,工业战略性新兴产业增加值占比39.0%;社会消费品零售额同比增长11.3%。截至2023年末,天津经开区累计引进97个国家和地区外资项目6042个,累计实际使用外资649.12亿美元;累计内资企业注册6.99万家,注册资本2.39万亿元。其中124个《财富》500强跨国公司投资了573个项目。

天津经济技术开发区2023年国民经济和社会发展统计公报

2023年是全面贯彻党的二十大精神的开局之年，天津经济技术开发区坚持以习近平新时代中国特色社会主义思想为指导，认真落实习近平总书记对天津工作的一系列重要指示要求，深入实施市委、市政府“十项行动”特别是滨海新区高质量发展支撑引领行动，积极有效应对多重挑战，经济发展回升向好，有力实现多元目标。

一、综合

经济运行稳步回升。经全市、新区统计局初步核算，经开区实现地区生产总值2479.26亿元，按可比价格计算，比上年增长3.2%。其中，第二产业增加值1455.65亿元，增长1.1%；第三产业增加值1023.62亿元，增长6.0%。第二产业和第三产业构成为58.7∶41.3，第三产业比重较上年提高2.6个百分点。

财税收入较快增长。全年完成全口径财政收入543.84亿元，比上年增长9.1%；其中，税收收入480.44亿元，增长8.2%，占比88.3%。区级一般公共预算收入139.08亿元，增长11.6%；其中，区级税收收入132.50亿元，增长17.1%，占比95.3%，比上年提高4.5个百分点。全年财政总支出196.37亿元，下降4.4%，其中，一般公共财政预算支出127.38亿元，下降9.3%。统筹推进地方债务化解、存量资产资源盘活、扩大有效投资，圆满完成年度化债任务。

新质生产力发展壮大。工业战略性新兴产业、高技术制造业增加值占比分别达39.0%、26.8%。新产品快速增长，新能源汽车产量增长1.1倍，集成电路产量增长5.8%，服务机器人产量增长11.8%，化学药品原药产量增长41.1%，医疗仪器设备及器械产量增长19.2%。战略性新兴服务业、高技术服务业营业收入分别增长9.1%、8.5%，生活性服务业增长28.8%，新冠疫情后经济恢复态势明显。互联网平台企业营业收入增长23.1%。新兴动能持续聚集，战略性新兴产业投资增长2.3%。

二、工业和建筑业

全年工业增加值1493.39亿元，比上年增长2.7%，规模以上工业增加值增长1.3%，规模以上工业总产值5412.18亿元。

分门类看，制造业增加值增长1.4%，占比88.7%；采矿业增加值增长1.6%，占比6.9%；电力、热力、燃气及水生产和供应业增加值下降2.7%，占比4.3%。分主要行业看，汽车制造业实现产值1681.99亿元，增加值增长7.8%，全年实现整车规模80.4万辆，增长2.2%；装备制造业实现产值701.75亿元，增加值下降1.8%；电子信息业实现产值754.70亿元，增加值下降12.6%；化工新材料业实现产值1085.79亿元，增加值增长3.1%；医药健康业实现产值649.11亿元，增加值增长2.0%。分经济类型看，内资工业企业增加值增长0.8%；外商及港澳台投资企业增加值增长1.5%；国有控股企业增加值增长0.5%。

全年工业产销率99.2%。规模以上工业企业利润总额386.10亿元，下降4.5%，营业收入利润率为5.0%。盈利企业数量395家，增长27.0%，盈利企业利润总额增长10.9%。企业亏损面下降3.0%。每百元营业收入中的成本85.29元，比上年减少0.16元。全区工业产值超100亿元企业共计12家，产值占比51.3%。

全年具有资质等级的总承包和专业承包建筑业企业256家，比上年增长21.9%，完成建筑业总产值278.93亿元，增长4.6%。实现营业收入332.46亿元，下降1.9%。实现营业利润5.14亿元，增长42.9%。签订合同额826.35亿元，增长20.1%，其中，本年新签合同额523.30亿元，增长13.2%。全年房屋施工面积1967万平方米，下降9.3%。

三、服务业

全年其他服务业增加值340.71亿元，比上年增长2.7%；金融业增加值327.70亿元，增长5.3%；交通运输、仓储和邮政业增加值167.71亿元，增长6.9%；房地产业增加值47.16亿元，下降4.5%；批发零售业增加值41.93亿元，下降5.5%；住宿和餐饮业增加值6.18亿元，增长16.3%。

全年规模以上服务业营业收入2043.46亿元，比上年增长9.7%。规模以上服务业15个重点行业营业收入953.95亿元，增长14.6%，其中，信息技术服务业、租赁和商务服务业、科研技术服务业收入分别增长13.3%、3.2%和8.5%。

全年规模以上交通运输、仓储和邮政业营业收入1089.51亿元，比上年增长8.0%。按主要行业分，道路运输业874.09亿元，增长15.8%，其中网约车行业增长46.4%；水上运输业48.23亿元，下降4.4%；多式联运和运输代理业126.91亿元，下降25.0%；装卸搬运和仓储业19.73亿元，增长46.8%。全年旅客发送量10501.9万人次，增长35.9%，其中，津滨轻轨5117.7万人次，增长58.9%；公交5074.6万人次，增长23.2%。年末拥有公交线路139条，新辟线路1条，优化调整线路21条。全年大港口岸吞吐量1871.5万吨，增长3.1%，其中，内贸吞吐量增长8.5%，外贸吞吐量下降1.6%。

四、国内贸易

全年实现限额以上商品销售额4056.62亿元，比上年下降5.4%。其中，化工材料及制品类增长16.8%，粮油、食品类增长0.8%，金属材料类下降8.4%，煤炭及制品类下降16.0%，石油及制品类下降11.1%。

新兴消费加快增长，全年实现限额以上社会消费品零售额90.53亿元，比上年增长11.3%，其中，汽车类增长6.5%，中西药品类增长20.8%，石油及制品类增长15.7%，粮油食品类增长6.9%，起到主要拉动；服装鞋帽、金银珠宝、文化办公类商品也均实现两位数增长。通过公共网络实现零售额28.21亿元，增长17.2%，“买全国、卖全国”水平提升。

区域人气持续回暖，全年限额以上住宿餐饮业营业额18.97亿元，比上年增长24.1%。客房收入增长22%，餐饮收入增长23.0%，通过网络实现的客房收入增长1.8倍。

五、固定资产投资

固定资产投资总体平稳。全年完成固定资产投资比上年增长0.6%。分产业看，第二产业投资下降2.6%；第三产业投资增长6.8%。建安工程投资增长4.7%。分领域看，产业投资增长1.6%，占全部投资比重77.2%，比上年提高0.8个百分点，其中，工业投资下降3.8%，服务业投资增长44.7%。房地产开发投资下降38.6%；基础设施投资增长1.1倍；社会领域投资增长82.7%。

商品房销售较快增长。全年商品房销售面积53.01万平方米，销售金额94.36亿元，分别增长6.6%、3.3%，其中，住宅销售面积和销售金额分别增长8.8%、3.5%。房地产在建项目72个，新开工项目4个。房屋施工面积419.13万平方米，下降1.5%。

六、金融

金融机构不断聚集。全区共有银行业金融机构49家。其中，存款类金融机构42家，中资全国性大型银行6家，中小型银行22家，农村商业银行2家，村镇银行3家，外资银行5家。非存款类金融机构7家。地方金融机构570家，其中，融资租赁企业95家，商业保理企业156家，基金类企业303家，认缴出资额2116.79亿元。累计沪深港上市企业16家，占全市整体上市企业数量17.4%、占滨海新区近30%，总市值超过1900亿元。

保理行业蓬勃发展。出台天津商业保理创新发展基地第三批试点政策，全年新增保理企业22家，实缴资本22.5亿元，占当年全市比重60%。全区保理企业资产总额超1500亿，占全国20%，实现纳税近10亿元。

金融载体功能提升。基金小镇新增企业138家，提供投融资服务超10亿元。双碳大厦引入中石化新星等20余家绿色金融企业，碳资产交易规模累计超13亿元。

七、开发开放

全年实际使用外资12.76亿美元，同比下降29.2%。新批外商及港澳台投资项目49个，投资总额27.35亿美元，外商出资比例54.1%，平均出资规模5581.11万美元。41家企业完成增资，投资总额增加5.05亿美元，平均增资规模1231.65万美元。

格拉默天津生产基地、奥的斯研发中心、纬湃科技天津实验室、PPG全球涂料创新研究院等一批重点项目投资落地。至年末，外商及港澳台投资项目累计达6042个，实际利用外资累计649.12亿美元，投资在1000万美元以上的企业累计达1576家。全年实际利用内资700.06亿元，增长24.1%。吉利甲醇新能源商用车、新和成新材料、恒河裂解碳五碳九等一批重点项目相继签约。全年新增各类市场主体1.25万家，增长28%。

全年实现进出口总额2393.30亿元，比上年下降9.1%。其中，出口额1081.40亿元，下降11.8%；进口额1312.02亿美元，下降6.8%。泰达综保区获批天津自贸试验区联动创新示范基地，全年进出口总额204.20亿元，增长27.8%。2023年服务外包合同执行金额32.27亿美元，增长14.6%，其中，离岸执行金额27.00亿美元，增长15.6%。支持70家企业实现RCEP政策享惠，推动63家企业获批数据专用通道试点。"细胞谷"试验区建设入选国家服务业开放试点最佳实践案例，跨境人民币国际保理等21项经验做法在全市复制推广。

八、协同发展

京津冀协同发展走深走实。全年落地京津冀协同项目492个，投资总额1634.12亿元。实际利用内资中，来自京冀的内资分别为454.24亿元、5.23亿元，同比分别增长51.9%、21.2%。国能焦煤、中化学新材料、国家管网储运、中石化人才等央企二三级总部相继落户。

三地合作持续深化。滨海—中关村与北京中关村发展集团签署新一轮共建协议，与北京理工大学共建新能源与高性能制造实验室。成功举办第二届京津冀国家级经开区优化营商环境改革创新论坛，与河北自贸片区开启产业协同创新合作。

海外协同助力"一带一路"建设。中埃泰达苏伊士经贸合作区提档升级，吸引浙商控股、TLS、华信中安、埃及东方物流、CIC、MESCO等多家企业落户合作区，累计入驻企业145家，实际投资额超17亿美元，累计销售额超38亿美元，缴纳税费超2亿美元，产业带动就业约5万人。

九、科技创新

科技创新成果显著。2023年全年国家科技型中小企业入库1252家，完成年度进度109%；雏鹰瞪羚领军企业总计入库721家，完成年度进度100%，其中领军企业达31家，居全市之首；国家级高新技术企业总量达1130家，当年净增83家，净增量居全市之首。新增国家级专精特新"小巨人"企业9家、市级"专精特新"中小企业91家，超过前三年获批数量总和。有效发明专利7500件，技术合同登记交易额194亿元，均位列全市之首。编制滨城科创区规划，打造科创产业新布局。

创新载体提质增量。新增市级工程技术中心、工程研究中心、企业技术中心、重点实验室16家，累计达到180家。超算中心获批筹建国家新一代人工智能公共算力开放创新平台，天河数字经济产业园落地项目62个。"泰达上市预备板"正式开板。创新人才加速汇聚，滨城人力资源产业园引进人力资源机构70家。人才联盟成员总数突破600家，落地项目110个。构建形成600人高端人才梯队。全年发放"人才白金卡"89张，发放"滨城人才服务证"3.9万张。

滨海—中关村发展提速。科技园内国家高新技术企业达193家，增长37.8%；国家科技型中小企业达259家，增长24.5%。建设全市首个成规模M0新型产业用地项目，载体定制预约达50%。辽宁石化大学滨海石化产业研究院投入运营。滨海—中关村雨林空间孵化器获批国家级孵化器。全国首个海外人才出入境事务服务中心揭牌启用。

十、城市建设和公用事业

城市载体不断完善。至年末，道路长度累计705.6公里，道路面积1530.0万平方米；桥梁93座，桥梁长度40.2公里；排水泵站74座，排水管网1934.9公里。自来水供水能力49.5万吨/日，污水处理能力18.4万吨/日。雨水总排放能力639.8立方米/秒，污水总排放能力34.3立方米/秒。全年售电1041.6兆千瓦，天然气供应42398.5万立方米，供热1130.6万吨。公园31座，实有树木437.0万株，绿地面积3175.3万平方米。

城市更新有力推进。启动时尚广场更新项目，完成多个闲置项目土地收储，盘活各类楼宇资产超15亿元。滨城和平保育院新建、泰心医院提升改造工程加快推进，泰达足球场修缮投用，累计观赛人数21.6万人次。

"于响"片区优化提升。于响"黄金十条"落地实施，片区新增注册企业561家，注册资金157亿元，楼宇去化面积7万平米。完成首例酒店型公寓民水民电政策认定，启动建设片区首个保障性租赁住房项目。茱莉亚音乐学院影响力和美誉度与日俱增。全年举办各类论坛、文旅活动百余场次，吸引150万人次参加。

环境质量持续提升。全年空气质量综合指数4.81，达标天数比例67.4%；PM2.5浓度40微克/立方米，PM10浓度74微克/立方米。区域环境噪音平均值51.6分贝，道路交通噪声平均值67.9分贝。排海污水达标率95.2%，排海雨水达标率97.6%，污水处理厂出水达标率100%，工业废水排放量2363.6万吨，工业固体废物产生量137.2万吨，工业固体废物综合利用率86.6%，危险废物集中处置率100%。

法治环境日益完善。至年末，律师事务所37家。全年法援案件立案264件，其中，刑事9件，突发事件5件，挽回经济损失350万元。

十一、人口和社会事业

区域人口稳中有增。至年末，全区户籍人口12.13万人，比上年末增加0.23万人。其中，男性6.14万人，女性5.99万人。全年户籍人口出生924人，出生率7.6‰；死亡135人，死亡率1.1‰，自然增长率6.5‰。驻区外籍人员755人，其中日本籍211人，韩国籍68人，美国籍53人。

就业形势保持稳定。全年新增就业岗位10.8万人，新建青年见习基地38家，培训技工4.1万人，其中，中级以上1.6万人。全年举办各类人才招聘活动88场，2000余家次企业参加，3.8万名求职者参与，发布岗位3100个。

社会保障持续完善。工会单位达5668家，会员累计14.8万人。全年新增社保投保单位851家，累计1.9万家。参加城镇职工基本养老、基本医疗（生育保险）、失业和工伤保险人数分别为40.8万人、41.4万人、40.1万人、41.2万人，分别比上年末增加2.0万人、1.0万人、1.8万人、1.8万人。全年社会保险征缴148.1亿元，比上年增加15.8亿元。

教育事业均衡发展。全区义务教育学校42所，在校学生18938人，小学段11807人，中学段7131人；在校教职工1536人，专任教师1311人，外籍教师30人。义务教育入学率100%，巩固率100%，高中入学率68%，流动人口子女占义务教育阶段学生总数的6%。托幼园30所，入园儿童4452人，幼教职工870人。耀华中学滨城学校、华东师大泰达学校、泰达岳阳道小学等加快建设。

文化旅游强劲复苏。打造啤酒节、微度假消费节等潮流夜经济品牌。举办滨城灯光节、民宿文化节、向海乐活节、端午龙舟赛、泰达夏日艺术季等大型活动，吸引游客达180万人。泰达图书馆开展“阅美·泰达”全民阅读推广活动，全年图书总流通37.1万人次，接待读者用户65.8万人次，馆藏总量累计114.7万册，数据库达65个，档案馆馆藏总量38.6万卷。

卫生健康服务水平持续提升。全区医疗卫生服务机构100家，比上年末增加2家。其中，综合性医院10家、专科医院3家、社会力量办其他医疗机构48家、社区卫生服务中心1家、社区卫生服务站8家、企业保健站30家。卫生技术人员2377人，医生989人，其中具有高级职称309人。病床1160张，全年诊疗204.89万人。

公报注释：

1.2023年数据均为初步统计数。

2.相关数据来源于各有关职能部门。

3.规模以上工业企业是指年主营业务收入2000万元及以上的全部法人工业企业。

4.规模以上服务业企业是指年营业收入2000万元及以上的交通运输、仓储和邮政业，信息传输、软件和信息技术服务业，水利、环境和公共设施管理业，卫生行业法人单位；年营业收入1000万元及以上的房地产业（不含房地产开发经营），租赁和商务服务业，科学研究和技术服务业，教育行业法人单位；年营业收入500万元及以上的居民服务、修理和其他服务业，文化、体育和娱乐业，社会工作行业法人单位。

5.限额以上批发业企业是指年主营业务收入2000万元及以上的批发业企业；限额以上零售业企业是指年主营业务收入500万元及以上的零售业企业；限额以上住宿和餐饮业企业是指年主营业务收入200万元及以上的住宿和餐饮业企业。

6.固定资产投资（不含农户）统计口径范围为计划总投资500万元及以上的固定资产项目投资及全部房地产开发项目投资。

7.进出口指标为海关通报数据。

天津经济技术开发区2023年国民经济和社会发展统计资料

国民经济主要指标

指标	单位	2022	2023	增长(%)
地区生产总值*	万元	24265847	24792629	3.2
第二产业*	万元	14886884	14556477	1.1
第三产业*	万元	9378963	10236153	6.0
全口径财政收入	万元	4984576	5438370	9.1
其中:税收收入	万元	4440194	4804400	8.2
区级一般公共预算收入	万元	1257189	1390755	11.6
其中:税收收入	万元	1141576	1325036	17.1
固定资产投资	万元	4892427	4919910	0.6
基础设施及公建	万元	241593	497135	105.8
规模以上工业总产值	万元	56028371	54121804	-3.4
限额以上商品销售额	万元	42872800	40566215	-5.4
限额以上社会消费品零售总额	万元	796613	905274	11.3
实际使用外资金额	万美元	180116	127558	-29.2
实际使用内资金额	万元	5641122	7000633	24.1
“四上”企业营业收入	万元	119557231	119061827	-0.4
工业	万元	58757073	57368549	-2.4
#外商及港澳台投资企业	万元	48248262	45248199	-6.2
第三产业	万元	57492968	58533962	1.8
“四上”企业期末从业人员	万人	39.8	39.5	-1.0
外商及港澳台投资企业	万人	18.4	17.7	-4.2
批准外商及港澳台投资企业数	家	48	49	2.1
合同外资金额	万美元	314388	150798	-52.0
注册内资企业数	家	4588	5852	27.6
内资企业注册资金	万元	137253122	13101548	-90.5
全员劳动生产率*	万元/人	49.8	56.7	6.9
工业全员劳动生产率*	万元/人	57.6	65.6	8.0

注:带“*”号指标绝对额按现价计算,增长速度按可比价格计算。

地区生产总值(GDP)构成情况

单位:万元

指标	2022	2023	增长(%)	占比(%)
地区生产总值	24265847	24792629	3.2	100.0
按产业划分				
第二产业	14886884	14556477	1.1	58.7
第三产业	9378963	10236153	6.0	41.3
按行业划分				
工业	15005903	14933861	2.7	60.2
建筑业	452318	544938	9.9	2.2
批发和零售业	424518	419280	−5.5	1.7
交通运输、仓储和邮政业	1535945	1677080	6.9	6.8
住宿和餐饮业	48792	61759	16.3	0.2
金融业	3059566	3276956	5.3	13.2
房地产业	482403	471648	−4.5	1.9
其他服务业	3256403	3407107	2.7	13.7

注:1.根据《国民经济行业分类》(GB/T4754-2017),第一产业指农、林、牧、渔业(不含农、林、牧、渔专业及辅助性活动);第二产业指采矿业(不含开采专业及辅助性活动),制造业(不含金属制品、机械和设备修理业),电力、热力、燃气及水生产和供应业,建筑业;第三产业即服务业,指除第一产业、第二产业以外的其他行业。

2.地区生产总值绝对值按现价计算,增长速度按不变价计算。

天津开发区主要经济指标占天津市比重(2023)

指标	单位	开发区	增长(%)	天津市	增长(%)	占全市比重(%)
地区生产总值	亿元	2479.3	3.2	16737.3	4.3	14.8
第二产业	亿元	1455.6	1.1	5982.6	3.2	24.3
第三产业	亿元	1023.6	6.0	10486.2	4.9	9.8
#工业	亿元	1493.4	2.7	5359.0	3.6	27.9
公共财政预算收入	亿元	139.1	11.6	2027.3	9.8	6.9
固定资产投资	亿元	492.0	0.6	——	−16.4	——
规模以上工业总产值	亿元	5412.2	−3.4	21645.0	−1.0	25.0
限额以上商品销售额	亿元	4056.6	−5.4	——	1.0	——
实际使用外资	亿美元	12.8	−29.0	57.7	−3.0	22.2
实际使用内资	亿元	700.0	24.0	4018.0	8.6	17.4

天津开发区主要经济指标占滨海新区比重(2023)

指标	单位	开发区	增长(%)	滨海新区	增长(%)	占滨海新区比重(%)
地区生产总值	亿元	2479.3	3.2	7248.8	4.6	34.2
第二产业	亿元	1455.6	1.1	3424.1	7.1	42.5
第三产业	亿元	1023.6	6.0	3797.6	5.5	27.0
#工业	亿元	1493.4	2.7	3250.1	4.4	45.9
公共财政预算收入	亿元	139.1	11.6	565.4	11.9	24.6
固定资产投资	亿元	492.0	0.6	——	-3.7	——
规模以上工业总产值	亿元	5412.2	-3.4	11262.4	-1.7	48.1
限额以上商品销售额	亿元	4056.6	-5.4	29603.2	2.2	13.7
实际使用外资	亿美元	12.8	-29.0	50.8	0.6	25.2
实际使用内资	亿元	700.0	24.0	2126.4	18.8	32.9

东区主要经济指标

指标	单位	2022	2023	同比增长(%)
地区生产总值*	万元	13722393	14013164	2.6
固定资产投资	万元	813522	1053492	29.5
基础设施	万元	20966	41661	98.7
规模以上工业总产值	万元	24005507	22805419	-5.0
限额以上商品销售额	万元	21162568	18851481	-10.9
“四上”企业营业收入	万元	61187915	60923344	-0.4
“四上”企业期末从业人员	人	250038	251461	0.6
现有外商及港澳台投资项目数	家	737	698	-5.3
现有外商及港澳台投资项目投资总额	万美元	3683395	3635707	-1.3
外方注册资本	万美元	1530961	1526563	-0.3
现有注册内资企业	家	13954	15401	10.4
现有内资企业注册资金	万元	175605948	182674905	4.0

注:带“*”号指标绝对额按现价计算,增长速度按可比价格计算。

中心商务片区主要经济指标

指标	单位	2022	2023	同比增长(%)
地区生产总值*	万元	2715891	2912590	5.3
固定资产投资	万元	700712	839395	19.8
基础设施	万元	39206	218556	457.5
规模以上工业总产值	万元	139765	102005	-27.0
限额以上商品销售额	万元	14272711	11757800	-17.6
“四上”企业营业收入	万元	17562086	14611286	-16.8
“四上”企业期末从业人员	人	44391	34509	-22.3
现有外商及港澳台投资项目数	家	337	315	-6.5
现有外商及港澳台投资项目投资总额	万美元	1988061	1794905	-9.7
外方注册资本	万美元	1360726	1208779	-11.2
现有注册内资企业	家	15649	16255	3.9
现有内资企业注册资金	万元	108229556	99239707	-8.3

注:带“*”号指标绝对额按现价计算,增长速度按可比价格计算。

南港工业区主要经济指标

指标	单位	2022	2023	同比增长(%)
地区生产总值*	万元	2455857	2495643	4.8
固定资产投资	万元	2390051	2212142	-7.4
基础设施	万元	163668	193987	18.5
规模以上工业总产值	万元	8910408	8944495	0.4
限额以上商品销售额	万元	1989301	2778913	39.7
“四上”企业营业收入	万元	10778394	11820936	9.7
“四上”企业期末从业人员	人	9859	10658	8.1
现有外商及港澳台投资项目数	家	77	77	0.0
现有外商及港澳台投资项目投资总额	万美元	984994	1351015	37.2
外方注册资本	万美元	402474	522044	29.7
现有注册内资企业	家	966	871	-9.8
现有内资企业注册资金	万元	30081099	29314049	-2.5

注:带“*”号指标绝对额按现价计算,增长速度按可比价格计算。

西区主要经济指标

指标	单位	2022	2023	同比增长(%)
地区生产总值*	万元	2671338	2702764	4.1
固定资产投资	万元	508420	351611	-30.8
基础设施	万元	13294	21698	63.2
规模以上工业总产值	万元	12639285	12991245	2.8
限额以上商品销售额	万元	269206	271951	1.0
“四上”企业营业收入	万元	13215326	18637128	41.0
“四上”企业期末从业人员	人	47706	51173	7.3
现有外商及港澳台投资项目数	家	66	66	0.0
现有外商及港澳台投资项目投资总额	万美元	674179	674470	0.0
外方注册资本	万美元	188273	188328	0.0
现有注册内资企业	家	306	321	4.9
现有内资企业注册资金	万元	1900916	2256589	18.7

注:带“*”指标绝对额按现价计算,增长速度按可比价格计算。

逸仙科学工业园主要经济指标

指标	单位	2022	2023	同比增长(%)
地区生产总值*	万元	359084	313260	-10.1
固定资产投资	万元	46090	24471	-46.9
基础设施	万元	670	0	——
规模以上工业总产值	万元	1902580	1738571	-8.6
限额以上商品销售额	万元	132879	131559	-1.0
“四上”企业营业收入	万元	2137662	2050335	-4.1
“四上”企业期末从业人员	人	7784	7121	-8.5
现有外商及港澳台投资项目数	家	26	25	-3.8
现有外商及港澳台投资项目投资总额	万美元	154144	153951	-0.1
外方注册资本	万美元	50842	50649	-0.4
现有注册内资企业	家	138	144	4.3
现有内资企业注册资金	万元	190682	190539	-0.1

注:带“*”号指标绝对额按现价计算,增长速度按可比价格计算。

微电子工业区主要经济指标

指标	单位	2022	2023	同比增长(%)
地区生产总值*	万元	493682	424399	-11.4
固定资产投资	万元	96669	77249	-20.1
基础设施及公建	万元	——	——	——
规模以上工业总产值	万元	3119665	2009285	-35.6
限额以上商品销售额	万元	——	——	——
"四上"企业营业收入	万元	3423382	2224389	-35.0
"四上"企业期末从业人员	人	11578	13168	13.7
现有外商及港澳台投资项目数	家	27	25	-7.4
现有外商及港澳台投资项目投资总额	万美元	194663	183563	-5.7
外方注册资本	万美元	64242	61162	-4.8
现有注册内资企业	家	164	217	32.3
现有内资企业注册资金	万元	288432	455689	58.0

注:带"*"号指标绝对额按现价计算,增长速度按可比价格计算。

现代产业区主要经济指标

指标	单位	2022	2023	同比增长(%)
地区生产总值*	万元	195693	192097	1.1
固定资产投资	万元	92674	99822	7.7
基础设施	万元	745	13861	1760.5
规模以上工业总产值	万元	1230663	1225497	-0.4
限额以上商品销售额	万元	50034	49842	-0.4
"四上"企业营业收入	万元	1582135	1569872	-0.8
"四上"企业期末从业人员	人	4387	4094	-6.7
现有外商及港澳台投资项目数	家	34	35	2.9
现有外商及港澳台投资项目投资总额	万美元	159521	160294	0.5
外方注册资本	万美元	52662	53487	1.6
现有注册内资企业	家	118	128	8.5
现有内资企业注册资金	万元	603455	580665	-3.8

注:带"*"号指标绝对额按现价计算,增长速度按可比价格计算。

中区主要经济指标

指标	单位	2022	2023	同比增长(%)
地区生产总值*	万元	87523	97536	14.5
固定资产投资	万元	89257	89741	0.5
基础设施	万元	593	0	-100
规模以上工业总产值	万元	428840	554146	29.2
限额以上商品销售额	万元	171254	189466	10.6
"四上"企业营业收入	万元	771965	801411	3.8
"四上"企业期末从业人员	人	2406	2792	16.0
现有外商及港澳台投资项目数	家	7	7	0.0
现有外商及港澳台投资项目投资总额	万美元	24750	24750	0.0
外方注册资本	万美元	9949	9949	0.0
现有注册内资企业	家	198	207	4.5
现有内资企业注册资金	万元	727135	696302	-4.2

注:带"*"号指标绝对额按现价计算,增长速度按可比价格计算。

一汽大众华北基地主要经济指标

指标	单位	2022	2023	同比增长(%)
地区生产总值*	万元	1225544	1259085	5.8
固定资产投资	万元	34128	36497	6.9
基础设施	万元	1677	480	-71.4
规模以上工业总产值	万元	3440383	3529190	2.6
限额以上商品销售额	万元	——	——	——
“四上”企业营业收入	万元	3673113	3580722	-2.5
“四上”企业期末从业人员	人	3807	4292	12.7
现有外商及港澳台投资项目数	家	——	——	——
现有外商及港澳台投资项目投资总额	万美元	——	——	——
外方注册资本	万美元	——	——	——
现有注册内资企业	家	22	26	18.2
现有内资企业注册资金	万元	32400	70600	117.9

注:带“*”号指标绝对额按现价计算,增长速度按可比价格计算。

滨海—中关村主要经济指标

指标	单位	2022	2023	同比增长(%)
地区生产总值*	万元	338843	382091	11.7
固定资产投资	万元	120904	135490	12.1
基础设施	万元	774	6892	790.4
规模以上工业总产值	万元	211276	221951	5.1
限额以上商品销售额	万元	4801235	6513451	35.7
“四上”企业营业收入	万元	5225254	2842405	-45.6
“四上”企业期末从业人员	人	16457	15261	-7.3
现有外商及港澳台投资项目数	家	58	70	20.7
现有外商及港澳台投资项目投资总额	万美元	125578	144302	14.9
外方注册资本	万美元	68644	86598	26.2
现有注册内资企业	家	3864	4546	17.7
现有内资企业注册资金	万元	19852658	22689866	14.3

注:带“*”号指标绝对额按现价计算,增长速度按可比价格计算。

规模以上工业企业生产情况

单位:万元

指标	2022	2023	同比增长(%)
工业增加值	11346705	11164049	1.3
规模以上工业总产值	56028371	54121804	-3.4
按经济类型分			
内资企业	16163826	15545523	-3.8
外商及港澳台投资企业	39864545	38576281	-3.2
按重点行业分			
汽车和装备	23597890	23837448	1.0
电子信息	9276073	7547004	-18.6
化工新材料	10967860	10857878	-1.0

续表

指标	2022	2023	同比增长(%)
医药健康	6577489	6491097	-1.3
按工业新动能分			
高新技术企业	12150110	11399634	-6.2
高技术制造业	15146213	13109830	-13.4
战略性新兴产业	227401534	26781625	-8
按区域分			
东区	24005507	22805419	-5.0
西区	12639285	12991245	2.8
南港工业区	8910408	8944495	0.4
微电子工业区	3119665	2009285	-35.6
逸仙科学工业园	1902580	1738571	-8.6
现代产业园区	1230663	1225497	-0.4
中区	428840	554146	29.2
一汽大众华北工业园	3440383	3529190	2.6
滨海—中关村	211276	221951	5.1
中心商务区	139765	102005	-27.0
规模以上工业销售产值	55670189	53705065	-3.5

注:工业增加值“同比增长%”按可比口径计算。

规模以上工业企业财务指标

单位:万元

指标	2022	2023	同比增长(%)
营业收入	58757073	57368549	-2.4
利润总额	4041164	3861032	-4.5
营业税金及附加	1261114	1242859	-1.4
应交增值税	1143158	873467	-23.6
负债合计	27354271	26692753	-2.4
资产总计	56617742	55919438	-1.2
年末存货	6796098	6318608	-7.0
产成品	2405176	2098208	-12.8
应收票据及应收账款	9671254	8887514	-8.1

规模以上工业企业经济效益指标

指标	单位	2022	2023	同比增长(%)
经济效益综合指数		465.5	452.2	-13.3
总资产贡献率	%	15.3	9.7	-5.7
资本保值增值率	%	108.0	99.9	-8.1
资产负债率	%	48.3	47.7	-0.6
流动资产周转次数	次	1.9	1.8	-6.4
成本费用利润率	%	6.9	6.7	-0.1
产销率	%	99.2	99.2	0.0
营业收入利润率	%	4.7	5.0	0.3

注:流动资产周转次数指标“同比增减百分点”为“同比增长%”。

规模以上工业企业主要产品产量

产品名称	计量单位	2022	2023	同比增长(%)
饲料	万吨	119.52	125.2	4.8
精制食用植物油	万吨	2.91	3.27	12.3
方便面	万吨	31.32	28.8	-8.0
乳制品	万吨	5.83	5.54	-5.1
饮料	万吨	121.46	140.4	15.6
非织造布(无纺布)	万吨	2.54	1.92	-24.3
家具	万件	106.87	89.11	-16.5
乙烯	万吨	126.92	147.62	16.3
丙烯	万吨	69.72	86.20	23.6
涂料	万吨	10.65	11.22	5.3
初级形态塑料	万吨	174.81	204.65	17.1
稀土磁性材料	吨	5909	6928	17.2
化学原料药	吨	25111	35436	41.1
橡胶轮胎外胎	万条	698.66	846.42	21.1
铝合金	万吨	12.38	11.63	-6.1
汽车用发动机	兆瓦	2323.65	2275.85	-2.1
电梯	万台	3.87	4.12	6.1
减速机	万台	46.30	45.96	-0.7
中型拖拉机	万台	0.29	0.29	-0.2
医疗仪器设备及器械	台	0.26	0.31	19.2
工业机器人	台	6518	6634	-6.8
服务机器人	万台	41.63	46.55	11.8
汽车	万辆	78.59	80.36	2.2
其中:新能源汽车	万辆	1.41	3.00	112.1
发电机组	兆瓦	53.00	0	——
锂离子电池	亿只	9.70	7.76	-20.0
铅酸蓄电池	万千伏安时	212.37	163.63	-22.9
太阳能电池	兆瓦	12.87	0	——
电子计算机整机	万台	33.13	19.19	-42.1
显示器	万部	431.92	0	-100.0
半导体分立器件	亿只	199.13	183.49	-37.2
集成电路	亿块	10.86	11.49	5.8
电子元件	亿只	4921.4	6332.25	28.7
工业自动调节仪表与控制系统	万台(套)	232.28	171.31	-26.2
汽车仪器仪表	万台	23.29	20.99	-28.7

第三产业主要指标

单位:万元

指标	2022	2023	同比增长(%)
“四上”企业营业收入	57492968	58533962	1.8
外商及港澳台投资企业	6200911	4695396	-24.3
批发和零售业	37979088	36894370	-2.9

续表

指标	2022	2023	同比增长(%)
交通运输、仓储和邮政业	10087758	10895112	8.0
住宿和餐饮业	150891	210963	39.8
房地产业	952671	993987	4.3
其他服务业	8322560	9539530	14.6
#信息传输、软件和信息技术服务业	2807495	3181606	13.3
租赁和商务服务业	1949020	2011686	3.2
科学研究和技术服务业	1564018	1696621	8.5
“四上”企业利润总额	1185209	1190437	0.4
外商及港澳台投资企业	656002	546252	-16.7
批发和零售业	172118	282966	64.4
交通运输、仓储和邮政业	225495	249824	10.8
住宿和餐饮业	-11229	35	——
房地产业	-37981	-63586	——
其他服务业	836806	721197	-13.8
#信息传输、软件和信息技术服务业	155031	111335	-28.2
租赁和商务服务业	434420	344865	-20.6
科学研究和技术服务业	169029	174117	3.0

限额以上批发和零售业商品购进、销售、库存及主要商品销售类值

单位:万元

指标	2022	2023	同比增长(%)
商品销售总额	42872800	40566215	-5.4
期末商品库存总额	1422318	1473457	3.6
主要商品销售类值			
金属材料类	22269673	20394042	-8.4
化工材料及制品类	6520762	7614269	16.8
煤炭及制品类	5847162	4913014	-16.0
石油及制品类	1960466	1743410	-11.1
汽车类	561268	585188	4.3
粮油、食品类	1328926	1340154	0.8
建筑及装潢材料类	974666	910223	-6.6
木材及制品类	481694	449603	-6.7
通信器材类	147674	167055	13.1

限额以上企业社会消费品零售总额

单位:万元

指标	2022	2023	同比增长(%)
社会消费品零售总额	813102	905274	11.3
按注册登记类型分			
内资企业	767109	870785	13.5
外商及港澳台投资企业	29504	34489	16.9
按商品类值分			
汽车类	326727	348092	6.5

续表

指标	2022	2023	同比增长(%)
石油及制品类	58890	68136	15.7
服装、鞋帽、针纺织品类	24230	27880	15.1
粮油、食品类	34438	36798	6.9
通信器材类	7868	7499	-4.7
金银珠宝类	17235	18996	10.2
化妆品类	14008	11488	-18.0
家用电器和音像器材类	1521	1301	-14.5
文化办公用品类	5516	7689	39.4
烟酒类	2308	2021	-12.4

客货运输量完成情况

指标	单位	2022	2023
港口吞吐量	万吨	1815.78	1871.51
外贸吞吐量	万吨	978.03	962.35
内贸吞吐量	万吨	837.75	909.16
客运量			
旅客发送量	万人次	7726.75	10501.90
轻轨	万人次	3219.00	5117.70

限额以上住宿和餐饮业情况

单位：万元

指标	2022	2023	同比增长(%)
营业额	152789	189651	24.1
客房收入	52443	64001	22.0
餐费收入	85991	105998	23.3
商品销售额	1066	2845	166.8
其他收入	13288	16807	26.5

房地产投资及房屋销售情况

指标	单位	2022	2023	同比增长(%)
房地产开发投资				
投资总额	万元	858592	526905	-38.6
住宅	万元	693359	377406	-45.6
房地产开发建设				
施工面积	平方米	4255748	4191325	-1.5
住宅	平方米	2671453	2798195	4.7
竣工面积	平方米	142986	850184	494.6
住宅	平方米	132481	813614	514.1
房地产开发销售				
商品房销售面积	平方米	497371	530140	6.6
住宅	平方米	482067	524527	8.8
商品房销售金额	万元	913208	943646	3.3
住宅	万元	902362	934036	3.5
商品住宅销售套数	套	4148	4852	17.0

固定资产投资完成情况

单位:万元

指标	2022	2023	同比增长(%)
固定资产投资总额	4892427	4919910	0.6
第二产业	3238939	3153781	-2.6
#工业	3321347	3194649	-3.8
第三产业	1653488	1766129	6.8
外商及港澳台投资企业	1571259	1160862	-26.1
基础设施	241593	497135	105.8

基础设施形成能力

指标	单位	2023年末
道路长度	公里	705.6
道路面积	万平方米	1530.0
桥梁	座	93.0
桥梁长度	公里	40.2
排水泵站	座	74
排水管网	公里	1934.9
雨水总排放能力	立方米/秒	639.8
污水总排放能力	立方米/秒	34.3
供自来水	万吨/日	49.5
污水处理	万吨/日	18.4
供热	吨/时	4164.0
供天然气	万立方米/日	1418.2
供气管网	公里	631.7

城市建设及公用事业

指标	单位	2023年末
建成区面积	平方公里	109.9
其中:工业用地	平方公里	46.6
绿地面积	万平方米	3175.3
其中:公园	万平方米	406.2
年末实有树木	万株	437.3
自来水售水量	万吨	8856.3
售电量	亿千瓦时	104.2
天然气供应量	亿立方米	4.24
供热总量	万吨	1130.5
污水处理量	万立方米	5073.2

节能减排

指标	单位	2023	同比增长(%)
规模以上万元工业增加值能耗*	公斤标准煤	——	-5.7
规模以上万元工业增加值电耗	千瓦时	——	2.3
规模以上万元工业增加值新鲜水消耗	立方米	——	2.3

注:“*”计算万元增加值能耗增速时,2022年及同期能源消费量扣除了原料用能消耗。

环境保护

指标	单位	2023
细颗粒物($PM_{2.5}$)年均浓度	微克/立方米	40
可吸入颗粒物(PM_{10})年均浓度	微克/立方米	74
二氧化硫(SO_2)年均浓度	微克/立方米	8
二氧化氮(NO_2)年均浓度	微克/立方米	43
CO-95per	毫克/立方米	1.3
臭氧(O_3)最大8小时滑动平均第90百分位数	微克/立方米	172
区域环境噪声平均值	分贝	51.6
道路交通噪声平均值	分贝	67.9
污水处理厂出水水质达标率	%	100
工业废水排放量	万吨	2363.6
工业固体废物产生量	万吨	137.2
工业固体废物综合利用率	%	86.6
危险废物集中处置率	%	100

城市和社会发展情况

指标	单位	2023	指标	单位	2023
各类学校数	个	42	公共图书馆数	个	1
在校学生数	万人	1.9	总藏书量	万册	114.7
在校教职工数(中小学)	人	1536	数字资源数据库	个	65
专任教师数	人	1311	接待读者人数	万人次	65.8
托幼园所数	个	30	图书流通册数	万册次	37.1
入园儿童数	人	4452	体育场数	个	4
幼教职工数	人	870	体育馆数	个	50
各类卫生事业机构数	个	100	游泳馆数	个	18
医院	个	13	足球场数	个	9
卫生机构床位数	张	1160	已建社区数	个	20
卫生技术人员数	人	2377	社区志愿者服务站	个	20
医生	人	989	志愿者人数	人	42946
诊疗人数	万人次	204.9	社区志愿服务时间	万小时	17

人口、就业及工资

指标	单位	2022	2023	同比增长(%)
户籍人口	人	118987	121293	1.9
男性	人	60474	61416	1.6
女性	人	58513	59877	2.3
人口出生率*	‰	7.2	7.6	
人口死亡率*	‰	1.1	1.1	——
人口自然增长率*	‰	6.1	6.5	——
“四上”企业从业人员期末数	人	398413	394529	-1.0
外商及港澳台投资企业	人	184254	176578	-4.2
内资企业	人	214159	217951	1.8
第二产业	人	223270	217460	-2.6

续表

指标	单位	2022	2023	同比增长(%)
#工业	人	198187	196113	-1.0
第三产业	人	175143	177069	1.1
“四上”企业从业人员工资总额	万元	4864635	4826582	-0.8
#外商及港澳台投资企业	万元	2374787	2241994	-5.6
内资企业	万元	2489848	2584587	3.8
#第二产业	万元	2957443	2895717	-2.1
#工业	万元	2734440	2700147	-1.3
第三产业	万元	1907193	1930865	1.2
“四上”企业从业人员人均工资	元/人	117683	121372	3.1
#外商及港澳台投资企业	元/人	123350	124858	1.2
内资企业	元/人	112743	118503	5.1
#第二产业	元/人	127813	131448	2.8
#工业	元/人	133177	135764	1.9
第三产业	元/人	104804	108858	3.9

注:带“*”指标统计口径为户籍人口,“同比增长(%)”为“同比增减千分点”。

内资企业项目情况

年份	注册企业(家)	注册资金(万元)
1980	6	43826
1981	9	158910
1982	4	13769
1984	4	190450
1985	6	1043318
1986	8	202564
1987	9	210421
1988	14	825090
1989	9	50910
1990	10	54022
1991	24	25131
1992	73	294380
1993	101	275446
1994	94	2600118
1995	133	426326
1996	192	818286
1997	203	526294
1998	233	1568941
1999	198	876990
2000	254	504479
2001	329	1080956
2002	361	679866
2003	384	813842
2004	504	921587
2005	484	840243

续表

年份	注册企业(家)	注册资金(万元)
2006	389	5503923
2007	336	5745132
2008	401	6084169
2009	447	5131908
2010	671	7267496
2011	758	7620827
2012	537	2875232
2013	649	2683640
2014	1599	4997283
2015	3843	13696750
2016	3937	40806349
2017	3959	22879134
2018	4371	13058841
2019	5991	9687987
2020	4465	23686675
2021	5949	15032669
2022	4588	137183260
2023	5852	13101548

注:1.2023年末,全区实有内资企业38288家,注册资金总额33834.5亿元。

2.注册资金指标不含当年增资部分。

内资企业按行业分类注册情况

行业	企业数(家)	注册资金(万元)
合计	38288	338345277
农、林、牧、渔业	23	38249
采矿业	28	1680650
制造业	1196	6310251
电力、热力、燃气及水生产和供应业	155	1494760
建筑业	3316	136794821
批发和零售业	8409	10999527
交通运输、仓储和邮政业	1744	5239746
住宿和餐饮业	588	196690
信息传输、软件和信息技术服务业	1407	1453976
金融业	1293	87125398
房地产业	1133	7752915
租赁和商务服务业	6315	44235527
科学研究和技术服务业	10035	30135324
其他行业	2646	4887443

注:表中数字为2023年末实有各类内资企业情况。

外商及港澳台投资企业批准情况

年份	批准企业数(家)	合同外资金额(万美元)	实际使用外资金额(万美元)
1985	14	1436	568
1986	27	1693	1231
1987	34	844	1099
1988	48	4835	1298
1989	40	6764	4071
1990	54	10034	3950
1991	121	12653	11006
1992	462	50682	24243
1993	909	75853	34460
1994	487	119908	65546
1995	361	158959	72216
1996	187	158846	75706
1997	172	130815	75558
1998	194	122845	101318
1999	106	127987	100071
2000	99	264034	101003
2001	94	220007	180072
2002	109	241065	200002
2003	161	127432	63246
2004	165	192171	94919
2005	223	259504	128492
2006	232	325081	160029
2007	186	390038	193055
2008	133	507007	251236
2009	116	543249	302009
2010	136	573513	362459
2011	129	631018	435012
2012	157	695184	500315
2013	126	778489	553415
2014	157	863227	603942
2015	142	691340	670000
2016	32	190418	329039
2017	99	432980	369773
2018	118	505775	112114
2019	104	591282	117806
2020	56	503039	124752
2021	91	714833	146907
2022	47	314388	180123
2023	49	150798	127558
合计	6177	11690026	6879619

注:表中数字以核发批准证书为准。

外商及港澳台投资企业按投资方式分类（现有）

单位：万美元

投资方式	企业个数	占(%)	投资总额	占(%)	外方注册资本	占(%)
合计	1320	100.0	8134315	100.0	3711704	100.0
独资	732	55.5	3574762	43.9	2146108	57.8
合资	577	43.7	4543066	55.9	1561588	42.1
合作	11	0.8	16488	0.2	4009	0.1

注：表中数字以核发营业执照的企业为准。

外商及港澳台投资企业按国别（地区）分类（现有）

单位：万美元

国别（地区）	企业个数	占(%)	投资总额	占(%)	外方注册资本	占(%)
合计	1320	100.0	8134315	100.0	3711704	100.0
中国香港	445	33.7	2739853	33.7	1589331	42.8
中国*	96	7.3	1638020	20.1	736967	19.9
日本	124	9.4	1205691	14.8	371320	10.0
韩国	64	4.8	363658	4.5	113004	3.0
沙特阿拉伯	1	0.1	354673	4.4	63440	1.7
英属维尔京群岛	62	4.7	307680	3.8	169641	4.6
荷兰	14	1.1	304986	3.7	108352	2.9
美国	118	8.9	249372	3.1	100553	2.7
丹麦	12	0.9	195637	2.4	103263	2.8
开曼群岛	16	1.2	149119	1.8	93232	2.5
新加坡	54	4.1	127602	1.6	46117	1.2
英国	33	2.5	94431	1.2	32716	0.9
德国	31	2.3	79939	1.0	45047	1.2
中国台湾	59	4.5	74884	0.9	11978	0.3
加拿大	34	2.6	49246	0.6	20189	0.5
巴巴多斯	6	0.5	32124	0.4	17774	0.5
瑞士	5	0.4	25932	0.3	14310	0.4
法国	11	0.8	21755	0.3	8189	0.2
澳大利亚	13	1.0	20764	0.3	19039	0.5
百慕大群岛	3	0.2	15328	0.2	5931	0.2
瑞典	8	0.6	14060	0.2	7100	0.2
英属处女岛	2	0.2	10053	0.1	9533	0.3
欧洲其他国家	2	0.2	8427	0.1	4809	0.1
意大利	3	0.2	7906	0.1	693	0.0
比利时	4	0.3	6885	0.1	2844	0.1
西萨摩亚	6	0.5	6518	0.1	1966	0.1
毛里求斯	4	0.3	4095	0.1	2172	0.1
奥地利	2	0.2	3456	0.0	1383	0.0

续表

国别(地区)	企业个数	占(%)	投资总额	占(%)	外方注册资本	占(%)
其他	3	0.2	3121	0.0	1086	0.0
爱尔兰	2	0.2	2957	0.0	1468	0.0
马来西亚	6	0.5	2740	0.0	1380	0.0
美属萨摩亚	3	0.2	2640	0.0	1220	0.0
英属萨摩亚群岛	2	0.2	2196	0.0	561	0.0
泰国	4	0.3	2113	0.0	824	0.0
芬兰	4	0.3	1443	0.0	976	0.0
巴基斯坦	7	0.5	921	0.0	655	0.0
巴哈马	1	0.1	663	0.0	491	0.0
文莱	1	0.1	603	0.0	121	0.0
哥斯达黎加	1	0.1	406	0.0	180	0.0
巴勒斯坦	1	0.1	265	0.0	265	0.0
新西兰	3	0.2	215	0.0	167	0.0
以色列	1	0.1	200	0.0	140	0.0
南非	5	0.4	184	0.0	183	0.0
捷克	1	0.1	169	0.0	54	0.0
俄罗斯	5	0.4	137	0.0	134	0.0
印度尼西亚	1	0.1	135	0.0	51	0.0
印度	2	0.2	121	0.0	121	0.0
津巴布韦	2	0.2	101	0.0	37	0.0
冰岛	1	0.1	100	0.0	100	0.0
尼日利亚	2	0.2	96	0.0	96	0.0
塔吉克斯坦	2	0.2	62	0.0	62	0.0
埃塞俄比亚	1	0.1	60	0.0	60	0.0
蒙古国	1	0.1	60	0.0	45	0.0
伊朗	1	0.1	60	0.0	45	0.0
智利	1	0.1	60	0.0	12	0.0
美属维尔京群岛	1	0.1	52	0.0	14	0.0
塞舌尔	2	0.2	50	0.0	38	0.0
中国澳门	3	0.2	47	0.0	36	0.0
西班牙	1	0.1	36	0.0	4	0.0
柬埔寨	1	0.1	30	0.0	30	0.0
古巴	1	0.1	29	0.0	29	0.0
喀麦隆	2	0.2	17	0.0	9	0.0
挪威	1	0.1	17	0.0	8	0.0
希腊	1	0.1	15	0.0	15	0.0
贝宁	1	0.1	12	0.0	12	0.0
卢旺达	1	0.1	12	0.0	12	0.0
斯里兰卡	1	0.1	12	0.0	7	0.0
其他	8	0.6	65	0.0	64	0.0

注:1.表中数字以核发营业执照的企业为准。

2.表中的部分计算数据因小数取舍而产生的误差,均未作机械调整。

3.表中*为投资性公司投资。

外商及港澳台投资企业按行业分类(现有)

单位:万美元

行业	企业个数	占(%)	投资总额	占(%)	外方注册资本	占(%)
合计	1320	100.0	8134315	100.0	3711704	100.0
资本投资服务	45	3.4	750478	9.2	705429	19.0
新能源车整车制造	1	0.1	699133	8.6	150727	4.1
肉、禽、蛋、奶及水产品批发	1	0.1	560000	6.9	280000	7.5
原油加工及石油制品制造	8	0.6	398223	4.9	79318	2.1
石油及制品批发	5	0.4	361050	4.4	110481	3.0
其他金融业	3	0.2	284896	3.5	113632	3.1
技术推广服务	39	3.0	277216	3.4	114788	3.1
房地产开发经营	32	2.4	270734	3.3	61873	1.7
齿轮及齿轮减、变速箱制造	3	0.2	255540	3.1	40161	1.1
其他机械与设备经营租赁	31	2.3	217532	2.7	132698	3.6
融资租赁服务	46	3.5	202841	2.5	132838	3.6
其他技术推广服务	95	7.2	200043	2.5	104160	2.8
汽车零部件及配件制造	39	3.0	166705	2.0	62781	1.7
其他电子元件制造	13	1.0	145765	1.8	41019	1.1
生物药品制造	7	0.5	127178	1.6	76623	2.1
社会经济咨询	42	3.2	117055	1.4	89861	2.4
西药零售	1	0.1	108548	1.3	108548	2.9
其他房屋建筑业	1	0.1	100000	1.2	100000	2.7
其他未包括金融业	20	1.5	98716	1.2	30651	0.8
半导体器件专用设备制造	2	0.2	85220	1.0	33420	0.9
煤炭开采和洗选业	1	0.1	84385	1.0	35750	1.0
电池制造	2	0.2	83903	1.0	22761	0.6
轮胎制造	2	0.2	80920	1.0	35895	1.0
批发业	31	2.3	76474	0.9	32842	0.9
计算机、通信和其他电子设备制造业	4	0.3	76075	0.9	23537	0.6
投资与资产管理	15	1.1	67575	0.8	56723	1.5
其他资本市场服务	6	0.5	66484	0.8	39484	1.1
内燃机及配件制造	3	0.2	59744	0.7	19961	0.5
其他未列明金融业	8	0.6	59219	0.7	10553	0.3
煤气生产和供应业	2	0.2	54203	0.7	1215	0.0
其他化工产品批发	4	0.3	50868	0.6	17104	0.5
医药制造业	7	0.5	46036	0.6	4768	0.1
装卸搬运和仓储业	9	0.7	45427	0.6	6388	0.2
海水淡化处理	1	0.1	44110	0.5	38153	1.0
集成电路制造	1	0.1	41439	0.5	15856	0.4
生物技术推广服务	19	1.4	40594	0.5	28268	0.8
烘炉、风机、包装等设备制造	1	0.1	38460	0.5	13364	0.4
其他软件开发	7	0.5	38342	0.5	16558	0.4
专用设备制造业	2	0.2	37083	0.5	12521	0.3
化学试剂和助剂制造	6	0.5	35894	0.4	12656	0.3

续表

行业	企业个数	占(%)	投资总额	占(%)	外方注册资本	占(%)
科技推广和应用服务业	16	1.2	35387	0.4	14192	0.4
其他乳制品制造	1	0.1	35147	0.4	11716	0.3
电子器件制造	4	0.3	34082	0.4	13747	0.4
其他非货币银行服务	1	0.1	33970	0.4	33970	0.9
涂料制造	9	0.7	33217	0.4	11901	0.3
信息系统集成服务	5	0.4	32643	0.4	11811	0.3
能源矿产地质勘查	1	0.1	32000	0.4	16000	0.4
酒、饮料和精制茶制造业	3	0.2	30957	0.4	10923	0.3
初级形态塑料及合成树脂制造	1	0.1	29840	0.4	15000	0.4
电力电子元器件制造	4	0.3	29548	0.4	9349	0.3
其他组织管理服务	15	1.1	29010	0.4	19286	0.5
其他未列明批发业	55	4.2	28832	0.4	24564	0.7
炼焦	1	0.1	27521	0.3	6128	0.2
钢压延加工	7	0.5	27206	0.3	10362	0.3
组织管理服务	16	1.2	27119	0.3	17631	0.5
稀有稀土金属冶炼	1	0.1	26163	0.3	2965	0.1
食用植物油加工	3	0.2	24634	0.3	10313	0.3
乳制品制造	1	0.1	22433	0.3	8503	0.2
锂离子电池制造	4	0.3	22300	0.3	8925	0.2
方便面制造	1	0.1	21500	0.3	7200	0.2
轴承、齿轮和传动部件制造	1	0.1	21140	0.3	8156	0.2
水资源专用机械制造	1	0.1	20986	0.3	399	0.0
物业管理	14	1.1	20515	0.3	15865	0.4
化学药品原料药制造	4	0.3	20509	0.3	11950	0.3
新材料技术推广服务	5	0.4	20434	0.3	8177	0.2
其他合成材料制造	6	0.5	19118	0.2	4706	0.1
金属切削机床制造	1	0.1	19020	0.2	6340	0.2
医药及医疗器材批发	2	0.2	18103	0.2	6042	0.2
其他	572	43.3	836874	10.3	372220	10.0

注:1.表中数字以核发营业执照的企业为准。

2.表中的部分计算数据因小数取舍而产生的误差,均未作机械调整。

大事记

- 一月
- 二月
- 三月
- 四月
- 五月
- 六月
- 七月
- 八月
- 九月
- 十月
- 十一月
- 十二月

一月

1日 滨海新区重点建设项目车站北路跨海河桥工程开工。车站北路跨海河桥是塘沽湾、响螺湾等区域与塘沽老城区之间的重要跨河节点。

6日 滨海—中关村科技园首个大型连锁超市——大润发超市在恒亿广场开业。

7日 “泰达园艺年宵花展”在泰达热带植物园开放，展出5大类60余个品种年宵花卉。

8日 滨海—中关村北塘湾数字经济产业园项目启动，该产业园是天津市首个M0新型产业用地项目。产业园以生物医药、智能制造、科技服务为主导产业，总占地面积25.1万平方米。

9日 滨海新区核心区“于响”片区高质量发展推介会暨项目集中签约活动在经开区举行，21个项目集中签约落户，总投资额120亿元。

13日 中国建筑业协会公布2022—2023年度第一批中国建设工程鲁班奖（国家优质工程奖）获奖名单，天津茱莉亚学院入选。

16日 天津经开区政务服务办公室与中国生物医学工程学会医疗器械创新驱动（京津冀）发展中心签署战略合作协议。借助该中心专家智库资源，建立前置审批服务机制，将公益代理服务延伸至医疗器械产品注册上市服务。

18日 天津经开区举行2023年工作会议。会议总结2022年发展成绩，部署2023年工作。天津经开区党委书记、管委会主任尤天成出席会议并讲话。

同日 天津市规划和自然资源局、天津市科学技术协会在天津市规划展览馆举行全国科普教育基地揭牌仪式，津药达仁堂集团股份有限公司的津药达仁堂现代中药产业园、泰达国际心血管病医院被认定为全国科普教育基地。

30日 天津经开区审议通过首批行政执法不予处罚、减轻处罚、从轻处罚的柔性执法“三张清单”，清单共计108项，涵盖市场监管、生态环境、卫生健康、城市管理以及教育、体育、文化、民政等8个领域。

31日 位于天津经开区西区的日本明治乳业株式会社天津工厂投产，天津工厂有9条生产线，分别生产牛奶、酸奶、奶油及乳酸菌饮料等产品。

本月 天津经开区首批4个户外劳动者服务站（职工之家站、泰达环卫站、经开区西区站、南港工业区服务站）投入使用。

本月 天津市工业和信息化局组织第二批产业技术基础公共服务平台申报工作。天津航天瑞莱科技有限公司和天津海河标测技术检测有限公司被认定为天津市第二批产业技术基础公共服务平台。

本月 中国纺织工业联合会发布“2022年度中国纺织工业联合会产品开发贡献奖”获奖名单，泰达洁净材料有限公司入选。

本月 泰达图书馆机构版百度文库上线，向读者免费开放。

本月 井芯微电子技术（天津）有限公司完成A轮逾亿元融资，融资用于高端芯片产品研发、研发体系建设、开发环境升级等方面。

本月 天津经开区推进政务服务事项集成化办理，减少办事环节、申请材料、办理时间和跑动次数，“医疗机构申请放射工作许可”事项在天津经开区实现“一件事一次办”。

本月 天津经开区召开2023年度生物医药产业营商环境专家咨询委员会会议。华熙生物科技（天津）有限公司、天津瑞奇外科器械股份有限公司等13家企业的专家委员，滨海新区企业家服务处，经开区政务服务办、企业服务局、医药局、人力资源和社会保障局、市场局、金融局等职能部门负责人参会。

本月 峰成医药科技（天津）有限公司（简称峰成医药）研发中心项目在滨海—中关村科技园开工。该项目是峰成医药落户天津经开区后建设的首个新技术研发及应用平台项目，是集研发、行政、销售等功能于一体的总部项目。

本月 天津市工业和信息化局公布《天津市2022年度创新型中小企业公告名单》，2770家中小企业入选，其中天津经开区289家。

本月 天津市滨海新区科学技术局发布《2022年滨海新区关于批准筹建天津市重点实验室的通知》，天津一瑞生物科技股份有限公司获批筹建“天津市细菌感染与耐药精准检测重点实验室”。

本月 天津市全民阅读活动办公室公布“2022年天津市示范农家书屋城市书吧阅读新空间”推选结果，泰达图书馆选送的“一汽-大众（天津）企业阅读新空间”获评“2022年度天津市示范阅读新空间”。

本月 人力资源和社会保障部发布《关于表彰第十六届全国技术能手的决定》，李松树、杨险峰、赵增权等3名天津经开区高技能人才获该称号。

本月 天津经开区调整《经开区生态环境监督执法正面清单》，扩充符合纳入条件的企事业单位（含建设项目）近80家，天津经开区正面清单企事业单位（含建设项目）累计200余家。

二月

1日 天津举行重点推介项目首期集中签约仪式，总投资额56.76亿元的泰达时尚广场片区城市更新项目签约。该项目首期更新工程包括湖区、产业、市政道路，并引入九年一贯制学校。

3日 滨海新区举办2023年春季重点项目启动开工活动。天津经开区30个重大项目集中开工，总投资288亿元，涵盖生物医药、绿色石化、汽车及高端装备、现代服务业、基础设施等领域。

3—31日 天津经开区在中国天津人力资源服务产业园（滨城园区）一楼公共招聘大厅举办60余场“TO滨城·就泰达”暨春季促就业暖心行动公益现场招聘活动。

8日 SEW-传动设备（天津）有限公司智能装配中心项目开工，项目总投资1.5亿美元，建设中国智能制造样板工厂。

同日 天津经开区召开中共天津经济技术开发区第一届纪律检查委员会第八次会议暨警示教育大会。会议通报天津经开区2022年纪检工作情况，部署2023年工作任务。

16日 新奥迪Q3下线仪式在位于一汽大众华北基地的一汽-大众汽车有限公司天津分公司总装车间举行。

同日 中国侨联新侨创新创业基地、中国天津留学人员创业园经开区分园、天津市侨联新侨驿站揭牌仪式在天津国际生物医药联合研究院举行。

17日 由天津市跨境电子商务示范园区（经开区）、天津新金融投资有限责任公司、国家数字服务出口基地（天津）主办，天津字节跳动网络科技有限公司（简称抖音）独家线上支持的“津门烟火 跨境尚品名都——天津市首届直播电商大赛”在于家堡洲际酒店举办开赛仪式。

18日 天津经开区中层干部学习贯彻党的二十大精神专题培训班开班，天津经开区党委副书记张青出席开班仪式并作动员讲话，经开区党委及管委会各部门、各单位中层干部，各委管企业负责人共230余人参加。

20—22日 第十届（2022）中国商业保理行业峰会、第九届于家堡保理论坛暨中国商业保理行业发展十周年（2012—2022）系列庆祝活动在天津经开区于家堡洲际酒店举行，来自商业保理企业及相关机构代表近600人参会。

21日 富维海拉车灯（天津）有限公司天津生产基地项目奠基仪式在现代产业区举行，该基地引进多条乘用车尾灯及前灯生产线，为国内车企提供配套产品。

同日 一汽-大众汽车有限公司天津分公司新车型技术改造项目开工。该项目总投资20余亿元，设计产能20万辆/年。

22日 天津市标准物质与稳定同位素标记技术研究重点实验室揭牌仪式在天津经开区举行。该重点实验室由中国工程院院士庞国芳任学术委员会主任，中国计量院首席研究员李红梅任学术委员会副主任，天津阿尔塔科技有限公司首席技术官张磊博士任实验室主任。

23日 诺和诺德（中国）制药有限公司天津生产厂成品车间扩建项目举行奠基仪式，建设成品车间及预填充注射笔生产线，总投资11.8亿元。

27日 由长城汽车股份有限公司天津哈弗分公司制造的哈弗二代“大狗”上市销售，二代“大狗”插电混动版是哈弗“狗品类”首款新能源车型。

28日 “2023京津冀数字经济发展论坛暨滨海—中关村北塘湾数字经济产业园（M0）推介会”在北京举办。北京正荣网际科技股份有限公司、创泽智能机器人集团股份有限公司、运怡（北京）医疗器械有限公司、四川华鑫通科技有限公司等企业与滨海—中关村科技园签署意向进驻协议。

同日 第一届京津冀数字医疗产业联盟大会暨天津滨海—中关村数字医疗产业园揭牌仪式在北京召开，京津冀数字医疗产业联盟成立，由联盟发起的滨海—中关村生命健康创新中心投入运营。

本月 天津市科技局、市教委、市科协发布《关于认定天津小站稻作展览馆等57家单位为2022年天津市科普基地的通知》，长城汽车股份有限公司天津哈弗分公司的长城汽车天津哈弗智能制造科普基地通过认定。

本月 天津市发展和改革委员会发布2022年度天津市工程研究中心名单，思腾合力（天津）科技有限公司的“天津市人工智能计算服务创新与应用工程研究中心”入选。

本月 天津市裕丰碳素股份有限公司化工及新材料基地项目在南港工业区开工，设计产能为1000吨碳纤维针刺毡/年、5000吨锂（钠）离子电池硬碳负极材料/年。

本月 台湾见龙机构投资的聚苯乙烯生产基地在南港工业区开工，项目总投资1.38亿美元。

本月 瑞派宠物医院管理股份有限公司与蒙牛集团创投基金签署投资协议，完成D轮融资，该融资是2023年宠物医疗行业的首次公开融资。

本月 天津市科技局发布2022年度技术先进型服务企业认定公示名单，天津经开区7家申报企业全部通过认定，占天津市通过认定企业总数40%。

本月 华电集团北京燃料物流有限公司天津公司入驻天津经开区，统筹煤种资源、物流通道、电厂需求，打造电煤资源配置供应链。

本月 中国电信集团有限公司旗下天津天翼融资担保有限公司、上市公司蕾奥规划集团旗下蕾奥（天津）投资管理有限公司入驻天津滨海基金小镇。

本月 首届中国数字营商环境高峰论坛在北京召开，发布《中国数字赋能营商环境创新改革实践报告2022》。天津经开区“打造首个国家级经开区‘跨省通办’模式”入选数字赋能营商环境的典型案例，天津经开区管委会副主任徐斐以“数字赋能产业为王 探索建设新时代数字营商环境高地”为题发表主旨演讲。

本月 天津成成电气设备有限公司智能化中压成套设备及电子器件生产基地项目落户天津经开区，该项目总投资2.3亿元，建设智能电网用智能仪表产品生产线2条、“一二次融合”智能化中压成套设备生产线2条。

本月 天津经开区招商人员随天津市代表团赴新加坡及中国香港、澳门地区开展产业促进和招商项目推动工作。在天津（新加坡）投资环境推介会上，瀚辰能源有限公司与天津经开区管委会签署合作协议，在经开区选址建设瀚辰（中国）研发总部，开展海洋工程装备与新能源技术研发及服务等工作。

本月 天津经开区市场监管局自2022年11月起开展为期4个月的医疗美容行业突出问题专项治理，重点打击美容行业虚假违法广告、价格违法、不正当竞争、涉药品和医疗器械违法、无证无照等行为。专项治理期间，经开区市场监管局共派出执法人员90人次，检查医疗美容机构65户次，发放倡议书、告诫函57份，立案2起。

本月 天津益倍生物科技集团有限公司自主科研项目——“植物多酚、低聚糖类等食品功能因子生物催化制备关键技术研究与应用”获中国科技产业化促进会科技创新奖二等奖。

本月 天津市商务局公布2022年天津市开发区综合发展水平评价结果，16家开发区参评（10家国家级开发开放区域、6家市级经济开发区），天津经开区在国家级开发开放区域综合评估、开发区实际使用外资金额、开发区进出口总额等3项评估中均排名第一。

本月 天津经开区党委常委、纪委书记刘越红带队到发展和改革局、建设和交通局、新金融公司等单位调研，督导推动各党组织深入学习贯彻党的二十大和二十届中央纪委二次全会精神。

本月 中国环境保护产业协会公布2022年度环境技术进步奖获奖名单，天津膜天膜科技股份有限公司联合中国科学院生态环境研究中心等单位共同完成的“低维护-短流程村镇供排水净化技术与装备”项目获2022年度环境技术进步奖一等奖。

三月

1日 天津市药品化妆品审评查验中心滨海办公室、医疗器械审评查验中心滨海办公室、不良反应监测中心滨海办公室在经开区启用。3个滨海办公室承担“两品一械”（药品、化妆品、医疗器械）的政策咨询、提前介入、技术审评、证件送达、人才培养、招商服务等工作，企业在办理相关产品备案、注册、审批等业务时，实现“泰达事泰达办”。

3日 在2023年天津市外资和服务业首批重点项目签约仪式上，德国大众变速器APP550动力电机、吉利产业基金、天津石油天然气交易中心3个重点项目落户天津经开区，总投资额22.5亿元。

7日 “2023创响中国·天津经开区站活动启动

仪式暨双碳创新发展论坛”在天津经开区举行，论坛由天津经开区科技创新局主办、中钢科德孵化器（天津）有限公司承办。在启动仪式上，“CNS碳汇宝”小微碳汇项目申报平台发布，“CNS碳汇宝”是由中钢科德孵化器（天津）有限公司、腾讯计算机系统有限公司发起运营的公益“双碳”平台。

10日 位于南港工业区的中石化120万吨/年乙烯项目基建施工全部完成，进入生产装置集中安装阶段。

16日 由中国汽车流通协会主办的“2022中国汽车金融产业峰会”在于家堡洲际酒店召开，汽车金融行业专家600余人参加。论坛发布“2022中国汽车金融服务消费者满意度排行榜”《2022中国汽车金融行业发展报告》；启动“汽车金融行业消费者保护倡议公约”，助力汽车金融行业发展。

19—28日 天津市委常委、滨海新区区委书记连茂君率市有关部门、滨海新区代表团赴法国、德国、丹麦，开展为期10天的经贸促进活动。出访期间，天津经开区经贸团走访施维雅制药公司、施耐德电气公司、大众集团、SEW传动设备有限公司、诺和诺德公司、诺维信公司等重点企业，并与部分企业签署战略合作协议，推动一批产业项目落地或扩大投资。

24日 天津经开区管委会、国家超算天津中心共同举办2023“天河”算力赋能峰会。峰会以“超级算力赋能·数字生态共赢”为主题，围绕算力资源、算力技术、算力平台、算力品牌，建立算力赋能的合作共赢生态。在峰会上，算力网络和安全可信计算实验室揭牌成立，该实验室由市委网信办、市大数据中心管理中心与国家超算天津中心联合共建；天河数字产业基金合作签约，该基金由天河数字产业科技有限公司、天津滨海产业基金、泰达产业发展集团共同发起。

本月 滨海新区科学技术局发布《2022年滨海新区关于批准筹建天津市重点实验室的通知》，天津金耀药业公司获批筹建“天津市滴眼剂药物技术重点实验室”，筹建期为两年。

本月 天津市工程技术制药专业高级职称评委会在天津经开区揭牌成立。至2023年3月，经开区有工程技术系列装备制造、电子信息、汽车及新能源汽车、人工智能、制药等5大类14个专业的高级、正高级职称评价委员会，相应专业技术人员可以在经开区进行高级职称自主评审。

本月 全国妇联公布2022年度全国巾帼建功标兵、全国巾帼文明岗、全国巾帼建功先进集体全名单。天津海河生物医药科技集团有限公司董事长洪晓鸣获“全国巾帼建功标兵”称号，天津天隆科技股份有限公司获“全国巾帼建功先进集体”称号。

本月 北京美斯顿科技开发有限公司与天津经开区管委会签署投资合作协议，在南港工业区投资2000万元，建设年产3000立方米SCR脱硝催化剂项目。

本月 天津金耀药业有限公司产品地西泮注射液获得国家药品监督管理局核准，批准该药品通过仿制药质量和疗效一致性评价。金耀药业是该品种药品国内首家通过评价的企业，地西泮注射液为中枢神经系统抑制药，适用于抗癫痫和抗惊厥。

本月 天津经开区河长制办公室及泰达环境投资集团有限公司启动为期3个月的“2023年度春季清河湖专项行动”，治理污染源头，清整水面堤岸，打击污水私排偷排行为，取缔河湖沿岸非正规垃圾堆放点，排查整治非法侵占水域滩地和违法违规建设行为，并公布举报电话25201114。

本月 “京津冀+雄安”政务服务“跨省通办”自助办上线仪式暨政务服务工作交流活动在天津经开区于家堡洲际酒店举办，发布首批四地自助办服务208项，其中，北京市60项，天津市80项，河北省58项，雄安新区10项。

本月 位于现代产业区的多隆（泰达）绿色智慧物流产业园一期投入运营。该物流产业园是天津地区第一个，也是唯一可提供恒温库的物流中心。

本月 天津经开区汽车产业主题园区、天津经开区生物医药产业主题园区获市级产业主题园区授牌。

本月 天津经开区连续组织3场2023年春季银政企融资对接会，18家金融机构和30余家项目单位参会，现场推介项目总投资79.1亿元，融资需求54.6亿元，涵盖电子信息、生物医药、装备制造、化工新材料等领域。

本月 卡博特高性能电池材料（天津）有限公司TB3导电炭黑升级改造项目在现代产业区开工，生产高性能导电炭黑，年产能15000吨。

本月 天津博益气动股份有限公司、天津邦达知识产权代理有限责任公司等21家企业获批天津市专利转化专项计划项目，获批项目根据项目绩效目标获经费资助。

本月 南港工业区清洁生产审核创新试点启动，是生态环境部、国家发展和改革委员会同意实施的全国首批56个清洁生产审核创新试点项目之一，是天津市唯一试点项目。

本月 大众汽车自动变速器（天津）有限公司APP550电动汽车驱动电机项目在天津经开区西区开工，项目分为两期，一期投资1.5亿欧元，用于生产电动汽车驱动电机，设计产能33万台/年。

本月 天津市滨海新区科技型企业债券融资推动会在滨海基金小镇召开。活动由天津经开区金融局、中国银行间市场交易商协会、人民银行滨海新区中心支行、天津滨海新区科学技术局共同主办，渤海银行滨海分行承办，近40家企业代表参加。

本月 国内高端车用改性塑料龙头企业上海普利特复合材料股份有限公司低碳高分子复合材料智能化制造基地项目落户经开区，该项目总投资4亿元，年产能不低于12万吨/年。

本月 天津经开区组织召开2023年度石化新材料、生物医药、汽车与智能制造、新一代信息技术、现代服务业等5场专题产业营商环境专家咨询委员会系列会议，经开区企业服务局等20多个相关部门负责人向与会企业家汇报经开区2022年营商环境建设成果，与会企业提出相关意见和建议。相关职能部门现场收集企业提出的问题，制订经开区2023年企业服务“三张清单”。

本月 优诺金生物工程（苏州）有限责任公司与天津经开区管委会签署投资合作协议，该公司投资7亿元在经开区东区建设现代化生物制药基地，生产生长激素类药品。

四月

1日 泰达春日生活节启动。泰达春日生活节设MSD百米绿化带樱花大道、于家堡滨河公园、响螺湾彩带公园和泰丰公园4个活动现场。

11日 东纶科技实业有限公司高端医卫用水刺非织造材料产业化基地在南港工业区开工。该项目总投资4.5亿元，是中国通用技术集团首次在天津经开区投资落户的产业项目。

同日 中国出口信用保险公司天津分公司滨海营业部（简称中国信保滨海营业部）揭牌开业仪式暨滨海新区外贸企业座谈会在天津经开区于家堡洲际酒店举办。中国信保滨海营业部与滨海新区3家外贸企业签署合作协议，年度合作金额逾10亿美元。

同日 “北京大学—天津全和诚核酸药物研发联合实验室”技术交流研讨会在天津国际生物医药联合研究院召开；天津（经开区）核酸产业联盟成立，负责推动天津（经开区）核酸产业园规划、建设和运行工作。

12日 天津市科技创新发展中心公布天津市2023年第一批110家雏鹰企业、8家瞪羚企业名单。天津经开区16家企业入库，其中，雏鹰企业14家，瞪羚企业2家。

13日 天津经开区“于响”片区政务服务工作站启动仪式在宝晨大厦举行，将服务前移至商务楼宇、邮政网点，方便企业就近办事。

16日 滨海新区2023年“草地音乐汇”首场演出在滨海文化中心公园、于家堡滨河公园两个场地同步演出。

20日 广东鸿图科技股份有限公司投资的广东鸿图轻量化智能制造项目奠基仪式在现代产业区举行，该项目从事汽车零部件的设计、研发与制造，总投资8亿元。

同日 现代产业区东风南路与生态城玉砂道连通桥项目开工。该桥是连通现代产业区与中新天津生态城的交通干道，助力现代产业区和中新生态城协同发展。

24日 天津经济技术开发区生物医药健康产业知识产权协同运营中心启动，该中心是天津市12条重点产业链中首个由区局牵头、多机构共建的知识产权协同运营中心。天津市知识产权局局长吴挺、副局长郭文强，天津经开区管委会副主任徐斐出席启动仪式。

同日 国家科技图书文献中心（NSTL）发布“2022年度NSTL服务站考评通报”，泰达图书馆（NSTL泰达服务站）获全国优秀服务二等奖、宣传创新奖、优秀站长奖，2人获个人优秀奖。2022年度“新冠肺炎应急文献信息专栏”访问量逾千万次，位居42家服务站第一名。

25日 “天隆公司天隆在田蔬菜种子加工车间项目”建设单位在天津经开区政务服务大厅取得“桩基部位施工许可证”，是天津市核发的首张桩基部位施工许可证。天津经开区实施建设项目“桩基先行”改革，改变工业项目审批模式，项目均提前1个多月开工。

26日 天津经开区党委书记、管委会主任尤天成带队到SEW智能制造基地项目、卓轮（天津）机械有限公司、麦德龙超市开展“五一”国际劳动节前安全生产检查。经开区党委常委、管委会副主任金香花、叶炜，智能制造局、贸易发展局、应急管理局、党委办、经开区消防救援支队等单位负责人参加。

27日 PPG公司全球涂料创新中心—TEDA项目通过联合验收。该创新中心是PPG公司在美国Allison Park之外的全球第二大研发中心，由PPG涂料（天津）有限公司投资建设，总投资5.5亿元。

本月 “见证滨城发展印迹 感悟百年工业底蕴”2023年滨海工业旅游推介会在滨海文化中心举行。天津经开区发布津药达仁堂现代中药产业园、康师傅饮品品牌体验馆等工业游10个点位。

本月 太平财险天津分公司滨海新区支公司入驻滨海基金小镇，是落户“于响”片区的首家中央金融企业保险分支机构。

本月 2022年“科创中国”系列榜单发布，国家超级计算天津中心自主研发的“天河显式动力学数值模拟软件”入选先导技术榜。

本月 天津市人民政府政务服务办公室公布天津市2022年度优化营商环境十佳典型案例，天津经开区《坚持场景引领 强化审管联动 优化电子证照采集生成及应用效果》入选。该案例中，天津经开区定制开发了电子证照采集系统，电子审批系统和电子证照系统实现联动，提升证照办理效率。

本月 天津经开区欣园能源站地热井与供热管网对接项目，投入试运行。该项目是天津市首个地热领域合同能源管理项目，每个采暖季节折算标煤7028吨、减少二氧化碳排放1843吨。

本月 深之蓝海洋科技股份有限公司主持编写的国家标准“水下助推机器人通用技术要求”获批立项，填补国内水下助推机器人产品标准空白。

本月 由中国传感器与物联网产业联盟主办的“2023深圳国际传感器与应用技术展览会”在深圳国际会展中心（福田）举办。天津经开区发表“天津经开区电子信息产业环境与发展优势”主题演讲，推介经开区电子信息产业基础和营商环境，并与广东奥迪威传感科技股份有限公司、河北美泰电子科技有限公司、中光电科技有限公司等30余家企业举行交流活动。

本月 雀巢高端宠物湿粮罐头生产线投产，亦是雀巢宠物湿粮首次中国本土化生产，天津雀巢普瑞纳宠物食品有限公司珍致系列新品同期发布上市。

本月 国家市场监督管理总局发展研究中心举办全国公平竞争审查研究骨干培训班。天津经开区市场监管局任飞获全国首批“公平竞争审查研究骨干”称号，是天津市唯一入选人员。

本月 中国石油和化学工业联合会化工园区工作委员会公布“2022年（第二批）绿色化工园区适用技术目录”，位于南港工业区的华电国际电力股份有限公司天津开发区分公司的超临界CFB锅炉机组“厂界环保岛”深度减排技术入选。

本月 贵州省工业投资发展有限公司（简称贵州工投）出资1亿元，在天津经开区设立黔诚商业保理（天津）有限公司，服务贵州工投所属企业等客户，打造一家集物流、信息流、资金流为一体的综合性商业保理公司。

本月 天津渤化资产经营管理有限公司与天津经开区签署投资合作协议，成立天津渤海化学试剂有限责任公司，投资6亿元，在南港工业区建设2.5万吨/年高纯化学试剂及电子化学品的生产项目、5000吨/年化学试剂的分装及仓储项目。

本月 山东颐养健康产业发展集团有限公司全资子公司鲁康商业保理有限公司在天津经开区设立保理机构；山东鲁创实业发展集团有限公司在天津经开区设立华海（天津）商业保理有限公司，并入驻天津商业保理创新发展基地。

本月 杭州宏华数码科技股份有限公司与天津经开区签署投资合作协议，成立天津宏华数码新材料有限公司。该公司占地9.3万平方米，建设数码喷印墨水一体化基地。

本月 天津南港海河新材料产业投资基金合伙企业（有限合伙）注册，是南港工业区首支产业基金，首期规模10.03亿元。

本月 天津经开区2023年党委常委会第11次会议审议通过并印发《数字泰达建设2023年攻坚行动方案》，提出强化数字基础设施建设、推动数据汇聚利用和价值挖掘、打造数字经济应用场景、做大数字经济核心产业、推动数字技术和实体经济融合、构筑数字技术创新体系、强化数字服务能力建设、建设国际数字服务港8类40项举措。

五月

2日　天津经开区招商工作团组出访德国、芬兰、荷兰等欧洲国家，围绕制造业、科技创新、港产城融合等领域开展招商推介活动。代表滨海新区作为主宾城市参加波鸿汽车论坛，承办“连线中国”分论坛，经开区管委会副主任金香花向参会企业家介绍中国新能源汽车产业的发展趋势及天津经开区汽车产业发展基础和营商环境。金香花与论坛主办方杜登霍夫、中国国际投资促进中心（德国）签署谅解备忘录，探讨在天津举办Chinese Car Symposium 2024事宜。波鸿汽车论坛由德国知名汽车经济学者杜登霍夫及其团队组织发起，已连续举办26届，整车及零部件汽车企业高层出席。

5日　天津经济技术开发区管理委员会与天津市武清区人民政府签署关于逸仙科学工业园合作共建协议，以逸仙科学工业园为载体，合力打造北京非首都功能疏解承接新平台、高端产业集聚新高地、京津科技人才创新城。

6日　第五届京津冀智能医药创新论坛在天津经开区召开，京津冀智能医药产业园揭牌成立。京津冀智能医药产业园储备项目30余个，整合京津冀人工智能、生物医药等产业资源，建设“孵化+融资”产业培育体系。

8日　第七届世界智能大会首场平行论坛——“科创中国”绿色石化产业高质量发展论坛在于家堡国际金融会议中心举行，该次论坛由“科创中国”天津挂点工作组、天津市科协、天津市工业和信息化局、滨海新区人民政府联合主办。在论坛上，天津经开区解读《天津市推动制造业高质量发展若干政策措施》《关于支持绿色石化产业高质量发展的若干政策措施》，并发布天津经开区支持化工新材料高质量发展方案。

同日　由天津经济技术开发区管委会主办，日本国际贸易促进协会承办，中国驻日本大使馆经济商务处等多个单位协办的“2023年中国（天津经济技术开发区）—日本（东京）中日贸易投资促进交流会”在日本东京举行。天津经开区党委书记、管委会主任尤天成为日本国际贸易促进协会、日中经济协会、日中投资促进机构等行业协会，以及三菱UFJ银行、瑞穗银行、三井住友银行等金融机构颁发战略合作伙伴荣誉证书。

10日　新恒富招商推介会在天津经开区“于响”片区新恒富大厦召开。活动由经开区智能制造局与新恒富大厦楼宇运营方共同组织，活动以“共话新发展、共享新机遇”为主题，以新经济、科技创新及消费商业为招商重点，推介新恒富楼宇载体资源，2家企业与新恒富大厦运营方达成合作意向。

同日　由滨海—中关村科技园企业长江君业产融物联技术（天津）有限公司自主研发的金属制品采销互联网平台——长江君业互联网平台上线运行。该平台以“互联网+大数据”为工具，为金属贸易领域上下游企业提供在线交易、智慧物流、供应链金融、工业品超市、大数据分析、社交拓展、行业资讯等服务。

同日21时22分　长征七号运载火箭在中国文昌航天发射场发射天舟六号货运飞船。长征七号运载火箭由位于天津经开区的天津航天长征火箭制造基地制造总装。

12日　由商务部投资促进事务局与天津经济技术开发区联合主办的“2023天津经济技术开发区-韩国经贸合作交流会”在韩国首尔举办，中韩物流、商贸、金融、生物医药领域近70名企业代表参会。天津经开区分别与韩国侨民协会总会、韩国医疗器械工业协同组合代表、中韩投资贸易促进平台、韩国大成基金、Rerise基金签署合作协议。

14日　第七届世界智能大会分论坛——“原料药先进制造发展大会暨医药智能制造高峰论坛”开幕式暨主论坛在于家堡洲际酒店举行，天津经开区发布生物医药高质量发展产业政策。

17日　天津经开区管委会与德国格拉默集团签署投资合作协议，格拉默车辆内饰（天津）有限公司新生产基地、格拉默车辆部件（天津）有限公司乘用车座椅项目两个项目落地经开区。天津经开区管委会副主任金香花、格拉默集团中国区运营副总裁王伟强参加签约仪式。

同日　第七届世界智能大会重点项目签约仪式在天津举行，98个重点项目签约落地天津，总投资额815亿元。其中，投资额76.77亿元的5个重点项目落地天津经开区，涉及新一代信息技术、汽车、商业保理等产业。

18日　天津紫丹包装科技有限公司投产，该公司是天津经开区首个食品级纸包装生产基地，年产食品级纸杯6.68亿只、纸桶1.42亿只、纸盒5亿只。

同日 由天津市工业和信息化局主办、国家超级计算天津中心承办、天津经济技术开发区管理委员会支持的智能制造高峰论坛在国家会展中心(天津)举办。论坛上,天津经开区与浪潮集团签署全面深化合作协议,天津经开区与中国联合网络通信集团有限公司(简称中国联通)签署"工业互联网研究院项目"合作协议,国家超算天津中心与中国工业互联网研究院签署战略合作协议,纬湃汽车电子(天津)有限公司与中国电信集团有限公司(简称中国电信)签署"5G+智慧工厂项目"合作协议,天津联汇智造科技有限公司与深圳市大族机器人有限公司签署战略合作协议。

19日 恩智浦半导体天津有限公司人工智能应用创新中心二期项目——人工智能创新实践平台在天津经开区启动。该平台集教育实训、技术交流、头脑风暴、会客接待、娱乐团建、虚拟实验六大功能于一体,为客户、合作伙伴、高校学生提供服务。

同日 第七届世界智能大会第二届滨海—中关村协同创新发展论坛活动在滨海—中关村科技园举办。天津经开区党委书记、管委会主任尤天成与中国技术交易所总经理助理刘利军分别代表滨海—中关村科技园管委会与中国技术交易所签署合作备忘录。

20—21日 "乌戈世界——国潮嘉年华 于响音乐节"在宝信大厦东南侧草坪举行,6万余人参加。

22日 明治乳业(天津)有限公司(简称明治天津工厂)运营,明治天津工厂是日本明治集团在华北地区的首个生产基地。

24日 天津市召开"十项行动"见行见效主题系列第六场新闻发布会,即"十项行动·滨海新区高质量发展支撑引领行动方案"新闻发布会。天津经开区发布《天津经开区高质量发展支撑引领行动方案》,确定经开区发展定位、奋斗目标和工作路径。

25日 泰达综合保税区获批中国(天津)自由贸易试验区联动创新示范基地,用3年时间,形成若干"自贸区+综保区"功能政策综合赋能实体企业的服务模式和典型案例,打造1—2个具有自身特色及竞争优势的品牌业态或特色业务。

同日 京津冀国家级经开区绿色发展和国际合作座谈会暨绿色产业技术对接交流活动在天津经开区举办,活动由京津冀商务主管部门联合主办,天津经济技术开发区管委会承办,天津市开发区协会与国家级经济技术开发区绿色发展联盟协办。京津冀三地14家国家级经开区发起京津冀国家级经开区绿色低碳循环高质量发展行动倡议。

29日 天津市教育科学研究院、滨海新区泰达街道办事处、泰达街道文化教育事业集团签署《合作项目框架协议》,共建K-12体系创新实验区合作项目,建设天津市首个由幼儿园、小学、中学组成"三位一体"的K-12实验区。

31日 PPG涂料(天津)有限公司电动汽车及智能出行创新应用中心在天津经开区开业,该中心总投资3000万美元。

同日 中国康教示范基地首个项目启动仪式暨新经济人才生活中心项目开工仪式在天津经开区举行。中国康教示范基地项目总投资285亿元,其首个子项目——新经济人才生活中心项目建筑面积11万平方米,投资8亿元。

同日 天津经开区党委常委、管委会副主任李涛带队,到辽宁石油化工大学举行天津滨海新区——辽宁石油化工大学政校企座谈会暨政产学研创新联合体签约仪式。滨海新区34家企业在辽宁石油化工大学召开2023天津滨海新区——辽宁石油化工大学"英才滨城行"专场招聘会。

本月 中石化石油化工科学研究院天津科学试验基地项目启动。该项目投资16亿元,建设绿色低碳能源化工中试技术平台、6000吨/年(一期)特种润滑油脂及配套基础油和添加剂中试生产基地。

本月 德州市开融投资发展有限公司在天津经开区设立天衢融创商业保理(天津)有限公司,注册资本5000万元。

本月 天津世纪康泰生物医学工程有限公司二期产业化项目开工,建筑面积8144平方米,投资1亿元,生产各种人工晶状体、原材料晶坯、硬性接触镜及胶原贴敷料。

本月 天津市工业和信息化局公布2022年天津市数字化车间和智能工厂名单,天津经开区19家企业入选。

本月 由天津经开区匠人芯机器人编程创客实验室科普教育基地推荐的冯佳澍凭借作品"智慧鸟巢"获第50届瑞士日内瓦国际发明展发明金奖。来自近40个国家和地区的参展单位展出约1000个发明项目,11岁的冯佳澍是展会上年龄最小的发明者。

本月 天津市工业和信息化局公示2023年度天津市专精特新中小企业名单(第一批),天津经开区82家企业入围。

本月 天津绿菱气体有限公司绿菱电子研发产业化基地项目在南港工业区进入试生产阶段,该项目生产的电子特种气体产品有助于解决国家关键半导体材料的技术难题。

本月 国务院国资委发布"双百企业""科改企业"两项国企改革专项行动名单,天津经开区7家企业入选。其中,天津重型装备工程研究有限公司等4家企业入选"科改行动"企业名单,渤海石油装备制造有限公司等3家企业入选"双百行动"企业名单。

本月 以"数字新时代,智能医疗赋能美好健康生活"为主题的第七届世界智能大会"互联网+医疗健康"创新发展论坛在国家会展中心举行,发布2022年天津市"互联网+医疗健康"示范项目。其中,橙意家人科技(天津)有限公司"慢阻肺数字疗法"、泰达国际心血管病医院"无线可穿戴设备在医疗机构的应用"、天津市泰达医院"医院智慧病房项目"等3家天津经开区单位申报的项目入选2022年度天津市"互联网+医疗健康"示范项目。

本月 凯莱英医药集团(简称凯莱英)"临床供应链服务中心"启用,完善凯莱英从IND(申请临床研究批件)到NDA(申请新药上市)的一站式服务体系,为客户提供临床药物供应链服务。

六月

1日 天津市委书记到南港工业区调研。强调,南港工业区要优化产业布局,加快推进重大项目建设,打造高端、精细、绿色、安全、智慧的化工新材料基地和石化产业集聚区。

5日 天津经开区管委会和世界自然基金会(瑞士)北京代表处在宝信大厦签署《战略合作备忘录》,双方共建"工业园区绿色发展研究交流"合作项目。

8日 天津飞旋科技股份有限公司举行天津新工厂落成典礼。该工厂位于天津经开区西区,总投资7亿元,是天津市唯一磁悬浮高速旋转机械研发生产基地,研发与生产磁悬浮鼓风机、磁悬浮高速永磁电机等。

14日 天津修船中心新建厂房项目在天津经开区不动产登记中心取得"竣工验收备案表",领取不动产权证书,成为滨海新区首个在竣工验收备案阶段同步办理不动产首次登记的工业项目,标志"验收即交证"改革事项在天津经开区实施。

16日 天津经开区举行进一步优化建设项目全流程审批服务专场新闻发布会,发布《关于进一步优化建设项目全流程审批服务推动经开区工业项目快速落地的若干措施》,明确项目拿地到开工全流程用时不超过100个自然日的审批改革目标,制订12条项目建设快批快办举措。

21日 首届京津冀生态产业创新发展大会在天津经开区举办,全国首个"环保科技产业创新共同体"启动。作为创新共同体发起成员单位之一,经开区党委常委、管委会副主任徐斐代表天津经开区,从管理体制、产业耦合、资源节约、环境友好、科技创新等5个方面,介绍南港工业区建设绿色低碳石化产业园区的经验。

23日 2023年滨海新区龙舟争霸赛在于家堡滨河公园海河水域开幕。滨海新区5个开发区、21个街镇的企事业单位32支代表队近700名运动员参赛。

27日 天津新宙邦电子材料有限公司举行开业典礼,经开区党委常委马建军出席。该项目位于南港工业区,总投资6.58亿元,生产半导体级氨水、双氧水、蚀刻液和锂电池电解液等产品。

同日 天津经开区两新党委召开庆祝建党102周年暨"七一"表彰大会。天津经开区党委副书记张青出席会议并讲话,经开区两新党委办公室、组织人事部、党委办公室有关部门负责人,"两新"组织党组织、党员代表及企业家代表参加会议。

6月28日—7月1日 天津经开区举办"风起津航 天津未来医疗创新周"系列活动。29日,VB-Link未来医疗专科创新解决方案挑战赛颁奖仪式在于家堡洲际酒店举行,北京卓凯生物技术有限公司"用表型筛选开发CNS系统疾病的FIC药物"、米赫医疗器械有限责任公司"盲人(角膜损伤)复明专用非组织材料人工角膜"等24个项目分别获神经科、心血管科、眼科、肿瘤科四大领域一、二、三等奖。同日,VB-Link未来医疗科研成果转化与合作大会召开,天津国际创新药械展览中心启动,天津经开区生物医药产教联合体、天津经开区管委会、中船海盾(天津)科技发展有限公司、海南乐城发展研究院签约，在中船重工大厦联合建设天津国际创新药械展览中心。30日，由天津市商务局指导，VB100（北京蛋黄科技有限公司旗下专注于政府、园区及医疗健康领域企业的产业服务品牌）、动脉网主办的2023中国医疗器械出海大会在于家堡洲际酒店开幕，大会为期两天，举行项目推介会、政企闭门会等活动，推动中国医疗器械企业拓展海外市场。

30日 “2023肉类进口贸易发展暨京津冀港口冷链经济新增长论坛”在天津经开区举办。天津经开区管委会与通用技术集团国际控股有限公司签署战略合作协议，该公司绿色供应链产业基地项目落地天津经开区。

本月 洪世聪任经开区党委书记、管委会主任。

本月 科技部火炬中心公布2022年度国家级科技企业孵化器名单，天津滨海中关村雨林空间孵化器入选，成为滨海—中关村科技园首家国家级孵化器。

本月 天津市科技局公布天津市2023年第三批入库企业，其中，566家雏鹰企业、54家瞪羚企业和1家科技领军企业。天津经开区59家企业入库，其中，雏鹰企业53家，瞪羚企业5家，科技领军企业1家。

本月 天津经开区生态环境局通报2022—2023年度环境影响评价机构考核（信用等级评定）结果，未出现不合格情况。

本月 天津滨海新区公积金贷款一站式服务中心在天津经开区第二大街建设银行个人贷款中心营业，该中心是滨海新区首家不动产便民服务中心，一站式办理不动产交易、税费缴纳、征信查询、公积金咨询、个人贷款受理等业务。

本月 天津欧德莱生物医药科技有限公司与深圳华大智造科技股份有限公司（简称华大智造）在天津国际生物医药联合研究院举行新项目联合开发签约仪式，双方通过华大智造“编码磁珠多重联检技术平台”，联合开发用于血液学检测和血液病诊断领域的多靶点快速分子检测应用。

本月 天津市发展和改革委公布第二批现代服务业特色数字化集聚区评选结果，全市11个服务业集聚区获批，其中，天河数字产业园、中海海慧谷2个经开区服务业集聚区获批。

本月 天津市生态环境局会同市发展和改革委员会、市工业和信息化局、市财政局、市金融局、人民银行天津分行评选21家企业为天津市2022年度绿色发展“领跑者”企业，其中经开区10家企业入选。

本月 天津经开区管委会与西班牙跨国企业艾普拉斯认证公司签订合作协议，该公司在天津经开区东区投资建设中国北方区域总部。

本月 中化学科学技术研究有限公司与天津经开区管委会签署投资合作协议，总投资10亿元，在南港工业区建设中化学新材料创新平台基地。

七月

1日 天津经开区党委书记、管委会主任洪世聪带队到经开区档案馆及垦荒犁纪念广场开展主题党日活动。

6日 丰田汽车技术中心（中国）有限公司开发区分公司在天津经开区泰达服务外包产业园开业，负责丰田独资车型物流管理，为整车、零部件、备品的制造销售提供物流支持。

7日 天津经开区党委书记、管委会主任洪世聪带队到滨海—中关村科技园调研并主持召开办公会。经开区党委常委、管委会副主任李涛、曹红钢参加。

14日 为期3个月的泰达夏日艺术季暨天津茉莉亚“市民乐享”户外音乐会在天津经开区开幕，艺术季期间举办草地露营音乐会、天津茉莉亚“市民乐享”户外音乐会、泰达经典广场音乐会等3个主题近30场活动。

21日 天津津门虎队在泰达足球场迎战深圳队，提升改造后的泰达足球场迎来首场正式比赛。泰达足球场作为天津津门虎队主场球场回归中超赛场。

23日 天津经开区2023年中期工作推动会暨经济运行调度会在经开区投资服务中心召开，总结经开区上半年经济运行情况，部署下半年重点工作。

29日 天津经开区党委书记、管委会主任洪世聪带队，实地检查经开区防汛工作，并在应急救援指挥中心召开会议，调度和部署防汛防台风工作。经开区党委常委马建军，党委常委、管委会副主任叶炜，泰达街道工委书记吴鹏，经开区建设和交通局、应急管理局、南港规建办、南港应急办、党委办、城发集团及泰达市政等部门负责人参加。

本月 位于南港工业区的天津华电南港热电工程3号热电机组通过96小时满负荷试运，投产运营，运行的170兆瓦级超临界双抽再热背压机组，是世界单机容量最大、参数最高的背压供热机组。

本月 天津国通物联技术有限公司（简称国通物联）在滨海—中关村科技园（简称滨海—中关村）投入运营。国通物联依托滨海—中关村智能科技产业聚集和政策优势，拓展智能物联网产业，助力数字城市基础建设和智慧体育应用。

本月 2023米思会（中国医药健康产业共生大会）开幕。会上公布"2022年中国医药工业百强系列榜单"，凯莱英医药集团入选"2022年度中国CXO企业TOP20"。

本月 天津市工业和信息化局公布2022年度天津市绿色工厂名单，66家企业入选，其中天津经开区12家企业获评2022年度天津市绿色工厂。

本月 国内商旅科技运营平台龙头企业易商旅有限公司全资设立的易商（天津）商业保理有限公司落地经开区。

本月 由法国国家医学科学院院士、泰达国际心血管病医院副院长何国伟教授任通讯作者，联合杭州师范大学、迪安诊断技术集团股份有限公司共同起草的国家标准——国内首个《先天性心脏病基因诊断规范》在中国医药教育协会第五届中国心血管病防治大会上发布实施。

本月 天津市科技局发布2023年第四批入库雏鹰企业、瞪羚企业、科技领军企业名单，其中，雏鹰企业1036家、瞪羚企业143家、科技领军企业12家。天津经开区入库企业119家，其中，雏鹰企业97家，瞪羚企业21家，科技领军企业1家。

本月 经开区政务办出台《天津经济技术开发区中介机构评价管理办法（试行）》，按照"分类管理、量化考核"原则，在全市首次为区域中介机构评级，为经开区企业选取高质量中介机构提供依据。

本月 广安市国有资本投资运营公司广安金财投融资（集团）有限责任公司全资设立的金财商业保理（天津）有限公司落户天津经开区。

本月 天津市工业和信息化局公布2023年度第一批天津市创新型中小企业和专精特新"种子"企业名单。其中，天津经开区33家企业入选创新型中小企业，27家企业入选专精特新"种子"企业。

本月 中国软件行业领军企业、创业板上市公司金现代信息产业股份有限公司天津总部项目落户天津经开区。

本月 "中银杯"第十届天津青年创新创业大赛暨"创青春"中国青年创新创业大赛天津区比赛闭幕，科芯（天津）生态农业科技有限公司（简称科芯）的"'AIPA'决策型精准农业系统"项目获数字经济赛道初创组金奖。2022年，科芯在国内首次提出"AIPA"理念（智慧决策型精准农业）。

本月 位于滨海—中关村科技园的天津博创合成生物科技有限公司投入运营。该企业是国家工业强基重大专项合成生物学产业化示范平台，通过发酵和纯化技术解决生物医药行业上游"卡脖子"技术和供应链紧缺问题，提供从设备到工艺整体解决方案。

本月 由河北高速公路集团有限公司全资设立的河北高速集团（天津）商业保理有限公司在天津经开区注册成立。

本月 天津市金融局发布2022—2023年度商业保理行业服务实体经济典型案例27个，其中位于经开区的天津商业保理创新发展基地10家企业13个服务实体经济案例入选。

本月 由天津（经开区）核酸产业联盟和凯莱英医药集团联合主办的"寻药之旅，披荆斩棘"小核酸产业发展高峰论坛在天津经开区举办。小核酸创新医药领域多位专家学者、企业负责人出席论坛。大会同期，天津核酸药物全产业链一站式服务平台成立。

本月 国家知识产权局发布第二十四届中国专利奖获奖名单，天津华放科技有限责任公司发明专利"基于多旋翼无人机飞行式核素识别仪的全人工智能化系统"获第二十四届中国专利优秀奖，是天津经开区唯一获奖企业。

本月 天津市工业和信息化局发布2023年市中小企业公共服务示范平台单位名单，北塘湾（天津）科技发展有限公司、天津航天瑞莱科技有限公司、天津滨海柜台交易市场股份有限公司、天津科技成果转化投资服务有限公司等4家天津经开区服务平台入选。

本月 天津世纪康泰生物医学工程有限公司（简称世纪康泰）非球面人工晶状体获国家药品监督管理总局批准上市，该注册证为世纪康泰第6张Ⅲ类医疗器械注册证。

八月

1日 天津经开区管委会与中国联合网络通信有限公司天津市分公司在宝信大厦举行"推动数字泰达建设 打造智慧城市标杆"战略合作暨"中国联通(天津)工业互联网研究院"落地签约仪式。双方围绕天津经开区产业数字化升级与智慧城市建设,开展5G新基建、数据中心、智慧城市、平安城市、智能制造、智慧应急、智慧医疗、智能网联、智慧南港等领域合作。

2日 天津经开区管委会与纬湃汽车电子(天津)有限公司(简称纬湃科技)签署新能源智能制造新产品投资项目合作备忘录。纬湃科技投资12亿元,建设新能源汽车研发平台及核心零部件生产线。

同日 由天津经开区和天津滨海柜台交易市场联合搭建的"泰达上市预备板"启用,天津投对科技有限公司、民康医疗科技(天津)有限公司、科芯(天津)生态农业科技有限公司、天津开发区精锐精密模具有限公司、华融科创生物科技(天津)有限公司、天津德祥生物技术股份有限公司、天津绿菱气体有限公司等16家企业首批入板。

6日 天津市"海河英才"创新创业大赛暨人力资源服务赛外埠项目决赛在天津经开区闭幕,30个项目获奖,5家企业落户经开区。

11日 天津经开区管委会与河北亨旺投资集团就新能源板块总部项目签署投资合作协议。河北亨旺集团投资90亿元,在经开区建设新能源板块总部及磷酸铁锂正极材料基地。

15日 天津经开区发布2022年度生态环境保护先进企业30强名单,诺和诺德(中国)制药有限公司、一汽丰田汽车有限公司、一汽-大众汽车有限公司天津分公司等30家企业入围30强。

16日 中海天津开发区物流园开工奠基仪式在天津经开区举行。中海企业发展集团有限公司(简称中海地产)投资2.5亿元,建设满足区域高端制造业、第三方物流、电商等行业企业仓储需求的物流主题产业园。

18日 天津经开区管委会与新加坡桐砚公司就高性能聚合物材料项目签署投资合作协议,在南港工业区建设高性能聚合物材料生产基地,总投资21亿元。

20日 天津经开区召开招商工作会议,总结招商成果和进度,部署招商任务。天津经开区党委书记、管委会主任洪世聪出席会议并讲话,党委、管委会班子成员,各招商部门全体招商人员等180余人参加会议。

25日 第二届京津冀细胞产业高质量发展论坛暨细胞微囊泡与细胞治疗技术成果转化研讨会在天津经开区召开,天津国际生物医药联合研究院(简称津药联合院)启动细胞微囊泡前沿技术成果转化平台暨外泌体(专业)众创空间。项目选址津药联合院,总面积1700平方米,依托药物化学生物学全国重点实验室,聚焦细胞微囊泡技术,建设综合实验室。

同日 格拉默车辆内饰天津新生产基地项目启动仪式在天津经开区举行,项目由天津泰达城发集团与格拉默车辆内饰(天津)有限公司合作建设,投资1.2亿元。

29日 天津经开区管委会与吉利远程新能源商用车集团签约,在经开区建设醇氢生态总部项目,开展甲醇汽车研发销售及运营、甲醇贸易及加注、绿色甲醇制备等业务。

同日 天津经济技术开发区党校揭牌成立。经开区党委副书记张青出席,经开区机关党委、国资党委、两新党委负责人共同为天津经济技术开发区党校揭牌。

30日 中国石油和化学工业联合会在江苏连云港召开2023(第四届)中国智慧化工园区建设发展大会,会议发布第八批智慧化工园区名单。南港工业区入选,成为全国第27家智慧化工园区。

31日 一汽-大众汽车有限公司天津分公司建成投产5周年,第100万辆整车——探岳GTE下线。

同日 中沙(天津)石化有限公司26万吨/年聚碳酸酯(PC)项目在天津南港工业区投入运营。

同日 天津市卫生健康委、滨海新区卫生健康委、天津市和平保育院(天津市卫生健康委幼儿园)、天津经开区管委会、泰达街道等单位签署支持滨城和平保育院合作办院框架协议及第一阶段合作协议,共建第一所滨城和平保育院,办学规模15个班。

本月 中国石油天然气股份有限公司(简称中国石油)全资设立的天津中油新能源科技发展有限公司在天津经开区注册成立。该公司是中国石油为在天津布局新能源板块建立的投资运营平台。

本月 中国石油化工股份有限公司(简称中国石化)与英力士集团控股有限公司签署合作协议，成立中石化英力士(天津)石化有限公司，双方股比50%:50%，共同运营中国石化120万吨/年天津南港乙烯项目。

本月 经开区发布《天津经济技术开发区碳达峰实施方案》，聚焦产业、能源、城市更新、低碳科技、绿色金融、国际合作、低碳管理等7个领域，实施制造业低碳发展行动、能源绿色低碳转型行动、城市更新碳达峰行动、绿色低碳科技创新行动、金融创新助力达峰行动、深度参与国际合作行动、全面提升管理水平行动等7项行动。

本月 泰达产发集团与泰达城发集团举行战略合作协议签约仪式，在项目开发、建设、资产运营和人才招聘等方面开展合作。

本月 天津新润商业保理有限公司在天津经开区注册成立。该保理公司由深圳市沣润实业有限公司出资，实缴注册资本5000万元。

本月 天津市发布2023年第六批国家科技型中小企业入库名单，其中，天津经开区79家企业入库。

本月 天津市科技局发布2022年度(2023年立项)科技领军(培育)企业重大创新项目名单。全市32家企业入选，其中，经开区企业7家。

本月 康希诺生物股份公司(简称康希诺生物)与AstraZeneca AB(阿斯利康制药有限公司，简称阿斯利康)签署《产品供应合作框架协议》。根据协议，康希诺生物向阿斯利康提供合同开发和生产服务，利用康希诺生物mRNA生产平台，支持阿斯利康特定疫苗研发。

本月 新丽华环保涂料项目开工，该项目由天津市新丽华色材有限责任公司投资建设，总投资3亿元，设计产能5万吨环保涂料/年、2万吨树脂/年。

本月 三峡新能源(天津)有限公司取得三峡新能源天津南港海上风电示范项目海域不动产权证(海域使用权证)，为项目开工奠定基础。该项目位于南港工业区，总投资22亿元，是天津市首个海上风电项目。

本月 天津市知识产权局发布《天津市知识产权产业运营中心公示名单》，19家单位获批天津市首批知识产权产业运营中心。其中，凯莱英生命科学技术(天津)有限公司、天津全和诚科技有限责任公司、天津科技大学等3家天津经开区单位获批。

本月 金科日化新材料项目落户南港工业区，项目总投资8.5亿元，年产10万吨过碳酸钠及下游相关日化原料产品。浙江金科日化新材料股份公司注册成立天津金科日化新材料有限公司，负责金科日化新材料项目的运营。

本月 天津经开区政务服务“码”上监督平台启动仪式暨“政清风”活动推动会在经开区政务服务中心举行。经开区党委常委、纪委书记刘越红，党委常委、管委会副主任徐斐出席。经开区政务服务办公室通过建立一个监督“工作站”、开通一个监督“二维码”、推广一个监督“廉心卡”、聘请一批特约“监督员”等举措，提升政务服务水平。

本月 天津经济技术开发区国有资产经营有限公司2023年度第四期中期票据(简称23经开国资MTN004)发行，发行规模7亿元，吸引市场化资金投标102.1亿元，认购倍数15倍，发行利率3.8%。

本月 天津市工业和信息化局完成首批市级工业设计中心认定评审，全市30家企业获评首批市级工业设计中心，其中天津经开区4家企业入选。

本月 天津市文化和旅游局举办2023中国特色旅游商品大赛(天津)选拔赛暨“天津礼物”评选活动。天津经开区报送的天津阿尔发保健品有限公司、甄优(天津)农业科技发展有限公司、天津雅马哈电子乐器有限公司、天津真星纺织有限公司4家企业5种商品入选，纳入“天津礼物”旅游商品名录。

九月

1日 中国汽车芯片标准检测认证联盟成立大会在天津经开区举行。联盟由中国汽车技术研究中心有限公司担任理事长单位，首批成员单位包括整车企业、芯片企业及科研机构等120余家。联盟聚焦新能源和智能网联汽车领域，推动汽车芯片产品技术升级与产业化应用。

2日 第十九届中国汽车产业发展(泰达)国际论坛在天津经开区开幕。论坛首次提级举办，由天津市人民政府、中国汽车技术研究中心有限公司、中国汽车工程学会、中国汽车工业协会、中国汽车报社共同主办；天津市工业和信息化局、天津经济技术开发区管理委员会特别支持；日本汽车工业协会、德国汽车工业协会联合协办。国家部委领导、国内外企业集团高层、行业专家学者、媒体人士等1,200余人参加。

4日 天津经开区优秀企业表彰大会召开，表彰2022年度百强企业和环境保护先进企业30强。一汽丰田汽车有限公司、一汽-大众汽车有限公司天津分公司、大众汽车自动变速器(天津)有限公司等100家企业获"天津经开区2022年度百强企业"称号。

20日 PPG工业公司投资的PPG全球涂料创新研究院在天津经开区落成并投入使用，该研究院建筑面积3万平方米，研发油漆、涂料和特种材料。

25日 博时津开科工产业园封闭式基础设施证券投资基金获中国证监会和上交所受理，是天津市首单基础设施公募REITs项目。项目发起人是经开区国资公司，原始权益人是泰达科技工业园有限公司。

26日 天津市核酸药物产业知识产权研讨会暨核酸药物产业知识产权运营中心启动仪式在天津经开区举行，该运营中心由天津全和诚科技有限责任公司主导建设。

本月 由商务部、北京市政府主办的2023中国电子商务大会在北京国家会议中心开幕，公布2023年新增16家国家电子商务示范基地名单。天津跨境电子商务示范园区(经开区)暨抖音直播生态产业基地入选国家电子商务示范基地，是天津市2023年度唯一入选单位。

本月 滨海—中关村科技园京津海归企业家产业推介会举办，10家来自生物医疗产业领域的北京科技企业参加。北京多赢时代科技有限公司、北京诺赛基因组研究中心有限公司等企业现场达成初步合作意向。

本月 天津市工业和信息化局公布2023年度第二批天津市创新型中小企业名单。其中，天津丰江科技有限公司、天津海福机电服务有限公司等23家天津经开区企业入选。

本月 中国石化与英力士苯领(中国)投资有限公司签署ABS项目股东协议，双方按50%:50%股比在南港共同建设30万吨/年ABS装置。

本月 天津恒兴威玛钢材加工有限公司落户天津经开区。该公司是长春恒兴钢材加工有限公司全资子公司，在一汽大众华北基地选址建设厂房，提供各车型相应钢材原料的开卷、剪切及仓储配送服务。

本月 科技部发布《关于支持建设国家新一代人工智能公共算力开放创新平台的函》，批复9个平台建设国家新一代人工智能公共算力开放创新平台，16个平台建设国家新一代人工智能公共算力开放创新平台(筹)。其中，天河智能计算开放创新平台(国家超级计算天津中心)获批筹建国家新一代人工智能公共算力开放创新平台(筹)。

本月 天津自贸试验区管委会印发《中国(天津)自由贸易试验区联动创新示范基地(泰达综合保税区)建设实施方案》，确定泰达综合保税区联动创新示范基地的定位和发展目标。

本月 天津市政府下发《天津市人民政府关于同意天津港口岸大港港区北京燃气集团(天津)液化天然气有限公司LNG码头LNG泊位正式对外开放的批复》，北京燃气集团(天津)液化天然气有限公司LNG(液化天然气)应急储备项目配套码头泊位对外开放。该泊位长度425米，年接卸能力500万吨。

本月 全国工商联举办2023中国民营企业500强峰会，发布"2023中国民营企业500强""2023中国制造业民营企业500强""2023中国服务业民营企业100强"名单。天津荣程祥泰投资控股集团有限公司入围"2023中国民营企业500强"和"2023中国制造业民营企业500强"。

本月 赛诺医疗科学技术股份有限公司获得国家药品监督管理局颁发的冠状动脉棘突球囊扩张导管"医疗器械注册证"，是国内自主研发棘突球囊品类产品获得的首张医疗器械注册证。

本月 天津国芯科技有限公司投资1.5亿元，设计基于高端64位RISC-V CPU平台的SoC芯片(System-on-a-Chip)。该款芯片应用于车载中央计算机、笔记本电脑、瘦客户机等领域。

本月 天津世纪康泰生物医学工程有限公司完成数亿元A+轮及B轮融资，所筹资金用于公司加速市场推广、提升研发水平、开拓新产品线。

本月 国家市场监督管理总局公布第二批全国商业秘密保护创新试点地区名单，全国15个地区获批创新试点地区，天津经开区入选。

本月 天津海光科技发展股份有限公司南港原料药新建项目取得建筑工程施工许可证。该项目位于南港工业区，总投资1亿元，建设集研发、生产、仓储等功能于一体的原料药基地。

本月 零氪科技(天津)有限公司入驻滨海—中关村科技园,开展AI研发、数据运营、患者全流程健康管理业务。

本月 天津经开区发布《天津经济技术开发区“互联网+民宿”合规经营指引》,是国内首个针对在线民宿行业的合规指引。

十月

10日 天津市电气设备领域头部企业——蓝硕电气(天津)有限公司智能化中压成套设备及电子器件生产基地项目开工仪式在微电子工业区举行。项目总投资2.3亿元,建设生产车间、中试车间、试验车间、办公用房、运维监控中心等。

同日 天津市产教联合体成立大会在天津经开区宝信大厦召开。天津经济技术开发区生物医药产教联合体揭牌成立,该产教联合体是首批国家级产教联合体中唯一的生物医药领域产教联合体。

11—12日 第二届京津冀国家级开发区优化营商环境改革创新论坛暨国家级开发区营商环境交流会在天津经开区举办,论坛由京津冀三地国家级经开区优化营商环境改革创新合作联盟主办,天津经开区管委会承办。京津冀14家国家级经开区联盟成员及广州、昆山、合肥等26家国家级经开区负责人,京津冀协同发展联合工作办公室、京津冀三地开发区协会负责人出席论坛。

16日 天津经开区管委会与奥的斯(中国)投资有限公司(简称奥的斯)签署奥的斯北方研发中心项目投资合作协议。奥的斯投资5000万元,围绕通用平台电梯新材料技术工艺产业转化、大载重高速曳引机产品平台技术开发,设立北方研发中心,提升其泰达生产基地产值。

18日 天津经开区党委书记、管委会主任洪世聪会见格拉默集团全球首席执行官Jens一行。经开区管委会副主任金香花参加会见。双方就格拉默集团在天津经开区导入更多产品和技术,设立中国区研发中心等合作事宜开展交流。

同日 第八届世界投资论坛期间,全球特殊经济区联盟(GASEZ)发布首批全球可持续发展目标示范区50强名单,天津经开区入选。

20日 天津经开区召开生态环境保护大会,部署经开区污染防治攻坚和绿色高质量发展工作,提出以高品质生态环境推进美丽泰达建设的要求。天津经开区党委书记、管委会主任洪世聪出席会议并讲话,党委常委、管委会副主任徐斐主持会议。

25日 天津经开区管委会与中国信达资产管理公司天津分公司(简称信达资产天津分公司)在宝信大厦举行战略合作协议签约仪式。天津经开区党委常委任东生与信达资产天津分公司副总经理温蕾签署协议,天津经开区党委书记、管委会主任洪世聪,信达资产天津分公司总经理毕进宇参加签约仪式。

26日 滨海新区矿产领域重点项目签约仪式在天津梅江会展中心举行,4个项目落地天津经开区,总投资7.65亿元,覆盖新能源、新材料与石化等领域。

同日 优诺金生物工程(苏州)有限责任公司重组生物制品新药基地项目开工奠基仪式在天津经开区举行。该项目总投资7亿元,占地2.8万平方米,建设长效生长激素药品生产线。

31日 “科创中国”京津冀科技成果对接会在天津经开区举办。活动由天津经开区主办,以“智联产研·协同创新”为主题,发布经开区重点企业技术需求清单(第一批),清单覆盖20余家经开区创新主体60余项技术需求。

本月 天津经开区老干部活动中心新址启用。原天津市副市长叶迪生、天津经开区党委副书记张青共同为新址启用揭牌。新址位于泰达MSD,面积约600平方米。泰达图书馆在天津经开区老干部活动中心建有流动图书站,满足老干部日常学习需求。

本月 2023年度滨海新区青年创新人才培育人选名单发布,46人入选,其中经开区20人。

本月 天津中圣泰港新能源科技有限公司中圣南港LNG冷能综合利用项目取得建设工程规划许可证。该项目位于南港工业区,总投资7亿元,用地面积11万平方米,建设3套冷能空分装置、2套燃气发电装置、1套食品级液体二氧化碳装置。

本月 天津市工业和信息化局公布2023年第30批市级企业技术中心认定名单,全市58家企业获批,其中天津经开区企业6家。

本月 肯博利精密工具生产基地项目在天津经开区现代产业区开工建设。该项目由天津肯博利精密工具有限公司投资建设,总投资9000万元,占地1.4万平方米,建设自动化布料车间、锯片钻头生产车间、磨轮生产车间、烧结车间及仓储仓库等。

本月 天津有济医药科技发展有限公司获国家药品监督管理局颁发的"药物GLP认证证书",该证书是自2023年7月新版GLP认证管理办法生效后国家药监局颁发的第一份GLP认证证书。

本月 峰成医药科技(天津)有限公司新研发中心项目投入运营。该研发中心使用面积近3000平方米,为客户提供CDMO服务、化合物产品合成技术迭代升级、绿色化学技术开发应用等服务。

本月 天津市科技局公布2023年第九批入库科技型中小企业名单,全市入库企业1481家,其中天津经开区126家。

本月 国家统计局、科学技术部、财政部联合发布《2022年全国科技经费投入统计公报》。天津经开区2022年研究与试验发展(R&D)经费总额逾92亿元,位列天津市各区及滨海新区各开发区首位。

本月 "智汇滨海"人才节2023年滨城人才峰会在天津经开区召开,300余名行业专家、领军人才、企业家、金融投资人、青年创客参加,多个项目集中签约落地滨海新区。

本月 由优视科技(中国)有限公司投资成立的全资子公司——天津汇橙信息技术有限公司入驻滨海—中关村科技园,负责阿里巴巴智能信息事业群相关业务的内容安全审核。

本月 康希诺生物股份公司(简称康希诺生物)和比尔及梅琳达·盖茨基金会签署重组脊髓灰质炎疫苗项目资助协议。根据协议,比尔及梅琳达·盖茨基金会向康希诺生物提供资助,支持公司开发基于类病毒颗粒的脊髓灰质炎疫苗VLP-IPV。

本月 天津市文明办公布天津市第二批新时代文明实践基地名单,全市50家单位入选。其中,天津经开区"碳路先锋　电亮滨城"于家堡双碳创新充电站、泰达热带植物园协同育人实践基地入选。

本月 工业和信息化部发布《关于公布2023年度中小企业特色产业集群名单的通告》,以天津经开区生物医药CXO产业为主体申报的天津市滨海新区生物医药外包服务(CXO)产业集群获评国家中小企业特色产业集群。

本月 天津市唯天涂料包装器材有限公司涂料包装容器项目在天津经开区投产。该项目总投资2.6亿元,位于南港工业区,用地4万平方米,建设6条全自动涂料包装容器生产线。

本月 凯莱英医药集团与上海医药集团签署战略合作协议,合作涉及合成生物技术、连续反应技术、小分子和大分子药物领域的药品研发生产等业务。

本月 中国石油和化学工业联合会发布2023年化工园区高质量发展综合评价结果,南港工业区被评选为2023最具发展潜力化工园区。

本月 "启迪之星·福星IC"公共服务平台对接会活动在天津经开区举办,提供SMT(表面组装技术)产品加工、辅助材料选型代采、测试数据收集分析等业务,帮助企业解决技术难题。该次对接会活动由经开区电子信息产业促进局、经开区科技创新局主办,共对接40余家企业。

本月 天津经开区聚焦企业需求,启动2023年度"企业服务月"活动。活动由经开区营商办牵头,经开区市场局、人力资源和社会保障局、建设和交通管理局、生态环境局、建管中心、不动产登记中心等20余家单位参加,为企业提供市场准入、投资建设、生产经营、市场监管等服务。

十一月

6日 国能焦煤(天津)有限公司落户天津经开区,注册资本10亿元,利用国家能源集团自有运输、销售网络及下游电力、煤化工和新能源产业,实行跨行业、跨产业纵向一体化发展。

7日 天津市第三中级人民法院与天津经开区管委会联合建设的"企业合规建设司法服务中心"线上线下平台启动,该中心是天津市首个企业合规建设司法服务中心。

8日 天津绿菱气体有限公司南港研发生产基地投产。该项目总投资3.2亿元,建有多个功能区、19条生产线,服务于半导体集成电路、光伏、光纤等领域。

10日 2023绿色投资产业论坛在天津举行,天津经开区管委会分别与天津绿菱气体有限公司、天津利安隆新材料股份有限公司签署合作协议,绿菱研发产业化基地二期项目、利安隆新材料核酸药物核心原料研发中试项目落地经开区。

15日 天津经开区管委会与国家能源集团下属企业国能(天津)港务有限责任公司、神华煤炭运销有限公司、国华能源投资有限公司，分别就国家能源集团天津区域总部项目、国能焦煤（天津）有限公司项目、新能源项目签署项目合作协议。

27日 第二届天津商业保理创新发展基地“商业保理融资服务联盟”大会在天津经开区召开，多家金融机构签约加入“商业保理融资服务联盟”。

28日 由中国服务贸易协会商业保理专业委员会主办的“第十一届（2023）中国商业保理行业峰会暨第十届于家堡保理论坛”在天津经开区开幕，全国各地商业保理企业及相关机构代表近500人参加。由天津仲裁委和经开区联合建设的天津仲裁委员会金融仲裁中心商业保理仲裁庭揭牌，为商业保理企业在经开区发展构建司法环境。

30日 天津自由贸易试验区滨海新区中心商务片区（天津经开区管委会）与河北自由贸易试验区正定片区签署合作框架协议，在投资贸易便利化、产业链供应链对接、对外开放联动等方面开展合作。

本月 海河生物集团旗下全资子公司——海河瑞诚CDMO（医药合同定制研发生产）一站式服务平台启动，CDMO一站式服务平台为全球医疗器械研发团队提供从产品孵化到上市前的全流程服务，配置3000余平方米制造服务中心，万级、十万级和局部百万级的洁净车间。

本月 天津市锦晖生物科技有限责任公司锦晖2.8万吨超净高纯试剂项目建设单位取得化工类项目“施工登记函”。该项目总投资6亿元，占地面积6.6万平方米，建设超净高纯试剂生产线。

本月 美国奥的斯公司在第六届中国国际进口博览会上发布Gen360™智能电梯和公共交通型自动扶梯，首次发布的Gen360™智能电梯规划在奥的斯泰达生产基地生产。

本月 天津优脑银河互联网医院有限公司在经开区政务服务中心取得互联网医院牌照，“持证上岗”，是《天津经济技术开发区依托实体医疗机构独立设置的互联网医院准入办法》出台后，经开区发出的首张第三类互联网医院牌照。

本月 康希诺生物重组带状疱疹疫苗（腺病毒载体）于加拿大启动I期临床试验，并完成首例受试者入组。该次临床试验采取肌肉注射及吸入给药方式，旨在评价其安全性及初步免疫原性。

本月 第四届离岸双创发展论坛在滨海—中关村科技园举办，国家海外人才离岸创新创业基地（天津滨海新区）（简称离岸双创基地）揭牌成立。离岸双创基地开发的海外人才政策智能匹配与服务平台——“政策刷卡通”发布，“政策刷卡通”归集人社、科技、商务、工信等多个部门政策，海外人才通过刷卡匹配对应政策。

本月 天津经开区发布2023年第一批“无废企业”和“无废企业”试点名单，认定一汽-大众汽车有限公司天津分公司为2023年经开区“无废企业”，认定天津敏信机械有限公司等10家企业为2023年经开区试点“无废企业”。

本月 南开大学物理科学学院、泰达应用物理研究院博士后夏士齐获评2023年度全球光学未来之星（Rising Stars of Light）。

本月 天津经开区管委会与比利时优时比制药公司签署战略合作协议，优时比制药公司发挥其在神经系统、免疫系统及罕见病领域创新药物研发方面优势，在经开区导入先进研发技术及其他创新型合作模式。

本月 天津市工商联发布第十二届天津市民营经济健康发展工程榜单，该榜单包括民营经济营业收入、依法纳税、科技创新、战略性新兴产业等百强榜单。天津经开区11家企业入选营业收入100强，13家企业入选依法纳税100强，10家企业入选科技创新100强，13家企业入选战略性新兴产业100强，6家企业入选社会责任100家企业榜。

本月 天津海光科技发展股份有限公司南港原料药新建项目奠基，该项目通过升级生产设备、工艺技术，扩大企业生产能力。

本月 第二届“天津双碳大厦园区共同缔造理事会”在双碳大厦召开，发布《绿色金融共同倡议》。会议由天津经开区金融局主办，天津泰达低碳经济促进中心、天津排放权交易所、天津市滨海新区环境创新研究院等25家理事会成员单位参加。

本月 天津经开区蓝领公园投入使用。该公园是经开区蓝领公寓配套绿化项目，满足天翔公寓、鸿发公寓及周边企业6000余人的休闲娱乐需求。

本月 第二届“双碳”创新发展论坛在天津经开区召开。活动由经开区企业中钢科德孵化器（天津）有限公司主办，由其发起运营的“碳汇宝”绿色交易综合服务平台上线运营。

本月 天津经开区首次网络货运平台线上服务能力认定专家评审会召开，蚁信通科技（天津）有限公司通过网络货运线上服务能力认定评审，是经开区网络货运政务服务“一件事”改革后，首家通过该项政策办理的企业。

本月 赛诺医疗科学技术股份有限公司收到欧盟公告机构通知，公司产品HT Supreme™药物洗脱支架系统获得欧盟MDR认证(Medical Devices Regulation(EU)2017/745)。

本月 全国党建研究会非公经济组织专委会会刊《非公有制企业党建》杂志发起的“年度百佳园区党建品牌案例”名单发布，天津经开区“七个一”组合拳党建品牌入选。

本月 国泰租赁有限公司在天津经开区设立国泰商业保理(天津)有限公司，注册资本10亿元。

本月 农业农村部公布2023数字农业农村新技术新产品新模式优秀项目推介名单。科芯(天津)生态农业科技有限公司自主研发的“AIPA”决策型精准农业系统入选。

本月 汽车经销商龙头企业河北诚实实业集团有限公司商业保理项目——诚汇通(天津)商业保理有限公司落地天津经开区，开展汽车金融领域业务。

本月 天津奥瑞芙生物医药有限公司核酸单体中试研发平台项目在天津经开区投产，年产能6000千克。

本月 橙意家人科技(天津)有限公司在泰达公证处获得数据知识产权存证公证书。该公证书是天津市首个由公证处自主研发的数据知识产权公证存证平台——“泰达e证”数据知识产权公证平台开具的首份数据知识产权存证公证书。

本月 中国民营500强企业传化集团有限公司网络货运板块——天津传化陆鲸科技有限公司落户天津经开区，基于集团在数字货运网络、货运物流等方面资源，建设集货主、物流企业、运力、车后市场、金融于一体的“传化数字货运网络平台”。

本月 天津国际油气交易中心“LNG客户需求对接会”在天津经开区于家堡洲际酒店举办，京津冀鲁地区170余家企业、近400位企业代表出席。

本月 卫浴行业龙头企业贝朗(中国)卫浴有限公司投资设立的得盈商业保理有限公司落户天津经开区。

本月 中国联通“联通数智·智联全球”千企行活动在天津经开区于家堡洲际酒店启动。大会由中国联通国际有限公司与中国联通天津市分公司联合主办，旨在推动天津区域贸易、投资、基础设施建设、人文交流等领域的国际业务合作。

本月 工程咨询行业龙头企业——恒泰工程咨询集团有限公司全资设立的融邦(天津)商业保理有限公司落户经开区。

本月 天津经开区“阳光食品”智慧监管系统上线运行，该系统是面向监管部门、食品经营主体和社会公众“三位一体”的“互联网+明厨亮灶”智慧监管平台。“阳光食品”智慧监管系统总投资600余万元，对工地食堂、集体用餐配送单位、医疗机构食堂、养老机构食堂等重点点位24小时实时监控。

本月 天津市工业和信息化局、天津市通信管理局公布天津市首批“5G全连接工厂”名单。天津航天长征火箭制造有限公司、长城汽车有限公司天津哈弗分公司等4家天津经开区企业入选。

本月 由江苏省徐州市国有企业徐州金龙湖控股集团有限公司全资设立的徐开商业保理(天津)有限公司在天津经开区注册成立。

本月 工业和信息化部公布2023年度绿色制造名单，天津经开区10家绿色工厂、1家绿色供应链管理企业入选。

本月 天津经开区管委会与山西转型综合改革示范区管理委员会在山西太原潇河国际会议中心签署战略合作协议，双方在创新合作体制、产业转移对接、产业金融、技术协同创新与科技成果异地转化、双方干部学习交流等领域开展合作。

十二月

1日 首届京津冀和谐劳动关系高质量发展大会在天津经开区召开，大会由天津经开区人力资源和社会保障局主办，仕达和谐职场法律关系研究院承办。人力资源和社会保障部劳动关系司、人力资源和社会保障部劳科院，天津市高校、律所、企业等百余家单位200余人参加，研讨新时代劳动关系法治保障的体制机制和举措。

5日 世界500强企业友邦人寿保险有限公司天津分公司滨海营销服务部在天津周大福金融中心举办开业典礼，为客户提供人寿保险、健康保险、意外伤害保险等各类人身保险业务。

6日 2023天津泰达数字经济论坛举办。论坛由天津经开区管委会主办，是天津经开区首届数字经济论坛。天津经开区发布人工智能、数字通信、元宇宙、机器人、信息安全、数字金融等第二批数字经济典型案例和应用场景。

7日 天津经开区组织召开2023年天津市人大代表进家站联系群众座谈会，完善人大代表家站平台工作机制（人大代表之家、人大代表联络站），天津经开区党委副书记张青主持会议。

同日 由中国汽车流通协会主办的“2023中国汽车金融产业峰会”在天津经开区召开。峰会围绕汽车金融、汽车金融数字化、新能源汽车市场、二手车市场创新与发展等行业热点话题，邀请相关领域领军人物介绍经验。

11日 天津（经开区）核酸药物产业联盟一周年专题会暨第一届核酸药物产业供需交流会举办，6个项目集中签约，参会企业交易额逾亿元，多家企业现场达成落地经开区意向。

15日 天津远程新能源商用车工厂竣工活动在天津经开区举行，远程新能源商用车集团与10余家企业进行战略合作签约及订单签约，向天津滨海新区公共交通集团有限公司、天津新天钢钢铁集团物流公司、天津手拉手吉程物流有限公司交付新能源汽车。

21日 由北极星电力网主办的“2023京津冀低碳创新发展论坛暨零碳智慧园区建设研讨会”在滨海—中关村科技园举行，国网天津市电力公司双碳运营管理分公司、天津燃洁斯工业设备有限公司、汉德森环保科技发展（天津）有限公司、北极星电力网等项目集中签约落地滨海—中关村科技园。

26日 天津市药品检验研究院滨海实验室在天津经开区揭牌，对外开展药品检测业务。滨海实验室坐落于天津经开区泰达生物技术创新园，建筑面积3444平方米，各类功能间74间。

27日 天津经济技术开发区妇女第三次代表大会召开，100余名妇女代表参加会议。

28日 天津国际油气交易中心试运营，LNG商品单边交易量8400余吨，单边交易额5000万元，挂牌交易、竞价交易、仓单交易、产能预售等交易模式均实现成交。

同日 天津南港危化品智慧物流综合服务中心项目举行开工仪式。该项目是《化工园区危险品运输车辆停车场建设标准》颁布后，全国首个开工建设的危化品物流综合服务中心。

同日 天大科技园服务中心揭牌，服务中心占地面积1300余平方米，建设集党建活动、运动健身和休闲娱乐、阅读会议、企业团建于一体的综合型企业服务中心。

29日 泰达企业服务云平台二期项目上线。泰达企业服务云平台以数字化应用解决企业实际问题为目标导向，是涵盖企业全生命周期、全产业链、全价值链的综合性智慧企业服务平台。

同日 天津南港乙烯项目机械竣工暨中间交工验收工作动员会及交工验收工作安排会召开。天津南港乙烯项目在中间交工验收阶段，开展联动试车、开车前安全审查等工作。

同日 中国石油和化学工业联合会发布“绿色化工园区名录（2023年）”，南港工业区入选。

本月 共青团中央、农业农村部联合印发《关于表彰第二届全国乡村振兴青年先锋的决定》，滨海—中关村科技园企业科芯（天津）生态农业科技有限公司董事长胡建龙获第二届全国乡村振兴先锋称号。

本月 天津市工业和信息化局公布第三批市级产业主题园区名单，全市12家园区获得认定，其中经开区化工新材料产业主题园区入选。

本月 天津经开区残疾人就业服务站揭牌成立。该服务站选址中国天津人力资源服务产业园（滨城产业园），为残障人士提供求职登记、就业咨询、职业培训以及职业介绍等服务。

本月 国家高新技术企业德力集团天津运营中心——天津德力智仓物流科技公司在天津经开区开业，承担德力集团智能智仓华北销售中心、运维中心等职能，为客户提供智能仓储软硬件和解决方案。

本月 天津经开区与中国传感器与物联网产业联盟签署战略合作协议，推动传感器和汽车产业的协同创新、跨界融合。

本月 位于微电子工业区的天津汇康医用设备有限公司心肺转流系统高端医疗器械及耗材研发、产业化项目投入使用，智能心肺支持技术装备工程中心揭牌。

本月 天津市科技局公布2023年度市级科普基地认定名单。其中，由天津经开区推荐的“自然资源部天津海洋中心海洋科普基地”“一飞智控无人系统科普基地”和“康师傅饮品品牌体验馆科普基地”获评企业园区类市级科普基地。

本月 中国—沙特投资大会在北京召开。康希诺生物股份公司在重大投资集体签约仪式上与沙特制药工业和医疗器械公司签署疫苗合作框架协议，双方在创新疫苗的商业化、联合研发与临床研究、本地化生产等方面开展合作。

本月 工业和信息化部发布第六批国家级工业设计中心名单，云圣智能科技有限公司入选。

本月 天津市科学技术局发布2022年度天津市企业研发投入后补助拟补助企业名单，经开区264家企业共获补助7069万元。

本月 国家海外人才离岸创新创业基地出入境事务服务中心在滨海—中关村科技园揭牌启用，是全国首个为服务海外人才离岸创新创业基地而设立的出入境事务服务中心。

本月 29省干扰素省际联盟集中带量采购结束。由天津未名生物医药有限公司自主研发的人干扰素α2b喷雾剂（捷抚®）20ml入围集采，α2b喷雾剂（捷抚®）是全球首款人干扰素喷雾剂，填补国内人干扰素喷雾剂在抗病毒领域空白。

本月 天津新未来人力资源服务有限公司负责人到经开区政务服务中心申请劳务派遣经营许可和人力资源服务许可，取得“人力资源服务许可证”“劳务派遣经营许可证”。该企业是“人力资源服务行业一件事”服务推出后首个通过该服务办理的企业。

本月 2023年中国优秀政务平台（数字政府）推荐及综合影响力评估结果发布，天津经开区政务网获评“2023年度中国领先政务网站”，“我的泰达一网通”获评2023年度中国“互联网+政务服务”十佳创新案例。

本月 国家知识产权局公布2023年新认定及通过复核的国家知识产权示范企业和优势企业名单。天津经开区7家企业入选2023年新认定国家知识产权优势企业名单，1家企业通过国家知识产权优势企业复核。

本月 天津南港工业区交割库项目开工，该项目是国家综合货运枢纽补链强链支持项目，列入《滨海新区实施高质量发展支撑引领行动打造国际一流营商环境2023年行动计划》重点项目清单，总投资2亿元。

本月 天津经开区首款跨部门、跨系统移动端政务服务智慧化综合办事平台“泰e达”小程序上线运行，覆盖事项申报、项目开工、服务获取、大厅导览、中介管理、智慧客服6个功能板块，可为办事人提供25项掌上服务功能、405个政务服务事项掌上申报渠道。

本月 中石化石油化工科学研究院有限公司天津科学试验基地项目在南港工业区开工，建设石科院能源化工新技术创新策源地、技术创新集成展示与协作创新平台、特种石油产品和高端化学品研发及生产基地。

特载

- 在2023年上半年经济运行分析会上的讲话
- 天津经济技术开发区2023年工作总结
- 专题党课：深入学习贯彻习近平经济思想　为推动高质量发展　建设现代化泰达而奋斗
- 感恩奋进　唯实争先　聚力谱写现代化泰达建设新华章

在2023年上半年经济运行分析会上的讲话

（2023年7月23日）

天津经济技术开发区党委书记、管委会主任 洪世聪

同志们：

今天我们召开这个会议，主要任务是总结上半年经济运行情况，查摆差距，分析原因，明晰抓手，部署下半年工作。进一步统一思想，凝心聚力，决战三季度，确保全年取得好成绩。昨天，班子成员一起参加了新区经济运行分析会，区委主要领导就经开区发展实力、创新能力、项目质量、工作成效等方面，指出了一些问题。我感觉到的是沉甸甸的责任和巨大的压力，班子也都有同样的感受。按照敏尔书记、张工市长和茂君书记的要求，结合经开区实际，结合我到任后二十几天的观察，并受大家发言的启发，对上半年工作，我先谈一点看法。

从总体运行情况看，上半年经开区经济运行稳中有进、进中向好，这是要肯定的。上半年GDP增速2.6%，其中服务业贡献1个百分点，工业贡献0.8个百分点；建筑业以3%的占比贡献0.5个百分点，增速达到20%左右；金融业贡献0.3个百分点。在总量中，工业占60%左右，服务业、金融业各占14%左右，建筑业占3%，加起来就是91%，这是我们的总量大盘。

积极因素体现在几个方面。一是重要指标环比回升。上半年GDP比一季度加快0.9个百分点，其中工业增加值比一季度加快2.7个百分点，规上工业产值比一季度加快2.9个百分点，营利性服务业比一季度加快0.2个百分点。二是预算收入和税收均保持两位数增长。上半年一般预算收入78亿元，增速11.2%，总量为全市第一，占全市的11.9%，实现了时间过半、任务过半的目标。税收收入71.2亿元，占比全市13%，增速11.5%，税收占一般预算收入是91.3%，结构比较好。三是固投降幅加快收窄，投资结构得到了优化，产业投资增长了0.9%，快于全区投资的4.1%，占全区投资比重的76.5%，产业投资同比提高3.1个百分点。其中战新产业投资增速9.9%，占比58.2%，提高6.5个百分点。四是市场主体增长较快。上半年新设市场主体6085户，增长13.4%，其中新设企业3643户，增长18.2%。五是区域活跃程度高。上半年社零额增长17.1%，住餐增长20.9%，商品房销售26.2万平方米，增长13.8%，消费加快回暖。“于响”推介全面打响，世界智能大会绿色石化、生物医药、智能制造分论坛，汽车金融、商业保理等高水平专业峰会成功举办，龙舟比赛、嘉年华音乐节、茱莉亚市民音乐会等各类活动丰富多彩，人气不断旺盛。六是创新活力足。上半年高技术服务业和新兴服务业收入将近180亿，增长20.8%，占服务业收入比重达到54.8%。国家科技型中小企业入库735家，雏鹰瞪羚领军企业总计入库231家；国家高企储备91家，累计超过1000家。

总的来看，上半年经开区实现了量的合理增长和质的有效提升。量的方面，体现在规模上；质的方面，体现在真金白银的税收和创新主体的聚集上。成绩来之不易，这是大家努力工作的结果，必须倍加珍惜。

在看到成绩的同时，更要清醒认识面临的挑战和问题。问题主要表现在增速不及预期、“主支撑”作用没有得到充分发挥。一是与全市、新区主要经济指标平均值相比，还存在差距，经开区GDP占新区比重32%，但上半年对新区的贡献度只有18.4%。与年初设定的目标相比，目前除营利性服务业、社

零额、实际利用内资、建筑业之外，其他指标未实现时间过半、任务过半。二是工业存在短板。电子信息方面依旧疲软，汽车产业方面缺乏新能源车的结构性短板依然突出。上半年，我们共生产整车36.8万辆，其中燃油车30.7万辆；新能源车2.1万辆，新能源车产量占比整车总产量5.7%。而全国新能源汽车产销分别完成378.8万辆和374.7万辆，增长42.4%和44.1%，上半年全国新能源车市场占有率达到28.3%。我区战新产业、高技术制造业产值分别下降11.6%和16.9%，增加值分别下降2.9%和4.6%。总的来看，我区产业结构优化、迭代升级的迫切性日益突出。三是重大项目落地较少。目前重大项目集中在化工产业领域，比较单一。比较来看，上半年苏州工业园固投286亿元，增长29.8%，其中工业投资增长是29.3%；我们的固投却是下降了3.2%。从长远来看，项目储备不足，缺少标志性大项目。另外，内外资缺口较大，经开区主责主业是招商引资，内外资指标下滑，会影响外界对我们的评价。外贸恢复乏力。加工贸易占比重，受地缘政治、国际影响大。四是部分干部的主观能动性、积极性、创造性激发不足，斗争精神不强，自我加压不够。

同志们，大家要直面问题，有紧迫感，要从自身找原因。同时，也要看到优势、基础、潜力和机遇。更要看到我们有一支素质优良的干部队伍。经开区的干部，绝大多数都是响当当，这支队伍是我们宝贵的财富。所以，我们要坚定信心，盯住目标，直面压力，笃定前行，奋力争取最好的成绩。

刚才，发改局做了主汇报，几个部门就各自工作做了专项汇报。各位班子成员就分管领域工作进行部署，我都同意，各部门要抓好落实。就下一步工作，我再讲三点意见。

一、关于经开区使命责任的认识体会

前不久，敏尔书记到新区调研，专门听取各开发区汇报，强调五大开发区要"登大台、唱大戏、挑重担"。天津现在是16个行政区，打开滨海新区结构，主要是由5大开发区支撑经济基本盘。经开区是全市经济第一大区，这一点毋庸置疑。大家要充分认识我们的使命之重、责任之大。

（一）*要明责履责*。经过近40年的发展，230个国家级经开区以千分之三的国土面积，贡献了全国约十分之一的地区生产总值、五分之一的工业增加值、进出口总额和利用外资。作为首批国家级开发区之一和综合实力第一方阵成员，我们要深刻认识所肩负历史之责，把历代泰达人开辟的事业继续推向新高度，为改革开放和中国式现代化建设作出新贡献。要深刻认识所肩负时代之责，紧紧抓住近年来国务院和相关部委先后出台支持国家级经开区文件，包括2019年国务院印发《关于推进国家级经济技术开发区创新提升打造改革开放新高地的意见》，以及今年初商务部、发改委等10部门联合印发《关于支持国家级经济技术开发区创新提升更好发挥示范作用若干措施的通知》的契机，在积极融入新发展格局中塑造新优势。要深刻认识所肩负发展之责，不断夯实产业基础，蓄积创新动能，营造最优环境，为全市和新区高质量发展构建新支撑、做出新引领。

（二）*要知重负重*。天津经开区GDP约占全市17%、占新区超过1/3；工业规模占全市1/4、占新区一半；外资外贸均占全市1/3。近日我随同区委领导去北京对接座谈，把这些数据摆出来，人家一听，立刻对经开区刮目相看。我们的地位作用毋庸置疑、不可撼动。比如说，从全市汽车产业链来看，三大整车都在经开区，哪个车出现问题影响都不限于经开区，全市为整车配套的1400多家企业都会受到影响，涉及西青、武清、津南、东丽，因此市委市政府对经开区汽车产业高度重视，我来的时间不长，但也感到了这种压力。当前全国、全市、各区发展都面临着很多困难，都不容易，就看谁能咬牙挺过突围，方显英雄本色。小有小的难处，大有大的难处，我们也面临着区域竞争、产业转型、创新提升、资金紧张等多重压力挑战。我们就是要在统筹多元目标中来平衡、克服多重困难，知难而上、迎难而进，闯险滩、搏激流，驶向发展的新蓝海，展现泰达人永远昂扬向上的精气神。

（三）*要见行见效*。经开区承担的是大使命、硬任务，要经济大区风范，给全市经济发展打个样。要用行动说话，要用实绩证明，不能纸上谈兵、流于空谈。如果大家都论道，都讲应该怎么办，谁来干？张工市长总讲"做你说的，说你做的"。别看这句话很简单，但做到相当很不容易。我们要少说多做，甚至在有一些事情上只做不说，要用有力有效的行动，把我们高质量发展的"设计图"转化为推动工作的"施工图"，进而变成我们发展的"实景图"。要坚持目标导向、结果导向，不能忙而无效，忙而无果。

不能看起来每天忙忙碌碌，但没什么成效。要将工作成效体现在指标上、数据上、项目上、考核结果上，交好账、添大秤。经开区的舞台足够大，我们要唱主角，要对得起历史、对得起事业、对得起组织、对得起这方热土、对得起曾经在这片热土奋斗过的泰达人、也对得起我们自己。要赢得喝彩，而不是倒彩。要切实增强使命感、责任感、荣誉感、紧迫感，弘扬泰达精神，发扬历史主动精神和斗争精神，以发展的实际成效来体现坚定拥护“两个确立”、坚决做到“两个维护”，奋力谱写现代化泰达建设新华章。

二、关于下一步工作的初步考虑

（一）坚持“1233445N”发展思路

一个目标，即建成现代化泰达。中国式现代化有五大特征，是人口规模巨大的现代化、全体人民共同富裕的现代化、物质文明和精神文明相协调的现代化、人与自然和谐共生的现代化、走和平发展道路的现代化。我们要明确建设“现代化泰达”的发展目标。

两大理念，即新发展理念（创新、协调、绿色、开放、共享）和人民至上理念。

三个定位，即先进制造研发基地中心区、新时代美丽“滨城”核心区、国家级开发区示范区。

三轮驱动，即产业驱动、创新驱动、低碳驱动。

四大重点工程，即重大项目招引重点工程、国有企业高质量发展重点工程、核心区产城融合活力再造重点工程、干部队伍建设提升重点工程。重点工程不能打的太多，要举全区之力、全委之力坚决拿下，见到实效、看到成果。

“四为”原则，即实业为根、开放为先、创新为要、环境为本。

五大主导产业，即汽车及高端装备、电子信息、医药健康、化工新材料以及现代服务业。

N项任务，即经开区高质量发展支撑引领行动的各项任务。

（二）升级加力做好八项工作

今年三季度，新区的GDP增长目标是5.2%，我们不能低于2.6%，要朝着3%去努力，发改局要牵头进行分解。具体来看，要做好八项工作：

第一，坚持招大引强，在突出项目标志性上升级加力。泰达设立之初就喊出“项目是生命线”的口号。项目是个点，产业是条线，经济是个面，没有项目这个点，支撑不起来产业。实践证明，没有项目就没有后劲、没有未来、没有地位。几十年来，我们相继招引了一批重大产业项目（如：摩托罗拉、三星系、丰田、大众、中石化大乙烯等），夯实了实体产业根基。这些招商经典案例是我们的宝贵财富，要继承、保持和发扬，坚持引大项目、促大产业、谋大发展。一是要打好“重大项目招商引资攻坚战”。要具备大眼界，展现大气魄，围绕实体项目、平台经济、总部经济、金融业、现代服务业等，瞄准主导产业龙头企业、战新产业链主企业、未来产业潜力企业等优质项目集中发力，要有百亿、五十亿、三十亿、十亿、亿级的项目，全力争取每年有1–2个重特大龙头项目落地。这项工作由招商部门牵头，各部门密切配合、共同推动，举全委之力打好这场“攻坚战”，为建区40周年献上靓丽的成绩单。二是要多措并举招引项目。抓住京津冀协同发展战略机遇，加强产业协同，特别是抓住央企战新产业的布局，积极对接链主企业的同时，围绕其二三级总部下足功夫。要在长三角、粤港澳大湾区等重点区域加快打造新型“招商中心”，敏锐捕捉产业动态，获取一手项目信息。要制作高水平的招商短视频，通过上门拜访和组织、参加各类专业会议论坛，抓住一切机会进行招商推介，抓住国内外投资者兴奋点，把经开区的优势呈现足、呈现好。要充分发挥我区综合要素优势，强化土地、能源、算力、政策、服务等要素供给，特别是能源供给要坚持市场化，不能依赖补贴。各相关部门要提高抓招商的能力，围绕文创、土地、市场主体、科技型中小企业、商业等招商引项目。三是要加强“谋划、储备、签约、落地、开工开业、竣工投产、达产”全流程推动。“签约是银、履约是金”，市区两级近期要对签约项目的成效进行检验，我们要做好准备。要深化产业研究，做好案头工作，“一项目一方案”制定个性化招商方案。要把住项目签约落地各环节，提高储备项目落地转化效率。要抢抓施工“黄金期”，推动重点项目应开尽开，在建项目提速提效、尽早投产达产。要积极争取专项债额度，做好前期准备工作，确保资金就位能投快投。

第二，注重质量效益，在强化招商引税上升级加力。税收水平关乎增长潜力，税收提高依赖项目质效。要积极推动“招商引资”向“招商引税”转变，招来更多“有里有面”“好吃好看”的项目。一是要稳住区域税收基本盘。目前我们的区级税收占

GDP比重较低，与经开区的项目体量和区域发展需求不匹配。从结构看，存量项目仍是主要支撑，新项目普遍见效慢、贡献低。要综合施策，在不透支财力的基础上抓出税源。要通过专业化服务和政策撬动稳住老税源；加大新项目招引力度，推动尽快展业形成税收增量；促进在我区开展业务的企业本地注册纳税；争取上级支持税收征管关系变更，促进区内市管企业税收数据记在当地，打好稳税收“组合拳”。服务好存量企业就是最大的招商引资，鼓励存量企业做出增量。二是要找准快速增收发力点。结合新经济新业态新模式交易量大、交易频次高的特点，发掘税收增速潜力。以天津出台推动平台经济健康发展实施意见（津政办发〔2023〕13号文、14号文）为契机，持续巩固网络货运（狮桥、顺丰）、灵活用工（五八、猎聘）、居民生活服务（滴滴、哈罗、美团）等平台经济优势领域，不断拓展数字经济、工业互联网等新兴领域；做强保理产业优势，常态化开展政策创新，吸引保理企业聚集，推动金融服务业为税收多做贡献。积极搭建交易平台，如南港油气交易结算平台、票据交易结算平台等，促进国有平台参股变成合资企业，带来税源落地。三是要扩大未来潜在收入源。招商人员要练好“内功”，提高对项目的综合分析判断能力。把好“质量效益关”，以亩均论英雄，注重“含金量、含智量、含新量、含绿量”，引进品牌价值高、盈利能力强、发展前景好、指标贡献大的项目，支撑区域产业健康可持续发展。

第三，盯紧指标任务，在促运行稳增长上升级加力。要瞄准指标，解剖问题，综合施策，提升经济运行调度水平，实现经济平稳健康发展。一是要健全服务促进机制。充分发挥工作领导小组和三个专班作用，落实“领导包保、对口促进”模式，进行精准服务，确保指标落在项目上、项目落在人头上，通过细化业绩考核、全程督查促进，有力推动优势指标保持两位数增长，落后指标降幅明显收窄，规上工业总产值、固定资产投资等关键指标快速转正，力争全年所有指标圆满完成。二是要丰富手段。强化运行监测分析，提高统计数据质量，打开经济结构全面查找问题、分析原因、精准施策。把握新业态新模式需求，虚心向东疆学习，协同海关、税务、金融监管等部门积极开展政策创新，吸引企业落户成长。三是要分类服务促进。对存量企业，要全力解决生产经营中遇到的问题困难，激发企业增资扩产、增加本地结算。经开区的企业基本都是生产制造工厂，总部在外地，要调动高管的积极性，常去共同跑总部，增进感情，引来新的资源、资金、业务。对增量企业，要全方位做好保姆式服务，强化政策、人才、业务对接，助力企业尽快开业展业、早做贡献。

第四，积蓄发展动能，在提高创新水平上升级加力。创新是引领发展的第一动力。党的十八大以来，习近平总书记两次亲临滨海新区视察，都对创新作出了重要指示。今年开年之初，敏尔书记提出滨海新区要建设CID（中央创新区）。抓创新是坚决贯彻总书记指示精神的需要，是认真落实市委部署的需要，也是我区转型为高质量发展的自身需要。一是要着力加强与北京的协同创新。北京侧重原始创新，经开区侧重应用创新、成果转化，在强化与北京中关村合作的同时，要启动与怀柔、朝阳的合作，推动在滨海—中关村挂牌。要运用市场化的手段，深挖同城化的题材，不仅要政府“热起来”，更要鼓励企业、研发机构、联盟等各方面力量“动起来”。二是要着力加强企业创新。突出企业科技创新主体地位，通过产业带动、政策撬动、服务推动，不断提高企业自主创新积极性和自主研发能力，形成高新技术、雏鹰、瞪羚等各类创新企业持续涌现、聚集发展态势。把握外资企业“在中国、用中国、为中国”发展趋势，鼓励跨国企业加快设立研发中心，实现就地研发、就地转化。支持大型央企、民企设立产业创新中心，积极开展产品创新、工艺创新和生产流程再造。三是要持续完善创新载体。用活用好医药联合研究院、超算中心等现有载体；加快滨海—中关村M0新型产业用地、南港科创中心等项目建设，打造小试、中试、孵化、加速器等新型研发载体，与北京原始创新优势密切衔接，推动更多创新成果在我区实现产业化；鼓励支持区内企业自有工程实验室等资源向开放式、共享式创新平台转变，为创新创业企业赋能助力。四是要营造创新的立体生态。以“聚智、聚才、聚资、聚服”为重点，利用好现有资源，吸引科技创新各类要素在我区聚集。完善科技创新供需高效对接机制，积极搭建政府主导、市场化运作的科技创新要素交易平台，提供“一站式”服务，尤其是要注重保护知识产权、保护原始创新。健全科技创新促进机制，充分发挥科技部门和区属企业各自作用，形成促进科技创新有效合力。

第五，发挥优势基础，在打造对外开放新高地上升级加力。开发区本身就是开放的产物，开放就是基因、传统和优势。外资外贸在经开区经济发展中发挥着重要作用，必须坚持发展外向型经济方向不动摇，当好对外开放“排头兵”。一是要抓住机遇引外资。上半年，我国新设外资企业数量快速增长35.7%；引资质量持续提升，高技术产业引资增长7.9%，占比提升3.9个百分点达到39.4%，其中高技术制造业引资增长28.8%，众多跨国企业高管纷纷来华考察，普遍对中国经济发展前景充满信心。经开区作为外资企业聚集地，要服务好现有外资企业，加强高层对接走访，及时掌握企业投资新动向，吸引其在经开区加大投资。要发挥我区综合优势，精准赴外招商，聚焦欧盟、日韩企业重点发力，引进标志性重大外资项目落地。要围绕外资龙头产业链、供应链需求，强化在地配套，创造本地企业发展新机会。二是要优化结构促外贸。要客观看待我区外贸特点，找准外贸发展方向。充分发挥主导产业优势，打牢经开区贸易基本盘。加快建设油气交易中心、大宗商品交割库，壮大南港供应链公司规模，实现“以港促贸”。用好国家进口贸易促进创新示范区，汽车及零部件、中药及西药两个外贸转型升级基地，国家数字服务出口基地“一区三基地”牌子，吸引投资、汇聚资源、带动增量。三是要完善环境强平台。打好“自贸区+综保区”特色牌，实现政策优势叠加、相互赋能。近期，国务院出台9号文(《关于在有条件的自由贸易试验区和自由贸易港试点对接国际高标准推进制度型开放的若干措施》)，要逐条认真研究，形成落实举措，加大宣讲力度，通过自贸制度创新“创场景”“创应用”，赋能实体产业发展。加快推动综保区“腾笼换鸟”，用好保税研发、保税展示等政策，为生物医药、集成电路、智能装备等产业提供有力支持。

第六，聚焦重点领域，在推动资产盘活上升级加力。盘活资产是有力应对经济下行、债务高企双重压力的重要举措，要创新路径、加快推动。这方面国企平台是重点，要担起国企高质量发展重点工程的重要任务。一是强化土地招商、规划招商。全面摸排低效闲置土地，精心制定盘活计划，运用行政、经济、市场、法律等手段综合施策，分步骤有序推动。下半年重点围绕海河南部、飞地园区进行策划，为土地盘活、吸引项目打下扎实基础。二是分类盘活载体资产。长期闲置不用的，该收回就收回；不符合当前产业发展需求的，纳入更新计划；管理服务不到位的，借鉴先进地区经验提升专业化运营水平。要加快推动首单REITs产品发行进度，谋划储备扩募项目，推动资产变资金。三是用好“场景”这一要素。围绕城市资源、产业资源、科创资源等方面，探索制定“场景清单”，发布对接市场需求。要引入高水平的运营人才团队，根据需求端来规划设计，导入产业、导入业态，城市更新切记不能建成之日就是闲置之日。近期我去朝阳区考察，发现一个商圈，外观是钢结构，里面有年轻人在打篮球，觉得很新颖。了解后得知，这是一个老商场改造项目，北京朝阳区和上海盈展公司共同打造成了朝北商圈的重点项目THE　BOX。我们要借助于响片区的资源，创新拓展零售布局，打造经开区自己的商圈。要用好国家数字出口服务基地、两业融合试点等国字号“牌子”，善于借助这些“牌子”办会议、聚资源、促合作、引投资、落项目。

第七，坚决守住底线，在构建大安全体系上升级加力。安全是发展的前提，发展是安全的保障。要建立“大安全”思维，构建“大安全”格局，守好安全稳定环境。一是要保障区域生产安全。全面落实“四方责任”，系统推进安全风险防控体系建设，推动安全生产履职到位。扎实开展重点行业领域安全专项整治，加强辖区内企业、群众生产生活安全隐患排查，坚决防止出现“群死群伤”以及较大的事故发生。南港工业区要发挥好智能化管控平台作用，做好片区整体性安全风险评价和隐患防范。二是要保障区域经济安全。近几年我们面临较大债务风险压力，资金始终处于紧平衡状态。受当前财政政策和房地产市场持续低迷影响，原定土地出让进度较慢，缺少大额现金流，财政链条更加紧张。要加强统筹协调，创新化债模式，保持正常运转，防范出现系统性风险。要抓住政策导向，包装更多的项目融入资金，覆盖利息支付，减轻财政负担。要树牢过紧日子的思想，节约开支，要当成自己家的钱来花。三是要保障社会面安全。完善意识形态风险防范机制，强化舆情特别是网络舆情应对能力，创新化解社会矛盾举措，及时有效预防化解纠纷隐患，从讲政治的高度当好首都政治“护城河”，构筑拱卫首都安全的坚固防线。

第八，在党建引领上升级加力。认真筹划开展第二批主题教育，高标准组织部署、扎实推进。组织部门要研究选优配强干部，优化干部结构，提升专业化能力水平。要适时完善考核机制、考核办法,保证干部能上能下,考出压力、考出动力,充分调动干部干事创业的积极性。要加强党风廉政建设,特别是对关键领域、关键岗位要加强监督,对干部要严管厚爱相结合。宣传部门要系统谋划,讲好泰达故事,每年要有宣传计划、宣传亮点,在国家媒体、地方媒体等定期要有头版头条、重要消息。

三、关于干部队伍作风建设

成就事业靠干部靠队伍,锻造队伍靠作风。经开区四十年来取得的辉煌成就,靠的就是"泰达人"能打敢拼、甘于奉献的过硬作风。我听过一段话,是一副对联。上联:用人容人团结人以情感人但不要琢磨人;下联:想事干事干成事不出事但不要没事找事;横批:思方行圆。芸芸众生,离不开与人打交道,离不开做事,要坚持科学性、原则性与灵活性的统一,认真做好干部工作。

(一)讲团结,凝聚战斗力。习近平总书记强调:"懂团结是真聪明,会团结是真本领。团结出凝聚力,出战斗力,出新的生产力,也出干部。"经开区要搞好大团结,众人拾柴火焰高,上下同欲者胜,"泰达"号这艘大船才能行稳致远。对内,不能有"门户之见"、"出身之分",区域合并、法定机构改革了就是一家人,就是经开区人,就是泰达人。要讲大局、识大体,以经开区全局利益为重,求大同存小异,多换位思考、多理解、多包容、多念别人的好、多想自己的不足。班子成员要跳出分管看全局、胸怀大局。部门要去行政化、机关化、官僚化,高效办事,该拍板就拍板,该干就干,不要凡事文来文往、层层签批。要密切协同,牵头部门要有力、要知晓全面,配合部门要高效、要全力支持,齐心协力,攥指成拳,形成合力。要加快公文流转速度,规定明确的签批时限,这项工作党委办要拿出意见。针对入区项目评估、政策兑现流程、财政投资项目审核、建设工程审批以及配套项目审批,各领导班子成员要研究提速简化流程。对外,要尊重上级机关、业务部门,争取利益讲究方式方法,少抱怨,多沟通,勤汇报,在完成好工作任务的同时结交友谊,为发展创造风调雨顺的外部环境。

(二)讲服务,接续好传统。"服务"是经开区的核心竞争力,不能丢掉这个看家本领。要真心服务。树立"人人都是营商环境"理念和"我就是经开区"的意识,精心维护经开区形象。要经常向企业家汇报,密切企业与经开区的联系。要珍惜崇信践诺良好形象,承诺是银、践诺是金,答应企业的就要兑现,一时有困难的要当面沟通取得理解支持,坚定企业长久扎根发展的信心。比如,我们在评选表彰各种优秀荣誉的时候,不要都考虑老企业、老面孔,让更广泛的企业体会到经开区的关心关怀、感到温暖。要优化服务。想企业家之所想,急企业家之所急,分内事要痛快办,需要协调上级部门的事积极对接,因政策原因暂时办不了的要寻找替代方案,不能光说"不行",还要说"怎么行",真正帮助企业解决困难,形成"企业提问、限时解决、及时反馈、效果评价"的服务闭环。要敢于服务。李强总理在年初记者见面会上强调,在履行审批、管理等职能时,不能光踩刹车、不踩油门;不能尽设路障、不设路标;凡事要多作"应不应该办"的价值判断,不能简单地只作"可不可以办"的技术判断。我们为企业服务,只要不违反底线红线,把握好亲清关系,出于发展大局,立足企业所需,就要大胆尝试,不要瞻前顾后、畏手畏脚、顾虑重重,无私就无畏,要创造性执行。

(三)讲实干,能担硬任务。经开区工作,做不得虚功,必须务实,要让"实干为要"成为经开区最鲜明的导向。搞好工作要坚持最高标准。干工作不是"交作业",而是"干事业",要在"标准"上见真章。"取其上得其中,取其中得其下"。要追求卓越,每一项工作都要力争做成标杆、形成示范,主动自我超越;要追求极致,不放过任何一个细节,不给任何疏漏可乘之机,做就做到最好、最精、最细。攻坚克难要能够挺膺担当。经开区从事的是建设改革开放新高地的光辉事业,大事业需要大担当,大担当成就大事业。干事担当,就是干部的职责所在、价值所在。我们每个人都要扪心自问,我为经开区的发展做了什么,我在单位的价值体现在哪。发展是每个人的事,而不是没做好都是别人没做好,跟我没关系。我们的干部要具备敢于担当的勇气、能够担当的本领,在担当中体现责任,在尽责中实现价值,以精彩的局部支撑壮观的全局。落地见效要依靠抓实抓细。一分部署、九分落实。要深入基层深入一线,了解实情,问需于民,问计于民,现场办公,解决问题,"在办公室都是问题,到了基层全是办法"。要强化"目标任务、责任分工、标准规范、督查检查、考核评价、制度规则"体系建设,每项工作项目化、清单化、责任化地推动落地见效、开花结果。今天在座的各位都是关键少数，要发挥头雁效应，做好表率，既要挂帅、又要出征，一级带着一级干，一级干给一级看。要以办成事为根本，抓具体、具体抓、早落地、快见效。

（四）讲进取，勇当开拓者。一代人有一代人的使命，不能躺在过去的功劳簿上消耗能量、坐吃山空。历史的接力棒已经交到我们手中，我们要跑出加速度。要坚持守正创新。守正就是要继承和发扬“开放、开拓，励精图大业；求新、求实，众志建新城”的泰达精神，始终保持昂扬向上的斗志、锐意进取的干劲；创新就是要适应新形势新变化新环境，敢于打破旧框框，勇于冲出舒适区，乐于迎接新挑战，在新发展阶段运用创新思维，找到创新招法，创造更大成绩。能闯敢创是经开区人的底色，这个底色不能褪。要做到争气拼搏。自开发建设以来，经开区人就有一种绝不服输、勇当先锋、敢打头阵的劲头，造就了经开区曾经的辉煌。如今我们面临一些困难和问题，这是阶段性的、暂时性的。我们怎么办，是突围登顶、攻下山头，还是就地躺平，全市人民都在看着我们啊！我们要持续发挥野战军的狼性和血性，提振士气、拼搏奋进，永争第一、干出唯一、创出一流。要强化激励保障。要坚持严管厚爱，进一步打破论资排辈、隐形台阶，只要干部政治坚定、为人正派、工作出色、贡献突出、清正廉洁，该重用的重用，该奖励的奖励，该提拔的提拔。要落实“三个区分开来”，用好容错免责机制，解除大家后顾之忧。对于以前因为工作原因，而不是因为个人私利而受到处分的干部，要放下包袱，轻松上阵，努力工作，改了就是好同志，该用继续用。请大家相信，党委始终是大家聚精会神、心无旁骛干事创业的支撑和靠山。

同志们，习近平总书记强调：新时代的伟大成就是党和人民一道拼出来、干出来、奋斗出来的。我有个提议，我们以“现代化泰达，奋斗每一天”来共勉。

我到经开区工作虽然只有三周，但是信心满怀。有些情况还不熟悉，今天讲得不对的地方，请大家批评指正。让我们同心同德，团结奋斗，攻坚克难，争气拼搏，努力争取全年最好成绩，也为献礼明年年底的四十周年区庆打下良好基础。

我就讲这些，谢谢大家。

天津经济技术开发区2023年工作总结

2023年是全面贯彻党的二十大精神的开局之年，是新冠疫情防控转段后经济恢复发展的第一年，是天津全面建设社会主义现代化大都市的关键之年，是滨海新区全面建设新时代“四宜”美丽“滨城”、加快打造中国式现代化“滨城”样板的奋进之年，也是天津经济技术开发区（简称经开区）建设先进制造研发基地中心区、新时代美丽“滨城”核心区、国家级经开区示范区的起始之年。一年来，经开区坚持以习近平新时代中国特色社会主义思想为指导，全面学习贯彻党的二十大精神，深入落实习近平总书记对天津工作一系列重要指示批示要求，在市委、市政府、滨海新区区委、区政府的正确领导下，加力落实高质量发展“十项行动”，特别是滨海新区高质量发展支撑引领行动，各项工作实现稳中有进，发展态势持续向好，在国家级经开区综合评比中继续位居前列。

一、经济态势企稳向好，高质量发展扎实推进

积极应对宏观经济下行压力，坚持统筹兼顾、科学调度、精准施策，以落实京津冀协同发展等国家战略为牵引，全力稳住经济底盘，发展态势逐步向好。

1.*京津冀协同发展走深走实*。机制协同能力不断优化。制定《天津经济技术开发区关于进一步强化京津冀协同发展走深走实工作推进机制》，“领导小组+专项工作组”联动效能得到增强，协同发展的统筹能力和落实力度进一步提高。产业协同效果不断增强。全年落地京津冀协同项目492个，协议投资总额1634.12亿元，其中，投资10亿元以上项目30个，协议投资总额1507.91亿元。中石化英力士石化有限公司、国能焦煤（天津）有限公司、中化学新材料科技公司、国家管网集团储运技术发展有限公司和科学技术研究总院分公司、中铁十九局股权投资基金、中石化人才发展（天津）有限公司、中国联通（天津）工业互联网研究院等多个央企二三级项目落地。创新协同水平不断提升。滨海—中关村科技园与北京中发展集团签署新一轮共建协议，打造京津冀创新集成服务体系；与北京理工大学共建新能源与高性能制造实验室，打造高水平成果转化中心。中石化北化院和石科院、中海油研究院、中化学科研院等总投资超60亿元的8个央企中试基地落户南港工业区。与河北自贸片区签署合作协议，推动两地自贸试验区联动创新。成功举办第二届京津冀国家级经开区优化营商环境改革创新论坛，促进三地营商环境合作共建。

2.*经济运行回升向好*。地区生产总值增速实现一季高于一季，全年增长3.2%。工业生产稳步恢复，规上工业总产值完成5412.2亿元，增速较前三季度加快0.9个百分点，占滨海新区比重达到48%；规上工业增加值增长1.3%，其中，战略性新兴产业增加值占比39%、高技术制造业增加值占比26.8%。营利性服务业收入完成708.4亿元，同比增长7.3%。金融业增加值增长5.3%。固定资产投资完成492亿元，同比增长0.6%，高于市区和滨海新区17个百分点和4.3个百分点。交通运输业收入完成1076.9亿元，同比增长8%。限额以上社零额完成90.5亿元，同比增长11.3%。限额以上商品销售额完成4056.6亿元。新增就业用工登记位居滨海新区之首。

3.*发展结构持续优化*。投资结构更实。全年产业投资完成380.1亿元，占固投比重提升至77.2%，主引擎和压舱石作用进一步凸显。大众变速器APP550动力电机、诺和诺德天津生产厂成品车间扩建项目、洁美电子华北地区产研总部基地、富维海拉车灯生产基地等86个重点产业项目开工建设。飞旋科技、雀巢宠物湿粮、凯莱英生产服务平台二期等23个重点产业项目竣工投产。外贸结构更优。全年进出口完成2393.3亿元，分别占滨海新区和天津市比重为42.5%和29.9%。出口货物向产业链更长、附加值更高方向延伸，电动载人汽车、锂离子蓄

电池、太阳能电池“新三样”出口大幅增长。财税结构更稳。全年一般预算收入完成139.1亿元，增长11.6%，其中，税收完成132.5亿元，增长17.1%，占收入比重95.3%，同比提高4.5个百分点。

二、招商引资紧抓不放，产业发展坚实有力

持续加大招商引资工作力度，深挖产业链上下游项目投资布局，强化链式思维，实施精准招商，不断增强产业发展核心竞争力。

1.大项目好项目持续导入。全年新设企业8196户，同比增长29.58%。实际利用内资700亿元，同比增长24%；实际利用外资12.8亿美元，占滨海新区四分之一。新引进注册资金5000万元以上项目186个，新落地制造业1亿至10亿元项目20个，10亿至30亿元项目5个，30亿至50亿元项目1个，百亿元以上项目1个。全力开展链式招商，坚持成链成群、成龙配套，持续强链、补链、延链，新引进产业链项目245个，占制造业落地项目的61%。新增招商楼宇去化面积20万平方米，同比增长58%。举办泰达汽车论坛、中国商业保理行业峰会、中国石化民营经济高质量发展大会等招商论坛活动，成功接洽一批项目资源。粤港澳大湾区招商中心、日本招商中心相继投入使用，招商引资渠道进一步拓展。

2.制造业底盘有力夯实。围绕四大制造产业，着力做强基础、做优结构，产业发展持续性和竞争力不断提升。汽车及装备制造产业全年产值完成2383.7亿元。吉利商用车“一基地、三平台”、格拉默天津生产基地、美埃科技净化设备生产基地等项目投资落地。一汽-大众华北基地整车产量突破100万辆；长城新增哈弗大狗二代新能源、哈弗枭龙两款新车型；一汽-丰田建厂20周年，全系车型实现双擎配置。改造完成2条智能网联汽车测试道路。电子信息产业全年产值完成754.9亿元。豪威北方总部全国车规级业务中心、聚芯光禾国产化网络设备总部基地、亨旺集团新能源板块总部、泰豪科技华北总部基地、七一二研发及产业化总部基地等多个总部类项目签约落地或开工建设。中国汽车芯片标准检测认证联盟在经开区正式成立。医药健康产业全年产值完成649.1亿元。诺和诺德新灌装厂、优诺金重组生物制品新药基地、臻诺医药全国总部及北方研发中心等项目签约落地。核酸产业加快聚集，成立核酸产业联盟，兴博润公司建成国内最大的核酸单体生产基地，法尔玛公司建成国内最大的小核酸原料药基地。经开区生物医药产教联合体获批“国家级市域产教联合体”，生物医药健康产业知识产权协同运营中心正式启动。化工新材料产业全年产值完成1085.8亿元，占全市绿色石化产业链五分之一。新和成、恒河等项目签约落地，东纶科技、普利特、北京金隅等13个项目实现拿地；河北诚信甘氨酸、见龙聚苯乙烯、长芦海晶等14个项目开工建设。天津国际油气交易中心正式运营，首批140家企业开展线上交易，打造全国油气交易新格局。

3.现代服务业发展加快。金融创新成效显著。保理产业快速增长，全年新增保理企业22家，实缴资本22.5亿元，占全市60%；全区保理企业资产总额超1500亿元，占全国20%，纳税近10亿元。设立京津冀地区首个商业保理仲裁庭。基金小镇全年新增注册企业138家，提供投融资服务超10亿元，累计落地333个项目，合计认缴规模达1100亿元。SPV业务正式落地，累计装入32艘船舶资产、5架飞机资产，实现经开区单机单船租赁零的突破。新业态新模式彰显新活力。滴滴新增代驾、商旅服务及新能源等多个业务板块。贝壳、自如、美团、万达传媒等龙头企业持续扩大业务规模。恒瑞医药、零氪科技、通用环球等一批数字医疗项目落地，全年营收超40亿元。中国核工业集团、卓尔控股、中智集团等世界和国内500强企业落户新项目。经开区跨境电子商务示范园区获批国家电子商务示范基地，新引进美图美事、大杰致美、军艺传媒等10余家企业，产业链产值突破3亿元。“互联网+”平台经济领域持续拓宽，引进蓝犀牛总部、传化集团网络货运北方总部、谨道咨询区域总部、天防安全区域运营中心等生活性和生产性服务类新项目。

4.产业链建设优化升级。产业向价值链中高端跃升，高端化、智能化、绿色化更加明显。奥的斯研发中心、纬湃科技天津实验室、PPG全球涂料创新研究院及创新应用中心等一批外资研发类项目签约落地或建成投用。航天长征火箭、长城哈弗汽车等4家企业入选全市首批5G全连接工厂名单，占全市三分之一。美克国际等4家企业获评全市首批工业设计中心，占滨海新区二分之一。渤化化工、膜天膜等22家制造型企业获滨海新区、天津市质量攻关奖项。施耐德入选国家低压电气产品智能工厂标准应用试点项目。新增SEW-传动设备、雄邦压铸

等10个国家级绿色工厂及绿色供应链管理企业、美克家具等3个智能工厂、和能人居等16个数字化车间，数量全市领先。车规级芯片、医药服务外包入选工信部特色产业集群。汽车、生物医药、化工新材料产业园获评市级产业主题园区。

三、科创资源加速汇聚，创新动能日益增强

高质量推动滨海—中关村科技园建设，加快培育创新主体，打造创新载体，优化创新人才环境，提升创新策源能力。

1.滨海—中关村科技园发展成效显著。国家高新技术企业累计达到193家，增长37.8%；国家科技型中小企业累计达到259家，增长24.5%；天津市雏鹰企业累计达到145家，增长21.1%。战略性新兴产业、高技术制造业、高技术服务业营收达到82.26亿元，增长21.4%。建设全市首个成规模M0新兴产业用地，载体定制预约达50%。滨海—中关村雨林空间孵化器获批成为园区首家国家级科技企业孵化器。辽宁石油化工大学滨海石化产业研究院正式投入运营，人工智能研究中心、电气工程研究中心、工业设计研究中心、石油工程研究中心同步启用。天津科技大学科技园连续两年获得全市大学科技园评比第一名。海外离岸人才创新创业基地升级为国家级离岸人才服务基地，全国首个服务海外人才的出入境事务服务中心揭牌启用。

2.创新主体加快聚集。新增国家级专精特新“小巨人”企业9家、市级专精特新中小企业82家，超过前三年获批数量总和。新增国家科技型中小企业343家、国家级高新技术企业171家，雏鹰瞪羚领军企业入库766家，其中领军企业31家，居全市之首。新增市级创新型中小企业102家，8家企业入选市级制造业单项冠军。新增市级工程技术中心、工程研究中心、企业技术中心、重点实验室等研发机构16家，累计拥有省级以上“三心一室”研发机构180家。康希诺等7家企业被认定为国家知识产权优势企业，全合诚等3家单位获批天津市知识产权产业运营中心。“泰达上市预备板”正式开板，16家企业首批入板。有效发明专利突破7500件，位居滨海新区首位。全区R&D经费年投入总额超过92亿元，技术合同登记交易额完成194亿元，均位列全市之首。

3.创新载体提质增量。牵头编制滨城科创区规划，打造科创产业新布局。全区国家级孵化载体达到13家。泰达生物技术创新园加速器及孵化器项目全面开工建设。京津冀智能医药产业园揭牌成立，储备项目30余个。天河智能计算开放创新平台获批筹建国家新一代人工智能公共算力开放创新平台，天河数字经济产业园获批天津市现代服务业特色数字化集聚区和京津冀十大主题园区，落地数字产业项目62个，注册资金11.3亿元。天大科技园服务中心正式揭牌，成为园区内近200家企业开展科技创新交流的一站式“新驿站”。

4.创新人才有效汇聚。滨城人力资源产业园建设加快推进，引进各类人力资源机构70家，营收超34.7亿元。成功承办首届“智汇滨海”人才节，吸引93名高层次人才和11个国家、地区的1506个团队4667名人才齐聚泰达。发挥人才联盟平台作用，引入落地项目达110个，协议投资额174亿元，联盟成员总数突破600家。加快推进领军人才、优秀企业家、卓越工程师、技能工匠四支人才队伍建设，2人获评国家重点联系专家，4人入选“科创中国”U30青年创业榜单，5人荣获全国技术能手称号，9人获评滨海新区创新创业领军人才，20人入选新区青年创新人才培育名单，51人获青年创客特等奖等奖项。深化“千粒”种子行动，形成600名高端人才梯队。全年发放“人才白金卡”89张，发放“滨城人才服务证”3.9万张。

四、改革举措持续深化，开放领域稳步扩大

坚持问题导向、目标导向、结果导向，推动关键领域改革创新，积极打通制约发展的堵点难点，以改革创新之举助推高质量发展。

1.政务改革加力增效。全面实施经开区优化产业营商环境、推动高质量发展建设方案，针对重点产业的30个场景落实86项行动，优化产业发展环境。出台“泰达工改4.0”，推行拿地即开工、用地清单制等12项举措，核发全市首张桩基部位施工许可证。发布全市首个《柔性执法三张清单》，规范8大领域108项执法事项的自由裁量权，全年累计减免罚金318万余元。发布国内首个在线民宿行业合规指引，让新业态对事中事后监管可预期。在全市率先制定《天津经济技术开发区中介机构评价管理办法（试行）》，为企业选取中介服务机构提供更多选择。经开区政务网和泰达一网通分别获评2023年度“中国领先政务网站”、中国“互联网+政务服务”十佳创新案例，“优化电子证照采集生成及应用效

果”案例获评市级年度优化营商环境十佳典型。数字化营商环境创新经验在全国复制推广。

2.市场化改革有序推进。持续改善民营经济发展环境。制定经开区“春笋行动”落实方案及若干措施，成立民营经济联动工作专班，着力在环境支撑体系、要素保障体系、成长激励体系等方面加大力度，营造民营企业“万木丛生，茁壮成长”的良好发展态势。40余家企业入选天津市民营经济百强榜单，区内民营企业对主要经济指标贡献均保持10%以上增速。国企改革成效逐步显现。区属国有企业经营收益利润稳步增长，全年累计实现营业收入156.27亿元，同比增长67%。成立经开国投公司，成为近7年来天津市首家新获AAA信用评级的城投类企业。市场化转型进一步深化，南港供应链公司合作客户达100余家，全年营收增长近2倍；成立绿动经开公司、南港生态产业发展公司，围绕专业场景开展市场化运作。全市首单基础设施公募REITs项目即将发行。

3.对外开放扩面升级。承接出入境特殊物品风险评估政策，支持70家企业实现RCEP政策享惠，8家企业获得AEO认证。推动63家企业纳入中央网信办国际互联网数据专用通道试点，满足跨境业务国际互联网访问需求。会同市级部门发布注册专业规划师、城市规划师、证券执业等境外职业资格认可政策。推荐药明康德等多家企业纳入生物医药研发用物品“白名单”，解决医药研发类企业货物通关问题。跨境投融资服务中心完成境外投资项目备案30余个，投资总额超2亿美元。国家商事法庭揭牌成立，建立“一站式”国际商事纠纷解决机制。“细胞谷”试验区建设入选国家服务业开放试点最佳实践案例，跨境人民币国际保理、“双质押登记”融资新模式等21项创新案例在天津市复制推广。72项深改任务全部完成，形成10项国家级和7项市级试点案例。与山西综改示范区签署战略合作协议，着力在体制创新、产业对接、金融服务等领域开展深度合作。泰达综保区获批天津自贸试验区联动创新示范基地，完成首单艺术品保税展示交易，全年交易额突破5500万元，保税维修业务实现1.56亿美元，进出口额完成204亿元，同比增长27.8%。

五、区域建设蹄疾步稳，城市面貌不断提升

围绕区域发展定位和开发建设所需，加大政策支持力度，加强关键环节突破，城市功能形象持续优化，重点园区建设发展迎来新机遇、取得新成效。

1.“于响”片区开启建设新篇章。召开“于响”片区高质量发展推介会，推动“黄金十条”落地实施，全力建设“滨城”城市客厅、现代金融运营示范区、新经济总部基地。更新升级空间规划，完成“向海十公里、一河两岸、六片十区”项目策划，围绕十类生活场景打造主题街区。完成首例片区酒店型公寓民水民电政策家庭居住认定。启动建设片区首个新建保障性租赁住房项目。耀华中学滨城学校、华东师范大学附属天津泰达学校、泰达岳阳道小学建设加速推进。茱莉亚学院影响力和美誉度与日俱增，成功举办钢琴艺术节及户外市民音乐会，成为区域文化新地标。升级推进楼宇盘活工作，全年新增注册企业561家，注册资金157亿元，去化面积7万平方米。打造“永不落幕的论坛”，全年举办各类活动超100场。召开滨城“于响”片区商业文旅发展推介会，举办十大文旅活动，吸引游客150万人次。

2.南港工业区进入建设快车道。北燃码头实现对外开放，形成“一港两企三泊位”的LNG接卸格局。大港-南港石化管廊全线贯通，打通区域间“大动脉”。一批重大基础设施配套相继建成投用，大港500千伏变电站、南港东220千伏变电站成功送电，华电热电三台机组全部投产，先达海水淡化中心具备供水条件，乙烯配套工业水管网工程、海淡水供水管网工程完成竣工验收。大港港区10万吨级航道提升工程完成施工前期准备。园区形象持续改善，9条道路完成亮化提升，13个主要路口完成交通“两类设施”布设，两个主要出入口入区标识建成，新增绿化18万平方米。有序推动中石油、中石化在津石化化工产业聚集区纳入南港工业区一体化管理，同步启动南港工业区总体发展规划修编。南港工业区入列全国智慧化工园区和绿色化工园区，并获评中国石化联合会2023年最具发展潜力化工园区。

3.城市更新重点工程接续实施。时尚广场更新项目全面启动，完成湖区公园示范区、轻轨西侧永旺南侧雨污水管道施工，产业一期及住宅首期进入主体施工阶段，M0及首期居住用地实现土地出让。闲置资产盘活扎实开展。梳理形成87家企业共计472.65公顷节余工业地台账，完成乐富容器、阿尔卑斯等多个地块收储工作，为吉利汽车醇氢生态总

部、诺和诺德扩产等项目投资增资提供载体支撑。推动MSD-H1、H3写字楼、嘉兴希尔顿酒店、极地广场公寓等资产处置盘活，全年盘活资产15.3亿元。城市配套加快建设。滨城和平保育院实现当年落地当年开工，有效提升区域学前保教水平；泰达心血管医院提升改造工程进入收尾阶段；滨城核心区道路照明改造提升工程全面完工；泰达足球场修缮投用，承接中超、足协杯等赛事，累计吸引观众21.6万人次。

六、服务管理提质增效，绿色底蕴涵养厚植

聚焦提升环境综合吸引力，着力在企业服务、绿色发展、区域管理等多个维度发力，打造宜业宜居宜商的发展环境。

1.企业服务务实有为。建成泰达企业服务云二期项目，以大数据整合企业服务体系，推动企业服务线上线下一体化快速反应。深入落实企业服务"三张清单"，全年服务企业4.3万家次，解决各类问题100个，在产业服务、人才服务等方面形成30条创新举措。市药检院滨海实验室获得CMA认证资质并正式挂牌运行，企业"足不出区"即可实现业务办理。西区精准推出3条定制公交线路接驳轨道交通和市内核心区，服务7万余名企业员工及沿途居民出行需求。全年调配公寓超2400套，解决9600余名企业员工入住需求。推出医疗绿色通道，为企业员工突发疾病救治提供及时响应和便利举措。发挥公证服务区内企业和居民职能，全年办理公证近1.5万件，同比增长20%，完成全市首份数据产权存证公证。经开区入选第二批全国商业秘密保护创新试点，获批市级知识产权服务业集聚园区、市级知识产权运营中心，争取各级资金支持1355万元。

2.绿色发展成效显著。持续深入打好污染防治攻坚战，开展大气治理百日攻坚行动，环境空气质量排名全市前列，地表水考核断面稳定达标，全年异味信访量同比下降55.4%。完成大港垃圾焚烧发电厂提标改造工程、永太路泵站一体化水处理设施工程等年度污染防治攻坚战任务。完成一汽-大众"无废企业"和敏信等10家"无废企业试点"认定。南港工业区入选国家首批清洁生产审核创新试点项目，南港智慧环保提升工程获得中央大气专项资金。制定碳达峰实施方案，成立工作专班，引入中石化新星等20余家绿色金融企业落户双碳大厦，碳资产交易规模累计超3亿元。"经开区探索产业园区绿色低碳发展路径"入选天津市"双碳"领域典型案例，三星电机、渤化化工发展等企业获批天津市低碳示范建设单位。经开区入选首批全球可持续发展目标示范区50强。

3.区域管理日趋完善。围绕京滨高铁、津潍高铁、地铁线路、天津港集疏港货运通道等重大轨道交通工程，提前开展区域路网与周边产业配套规划设计，完成滨海站TOD项目方案、西区Z2线春华路站设计研究，提升用地效率和交通便利度。城市管理更加精细，加快智慧城市建设，推进"泰达一张图"数据治理和应用开发，构建燃气、防汛、建设项目等应用场景。统一各园区城管养护标准、规范计费结算模式、强化资源整合，切实提高公用事业资金使用效率。联合泰达街综合执法大队，成立园区执法中队，持续加强对各园区卫生环境等巡查整治和日常执法。国家卫生区建设成果持续巩固。

七、牢固树立底线思维，有效应对风险挑战

坚持底线思维、极限思维，统筹发展与安全，下好"先手棋"、打好"主动仗"，提升监管服务和矛盾化解能力，全力构筑安全稳定的发展环境。

1.安全管控能力持续增强。完善安全生产责任体系，修订安全生产任务分工，推动"三管三必须"落实到位。深化安全生产整治攻坚，全面开展重大隐患排查整治、"大排查大起底大落责大监管"、城镇燃气等专项整治检查，着力防范化解重大安全风险。严格按照"八个必须"要求，压实企业安全生产责任，持续深入开展企业安全生产巡查，各执法部门累计巡查企业222家，推动企业问题整改3708项，新增安全投入886.17万元。推动各项防汛工程建设，各重点部门深入各园区开展应急值守、排水调度、应急排水等工作，有效应对海河流域特大洪水考验。扎实做好油气长输管道安全保护，实现检查全覆盖。全年未发生食品、药品、特种设备、质量安全等领域较大以上事故，有效保障区内人民群众健康。

2.矛调处突能力有效提升。修订突发事件总体应急预案和突发事件信息报告制度，编制突发事件现场处置工作手册，建立健全应急处置工作机制。及时发现、精准研判、妥善处置各类风险点，圆满完成全国两会、夏季达沃斯论坛等20余次大型会议活动的维稳工作。深入贯彻落实《信访工作条例》，定

期召开信访工作联席会议，推进党委领导接访下访，压实各部门信访维稳工作责任。全年信访事项及时受理率、按期办理率均达到100%，信访事项满意率达到92.96%，同比提升11.83%，信访积案控增减存取得实效。深入开展20余项网络专项治理，加大对3000余个属地平台的常态化巡网力度，为区域发展营造健康网络环境。

3.风险防范能力不断强化。坚决打好债务化解攻坚战，成立经开区防范化解债务风险领导小组，压实主体责任，强化统筹调度。规范拓展化债来源，提升债券资金使用质效，坚实保障化债来源，资金衔接平稳有序。年度债务化解任务超额完成5%、暂付款清理任务超额完成11%。全面强化金融监管“一队伍、两系统、五机制”体系建设，对全区260余家地方金融企业实现全链条监管，全力做好高风险金融机构风险化解。深化落实过“紧日子”思想，全年部门运转经费压减6%，转用于经济运行发展支出。开展内部专项审计调查，提升资金使用效率。

八、党的建设全面加强，引领保障作用更加有力

坚持用习近平新时代中国特色社会主义思想武装头脑、指导实践、推动工作，不断加强党的建设，为区域高质量发展提供坚强有力保障。

1.政治理论建设成效明显。高质量开展学习贯彻习近平新时代中国特色社会主义思想主题教育活动，将“学思想”放在主题教育“总要求”的第一位，党委理论学习中心组深入开展四个专题学习研讨，各基层党组织一体推进，组织全体党员学思想、谈体会。加强组织领导，构建“9+3”工作格局，推动主题教育在各领域全面开展。围绕主题教育活动制定《问题清单》50项，整改措施175条，全部整改完毕。坚持学用结合，结合大兴调查研究工作12个方面，聚焦7个领域，确定200余个调研选题，深入基层实地调研和联系企业400多次，形成各类调研报告230余篇。

2.基层党组织建设扎实推进。高质量完成基层党组织换届、两新党组织覆盖、发展党员等重点党建任务。推动机关党组织走好“第一方阵”，持续实施“红色领航”计划，42个基层党组织深入服务各园区100余次，与街镇社区结对形成办实事案例117个，合作共赢案例60个。打造特色国企党建品牌，深入开展“党建强基、凝心聚力”管理提升年专项行动。增强两新党建活力，开展“我为企业代言”活动，帮助企业解决各类问题129个，“党建诊断分析”工作方法、“七个一”泰达党建模式分别入选全国“第六届基层党建创新典型案例”“年度百佳园区党建品牌案例”。2023年度滨海新区基层党建工作评议中经开区获评“好”的比例占85.9%，比2022年提升11.9%。

3.干部队伍建设不断提升。聚焦深化新一轮法定机构聘期管理工作，做好中层干部、科级领导干部选拔任用、交流调整、年轻干部挂职锻炼等工作，进一步优化领导班子和干部队伍年龄结构、专业结构。培养“会干事”的本领，坚持教育培训服务高质量发展，举办领导干部进修班、“泰达讲堂”，开展新任职干部培训。营造“干实事”的氛围，统筹推进干部考核、绩效考核，落实差异化岗位绩效薪酬制度，发挥考核评价激励导向作用。做到“精细化”的服务，扎实推进各退休支部全面开展主题教育，泰达老干部活动中心新址正式投用。

4.宣传统战彰显成效。加大宣传工作力度，组织“党的二十大精神”宣讲350余场，召开专题新闻发布24次，在央级、市级等各类媒体上刊发原创报道2046篇。国家科技图书文献中心泰达服务站连续十二年获国家级表彰。“美丽滨城”会客厅、现代产业交流中心接待参观1092场次，成为滨海新区对外宣传重要窗口。强化“大统战”工作格局，在党外人士中开展“凝心铸魂强根基，团结奋进新征程”主题教育，持续打造“泰达青年科学家论坛”“同心·人才说”等品牌活动，成立首个“滨海新区党外代表人士同心学堂”，举办议政建言座谈会、台企台胞恳谈会，引导统战人士服务发展。广泛动员区内社会力量参与东西部协作和支援合作。

5.群团工作丰富多样。全年群团开展“有你泰好”品牌服务、为职工办“十件实事”等各项活动3800余场，惠及经开区职工25万余人次。“三基地一中心”职工服务综合体被全国总工会认定为全国首个区县工会加强年工作联系点。推动实施群团组织孵化指导“军令状”制度，新增100家企业加入工会组织，网约车司机等新业态工会会员总数达1.5万余人；新建基层团组织80个、妇女组织及阵地60个。全市工会系统首创“创新实训基地”授牌机制。“泰达智慧群团平台”连续三年被评为全总“互联网+工会普惠服务优秀平台县(区)级十佳平台”，经开区八大街消防救援站荣获“中国青年五四奖章”

集体荣誉，天津天隆科技股份有限公司荣获“全国巾帼建功先进集体”。

6.全面从严治党纵深推进。落实全面从严治党主体责任，高标准制定并落实党委班子2023年度落实全面从严治党主体责任清单和任务清单。抓好中央、市委巡视反馈的南部新兴产业区园区空置、药研院中试研发生产平台项目投资建设缓慢等问题的整改落实。强化对“一把手”和领导班子的监督，46个基层党组织制定“两个清单”。开展统计工作违纪违法突出问题、失业补助金问题专项整治，对44家企业获得的155项科技和专项奖励补贴情况进行专项监督。始终保持惩治腐败高压态势，立案18件，查处职务违法、酒驾醉驾等问题17人次。锲而不舍纠治“四风”，严肃查处徐某等人违反中央八项规定精神问题。深化“以案四说”，首次运用身边典型案例拍摄警示片《破防》，1800余人受教育。召开持续净化政治生态推进会暨警示教育大会，开展“警钟长鸣筑防线　廉洁奉公促发展”警示教育月活动，首次组织中层正职以上干部赴天津监狱接受现身说纪说法警示教育。围绕“于响”片区高质量发展、科技创新工作开展各类巡察3轮次，对13家单位党组织进行政治体检，发现问题75个。

取得成绩的同时，一些发展中的差距和问题也不容忽视，比如，经济增长的速度仍不及预期，实体项目的数量和质量还需提高，大项目好项目对区域发展支撑作用仍需加强，对产业新赛道、新行业的敏感性和投入力度仍有差距，防风险压力依然较大，干部队伍的积极性、主动性、创造性还需要进一步激发等。

2024年，经开区将继续以习近平新时代中国特色社会主义思想为指导，全面贯彻党的二十大和二十届二中全会精神以及中央经济工作会议精神，认真落实习近平总书记对天津工作的一系列重要指示要求，按照市委、市政府、区委、区政府决策部署，坚持稳中求进工作总基调，完整、准确、全面贯彻新发展理念，积极融入和服务新发展格局，有力落实“十项行动”特别是滨海新区高质量发展支撑引领行动，有效推进“三新”发展，扎实做好“三量”共进，重点实施“四大工程”，按照“1233445N”的发展思路，保持“现代化泰达，奋斗每一天”的姿态，感恩奋进，唯实争先，以经开区的“稳、进、立”，努力为天津市和滨海新区高质量发展做出新的更大贡献。

（中共天津经济技术开发区委员会）

专题党课：深入学习贯彻习近平经济思想为推动高质量发展　建设现代化泰达而奋斗

天津经济技术开发区党委书记、管委会主任　洪世聪

按照区委、经开区党委主题教育总体安排，今天我以“深入学习贯彻习近平经济思想，为推动高质量发展、建设现代化泰达而奋斗”为题，跟大家作一次专题交流。

党的十八大以来，面对严峻复杂的国际形势和艰巨繁重的国内改革发展稳定任务，习近平总书记以马克思主义政治家、思想家、战略家的深刻洞察力、敏锐判断力、理论创造力，以“我将无我，不负人民”的赤子情怀，从新时代的实际出发，提出一系列新理念新思想新战略，指导我国经济发展取得历史性成就、发生历史性变革，在实践中形成和发展了习近平经济思想。下面，我围绕这一主题，从三个方面讲讲认识和体会。

一、提升政治站位，强化理论武装，深刻学习领会习近平经济思想的蓬勃伟力

习近平经济思想是习近平新时代中国特色社会主义思想的重要组成部分，是中国共产党不懈探索社会主义经济发展道路形成的宝贵思想结晶，是马克思主义政治经济学在当代中国、21世纪世界的最新理论成果，是我国经济高质量发展、全面建设社会主义现代化国家的科学指南。

（一）深刻领会习近平经济思想的重大意义。新时代我国经济发展取得举世瞩目的辉煌成就，根本在于有习近平总书记作为党中央的核心、全党的核心掌舵领航，根本在于有习近平新时代中国特色社会主义思想科学指引。我们党领导人民治国理政，很重要的一个方面就是要回答好实现什么样的发展、怎样实现发展这个重大问题。习近平经济思想是在中国特色社会主义进入新时代、我国社会主要矛盾发生新变化、经济发展进入新常态新阶段、世界百年未有之大变局深度演进的历史条件下形成的，具有广阔时代背景、深厚理论渊源和坚实实践基础，蕴含着坚定的理想信念、鲜明的人民立场、宏大的全球视野。它运用马克思主义基本原理，不断推进马克思主义中国化时代化大众化，聚焦新时代新形势新情况，阐述了我国经济发展应该怎么看、怎么干等问题，系统回答了我国经济发展的根本保证、奋斗目标、根本立场、历史方位、指导原则、主题主线、根本动力、制度基础、战略举措和工作方法等一系列重大理论和实践问题，是马克思主义基本原理指导我国经济发展实践形成的重大理论成果，是新时代指引我国经济高质量发展的强大思想武器。深入学习贯彻习近平经济思想，用以指导我国经济发展实践，就能成功应对各种风险挑战，推动中国经济巨轮劈波斩浪、行稳致远。

（二）学深悟透习近平经济思想的理论内涵。习近平经济思想体系严整、内涵丰富、博大精深，主要概括为十三项内容，我们可以通过“3451”这四个数字来把握。它们分别代表经济发展的四个方面，即经济发展的根本遵循、主题主线、重要抓手和工作方法。“3”指的是经济发展的根本遵循，包括加强党对经济工作的全面领导，是我国经济发展的根本保证；坚持以人民为中心的发展思想，是我国经济发展的根本立场；坚持和完善社会主义基本经济制度，是我国经济发展的制度基础。“4”指的是我国经济发展的主题主线，即“三新一高”，包括立足新发展阶段、贯彻新发展理念、构建新发展格局，进而推动高质量发展。新发展阶段明确了我国经济发展的历史方位；新发展理念明确了我国经济发展的指导原则；构建新发展格局，是我国经济发展的路径选择。上述三者统一起来就是要实现经济发展质

量变革、效率变革、动力变革，推动经济高质量发展。“5”指的是经济发展的重要抓手，也是推动经济发展五方面的战略举措，包括部署乡村振兴、区域协调发展和以人为核心的新型城镇化战略等国家重大发展战略；坚持创新驱动发展；大力发展制造业和实体经济；坚定不移全面扩大开放；统筹发展和安全。“1”指的是做好经济工作的方法论。在方法论这部分，强调要坚持稳中求进工作总基调、坚持系统观念、坚持目标导向和问题导向相结合、坚持集中精力办好自己的事以及坚持以钉钉子精神抓落实。习近平经济思想这十三个方面，相辅相成、融为一体，形成了严密的科学系统，既讲认识论（怎么看），又讲方法论（怎么干），全面展示了习近平总书记在治国安邦实践中所具有的大气魄、大格局、大智慧。

（三）牢牢把握习近平经济思想的鲜明特征。习近平经济思想植根中国经济发展的时空方位，准确把握中国特色社会主义经济建设的独特规律，深刻洞察新时代新发展阶段中国经济的特点、优势和深层矛盾、主要问题。概括起来，有五个方面的鲜明特征。一是习近平经济思想从社会主要矛盾出发，统筹需求与需要，聚焦于“美”，构建起为人民谋幸福的经济学。不断满足人民日益增长的美好生活新需要，是习近平新时代中国特色社会主义思想的逻辑起点。落实到经济工作中，推进供给侧结构性改革、高质量发展、现代化经济体系建设等，都是要驱动质量变革、效益变革、动力变革，让产品、服务、环境“美”起来，不断提升人民群众的获得感、幸福感。二是习近平经济思想从劳动价值论出发，统筹经济学与哲学关于价值的双重意蕴，聚焦于“实”，构建起为民族复兴奠定更强大物质基础的经济学。习近平总书记明确指出“不论经济发展到什么时候，实体经济都是我国经济发展、在国际经济竞争中赢得主动的根基”。习近平总书记把经济活动的起点、主体牢牢锚定在生产、制造、创新等劳动性活动上，体现了一个“实”字，就是希望企业实实在在地做产品、实实在在提供服务，以真实的、具体的、能够满足生产生活需要的产品和服务作为一切经济活动的核心。三是习近平经济思想从经济规律和发展实际出发，统筹政府与市场，聚焦于“效”，构建起新时代社会主义市场经济学。传统的计划经济过分强调政府的作用，管得太多太死；西方的市场经济则往往迷信市场的力量，出现了起伏荣枯的“逃不开的经济周期”。习近平总书记把处理好政府和市场的关系作为经济体制改革的核心命题，强调市场在资源配置中的“决定性作用”，同时要求更好发挥政府作用。这就从理论上划定了市场与政府协调运作的“分”与“位”，二者始终互动互补、各展所长、各尽所能，从而实现经济治理效率最大化。四是习近平经济思想从新发展阶段出发，统筹经济与社会、人与自然、物质与精神，聚焦于“协”，构建起为万世开太平的经济学。在新发展阶段，经济、政治、文化、社会、生态是“五位一体”协调发展。中国式现代化惠及人口最多，反对贫富差距、两极分化；追求物质与精神相统一，不仅物质极大丰富，而且要增强人民的精神力量；实现人与自然和谐发展，不吃子孙饭，不断子孙路；走和平发展的道路，反对国强必霸。可以看到，中国式现代化是对西方现代化道路固有缺陷的纠正与超越。五是习近平经济思想从社会主义本质出发，统筹效率与公平，聚焦于“共”，构建起共同富裕、天下大同的经济学。习近平总书记强调：“要坚持以人民为中心的发展思想，把增进人民福祉、促进人的全面发展、朝着共同富裕方向稳步前进作为经济发展的出发点和落脚点。”事实上，我们不仅推动全体中国人民的共同富裕，而且为人类谋进步、为世界谋大同，以全人类共同价值构建“人类命运共同体”。习近平总书记着眼于在全球更大范围整合经济要素和发展资源，提出破解人类面临共同挑战的重大倡议，指出“我们要直面贫富差距、发展鸿沟等重大现实问题，关注欠发达国家和地区、关爱贫困民众，让每一片土地都孕育希望”。

二、坚持真抓实干，勇于创新突破，奋力谱写现代化泰达建设新华章

学习习近平新时代中国特色社会主义思想，推动中国式现代化建设，关键要看怎么干。我们深入贯彻落实市委、市政府、区委区政府部署，结合“十项行动”特别是滨海新区高质量发展支撑引领行动要求，提出“1233445N”发展思路：“1”是锚定建成现代化泰达的一个总目标；“2”是坚持新发展理念和以人民为中心两个理念；第一个“3”是落实建设先进制造研发基地中心区、美丽滨城核心区、国家级经开区的示范区三个定位；第二个“3”是实施产业、创新、低碳三轮驱动；第一个“4”是坚持实业为根、开放为先、创新为要、环境为本四个导向；第二个

"4"是开展重大项目招商引资、国有企业高质量发展、核心区产城融合、干部队伍铁军打造四项重点工程;"5"是聚焦汽车及高端装备、新一代信息技术、化工新材料、医药健康及现代服务业五大主导产业,壮大高技术制造业规模,提升现代服务业层级,实现两业融合发展;"N"是落实经开区高质量发展支撑引领行动95项具体任务,确保见行见效。下一步,我们要按照这个思路扎实推动工作,为全市和新区高质量发展贡献经开区力量。

(一)做足优势,把握趋势,锻造强产业

习近平总书记强调,要保持并增强产业体系完备和配套能力强的优势,高效集聚全球创新要素,推进产业智能化、绿色化、融合化,建设具有完整性、先进性、安全性的现代化产业体系。经开区要用足优势、补足短板,走出具有泰达特色的高质量产业发展道路。

一是围绕主导产业,做好"升级"文章。要通过迭代升级,塑造经开区主导产业新优势。汽车产业要聚焦新能源。今年以来,汽车产业在去年低基数情况下小幅增长,回升后劲不足,加之新能源车布局有限,后续压力巨大。要抓住吉利甲醇汽车落地契机,争取在新能源整车上有新突破。装备制造要聚焦新方向。紧扣高端化智能化,在数控机床、人机交互、精密仪器等领域积极布局。电子信息要聚焦新领域。抓住"元宇宙"等新机遇,吸引人工智能、传感器等项目落地,引导企业在车规级芯片、智能穿戴等领域突破。医药健康要聚焦新技术。抓住核酸药物广阔前景,全力打造核酸产业园。深挖医药服务平台类企业潜力,加快创新药研发。把握"健康中国"机遇,在功能食品等方向不断拓展。石化产业要聚焦新材料。充分发挥"三桶油"、渤化等龙头企业带动作用,依托产业链资源优势,在电子化工材料、特种工程塑料、化学助剂等领域形成新聚集。

二是围绕战新产业,做好"突破"文章。经开区战新产业发展较快,但不足也比较明显。要狠抓"补短板"。与先进地区比较,我们的战新产业还存在较大差距,汽车、石化两大主导产业战新产值占比较低。很多地区新动能加速聚集,如合肥凭借"芯屏汽合""集终生智""科里科气",走出创新发展新道路,应从中受到启发,实现新作为。要狠抓"强数字"。十八大以来,数字经济上升为国家战略。我区具有超算中心这一独特优势,但2022年数字经济产值占新区不足一半,算力运用水平不高。新区将专班推动算力加快向现实生产力转化,要主动推动"数字资源"加快转化为"经济效益"。要狠抓"谋未来"。今天的未来产业,就是明天的战新产业。要推动现有产业未来化、未来技术产业化,在未来健康、数智赋能等方面布局谋篇,加快打造未来产业新体系。

三是围绕现代服务业,做好"融合"文章。要做深做实"两业融合"试点,持续提升现代服务业水平。要发挥港口功能。加快航运信息、航运金融等业态多元发展,促进"工、贸、储、运"联动发展,持续提升南港智能化海陆枢纽地位,全力打造航运经济聚集区。要强化平台赋能。上半年,天津出台推动平台经济健康发展实施意见,提出未来5年将打造一系列平台经济聚集区。我区平台企业聚集,业态丰富,要持续巩固网络货运、灵活用工、居民生活服务等平台经济优势领域,在新业态新模式上做出新探索。要促进金融注能。进一步强化"北方保理之都"影响力,鼓励保理企业不断探索创新。激活滨海基金小镇作用,发挥天津OTC优势、"泰达上市预备板"功能,助力更多创新能力足、核心竞争力强的企业发展壮大。

四是围绕产业促进,做好"提升"文章。要提升招商工作水平。明年开局要打响"招商引资重点工程"第一炮,为泰达四十周年贡献有分量、有质量的标志性项目。要提升产业园区功能。敏锐抓住"产随人聚"趋势,树立"产城社区"理念,通过"培育队伍+引入团队",强化园区专业化运营。要提升营商环境获得感。今年以来,我们探索了"桩基先行许可""分阶段联合验收"等改革举措,取得积极效果。要围绕企业发展全周期、项目落地全链条,不断完善机制、优化环节、强化协同,持续提升办事效率,营造优越发展环境。

(二)创新引领,激发活力,蓄积新动能

创新是引领发展的第一动力。十八大以来,习近平总书记两次亲临滨海新区视察,都对创新作出了重要指示,强调"科技创新是提高社会生产力和综合国力的战略支撑,必须摆在发展全局的核心位置"。当前我区在科技创新方面还存在一些短板:如创新投入不足、创新主体不多、创新平台有限等。要吸取先进地区促进创新经验举措,进行靶向攻坚,实现快速提升。

一是抓实创新主体。培育创新主体是一项长

期系统工程，要从战略上高度重视、保持定力、持续推动。要加快创新主体聚集。过去我们主要以招大项目、外资项目、制造业项目为主，随着内外部环境及自身发展需求的变化，招引项目要更加看重“含智量”，注重项目的技术先进性、研发投入强度、高层次人才等指标，从“招大引强”向“专精特新”并重转变。要强化创新主体培育。实施“领航企业培育计划”，引进培育各类制造业总部，支持认定创新型企业总部。实施创新主体筑基工程、高成长性企业育优工程、高企倍增行动计划，迭代升级企业上市苗圃工程，持续壮大“雏鹰企业—瞪羚企业—独角兽企业—上市企业”梯队。要提高创新主体地位。通过产业带动、政策撬动、服务推动，激发企业自主创新积极性，提高自主研发能力，建设更多企业技术中心、工程研究中心、企业重点实验室，突破更多“卡脖子”技术，推出更多“杀手锏”产品、高附加值产品。

二是丰富创新载体。各类科技创新载体是新技术、新产业、新业态、新模式的策源地。要加快建设滨城科创区。积极落实市委区委要求，以滨海—中关村科技园为核心区，实施多区联动，打造具有国际竞争力的“一核多点”滨城科创区。明确年度任务，细化推动措施，强化责任落实，尽快展现科创区形象。要充分发挥平台作用。用活用好医药联合研究院、超算中心等现有创新载体，鼓励支持企业自有研发中心、工程实验室等转化为开放式、共享式创新平台，加快塘沽南站M0、南港科创中心等项目建设，前瞻打造小试、中试、孵化、加速等新型研发载体，吸引技术型企业聚集。要加强科研院所支持能力。推动中科院、天大、南开等高校院所设立高水平研发转化机构，提升自我造血能力，形成持续出人才、出成果、出效益良好局面。支持组建龙头企业牵头、高校院所支撑、产业链上游企业相互协同的创新联合体和创新战略联盟，重点攻克mRNA疫苗、自主可控芯片等领域关键核心技术。

三是完善创新生态。通过创新培育发展新动能，关键是构建良好创新生态。要做好资金文章。做大做强泰海基金、中关村雨林基金等引导基金，广泛对接引进优秀投资机构，打造形成基金群，为科技创新和成果转化提供全生命周期股权投资助力。完善科技金融服务体系，推动“科技—产业—金融”良性循环。要强化人才支撑。充分发挥“海河英才”“鲲鹏计划”等人才工程作用，优化产业人才联盟工作机制，用好人力资源产业园平台，加快人才聚集速度。绘制经开区产业人才图谱，实施高层次人才引领、专业型人才引育、高技能队伍建设三大工程，以高水平人才支撑高质量发展。要完善服务保障。重点围绕科技成果转化和产业化加强服务，依托“滨海新区数字化科技成果转化服务与交易平台”经开区分站，面向高新技术企业、创新平台、高校建立“科技成果直通车”，推动技术成果与主导产业需求深度融合。发挥知识产权保护中心等各类服务资源作用，为企业创新发展提供有力保障。

（三）优化环境，练好内功，促进大开放

习近平总书记强调，中国开放的大门不会关闭，只会越开越大。经开区是全市对外开放主阵地，实际利用外资占全市30.3%，占新区35.73%；外贸进出口额占全市31.1%，占新区的41.8%。要落实市委争创“五型”开放优势部署，千方百计推动外资外贸稳规模、优结构，当好对外开放“排头兵”。

一是着力推动外资扩增量、提质量。经开区作为外资企业聚集地，要吸引国内外资金、技术、人才、数据等优质要素聚集。要做足优势。充分发挥我区区位、交通、产业等基础优势和长久以来积累的土地、能源、政策等要素保障优势，高标准对接CPTPP、RCEP等国际经贸规则，认真落实准入前国民待遇+负面清单管理制度，聚焦欧美、日韩、澳大利亚等重点区域精准赴外招商，支持符合区域产业升级方向的优质外资项目落地。要抓住机遇。今年以来，国务院出台了一系列吸引外资的相关政策，要认真研究、对标对表，结合区域实际找准引进外资的机会点。重点围绕“一带一路”探路扩面，深挖中东等地市场潜力，着力拓展中亚五国、越南、蒙古国等新兴市场，构筑全方位立体化双向开放通道。要挖掘潜力。经开区现有外资项目以生产制造环节居多，研发、销售等“微笑曲线”两端资源较少。要把握外资企业“在中国、用中国、为中国”新趋势，围绕产业链关系、供应链需求，强化外资企业在地配套。鼓励外资企业设立研发中心，支持跨国公司设立地区总部、结算中心等功能性机构，引导外资企业在经开区研发转化、转型发展。

二是着力推动外贸上规模、优结构。经开区发展外贸有诸多优势，要用足用好。要大力“以产兴贸”。经开区进出口具有规模大、加工贸易占比突出、较高依赖龙头企业、工业制成品出口比重高等特点，说明我们既有外贸“底盘优势”，也存在“结构问题”。要依托产业稳存量、扩增量，加快推动贸易结构转型，推动外贸健康向好发展。要大力“以港促贸”。积极推进保税仓、保税罐、商品交割库建设，推进油气交易中心尽快展业，发展壮大石化贸易网，围绕化工材料实体产业发掘贸易资源，打好“以港促贸”特色牌。探索构建“物流+生产基地+交易平台”发展模式，实现立足泰达买卖全国。要大力“示范带贸”。要把“一个示范区、三个基地”的优势充分发挥出来。加快打造国家进口贸易促进创新示范区，做实汽车及零部件、中药及西药两个外贸转型升级基地。做强国家数字服务出口基地，引育一批数字服务领军企业、服务制造业数字化转型项目及工业互联网等项目，促进基地作用持续释放。

三是着力推动制度创新出亮点、见实效。打好“自贸区+综保区”特色牌，以制度创新带动产业升级、实现高质量发展。要深化系统集成创新。围绕“五个自由便利、一个安全有序流动”，推动全方位、大力度、高层次的制度集成创新，升级贸易、投资、人才、政务服务四个功能平台，在前沿产业业态市场准入、拓展口岸贸易平台功能、强化国际研发人才网络链接、确保数据安全有序流动等领域争取形成新亮点，提高自贸制度创新的“含金量”。要拓展政策功能场景。促进“自贸+综保”功能叠加，服务经开区“4+1”主导产业，在生物医药和医疗器械全球研发、石化大宗商品港口贸易等领域提供政策通道，助推“服务型制造”发展和产业能级提升。加快促进综保区业务由物流分拨和加工制造功能向研发设计、检测维修、销售服务拓展，形成更多政策探索。

（四）夯实基础，保障民生，提升幸福感

习近平总书记强调，中国式现代化坚持发展为了人民、发展依靠人民、发展成果由人民共享。在多年发展中，经开区不仅成为一座产业新城，也成为群众安居乐业的共同家园。我们要牢固树立以人民为中心的发展思想，积极回应人民群众所想、所盼、所急，把泰达建设成为宜居、宜业、宜游、宜乐的幸福之城。

一是要提供优质教育医疗资源。优质的公共医疗和教育服务资源，关乎群众最迫切需求，关乎城市吸引力和长远发展。要充分发挥优质教育医疗资源作用。目前经开区拥有了覆盖全龄段的优质教育资源，国际学校、知名中小学及优质育儿园都有布局，可以为区内居民子女提供丰富的就学条件。拥有国内一流的心血管专科医院泰达心血管医院，一流的三甲综合医院泰达医院，可为广大居民提供优质医疗服务。要用足用好这些资源，吸引更多企业家、投资者和群众到经开区安家落户。要持续优化教育医疗资源布局。经开区核心区域教育医疗资源较为丰富，而随着子片区升级发展，建设社区化园区是重要方向，需要在教育医疗资源的均衡布局、补足短板上下功夫。特别是园区所在行政区教育医疗资源有限的，要有针对性地就教育和医疗资源统筹谋划、系统布局、积极引入，解除园区企业员工的后顾之忧。要发挥制度创新优势吸引优质资源。自贸试验区为国外优质的医疗康养、教育培训等资源进入中国开辟了通道，我们要抓住自贸区面向服务业扩大开放的契机，发挥经开区生物医药产业规模优势，把制度创新的文章做足，营造更具国际化的发展环境，吸引国外优质医疗、康养资源落地。

二是要建设美丽幸福城市。要坚持人民城市人民建、人民城市为人民。要塑造城市之美。对标国际化都市形象和功能，精心打造“于响”片区，深入做好海河下游十公里规划设计，加快推进塘沽南站城市更新步伐，推动滨城核心尽快出形象、见品质、有影响力。尽快打通交通堵点，进一步强化经开区四通八达的交通优势。要描绘绿色之美。坚持打好“污染防治攻坚战”，巩固提升区域大气环境和空气质量。有力落实河湖长制要求，保护好经开区各类水体不受污染影响。加快企业低碳转型，发展绿色能源，倡导绿色生活，持续维护好经开区良好生态环境，让人们在经开区看到蓝天碧水，感受鸟语花香，呼吸清新空气。要谱写人文之美。我们的海河岸边坐落着世界顶级音乐学府茱莉亚学院，紫云公园附近有功能多元的滨海文化中心，渤海之滨有海神庙为代表的历史遗迹，既蕴含着浓郁的艺术气息，又传承着悠久的历史故事，东西方文化交汇，特色鲜明。我们要善于把这些资源挖掘出来，厚植泰达城市底蕴，凝聚泰达城市文脉。

三是要营造丰富多彩生活。要保持和提升泰达生活环境优势，让更多人爱上泰达，来泰达生活。要促进消费体验更优越。多年来，我们坚持国际视野，打造建成了泰达MSD、永旺等重点商圈，引进了伊势丹、K-11等国际品牌商业体，打造了核心区5分钟、

10分钟便民“生活圈”。要抓住国际消费中心城市建设的利好机遇，放开眼界，瞄准商业消费新体验、新形态、新模式，聚集更多优质商业资源。要促进文旅布局更丰富。要把“全域旅游示范区”的这个名号做实做好，聚焦近代历史游、工业发展游、近海体验游、亲子娱乐游等题材资源、场景资源，吸引有经验有影响的文旅企业，打造具有泰达特色的文旅产品。要促进休闲活动更多元。要进一步发挥“于响”影响力，总结好今年龙舟比赛、嘉年华音乐节等“十大活动”经验，谋划好全新的休闲体验活动，不断增强区域人气。

（五）坚持底线，压实责任，筑牢安全网

习近平总书记强调，发展是安全的基础，安全是发展的条件。近年来，我们稳妥有力处置了中金租风险点，有效防止了隐患爆发；妥善解决了十余年的新河周转房问题，赢得了群众的良好评价；甩掉了曾经的“鬼城”帽子，打出了“‘于’无声处‘响’惊雷”的全新影响力，在金融、舆论、社会稳定等方面为全市和新区发挥了积极作用。同时，我们要清醒认识到，随着我区面临经济形势日趋复杂，石化产业集中发力，开发建设持续推进，债务风险、安全生产、社会稳定都面临新压力新挑战。要立足高质量发展理念，有力统筹发展和安全，构建经开区稳固有力的“大安全”体系。

一是要全力维护生产安全。进一步强化本质安全，做到安全生产底数清、主要风险点明、关键领域准、责任压得实。要落实企业主体责任和监管责任。压紧压实安全生产责任链条，督促企业建立健全、严密、完整、有序的安全管理体系和规章制度，强化安全保障，全面履行好主体责任。要全面提升监管能力和水平。扎实开展重点行业领域安全专项整治，坚决防范遏制安全事故发生。针对南港工业区的安全监管工作，要积极发挥智能化管控平台作用，做好片区整体性安全风险评价。要落实“一岗双责”。各级党员领导干部要坚持“一岗双责”，既要抓好业务工作，又要抓好安全生产，做到分管工作与安全生产工作一起谋划，一起推进。

二是要全力维护意识形态安全。要充分认识意识形态安全的重要性。要守好意识形态主阵地。各级党组织要切实落实好意识形态责任制，牢牢把握意识形态工作的领导权和主动权，扩大正面发声力度，积聚舆论正能量。要紧盯关键环节、关键领域，提前制定工作预案，遇到问题及时推动解决，将矛盾消灭在萌芽阶段，避免发酵造成不良社会影响。要扎实做好新闻宣传工作。统筹用好电视、电台、报纸、杂志等传统媒体，以及抖音、快手、微博、微信公众号等新媒体，打造宣传矩阵，及时传递泰达声音，让企业家、投资人、人才、社会公众更好地熟知经开区，形成凝心聚力谋发展的强大合力和浓厚氛围。

三是要全力维护经济安全。统筹做好债务的整合管理工作，防范出现系统性风险。要防范债务风险。要积极盘活存量、引育增量，充分发挥国资国企作用，加快提升融资能力，加速3A企业认定，增强资产变资金力度。要确保税源稳定，加强对重点税源企业的对接服务，增加全区税收增量。要防范金融风险。近期，中央金融工作会议对全面防风险提出了更高要求，要认真学深悟透，针对经开区金融业态多元的特点，创新监管模式，有效防范风险。

四是要维护社会和谐稳定。要结合经开区产业聚集特点，针对规范用工、劳动纠纷、公寓管理等重点部位，强化日常管理，及早发现潜在的风险隐患。要规范有序做好城市更新、改造工程等项目推动工作，按照程序要求与企业群众沟通到位，出现问题要充分发挥社会矛盾调解机制作用，避免发生大规模信访事件。要预防、控制、化解危害社会公共秩序和民众人身财产安全的各种消极因素，管控消除社会风险，营造稳定有序的发展环境。

三、弘扬泰达精神，强化使命担当，锤炼锻造推动区域赓续发展的泰达铁军

事业发展一靠科学理论的思想指引，二靠团结奋进的干部队伍。经开区是经济功能区，发展经济是我们的主责主业，习近平经济思想就是新时代做好经济工作的根本遵循和行动指南。政治路线确定之后，干部就是决定因素，实现经开区的高质量发展，打造中国式现代化的泰达样板，需要习近平经济思想的科学指引，也离不开一支团结奋进、担当作为、善打硬仗、敢于胜利的“泰达铁军”。八十多年前，南开大学创始人张伯苓老先生提出了振聋发聩的“爱国三问”：“你是中国人吗？你爱中国吗？你愿意中国好吗？”这是历史之问，也可以看做是穿越时空的时代之问。每一个成长在泰达、生活在泰达、发展在泰达的泰达人，也应该时时在心中问问自己“你认同自己是泰达人吗？你爱泰达吗？你怎样做才能让泰达变得更好？”每一位泰达人都应该

将这新时代的“泰达三问”作为校正自己、检视自己的镜子和标尺,真正做到在泰达、爱泰达、为泰达。

(一)在泰达,就是要珍惜泰达荣誉、赓续泰达精神。泰达是一面旗帜、一种精神,更是一部全体泰达人勇毅前行的奋斗史。多年来,我们不断开拓,创造了无数个第一,积累了很多宝贵经验,形成了泰达精神,激励推动着一代又一代泰达人赓续奋斗。开发区的建设发展是一部坚持问题导向、深于调查研究的实践史。习近平总书记多次要求用好调查研究这个“传家宝”,强调“调查研究是谋事之基、成事之道,没有调查就没有发言权,没有调查就没有决策权”。开发区建设发展过程中,一直坚持将调查研究作为工作决策的出发点和结合点。比如在区域选址确定阶段,为做好中央领导视察定夺的迎检准备工作,当时管委会面临着要在短短30天内将4.2平方公里地面的卤水全部排掉的难题。老开发们懂得,坐在办公室遇到的都是问题,深入基层看到的就会是解决办法。他们不畏十月里寒风瑟瑟的恶劣天气,坚持到现场,蹚着没膝深的海水,每天工作十五六个小时,用了五天的时间,对整个盐场进行了一遍梳理。晚上,还要走访老盐工,听取他们的建议。经过多方考究,最终确定了排水方案,并且仅用20天就完成了这项艰巨的任务。开发区的建设发展是一部敢为人先、勇争第一的创新史。我们坚持改革创新,敢“破”敢“立”,以“敢为人先”的锐气,趟开开发区建设发展的路子。开发区曾在很多方面引领体制机制创新发展,比如在创业之初,计划经济的束缚还比较严重。市委对开发区给予“不管”的政策,给开发区的项目审批权达到了2000万美元,超过了很多省市一级的权力,也正是在这样的政策下,开发区建立起了一个精干高效的机构体系,为服务投资打下了良好的基础。再比如,我们放大政策红利,着眼全国、京津冀协同发展大格局,敢于创新、大胆创新,吸引一批项目,带动一个产业,集聚一众人才。还有,开发区率先探索了土地有偿出让、“一站式”审批服务、国有企业资本化经营等成功经验,积累了不少创造性举措。开发区的建设发展是一部栉风沐雨、玉汝于成的奋斗史。开发区的建设发展不是坐享其成盼来的,它是一代又一代泰达人兢兢业业、艰苦卓绝的奋斗换来的。从1984年我们在东区打下“第一桩”,到2009年我们开发南港工业区,到2017年我们实现两区合并,再到今年以来,我们全方位推动高质量发展,举办“智汇滨海”人才节2023年滨城人才峰会,全力推进泰达岳阳道小学、耀华中学滨城学校等建设进度和开办工作,举办滨城灯光节、天津茱莉亚钢琴艺术节、首届滨城“向海乐活节”开幕式、国潮音乐节、端午龙舟赛等,高品位提升城市活力,持续激活于响新动能。作为新一代的泰达人,我们要珍惜一路走来的艰辛和不易,珍惜一路走来的荣誉和成绩,以愚公移山的志气、滴水穿石的毅力,积跬步、至千里,让开发区建设发展的宏伟蓝图细化为施工图、转化为实景图。

(二)爱泰达,就是要践行“开发区大有希望”的理想,拼搏奋斗推动发展。1986年8月21日,改革开放总设计师邓小平同志视察天津开发区并题词:“开发区大有希望”。随着改革开放大潮的奔涌,开发区这片盐碱荒滩发生了天翻地覆的变化。一代人有一代人的使命,一代人也必须有一代人的担当。我们要勇于担当,做推动泰达高质量发展的建设者。习近平总书记指出,有多大担当才能干多大事业,尽多大责任才会有多大成就。开发区连续16年获得了商务部国家级开发区综合排名第一位的辉煌成就,如今也保持全国经开区头部地位。开发区的事业是一代代泰达人拼出来、干出来、奋斗出来的,这片土地,从来不是慵懒者的避风港,而是敢于担当、勇于担当、善于担当者的大舞台。当下,我们的干部要讲干劲、讲本领、讲贡献,比招商、比创新、比项目,担当有为,把办公室搬到企业项目服务一线、搬到建设工地,在狠抓主责主业上体现价值、实现梦想、传递精神。我们要攻坚克难,做推动泰达高质量发展的参与者。“志不立,天下无可成之事。”唯有志存高远,坚定理想信念,才能在顺境时不骄不躁,在逆境时不气不馁,攻难克艰,闯关夺隘。党的干部,尤其是青年干部,肩负着实现中华民族伟大复兴中国梦的责任和使命,要始终保持蓬勃向上的朝气,不畏难事、积极进取,以“百舸争流奋楫者先”的精神势头,不断推动工作打开新局面。我们的干部,要在工作落实与创新推动中抢抓机遇、扫清障碍、排除困难,面对机遇与风险并存的新时代,要敢于创新、敢走新路,在挑战面前不徘徊、在困境面前不退缩。奋斗者正青春,经开区即将走过40载历程,回望过去,正是因为有我们这些政治上靠得住、作风上过得硬、工作上有热情、业务上有本领、积极向上的参与者,才成就了如今经开区的蓬勃之势。我们要坚定信念,做推动泰达高质量发展的奉献者。唯物辩证法告诉我们，整体由部分组成的。开发区的建设发展凝聚了我们每一位泰达人的心血，正是每一个个体的孜孜不倦、夙兴夜寐，才以滴滴水珠汇大海之势，扬起了开发区踏浪而行、逐浪而上的风帆。而同时，开发区披荆斩棘、一往无前所取得的成绩与成就，又深深滋养和哺育了我们每一位泰达人。我们是区域发展的受益者——我们享受绿色发展带来的生态环境提升；我们享受加强基础设施建设带来的生活便利；我们享受深度完善公共事业文化配套带来的精神层面的丰足；我们更是在这样的平台上锻炼了自己、塑造了自己。因此，我们更要珍惜开发区这个平台，要像爱护自己的眼睛一样珍视它，要做到和开发区想在一起、站在一起、干在一起，共同奋斗、共闯难关、共谋发展。

（三）为泰达，就是要面向未来，描绘出色彩鲜明的“绚丽泰达”。主题教育开展以来，我们牢牢把握深入学习贯彻习近平新时代中国特色社会主义思想这一主题主线和根本任务，坚持学思用贯通、知信行统一，在高质量建设现代化泰达的实践中彰显作为。下一步，我们要以主题教育所学所获为指引，接续奋斗，力争在建设“色彩鲜明的泰达”的时代下奏出最强音。我们要建设“红色泰达”。开发区事业的发展离不开党的领导。党员、干部无论做什么工作、级别多高，都是党的干部、组织的人，要牢记第一职责是为党工作。我们要旗帜鲜明讲政治，切实增强“四个意识”、坚定“四个自信”、做到“两个维护”。要加强思想教育，全面学习贯彻习近平新时代中国特色社会主义思想和党的二十大精神，特别是要在主题教育中，学思想、强党性、重实践、建新功。我们要加强基层党组织建设，聚焦“一力两功能”以提升组织力为重点，增强党组织政治功能和组织功能，以高质量党建引领、服务、保障高质量发展。我们要建设“金色泰达”。要拓展国际视野，提高把握国际规则和防范国际风险的能力，同时也要提高面向内部、谋一域的能力，通过局部的重点突破推动全局的整体提升。当前，市委、市政府正在实施“十项行动”，特别是滨海新区高质量发展支撑引领行动，我们要夯实现代化产业体系，壮大汽车装备、电子信息、医药健康、化工新材料等支撑产业，聚集更多体量规模大、质量效益高、发展态势好的优质企业，推动将产业转化为金灿灿的发展成果，力争在全市和滨海新区高质量发展中展现更大担当、体现更大作为。我们要建设“绿色泰达”。以习近平生态文明思想为统领，牢牢把握“五个重大关系”，坚持“生态产业化、产业生态化”方向探索绿色发展路径，将污染防治、绿色低碳、生态保护作为高质量发展的驱动要素，解决制约经济高质量发展的突出环境问题，通过持续打造绿色工厂、积极构建循环经济产业链、开展生态环境保护先进企业评选等举措，实现环境质量持续改善，企业发展绿色转型，使区域底色更绿，发展底气更足。我们要建设“蓝色泰达”。开发区向海而生、因海而兴，具有蓝色海洋般的开放意识、广阔胸襟，在发展临港经济、创新开放政策方面，走出了一条独具特色的道路。要进一步利用好港口条件优势，把港口发展嵌入区域经济发展，最大限度放大港口“磁吸效应”。推动临港产业强劲发展，延伸石化产业链条，做强化工贸易板块。优化开放环境，做足外贸优势，发展特色金融，赋能实体产业。我们要建设“多彩泰达”。泰达不仅是投资兴业的沃土，也是宜居生活的福地，10多万泰达人在泰达成家立业，幸福生活。我们要高水平完善公共事业文化配套，打造泰达名校教育矩阵，让优质教育资源覆盖面进一步扩大、覆盖速度进一步提高；建设国际化医疗健康中心，让百姓病有所医、老有所养，同时推动生物医药生命科学等未来产业发展；提升城市文旅商娱活力，创建全域旅游示范区，规划泰达特色工业游；布局国际化商圈业态，提升“于响”、MSD、永旺、天碱四大片区商圈品质，推动产城融合高质量发展。

当前，学习贯彻习近平新时代中国特色社会主义思想主题教育正在全党深入开展。经开区虽然作为第二批开展单位，但不等不靠，提前谋划，总体来说推进情况较好。特别是，高度重视调查研究，党委、管委会班子成员带头沉到一线，到企业进车间、看产品、问经营、谈创新，既到工作局面好的地方总结经验，又到困难较多、情况复杂的地方研究问题，掌握了一批情况，取得了阶段性成效。下一步，要进一步强化理论学习，切实把调研成果转化为解决实际问题的“良方妙药”，在真信笃行中增进对党的创新理论的政治认同、思想认同、理论认同、情感认同；要进一步深化检视整改，对调研中发现的问题、企业提出的意见、群众反馈的诉求，逐一列出清单、整改销号，加快补齐工作短板、堵塞制度漏洞，切实把调研成果转化为倾听民声、破解难题的务实举措;要进一步推动成果转化应用,在实化、深化、优化上下功夫,明确工作措施抓手,切实把调研成果转化为攻坚克难、推动发展的硬招实招。

知之愈明,则行之愈笃。习近平经济思想在社会主义经济建设的伟大实践中展现出强大的真理力量、独特的思维魅力和巨大的实践伟力。我们要自觉做习近平经济思想的坚定信仰者、忠实践行者、积极传播者,秉持"开放、开拓、励精图大业,求新、求实、众志建新城"的泰达精神,踔厉奋发、赓续前行,为市委、市政府"十项行动"特别是滨海新区高质量发展支撑引领行动增光添彩,为建设现代化泰达,奋斗每一天。

感恩奋进　唯实争先
聚力谱写现代化泰达建设新华章
——在天津经开区2024年工作会上的讲话
（2024年1月29日）

天津经济技术开发区党委书记、管委会主任　洪世聪

同志们：

今天，我们召开天津经开区2024年工作会议，主要任务是贯彻党的二十大和二十届二中全会及中央经济工作会议精神，落实市委、区委全会暨经济工作会部署，总结2023年工作，部署2024年任务。刚才，建军同志报告了去年发展情况，工信局、南港产促办、企服局、经开国投主要负责同志作了誓师表态。几位同志讲出了气势、讲出了力量、讲出了决心，让我们感到很振奋。超算中心、奥的斯、长城3家代表企业进行了发言。超算中心获得"国家卓越工程师团队"奖；奥的斯如期实现"三年倍增计划"，去年天津公司成立研发中心，升级为区域总部；长城汽车天津基地去年产值增长超过百分百。三家企业的发言，表达了与经开区风雨同舟、荣辱与共、互相赋能、彼此成就的真情实感，让我们看到了光和亮，共同唱响了泰达经济"光明论"、中国经济"光明论"。同时，我们还以书面形式印发了今年工作要点、"四大重点工程"实施方案以及今年的行动计划，大家要一起抓好落实。

2023年，我们坚持以习近平新时代中国特色社会主义思想为指导，认真落实习近平总书记对天津工作的一系列重要指示精神，扎实开展学习贯彻习近平新时代中国特色社会主义思想主题教育，深入实施市委、市政府"十项行动"特别是滨海新区高质量发展支撑引领行动，积极应对多重挑战，有力实现多元目标。一是经济运行量质双升。2023年GDP在2022年-2.9%的情况下，增长3.2%，增速较上年回升6.1个百分点，保持了量的合理增长。一般公共预算收入139.1亿元，增长11.6%；税收收入132.5亿元，增长17.1%；税收占比95.3%；固投492亿，其中产业投资占比77%，实现了质的有效提升。二是招商引资成效显著。全年实际利用内资700亿元，实际利用外资12.8亿美元，新增各类市场主体1.25万家，同比增长28%，吉利商用车、恒河等一批重点项目落地，诺和诺德、英力士、明治乳业等外资龙头加大增资力度。三是京津冀协同发展走深走实。全年落地京津冀协同项目492个，协议投资额1634亿元。国能焦煤、中化学新材料、国家管网储运、中石化人才等央企二三级总部相继落户。四是创新实力持续增强。新增国家科技型中小企业343家、国家级高新技术企业171家，雏鹰瞪羚领军企业入库766家，其中领军企业31家，居全市之首。新增国家级专精特新"小巨人"企业9家、市级"专精特新"中小企业82家，超过前三年获批数量总和。五是债务化解初见成效。制定实施化债方案，统筹推进地方债务化解、存量资产资源盘活、扩大有效投资，圆满完成年度化债任务。六是软硬环境日益完善。入选首批全球可持续发展目标示范区50强，营商环境持续优化。"于响"高质量发展"黄金十条"政策引发强烈反响，优质名校加快建设，多彩文旅活动累计吸引游客超过150万人次，核心区人气不断攀升。七是主题教育深入开展。牢牢把握"学思想、强党性、重实践、建新功"总要求，推动以学铸魂、以学增智、以学正风、以学促干，把深化对习近平新时

代中国特色社会主义思想的认识，内化为指导实践的强大力量，转化为推动发展的实际成效。

2023年，我们在难中求成，做到了一季好于一季，实现了年度任务的顺利收官。实践证明：必须坚持党的领导，立足高站位。只有融入国家发展战略，乘势而上、顺势而为、逆势而进，才能紧跟时代、引领发展。必须坚持与时俱进，明确新方向。只有顺应发展新形势，应对环境新变化，提出发展新思路，才能打开新局面，迈上新台阶。必须坚持问题导向，聚力强攻坚。只有抓住主要矛盾，聚焦发展的堵点和难点集中发力，才能有效破题开局。必须坚持实干担当，确保见实效。只有事不避难、义不逃责，将决策部署转化为责任状、时间表、任务书、施工图，才能以一域为全局增光添彩。必须坚持传承精神，锤炼硬作风。只有用好泰达40年奋斗凝结成的宝贵财富，鼓舞激励一代代泰达人接续奋斗，才能不断创造事业新辉煌。

成绩来之不易，这是习近平新时代中国特色社会主义思想科学指引的结果，是市委、市政府、区委、区政府正确领导的结果，是全区企业、职工、群众奋力拼搏的结果，是各驻区单位大力支持的结果。在此，我谨代表党委管委会，向所有关心、支持和参与经开区事业发展的同志们、朋友们，表示衷心感谢！

在看到成绩的同时，我们也清醒认识到存在的问题和不足：产业质效对标先进还有差距；项目谋划储备还不够丰富；创新驱动发展还存在短板；运用突破性思维推动工作还有欠缺；众人拾柴的发展合力尚未形成；干部队伍狼性血性彰显还不充分。我们要直面问题，采取有力措施，切实加以解决。

2024年是中华人民共和国成立75周年，是实施“十四五”规划关键之年、是推动高质量发展支撑引领行动的奋进之年、是泰达成立40周年，做好全年工作意义重大。今年工作总体思路是：以习近平新时代中国特色社会主义思想为指导，全面贯彻党的二十大和二十届二中全会精神以及中央经济工作会议精神，认真落实习近平总书记对天津工作的一系列重要指示要求，按照市委、市政府、区委、区政府决策部署，坚持稳中求进工作总基调，完整、准确、全面贯彻新发展理念，积极融入和服务新发展格局，有力落实“十项行动”特别是滨海新区高质量发展支撑引领行动，有效推进“三新”发展，扎实做好“三量”共进，重点实施“四大工程”，按照“1233445N”的发展思路，保持“现代化泰达，奋斗每一天”的姿态，感恩奋进，唯实争先，以经开区的“稳、进、立”，努力为全市高质量发展做出新的更大贡献。

综合研判全市和新区既定目标，结合经开区自身基础优势与潜力后劲，兼顾需要和可能，体现积极进取、跳起摸高的态度，确定2024年地区生产总值增长4%，在实际工作中力争完成得更好一些。这个目标不是轻轻松松就能实现的，必须付出十分艰辛的努力。为此，今年工作要重点围绕7个“升级加力”来展开。

一、抓住机遇，坚定信心，在发挥支撑引领作用上升级加力

习近平总书记在中央经济工作会上提出“五个必须”重大政治判断，部署“九项重点任务”。市委提出“八个统筹”要求，区委提出八个方面落实意见。我们要认真领会，自觉践行，发挥好主支撑、主引领作用。

一是要准确把握有利机遇。要有观大局、明大势、早谋划、抢先机。要抢抓战略之“机”。去年，习近平总书记在深入推进京津冀协同发展座谈会上发表重要讲话，提出新要求新任务，协同发展驶入“快车道”。我们要深度融入世界级城市群和世界级产业集群建设，抓住“协同创新”和“产业协作”两大关键，瞄准“疏解”和“服务”两大领域，用好市场化手段，建立更多“握手通道”，拓展更多“同城化”领域，吸引更多非首都功能疏解项目落户。要抢抓政策之“机”。中央经济工作会提出，“多出有利于稳预期、稳增长、稳就业的政策”，国家各部门随即部署安排，释放了积极信号。我们要密切跟踪、抓紧对接，把握政策窗口期，精准发力“三争取”工作，先人一拍、快人一步、赢得主动、拔得头筹。要抢抓产业升级之“机”。中央经济工作会提出“以科技创新推动产业创新”，意味着在现代产业体系中，创新的地位日益突出。作为制造业大区，我们要坚持以科技创新驱动产业焕新，瞄准新质生产力布局新兴领域、未来产业，努力“弯道超车”“换道超车”，加快实现从跟跑、并跑到领跑的跨越。

二是要牢牢树立发展信心。做好经济工作，信心比黄金更珍贵。信心来自于党中央领航定向。以习近平同志为核心的党中央，作出“我国经济回升向好、长期向好的基本趋势没有改变”重要论断，

这是我们的信心之源。信心来自于自身实力。以2023年数据为例，经开区GDP占全市14.8%、占新区34.2%，工业占全市25%、占新区48.1%，实际利用外资占全市22%、占新区25%，进出口占全市29.8%、占新区40.1%，固投、财税占新区25%，支撑作用显著。“三心一室”机构位列全市第一，创新动能不断增强。“四宜”城市配套日益完善，越来越多企业在泰达投资兴业，各方人才在泰达定居生活。信心来自于广大企业。企业是经开区发展的根本支撑。我们的企业基本面好，韧性足、潜力大，市场竞争力强。广大企业看好泰达、热爱泰达、扎根泰达、建设泰达、贡献泰达，始终与经开区共同奋斗、并肩作战，相互成就、共赢发展。

三是要挺膺担当“稳”“进”责任。敏尔书记去年春节后第一天就到新区调研，提出“挑大梁、登大台、唱大戏”的殷切期望，我们要坚决扛起经济大区的使命，明责履责、知重负重、见行见效。要围绕“稳”筑牢根基。全力稳经济底盘，稳市场主体，稳发展预期，保持向好向优态势。重点关注产值、营收和税收大户以及各类“四上”企业，巩固发展的稳定性。要围绕“进”勇挑重担。树立“进”的意识，采取“进”的举措，实现“进”的效果，既要在存量中找到增量，又要培育新增量，引进标志性项目，做到“以进促稳”。要围绕“立”大胆突破。“立”新的政策导向，配套出台暖企措施，以“有限+无限”的方式，打造最优综合投资环境。“立”新的赛道，切入新领域，塑造新动能，形成新优势。“立”新的考核激励导向，嘉奖重用提拔敢闯敢拼、业绩突出的干部，全面激发拼搏奋斗的精神力量。

二、瞄准高标，提质增效，在产业焕新上升级加力

习近平总书记指出，建设现代化产业体系，坚持把发展经济的着力点放在实体经济上，推进新型工业化。我们要始终把做优做强实体经济作为主攻方向，突出智能化、绿色化、融合化，持续提升产业质效。

一是要在主导产业上转出“新方向”。经开区产业底盘扎实，但存在能级不够高、结构不够优的问题，必须广泛运用数智技术、绿色技术，推动产业迭代升级。绿色石化产业在全市制造业中占有重要地位，今年又逢南港开发建设15周年，要抓住新契机，着力发展高端精细化工，推动120万吨乙烯等项目投产，加快渤化新材料产业园二期等项目建设，打造世界一流化工新材料基地和石化产业聚集区。要依托中石化与英力士、恒河合作项目，创新“央企+外企”“央企+民企”模式，拓展“三资”联动合作新领域。要充分认识南港在“滨城”科创区“N园”中的重要地位，加快建设南港科创中心，打造创新型石化园区。汽车及装备产业，要推动汽车研发生产向新能源、智能网联转型，加快吉利远程商用车总部基地投产，加速丰田氢能示范应用，确保富维海拉基地、敏实北方总部等项目竣工，电装电子二工厂等项目加快建设，大众汽车零部件研发中心等项目签约落地。发挥“装备+能源”双重优势，大力发展海上风电、光伏、海水淡化、油气等装备产业链。电子信息产业，要重点引育集成电路、生成式人工智能等领域项目，充分发挥车规级芯片联盟作用，推动蓝硕电气等项目竣工投产，洁美电子信息材料基地等项目加快建设，促进三星系、富联系等龙头发力新领域，加快华大九天等项目落地。医药健康产业，要重点打造核酸产业园，推动全和诚新总部及核酸药基地、创诺小核酸板块等项目落地，加速聚链成群。突出CXO优势，促进凯莱英化学大分子三期等项目竣工投产，药明康德药用小分子等项目加快建设，诺和诺德新灌装厂等项目开工，玛氏宠物食品二期项目等落地。依托生物医药产教联合体形成研产合作新亮点。现代服务业，要用好国家级“两业融合”试点牌子。抓实生产性服务业，促进共享制造、供应链管理等业态发展；抓实平台经济，既要做强龙头平台，也要吸引培育技术优、服务好的中小平台，推进平台企业本地实体化运营；抓实金融创新，高标准建设“于响”产业金融发展区，扩大“北方保理之都”影响力，放大滨海基金小镇载体作用，大力发展各类投资基金，打造北方基金资管行业聚集区。全年要有力推动总投资347亿的48个重大项目开工，总投资1900亿的141个项目加快建设，总投资500亿的48个项目竣工投产。

二是要在新兴产业上开辟“新赛道”。以敏锐的眼光，坚定的执着，培育壮大新兴产业、前瞻布局未来产业。要推动“专精特新”企业加快聚集。瞄准制造业关键技术、关键环节、关键产品发力，围绕低空经济、海洋经济等新领域，引育一批“专精特新”、单项冠军企业。完善企业上市孵化体系，推动企业“小升规”“规升巨”“巨股改”。深入开展促进民营经济发展的“春笋行动”，打造国企、民企、外企

“三企”协同的产业链共同体。要促进“数实融合”不断深化。加快制造业“智改数转网联”，打造更多数字工厂、“灯塔工厂”、智能车间，大力发展工业互联网，建设数字经济产业园，建立以“算力为支撑、算法为核心、应用为驱动、智造为引领”的数字经济生态，强化算力转化为生产力。要布局“未来产业”深挖潜力。未来产业决定产业的未来。围绕人工智能、未来健康、新型材料、量子应用、绿色低碳等领域，打造一批典型应用场景，科学规划产业布局，提升未来产业发展能级。

三是要在招商引资上打出“新高度”。项目决定我们作为全市第一大经济体地位。要狠抓大项目。坚持“项目是生命线”理念，全力打好产业项目招大引强攻坚战，推动新的百亿级优质项目落地，为建区四十周年献礼。要彰显大气魄。敢于和高手过招、与高人对话，围绕国家重大战略招商，围绕主导产业、龙头企业和重点产业链条招商，围绕优势场景招商，引入更多有科技含量、环境质量、就业容量、税源增量的项目，掀起招商新高潮。要强化大统筹。坚持“要素围着项目走”，强化部门协调联动，形成要素保障合力。构建“前端招商—中间建设—后端服务”的“一条龙”机制，确保“接力棒”紧密衔接。要拓宽项目信息渠道，发挥招商中心“前哨”作用，积极参与和策划高水平行业论坛会议，在以会引资、以会聚才、以会促产上取得更大实效。

三、凸显特色、激发动能，在科技创新上升级加力

党的十八大以来，习近平总书记两次亲临经开区视察，都对科技创新作出重要指示。我们要坚持创新驱动，不断激活新动能，形成更多新质生产力。

一是聚焦“协同创新”，抓好“内”和“外”。围绕“一个核心、两个协同”特点，提出新的招法举措。“一个核心”，要突出滨海—中关村科技园作为滨城科创区核心区的优势，积极引育国内一流科研机构，加快推动配套完善，尽快展现科创区核心区形象。“对内协同”，要强化与天津各高校、科研院所以及科创区各片区的合作。主动承接天开园溢出成果，着重布局创新链中后端环节，为更多创新成果就近转化提供强有力支撑，实现相互赋能、错位发展。“对外协同”，要积极融入京津冀协同创新共同体建设，加强与北京中关村、怀柔科学城科技创新联动，携手北京理工大学共建重点实验室，深化与中发展集团合作，探索建设“飞地科创示范基地”。

二是聚焦“自主创新”，抓好“引”和“育”。创新是第一动力，创新主体是引领发展的支撑。要大力“引”。着力引进拥有自主知识产权的科创型企业，特别是首都二环内高校及科研机构资源，鼓励企业向研发、设计、营销、服务等“微笑曲线”两端延伸。坚持“招商引资”与“招才引智”相结合，做到“引进一个人才，落地一个项目，带动一个产业”。要主动“育”。开展领航企业培育计划，支持创新型企业总部认定。实施创新主体筑基工程、高成长性企业育优工程、高企倍增行动计划，升级企业上市苗圃工程，持续壮大创新主体“梯队力量”。围绕创新药、人工智能等领域，支持科技型骨干企业争创创新联合体。要见到“效”。全年要实现雏鹰、瞪羚、领军（培育）企业总量超过800家，高企总量超1180家，推动至少3家企业上市。鼓励企业更多设立工程研究中心、工程技术中心、企业技术中心、重点实验室，促进更多外企落地高级别研发机构，助力“制造+研发”转型升级。

三是聚焦“创新生态”，抓好“硬”和“软”。良好的创新生态是创新主体的生命之“氧”。要做强“硬载体”。用好医药联合研究院、超算中心等现有载体，鼓励企业内设研发机构转化为开放式、共享型创新平台，加快滨海—中关村M0地块、南港科创中心等新型研发载体建设，强化“北京研发、天津转化”承载力。要优化“软环境”。完善科技金融服务体系，做强泰海基金、中关村雨林基金，广泛引进优秀投资机构，加大“投早、投小、投硬科技”力度。积极运用创新积分贷、创新积分投等特色金融工具，形成“科技—产业—金融”良性循环。充分运用“海河英才”“鲲鹏计划”等人才政策，优化产业（人才）联盟工作机制，用好人力资源产业园平台，构建人才服务“雁阵”格局。发挥知识产权保护中心、数字化科技成果转化服务与交易平台等各类服务资源作用，为企业创新发展提供有力支持。

四、深化融合、提升品质，在城市更新上升级加力

习近平总书记提出，要实施城市更新行动，打造宜居、韧性、智慧城市。我们要以“城市更新”为关键，带动存量盘活，重塑城市空间。

一是盘活存量要有招法、见效果。做好“三量”工作，首先是盘活。要全力完成目标。我们就土

地、厂房、公寓、楼宇、仓库等盘活任务，已经立了“军令状”，这是高质量发展的需要。要充分认识任务的艰巨性，坚持目标导向、先易后难、分类施策，不折不扣完成。要采取多种措施。综合运用市场、行政、法律等手段综合施策，“一闲一策”探索盘活途径。要发力“项目带活”，通过招商引资，用项目换空间。去年吉利项目盘活了原星马汽车地块，发挥了示范作用。要推动“融资促活”，加快科工园厂房REITs项目进度，积极探索资产证券化工具，扩大盘活增量。要强化“引流激活”，提高人口导入力度，加快核心区楼宇、公寓等闲置空间去化。要推进“债权转活”，加大应收债权清收和以低效、闲置资产抵债的力度，做到“应清尽清、应收尽收”。要确保推动有力。压实盘活工作责任，形成委领导包保、专班专人负责的工作机制，国企要设立相应的招商团队，做到心中有数、肩上有责、手中有策、行动有效。要加快推动“于响”停工楼宇尽快复工、建成项目加速招商运营，促进存量盘活实现突破性进展。

二是更新项目要精心谋、高效推。坚持有机更新、功能更新、业态更新，展现城市新面貌。要加力推动既有项目。重点加快塘沽南站、时尚广场更新项目进度，尽快“出形象、引产业、见效益”，打造城市更新示范标杆。要高标谋划新的项目。面向逸仙园、微电子产业园、泰达综保区等开展“工改工”城市更新策划，创新运营模式，加快老工业区焕发新活力。要突出特点开展更新，与战略机遇（如京津冀协同）、产业需求（如保税研发和展示）、所在区发展方向（如武清“京津产业新城”）结合，相互借势、相互促进。要强化更新项目规划、建设、招商、运营有机衔接，杜绝出现新的闲置情况。要全面激发“于响”活力。打好核心区产城融合攻坚战，抓实“于响”规划建设、招商运营。聚焦“于响”定位促进现代服务业发展，以产业引人；确保耀华中学、华东师大附属学校、岳阳道小学、于家堡幼儿园按时投用，以教育引人；发挥天津茱莉亚学院等资源优势，以文化引人；扩大“黄金十条”举措影响力，以政策引人；加快“一环一街”“两桥”、商业设施等建设，以配套引人，打造现代、创新、开放、时尚的年轻人集聚地。加大“于响”宣传力度，打响“于响”品牌，实现“‘于’无声处‘响’惊雷”。

三是国资国企改革要提质量、增效益。推进“三量”工作，国企是关键。要打好国资国企高质量发展攻坚战，聚焦“六化”实施新一轮国企改革，提升国企核心竞争力。要推动专业化整合。坚持同质业务合并、相关业务成链，优化国有资本布局，明确主责主业，注重做专做强。要加快市场化转型。坚持市场化导向谋划项目、拓展业务、对外投资、降本增效。打造符合市场化要求的新型政企关系，推动关键岗位市场化选聘职业经理人。要完善现代化治理。健全公司法人治理结构，实现集团架构扁平化，坚持人员向生产经营一线倾斜，以“强内控、防风险、促合规”为目标规范国企管理。要突出正向化赋能。进一步归集资产、资源、资本、资金等优质题材，为国企注入新动能，发挥国企在区域高质量发展中主力军、子弟兵的作用。要加强系统化统筹。统筹“发展”与“安全”，抓好债务化解、安全生产、合规经营。统筹“经济效益”与“社会效益”，管委会助力国企转型发展，企业提升盈利能力反哺区域发展。要实行差异化考核。坚持分类管理、分类考核，精准设置指标体系，将考核与干劲面貌、业绩贡献、能力本领、职位升降挂钩，考出国企队伍战斗力。

五、打开视野、做足优势，在对外开放上升级加力

习近平总书记强调，中国开放的大门不会关闭，只会越开越大。经开区是开放的产物，要积极融入新发展格局，打造“五型”开放高地。

一是要依托优势做强外资。经开区外资企业工业产值占比全区四分之三，营业收入占比四成，税收和就业占比均为一半左右，发挥好外资优势责无旁贷。要大力“挖潜”。区内欧美、日韩企业众多，要切实发挥驻外招商中心作用，加大对重点国家、重点地区、重点领域的招商力度。积极与外资企业总部高层走访沟通，及时掌握项目布局新动向，争取实现新投资、设立新项目。要全力“扩源”。中央经济工作会议强调，支持高质量共建“一带一路”八项行动落实落地，释放了扩大开放积极信号。要抓住机遇寻找新的发力点，拓展东南亚、中东、中亚五国等地市场潜力，面向中东招引主权基金相关投资，构筑全方位、立体化的双向开放通道。要努力“提质”。去年初国务院出台鼓励外资研发中心发展的意见，我们抓住政策契机，推动外资企业全球级研发机构落地，成效明显。要把握外资企业“在中国、用中国、为中国”新趋势，继续发展“制造+

创新中心”“制造+服务”模式，推动电装电子、SEW、施耐德等研发中心在津落子，探索开放式创新平台、联合实验室、离岸双创等利用外资新领域，打造先进制造业研发基地对外开放中心区。

二是要突出特色拓展贸易。经开区进出口具有规模大、加工贸易占比突出、工业制成品出口比重高等特点，说明我们的外贸有底盘优势，也存在结构问题，要锻长板、补短板、快突破。要“以产兴贸”。依托产业稳存量、扩增量，加快推动贸易结构转型，积极拓展中间品贸易，大力发展以金融、物流、人力资源、跨境电商等为代表的服务贸易，抢抓绿色能源国际市场需求，促进“新三样”产品出口。要“以港促贸”。依托大量优质楼宇资源，引育具有国际竞争力的航运金融、海事法律等服务机构，拓展航运服务全业态。扩大油气交易中心影响力，打造贸易链、供应链、交割链，努力形成“南有舟山、北有天津”的油气产业新格局。推进化工品交割库、危化品堆场等载体建设，吸引全国大宗商品贸易项目落户。要“示范带贸”。突显“一个示范区、三个基地”优势，加快打造国家进口贸易促进创新示范区，做实汽车及零部件、中药及西药两个外贸转型升级基地，做强国家数字服务出口基地。探索建设国际数据服务特区，实施数据“白名单”分类监管制度，积极推进公共数据授权运营试点建设，促进数字服务和数字贸易产业获得新突破。

三是要创新制度促进开放。激发自贸试验区、综保区等区域潜力，发挥制度创新独特优势提高开放水平。要强化自贸区赋能力度。深化自贸区制度创新成果向开发区延伸，放宽生物医药等前沿产业市场准入，扩展医疗器械、保税LNG加注等领域政策通道，拓展FT账户适用范围，探索全币种结算的国际保理、“商业保理+网络货运”等新型业务，通过制度创新，促进更多业态创新。要强化综保区优势功能。推动综保区与自贸区联动创新，聚焦重点产业需求，用好保税研发、保税展示等政策，为生物医药、集成电路、智能装备等产业提供有力支持。促进综保区业务由物流分拨、加工制造向研发设计、检测维修、销售服务等高端方向转型。要强化制度创新系统性。对标CPTTP(全面与进步跨太平洋伙伴关系协定)、DEPA(数字经济伙伴关系协定)、CBAM(欧盟碳边境调节机制)等高标准经贸规则，以“五个自由、一个安全有序流动”为牵引，升级贸易、投资、人才、政务服务四个功能平台，推动全方位、大力度、高层次的制度集成创新，形成一批有突破、有活力、有实效的制度创新成果。

六、注重体验、争创亮点，在优化环境上升级加力

习近平总书记强调，营商环境只有更好，没有最好。我们要全力打造市场化、法治化、国际化营商环境，厚植发展沃土，不断提升企业和群众的获得感、满意度。

一是要营造便捷高效的服务环境。经开区建设之初就提出打造“仿真国际投资环境”，要不断擦亮服务这一金字招牌。要转变服务理念。树立“人人都是营商环境”理念和“我就是经开区”的意识，精心维护区域形象。以企业需求为导向，变“我要企业怎么办”为“企业要我怎么办”，建立“企业提问、限时解决、及时反馈、效果评价”的服务闭环。树牢“崇信重诺”意识，答应企业的就要兑现，让政策的“白纸黑字”转化成为企业的“真金白银”。要完善服务举措。推动打造一个“迎”商中心，构建一组“营”商平台，畅通一套“赢”商渠道。深化政务服务“十个一”改革，探索制定“事前提示机制”，放大“泰达工改4.0”改革效应，切实提高企业办事和项目落地效率。开展全领域跨部门监管和综合执法一体化改革，实现“查罚分离”“综合查一次”，寓“服务”于“管理”，融“力度”于“温度”。要强化服务能力。坚持“服务好现有的企业就是最大的招商引资”，把握“共同缔造”路径，促进政府与企业同频共振、同向发力。健全与企业家的常态化沟通机制，经常向企业家汇报，倾听企业意见，及时改进工作。格外重视和珍惜各类企业家的独特作用，依法保护各类经营主体的合法权益。积极搭建政企、银企以及企业间对接“桥梁”，打造特色品牌活动，加固与企业的联系纽带。

二是要营造绿色低碳的生态环境。始终坚持生态优先、绿色发展，全面建设绿色城市。要打好“三大保卫战”。坚持移动源、工业源、燃煤源、扬尘源和生活源“五源同治”，水资源、水环境、水生态“三水统筹”，土壤有序监管、有效监测、有力治理“三措并举”，在泰达眺望最远的天空，呼吸最干净的空气，拥抱最蓝的海湾。要提升产业绿色度。严格项目入门关，坚决遏制高能耗、高排放、低水平项目上马，提升产业含绿量。发挥绿色工厂、绿色供应链管理企业示范作用，推动企业低碳转型，

加快打造绿色低碳供应链。加快“冷、风、光、氢”等清洁能源发展，构建绿色能源新结构。多渠道增加绿电供给、推进绿电绿证交易。用好排放权交易所、泰达低碳经济促进中心等机构资源，发挥国家绿色品牌试点示范最全区域优势，打造绿色低碳发展新高地。要践行绿色生活新理念。精心实施绿化美化工程，积极推动建筑绿色化改造，探索建设零碳综合示范区。鼓励支持绿色出行方式，提高公交出行便捷度，提升新能源交通工具利用率。倡导绿色健康的生活方式，让绿色理念在泰达深入人心。

三是要营造稳定有序的安全环境。固本强基构筑“大安全”格局，以高水平安全保障高质量发展。要强化安全生产。完善全方位、全领域、全覆盖安全生产工作体系，突出重点、守住底线，筑牢本质安全水平。要防范债务风险。发展是政绩，化债也是政绩。千方百计增加收入，切实压减一切不必要开支，提高资金使用效益效能，多方统筹、多措并举，确保完成年度化债任务。要确保和谐稳定。弘扬主旋律，汇聚正能量，加强舆情监控，营造良好网络环境。紧盯劳资纠纷、非法集资、风险机构等重点领域，充分发挥排查调处机制，预防化解各种消极因素，实现社会大局平稳。

七、加强领导、务实担当，在党建引领上升级加力

习近平总书记指出，全面建设社会主义现代化国家，必须有一支政治过硬、适应新时代要求、具备领导现代化建设能力的干部队伍。要不断加强队伍建设，充分发挥经开区“野战军”作用，为全市经济社会发展“交账”“添秤”。

一是要弘扬“泰达精神”，全力拼搏奉献。今年是建区40周年，要坚持简约隆重原则，开展一系列活动，总结过去、激励当下、展望未来，凝聚力量，鼓足干劲、感恩奋进。作为“泰达人”，要有舍我其谁的使命感。始终保持为泰达荣誉而战的情怀格局，继承和发扬泰达精神，在泰达这片广阔的舞台上，不懈奋斗、积微成著，为一域增光，为全局添彩。要有胸怀全局的大观念。善于从大处着眼，从小处落笔，致广大而尽精微。树立大局意识，推动工作讲主动、讲协同，汇报沟通讲站位、讲姿态，多说有利于泰达的话、多做有利于泰达的事，为区域发展创造风调雨顺的外部环境和氛围。要有务实奋进的好作风。要“树高标”，开展工作“取法其上”、挑战自我，以“精心”追求“精细”、换来“精彩”；要“善进取”，遇到困难不要有畏难情绪，不能“腾挪闪避绕”，少抱怨、多想招、勤争取，勇于闯关夺隘、攻城拔寨；要“拼实效”，看准了就抓紧干，事不过夜、马上就办、锲而不舍，慎终如始、虎头豹尾、善作善成。要有勇于担当的硬肩膀。多做“该不该办”的价值判断，少做“可不可办”的技术判断，把“干正确的事”放在优先地位，再考虑“正确的干事”。要相互理解、换位思考，主动交流、当面沟通，避免文来文往、层层签批，以“相互补台”换得“好戏连台”。要发挥头雁作用，躬身入局、做好表率，既要挂帅、又要出征，一级带着一级干，一级干给一级看。不能光说不练，把说了当成做了、把做了当成做好了。我们的干部要具备敢于担当的勇气、能够担当的本领，在担当中体现责任，在尽责中实现价值，以精彩的细部支撑壮观的全局。

二是要打造干部铁军，锻造过硬队伍。通过实施干部队伍铁军打造这一工程，激发干部队伍“一池活水”。要选好干部。把政治过硬、能力过硬、作风过硬的干部真正选拔出来。不断优化干部队伍质量结构。坚持五湖四海、任人唯贤，既要用好现有精锐力量，也要开门求贤，聚天下英才。要用好干部。积极创造条件、完善平台，在一线岗位和急难险重任务中锻炼干部、考验干部、识别干部、选拔干部。推动多岗位锻炼，让年轻干部在不同的任务挑战中迅速成长。发挥好“上带下”“老带新”作用，让泰达的理念、经验、模式、方法不断传承。要管好干部。坚持严管厚爱，落实“三个区分开来”，容纠并举，支持干部大胆闯、大胆试。健全完善干部考核体系，坚持绩由事考、人以绩论，避免“轮流坐庄、平衡照顾”。完善工资晋档、职级晋升常态机制，调动干部干事创业积极性、主动性和创造性。

三是要强化党的建设，提高战斗能力。要有力推动主题教育成果转化落地，以提士气、转作风、促发展的成果彰显主题教育成效。要落实全面从严治党主体责任。勇于刀刃向内、自我革命，坚持以党建“第一责任”引领和保障发展“第一要务”，做到党的建设工作与中心工作同谋划、同部署、同推进、同落实。要充分发挥基层党组织战斗堡垒作用。统筹推进新兴领域与传统领域党建工作齐头并进，巩固扩大“两新”党建覆盖率和覆盖质量，实现业务发展到哪里，党的组织、党的工作就延伸到哪里。

要深入开展党风廉政建设。以习近平总书记提出的“九个以”为指导，推动全面从严治党向纵深发展。纪检监察部门要发挥好监督作用，及时发现影响政策落地、损害营商环境的问题，为高质量发展保驾护航。要有力抓实宣传统战工作。坚决守好意识形态阵地，发挥宣传工作举旗帜、聚人心、兴文化、展形象作用，用好实践基地、试点示范、媒体矩阵，讲述泰达好故事，展现泰达正能量，发出泰达最强音。坚持大统战工作格局，凝聚各方力量，画好最大同心圆。

同志们，站在泰达40周年的新起点上，让我们更加紧密地团结在以习近平同志为核心的党中央周围，在市委、市政府、区委、区政府坚强领导下，坚定信心、勇毅前行，团结拼搏、攻坚克难，锐意进取、勇立潮头，奋力谱写现代化泰达建设新篇章！

再过十天就是龙年春节了。在此，我谨代表经开区党委管委会给大家拜个早年，祝大家龙马精神、龙腾四海、龙年大吉！

产业发展

- 概　况
- 汽车及装备制造产业
- 电子信息产业
- 化工新材料产业
- 医药健康产业
- 现代服务业

概　况

〔简况〕　2023年，天津经开区产业投资完成380.1亿元，占固定投资77.2%。大众变速器APP550动力电机项目、诺和诺德天津生产厂成品车间扩建项目等86个重点产业项目开工，天津飞旋科技股份有限公司、凯莱英生产服务平台二期等23个重点产业项目投产。截至2023年末，天津经开区已形成汽车及装备、化工新材料等2个1000亿级产业集群，电子信息、医药健康等2个500亿级产业集群，以及以全牌照金融和全业态平台经济为代表的现代服务业产业集群。

（档案馆）

〔产业结构〕　2023年，经开区第二产业增加值1455.65亿元，其中，工业战略性新兴产业、高技术制造业增加值占39.0%、26.8%；新产品快速增长，新能源汽车产量增长1.1倍，集成电路产量增长5.8%，服务机器人产量增长11.8%，化学药品原药产量增长41.1%，医疗仪器设备及器械产量增长19.2%。战略性新兴服务业、高技术服务业营业收入分别增长9.1%、8.5%，生活性服务业增长28.8%，新冠疫情后经济恢复态势明显。

（档案馆）

〔制造业〕　2023年，经开区完善四大制造产业链结构，提升产业发展持续性和竞争力。汽车及装备制造产业全年产值完成2383.7亿元，一汽-大众汽车有限公司天津分公司（简称一汽-大众）整车产量逾100万辆，长城汽车股份有限公司天津哈弗分公司（简称长城哈弗）新增哈弗大狗二代新能源、哈弗枭龙两款新车型，一汽丰田汽车有限公司（简称一汽丰田）建厂20周年，全系车型实现双擎配置。电子信息产业全年产值完成754.7亿元，豪威北方总部全国车规级业务中心项目、聚忠光禾国产化网络设备总部基地等多个总部类项目签约落地或开工建设，中国汽车芯片标准检测认证联盟在经开区成立。医药健康产业全年产值完成649.1亿元，核酸产业联盟成立，核酸产业加快聚集。天津兴博润生物制药有限公司建成国内最大核酸单体生产基地，天津法尔玛制药有限公司建成国内最大的小核酸原料药基地，经开区生物医药产教联合体获批“国家级市域产教联合体”，生物医药健康产业知识产权协同运营中心启动。化工新材料产业全年产值完成1085.8亿元，占天津市绿色石化产业链五分之一，全年13个项目购买土地，14个项目开工建设。

（档案馆）

〔服务业〕　2023年，经开区规模以上服务业营业收入2043.46亿元，比2022年增长9.7%。规模以上服务业15个重点行业营业收入953.95亿元，增长14.6%。保理产业快速增长，全年新增保理企业22家；全区保理企业资产总额逾1500亿元，占全国20%；设立京津冀地区首个商业保理仲裁庭。基金小镇全年新增注册企业138家，累计落地333个项目，合计认缴规模1100亿元。恒瑞医药股份有限公司、通用环球医疗技术服务（天津）有限公司等一批数字医疗项目落地，全年营收逾40亿元；传化集团网络货运北方总部、谨道咨询区域总部、天防安全区域运营中心等生活性和生产性服务类项目落地，提升经开区产业竞争力。

（档案馆）

汽车及装备制造产业

〔简况〕　2023年，经开区汽车及装备制造产业产值完成2383.7亿元。“一基地、三平台”新能源商用车合作项目、美埃科技净化设备生产基地等项目投资落地，其中，奥的斯北方研发中心等多个汽车及装备制造企业研发中心项目落户，提升经开区产业能级；SEW-传动设备（天津）有限公司智能装配中心等项目开工，引入德国智能制造电子产品实现本土化生产，为中国智能装备制造业产业升级提供系统解决方案。至2023年，一汽-大众整车产量累计100余万辆；一汽丰田汽车有限公司建厂20周年，全系车型实现双擎配置。

（刘　焱）

〔产业活动〕　2023年，经开区智能制造局筹划并参与第七届世界智能大会、泰达汽车论坛、新能源智能网联沙龙等50余个产业活动。第七届世界智能大会高峰论坛期间走访汇川科技有限公司等80余家企业，形成7个在谈项目。邀请180余位专业人士参加泰达汽车论坛，安排21场会见，对接威兆半导体有限公司、保时捷（中国）汽车销售有限公司等重点招商对象。在江苏省苏州市组织智能网联主题沙龙，对接矽涧精密工业（上海）有限公司等企业，形成9个产业链储备项目。12月，在上海市组织智能制造产业投资对接会，邀请机器人、传感器等领域20余家企业参会，积累产业项目资源。

（刘　焱）

〔产业链建设〕 2023年，经开区智能制造局制订汽车电子产业园规划方案，通过各类产业活动走访20余家外资企业、80余家内资企业，形成20余个储备项目。制订经开区智能网联发展实施方案，与经开区工业和信息化局等部门共同申请开放道路测试（智能网联汽车自动驾驶功能测试活动），首批8.56千米道路通过申请，与“三大整车”厂（一汽-大众、一汽丰田、长城哈弗）、驭势科技（北京）有限公司、北京轻舟智航科技有限公司等企业探讨智能网联示范应用，搭建经开区智能网联发展生态圈。6人脱产参与天津市汽车专班工作，完成天津市多个汽车产业方案和报告，培育天津市新能源汽车产业集群。强化龙头企业产业服务，协助组织一汽-大众天津分公司五周年庆典、一汽丰田汽车有限公司供应商大会、长城汽车股份有限公司天津哈弗分公司供应商大会、中国电动汽车百人会甲醇汽车主题论坛等10余场企业产业链活动，通过活动打造整车供应链体系，对接康尼斯（广州）汽车配件有限公司等配套企业，积累产业链项目资源。

（刘　焱）

〔SEW智能装配中心项目开工〕 2023年2月8日，SEW-传动设备（天津）有限公司智能装配中心项目（简称SEW智能装配中心）开工仪式在天津经开区举行。该项目位于天津经开区第十大街，占地面积近6万平方米，总投资1.5亿美元，新增产能30万台套/年。

德国SEW集团成立于1931年，总部位于德国巴登-符腾堡州，生产电动机、减速机、变频控制设备及相关配套产品。1994年，SEW集团在经开区建立中国第一家工厂。

（刘　焱）

2023年2月8日，SEW-传动设备（天津）有限公司智能装配中心项目开工

〔奥迪新Q3下线〕 2023年2月16日，奥迪新Q3下线仪式在一汽-大众总装车间举行。

一汽-大众位于天津经开区一汽大众华北基地，占地面积108万平方米，总投资194.85亿元。2018年6月首车下线，至2023年末，一汽-大众累计生产探岳、探岳GTE（插电混合动力版）、探岳X（溜背款），奥迪品牌新Q3、Q3轿跑（溜背款）5个品牌100余万辆整车。

（刘　焱）

2023年2月16日，新奥迪Q3下线

〔一汽-大众年产20万辆VW336/3CN_K车型技术改造项目〕 2023年2月21日，一汽-大众新车型技术改造项目在一汽大众华北基地举行开工仪式。该项目总投资20余亿元，设计年产能20万辆；2023年10月，项目新建主体厂房竣工，扩建厂房1.36万平方米，增加冲压模具、车门密封条自动滚压设备、电检充电设备等937台（套）。

（刘　焱）

2023年2月21日，一汽-大众年产20万辆VW336/3CN_K车型技术改造项目开工

〔哈弗二代“大狗”车型上市〕 2023年2月27日，由长城哈弗制造的哈弗二代“大狗”上市销售，哈弗二代“大狗”定位中型SUV，共推出6款车型，包括4款燃油版车型、2款插电混动版车型。哈弗二代“大狗”插电混动版是哈弗“狗品类”首款新能源车型，拥有纯电、纯电优先、智能混动3种动力模式，搭载1.5T混动专用发动机。

（刘　焱）

2023年2月27日，哈弗二代“大狗”上市销售

〔长城哈弗2023年供应商质量大会〕 2023年4月11日，长城哈弗2023年供应商质量大会在天津经开区举办，长城汽车股份有限公司传统燃油车及新能源汽车“大小三电”领域（大三电：驱动电机、电控、变速器；小三电：高压配电盒PDU、车载充电机OBC、DC/DC变换器）100余家零部件供应商参会。

2011年，长城哈弗投产，至2023年，累计生产整车364.8万台，实现产值3730.4亿元。

（刘　焱）

2023年4月11日，长城哈弗2023年供应商质量大会举行

〔天津英泰汽车饰件有限公司成立20周年〕 2023年4月16日，天津英泰汽车饰件有限公司成立20周年纪念仪式在天津经开区举办，丰田纺织株式会社社长白柳正义出席。天津英泰汽车饰件有限公司是天津经开区汽车零部件产业龙头企业之一，至2023年，累计产值470余亿元。

2003年，丰田纺织（中国）有限公司和长春一汽富维汽车零部件股份有限公司共同出资在经开区成立天津英泰汽车饰件有限公司，投资6330万美元，占地面积13万平方米，是一汽丰田一级供应商，生产和销售汽车座椅、汽车顶棚、后备箱内饰板等汽车内饰产品，累计为一汽丰田提供600余万套产品，连续18年获天津经开区百强企业称号，带动多家原材料供应商落户天津经开区。日本丰田纺织株式会社是世界500强企业，创立于1918年，在中国有18家关联企业，其中天津4家。

（刘　焱）

〔新能源商用车合作项目〕 2023年4月，吉利汽车集团有限公司旗下远程新能源商用车集团与天津滨海新区、天津经开区签订新能源商用车合作项目落地协议，远程新能源商用车集团在天津市建设“一总部、一工厂、三平台”（醇氢生态科技总部，天津远程新能源商用车工厂，醇氢科技、万物友好、绿色慧联三大运力平台）新能源商用车生态体系。远程新能源商用车集团围绕“醇氢+电动”两大核心技术，制造绿色智能商用车，是国内唯一推出甲醇重卡、轻卡、小卡、客车的企业。

2023年8月，天津经开区管委会与远程新能源商用车集团举行项目签约仪式，醇氢生态科技总部落户天津经开区，该项目包含甲醇汽车研发销售及运营、甲醇贸易及加注、绿色甲醇制备等业务，整合甲醇产业资源，构建醇氢产业生态。

2023年12月15日，远程新能源商用车集团天津工厂在经开区竣工。远程新能源商用车集团与10余家企业进行战略合作签约及订单签约，并向天津滨海新区公共交通集团有限公司、天津新天钢钢铁集团物流公司、天津手拉手吉程物流有限公司交付吉利星际醇氢电动城市客车、远程纯电重卡、远程星瀚醇氢重卡等产品。

（刘　焱）

2023年12月15日，天津远程新能源商用车工厂竣工活动在经开区举行

〔**智能制造高峰论坛**〕　2023年5月18日，由天津市工业和信息化局主办、国家超级计算天津中心承办、天津经济技术开发区管理委员会支持的智能制造高峰论坛在国家会展中心（天津）举办，论坛主题为“超算加速智造，泰达数造未来”，天津经开区发布《泰达数字经济产业支持政策》。天津经开区与国家超级计算天津中心、凯莱英医药集团、长城哈弗、天津社会科学院数字经济研究所等经开区数字经济重要载体、龙头企业、研究机构共同发布《数字经济创新发展倡议》，推动数字技术与实体经济深度融合；由5家经开区传感器产业链上下游企业参与编写的《智能传感器团体标准》在论坛发布。论坛设置技术合作赋能智能工厂战略合作签约环节，经开区与中国联通签署“工业互联网研究院项目”合作协议，国家超级计算天津中心与中国工业互联网研究院签署战略合作协议，纬湃汽车电子（天津）有限公司与中国电信签署“5G+智慧工厂项目”合作协议，联汇智造科技有限公司与深圳大族机器人有限公司签署战略合作协议。

（刘　焱）

2023年5月18日，智能制造高峰论坛开幕

〔**丰田汽车技术中心（中国）有限公司开发区分公司开业**〕　2023年7月6日，丰田汽车技术中心（中国）有限公司开发区分公司开业仪式在天津经开区泰达服务外包产业园举行，丰田汽车技术中心（中国）有限公司总经理伊藤敏弘出席。丰田汽车技术中心（中国）有限公司开发区分公司负责丰田独资车型的物流管理板块，为整车、零部件、备品的制造、销售提供物流支持。

1998年，丰田汽车技术中心（中国）有限公司在天津成立，是日本丰田汽车株式会社的独资企业，负责丰田汽车株式会社在华事业支援工作。日本丰田汽车株式会社成立于1937年，在经开区投资成立了一汽丰田汽车有限公司、天津丰田模具有限公司等。

（刘　焱）

〔**第二届全国技能大赛**〕　2023年9月16日，第二届全国技能大赛在天津开赛，大赛设立技能展示区，天津市无人机和新材料人才创新创业联盟（简称人才联盟）骨干成员单位参展。人才联盟成员单位天津云圣智能科技有限责任公司等多家联盟企业介绍公司发展情况，展现创新技术，并发布高端人才岗位20余个，涵盖高端装备制造、人工智能及软硬件开发等领域。

经开区智能制造局是人才联盟秘书处单位，至2023年末，通过人才联盟平台引进思腾合力（天津）科技有限公司等20余个项目，引进天津航天宏图科技有限责任公司、蜂巢航宇科技公司等一批无人机产业链上下游企业，引进国家级技术能手、创新创业领军人才、海河工匠等高端人才20余人，吸纳产业人才400余人。

（刘　焱）

〔奥的斯北方研发中心项目〕 2023年10月16日，天津经开区管委会与奥的斯(中国)投资有限公司签署奥的斯北方研发中心项目投资合作协议，投资5000万元，设立北方研发中心，围绕电梯新材料技术工艺产业转化、大载重高速曳引机产品平台技术开发等方向，推进新功能、新材料、新技术、新工艺的研发，依托其泰达生产基地实现研发成果转化，提升其泰达生产基地产值。

奥的斯创立于1853年，总部位于美国康涅狄格州，是全球最大的电梯和自动扶梯制造商、安装和服务提供商，1998年在天津经开区设立奥的斯电梯(中国)有限公司(奥的斯泰达生产基地)，是其全球最大的电梯制造基地和高速电梯生产基地。

(刘　焱)

2023年10月16日，奥的斯中国区总裁罗小莉宣布奥的斯北方研发中心项目落地经开区

〔德力智仓科技开业〕 2023年12月，德力集团天津运营中心——天津德力智仓物流科技公司(简称德力智仓科技)在天津经开区开业。德力智仓科技承担德力集团智能仓华北销售中心、运维中心等职能，为客户提供智能仓储软硬件和解决方案。

德力集团总部位于江苏苏州，在智能仓储物流领域形成集研究开发、规划设计、生产制造、安装调试、售后维保于一体的集成发展态势，实现数字化供应链端到端服务。2022年10月，在天津经开区注册成立天津德力智仓物流科技公司。

(刘　焱)

电子信息产业

〔简况〕 2023年，经开区电子信息产业产值754.7亿元。豪威北方总部全国车规级业务中心项目、聚芯光禾国产化网络设备总部基地项目、亨旺集团新能源板块总部项目、泰豪科技华北总部基地项目、七一二研发及产业化总部基地项目等多个总部类项目签约落地或开工建设。中国汽车芯片标准检测认证联盟在经开区成立。

(档案馆)

〔“四个一批”项目〕 2023年，经开区电子信息产业促进局聚焦主业，推进“四个一批”项目(签约一批、开工一批、投产一批、储备一批)。奥尔斯曼半导体清洗设备研发基地项目、聚芯光禾国产化网络设备总部基地项目等25个项目签约；洁美电子华北产研基地项目、蓝硕电气智能化中压成套设备及电子器件生产基地项目、华源瑞杰塑料包装产品天津生产基地项目、奥尔斯曼半导体清洗设备研发基地项目、罗姆半导体产线改造项目等6个项目开工，总投资20亿元；飞旋科技总部及生产基地项目、泰豪科技华北总部基地项目、豪威北方总部项目、罗姆半导体产线改造项目等5个项目竣工投产；重点在谈储备项目30余个。

(王　璁)

〔中国汽车芯片标准检测认证联盟成立〕 2023年9月，中国汽车芯片标准检测认证联盟在天津经开区成立，工业和信息化部、科技部、国家市场监督管理总局、国务院国资委等部门负责人出席。联盟由中国汽车技术研究中心有限公司担任理事长单位，成员单位包括整车及零部件企业、芯片企业、科研机构、科研院所等120余家。经开区依托中国汽车芯片标准检测认证联盟和经开区车规级芯片产业链资源，布局检测、芯片+模组、整车本地服务配套等领域，形成产业集群化发展格局。中国汽车芯片标准检测认证联盟成员苏州国芯科技股份有限公司在经开区投资1.5亿元落地高端64位RISC-V CPU项目。

(邓颖哲)

〔天津经开区与中国传感器与物联网产业联盟签署合作协议〕 2023年，天津经开区与中国传感器与物联网产业联盟签署战略合作协议，双方发挥各自资源优势，推动传感器和汽车产业协同创新、跨界融合。4月，电子信息产业促进局代表天津经开区在中国传感器与物联网产业联盟(SIA)举办的2023

深圳国际传感器与应用技术展览会——激光雷达及3D传感技术高峰论坛上发表“天津经开区传感器产业环境与发展优势”主题演讲，围绕认识泰达、人才优势、产业环境、载体优势4个方面推介经开区产业基础和营商环境，与广东奥迪威传感科技股份有限公司、河北美泰电子科技有限公司、中国光电集团控股有限公司等30余家企业开展交流活动。9月，电子信息产业促进局在天津(泰达)汽车论坛期间组织中国传感器与物联网产业联盟早餐交流会，12家联盟企业与天津企业开展交流，了解经开区产业优势和配套环境；会后，电子信息产业促进局组织企业考察一汽-大众汽车有限公司天津分公司、天津摩比斯汽车零部件有限公司等区内汽车产业重点公司，就传感器在汽车领域的应用合作进行交流。

中国传感器与物联网产业联盟由工业和信息化部指导和支持成立，旨在推动自定义传感器与智能系统在汽车电子、智联交通、智慧生活、智慧能源、工业与机器人、健康医疗、智慧农业、人工智能等10余个国家战略性新兴产业领域应用，联盟会员单位1300余家。

(胡芯歌)

〔“启迪之星·福星IC”公共服务平台对接会〕 2023年10月，经开区电子信息产业促进局及科技创新局共同主办“启迪之星·福星IC”公共服务平台对接会，50余位电子信息行业的专家、投资机构代表、创业企业代表、高校学者参加。活动共对接40余家企业，“启迪之星·福星IC”公共服务平台为企业提供SMT(表面组装技术)产品加工、辅助材料选型代采、测试数据搜集分析等业务，帮助企业解决技术难题、寻求上下游合作机会。经开区与启迪之星(天津)科技企业孵化器有限公司合作，开展创新创业生态培育工作。

(李　宾)

〔辰星自动化总部基地项目〕 2023年，辰星(天津)自动化设备有限公司(简称辰星自动化)在经开区东区购地2万平方米，投资建设并联机器人研发总部及智能化生产基地，总投资4.6亿元，建筑面积2.4万平方米。

辰星自动化是经开区自主培育的机器人项目，总部位于经开区，租用泰达无人装备产业园24号厂房，拥有并联机器人、高速SCARA机器人、协作码垛机器人、工业机器人控制器及机器视觉等多个种类产品，并联机器人销量位居国内第一。

(吴天昊)

〔富联精密电子(天津)有限公司〕 2023年，经开区电子信息产业促进局通过服务富联精密电子(天津)有限公司(简称富联精密电子)，促成企业增资7.5亿元，企业累计注册资本32.15亿元；推动经开区领导与企业负责人对接，促成富联精密电子在天津布局新业务；围绕富联精密电子云计算产品开展产业链上游对接促进活动，促成其链上企业深圳欧陆通电子股份有限公司对接中汽研(天津)汽车工程研究院有限公司、一汽-大众汽车有限公司天津分公司、天津摩比斯汽车零部件有限公司等区内企业开展业务合作。

(周永天)

〔豪威北方汽车芯片项目〕 2023年，豪威集团豪威北方汽车芯片项目——车规产品研发生产总部落地豪威北方集成电路有限公司(简称豪威北方)。豪威北方与中汽研(天津)汽车工程研究院有限公司建立联合实验室，针对国产第一颗车载CAN接口芯片(一种用于控制网络的微控制器)开展设计及性能检测工作，2023年营利性服务业收入7300万元。豪威北方是豪威集团全资子公司，2022年5月注册成立，开展汽车半导体、图像传感器(CIS)、芯片和系统测试、模拟芯片四大核心领域的研发及部分销售工作，2023年5月，豪威北方投产。豪威集团是中国最大半导体设计公司，有4500余项授权专利。

(刘小溪)

〔七一二通信广播公司参与制订国际标准〕 2023年，《〈国际民用航空公约〉附件10(修订版)》生效，其中包含北斗卫星导航系统(简称北斗系统)的标准和建议措施，北斗系统部分标准成为国际民航组织(ICAO)标准。北斗系统成为全球民航通用卫星导航系统。

天津七一二通信广播股份有限公司(简称七一二通信广播公司)是北斗系统国际民航工业标准化地基增强工作组、机载增强工作组及民用航空电子领域标准化工作组的参与单位，承担地基、机载及民用航空电子领域的产品研发、数据支持工作。

（档案馆）

化工新材料产业

〔简况〕 2023年，经开区围绕化工新材料产业，推进风、光、冷等清洁能源开发利用，布局储能、绿氢、绿氨等项目；推进天津港危险货物集装箱堆场、恒阳码头库区扩建等项目建设，形成以港口带物流、以物流带经贸、以经贸带产业发展格局。全年，经开区化工新材料产业产值1085.8亿元。天津金科日化新材料有限公司金科日化新材料项目等项目签约，东纶科技实业（天津）有限公司等13个项目购地；河北诚信集团年产3万吨甘氨酸项目等14个项目开工，天津国际油气交易中心投入运营，首批140家企业开展线上交易。

（档案馆）

〔灯塔涂料项目试生产〕 2023年5月，天津灯塔涂料工业发展有限公司5万吨涂料配套2万吨树脂项目（简称灯塔涂料项目）在南港工业区进行试生产。

该项目是天津市重点项目，总投资4.27亿元，年产5万吨涂料、2万吨树脂。灯塔涂料始创于1916年，获国家商务部“中华老字号”称号。

（档案馆）

灯塔涂料南港项目总投资约4.27亿元

〔天津新宙邦投产〕 2023年6月27日，深圳新宙邦科技股份有限公司（简称深圳新宙邦）全资子公司——天津新宙邦电子材料有限公司（简称天津新宙邦）在天津经开区举行开业典礼，天津新宙邦投产。

天津新宙邦总投资6.58亿元，生产半导体级氨水、双氧水、蚀刻液和锂电池电解液等产品，规划产能年产9万吨半导体化学品、5万吨锂离子电池电解液。

深圳新宙邦始创于1996年，总部位于深圳市，天津新宙邦是深圳新宙邦在中国北方建设的第一个项目。

（档案馆）

2023年6月27日，天津新宙邦项目投产

〔中沙石化26万吨/年聚碳酸酯项目运营〕 2023年8月31日，中沙（天津）石化有限公司26万吨/年聚碳酸酯（PC）项目在南港工业区投入运营。该项目由中国石化与沙特基础工业公司（简称SABIC）合资建设，2018年开工，建设两条生产能力均为13万吨/年的PC生产线，生产混合级、挤出级、注塑级等PC产品。

中沙（天津）石化有限公司于2009年10月20日成立，由中国石化和SABIC以50%∶50%股比共同出资，坐落于南港工业区。

（档案馆）

2023年8月31日，中沙石化26万吨/年聚碳酸酯项目投入运营

〔新丽华环保涂料项目开工〕 2023年8月，位于南港工业区的天津市新丽华色材有限责任公司环保涂料项目（简称新丽华环保涂料项目）取得建筑工程施工许可证，项目开工。

新丽华环保涂料项目总投资3亿元，设计年产能5万吨环保涂料、2万吨树脂，各种涂料及配套产品用于汽车及配件、玻璃、制镜、卷材等行业。

（档案馆）

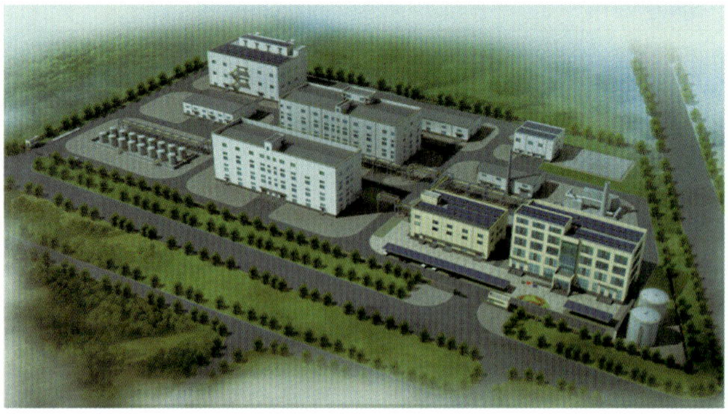

新丽华环保涂料项目效果图

〔南港LNG应急储备项目〕 2023年9月，北京燃气集团（天津）液化天然气有限公司南港LNG应急储备项目码头、一期4座储罐及配套设施竣工，首船接气，进入试运营阶段。

2018年，经国家发展改革委核准，北京燃气集团投资201亿元建设南港LNG应急储备项目。项目由接收站、码头、LNG（液化天然气）储罐、外输管道及相关配套工程组成。北京燃气集团（天津）液化天然气有限公司于2021年在南港工业区成立，注册资本40亿元，是北京市燃气集团全资子公司。

北京燃气集团始建于1958年，是全国最大的单体城市燃气供应商。

（何　平）

〔LNG客户需求对接会〕 2023年11月，天津国际油气交易中心（简称天津交易中心）在于家堡洲际酒店举办“LNG客户需求对接会”，京、津、冀、鲁地区170余家企业参会。山东胜通能源股份有限公司、中燃宏大能源贸易有限公司分别与天津交易中心签署战略合作协议，开展LNG液态交收网络建设、LNG资源购销、进口船货预售等方面合作。

建设天津交易中心列入天津市“十四五”规划、商务部服务业扩大开放试点，2023年7月，天津市商务局批复天津交易中心开展“拼单集采、产能预售、订单交易、仓单交易”交易业务。天津交易中心是中国第一家获批“拼单集采”业务的交易场所。

（档案馆）

〔绿菱气体南港研发生产基地投产〕 2023年11月8日，天津绿菱气体有限公司（简称绿菱气体）南港研发生产基地投产。

绿菱气体南港研发生产基地是天津市重点项目，年产6000吨、40余种电子特种气体产品，应用于集成电路、光电子、微电子等领域；总投资3.2亿元，建有工厂展示厅、中控室、研发中心、分析室、生产车间、原材料仓库等多个功能区及19条生产线，是集研发、生产、仓储、展示、销售等于一体的综合性生产基地，引进硕士、博士等高层次人才20余人。

（档案馆）

2023年11月8日，绿菱气体南港研发生产基地投产

〔奥瑞芙中试研发平台投产〕 2023年11月，天津奥瑞芙生物医药有限公司（简称奥瑞芙）核酸单体中试研发平台项目在天津经开区投产。奥瑞芙由天津利安隆新材料股份有限公司与苏州吉玛基因股份有限公司合作成立，项目总投资6000万元，位于现代产业区，占地面积5500平方米。

该中试研发平台从事修饰核苷、核苷酸，RNA与DNA亚磷酰胺单体、核酸药物合成载体、核酸药递送载体、核酸药物合成用辅助材料等研发、生产、销售，拥有60余人的研发和运营团队，有0.1立方米—5立方米（100L—5000L）不同规格反应釜（综合反应容器）50余台，满足客户不同批量定制化生产需求，年产能6000千克。

（档案馆）

〔天津国际油气交易中心试运营〕 2023年12月28日，天津国际油气交易中心（简称天津交易中心）举办试运营启动活动。试运营启动活动由天津经开区管委会与天津交易中心共同主办，国家石油天然气管网集团有限公司、中国石化、中国海洋石油集团有限公司、北京燃气集团、天津能源集团、新奥集团股份有限公司、天津泰达实业集团有限公司、河南省天然气储运有限公司(简称河南储运)、内蒙古西部天然气股份有限公司(简称内蒙古西部天然气)等20余家企业与机构代表出席。活动中,天津交易中心LNG商品单边交易量8400余吨,单边交易额5000万元。内蒙古西部天然气通过天津交易中心平台完成国内LNG仓单交易交收第一单;天津交易中心与天津南港供应链科技有限公司(简称南港供应链)签约,南港供应链成为天津交易中心认证的第三方供应链公司;天津交易中心与河南储运、内蒙古西部天然气、内蒙古雅海能源开发有限责任公司、胜通能源股份有限公司、中燃宏大能源贸易有限公司等多家企业签署战略合作协议,在陕蒙、京津冀鲁区域构建LNG液态交收网络,为客户提供现货交收服务。

天津交易中心2023年7月由天津市人民政府批准设立,建设"现货+期货、场外+场内、境内+境外、线上+线下"一体化油气商品交易市场体系,是为各类油气商品与服务买卖双方提供现货交易交收服务的互联网交易平台。

(档案馆)

2023年12月28日,天津国际油气交易中心试运营

〔石科院天津基地项目开工〕 2023年12月27日,位于南港工业区的中石化石油化工科学研究院天津科学试验基地项目(简称石科院天津基地项目)开工。

石科院天津基地项目投资15.89亿元,建设低碳油化一体化、高端碳材料、氢能及电化学、资源循环利用4个科研中试平台及特种润滑油脂、石油产品2个中试生产基地。

(档案馆)

石科院天津基地项目现场

〔天津天诚新材料有限公司〕 2023年,天津天诚新材料有限公司车间主体封顶,进行设备安装。天津天诚新材料有限公司成立于2022年,注册资本2.32亿元,河北诚信集团有限公司(简称诚信公司)与中国石化合资成立,股比7∶3,以南港乙烯项目副产物为原料,建设3万吨/年甘氨酸项目,总投资7亿元。该项目是中国石化与细分领域龙头民营企业在南港工业区合作的首个项目。

诚信公司成立于1990年,坐落在河北省石家庄,注册资本1.39亿元,员工1.3万人,总资产456亿元,其氰化钠、三聚氯氰、苯乙腈系列、酯类系列、螯合剂系列产品市场占有率逾50%,客户覆盖120多个国家和地区。

(付　广)

〔中石化催化剂(天津)有限公司〕 2023年,中石化催化剂新材料生产基地项目银催化剂和聚烯烃催化剂两套装置主体封顶。

2022年2月,中石化催化剂(天津)有限公司成立,隶属于中国石化催化剂有限公司,注册资本6.2亿元,在南港工业区投资建设中石化催化剂新材料生产基地项目,总投资65亿元,其中,项目一期投资32亿元,分批建设聚烯烃催化剂、银催化剂、DQ催化剂、POE催化剂等生产装置及配套辅助设施,二期投资33亿元,生产分子筛、电池正极材料和铝基新材料等产品。

中国石化催化剂有限公司是中国石油化工股份有限公司的全资子公司,催化剂产品涵盖炼油、聚烯烃、基本有机原料、煤化工、环保、吸附剂及助剂等6大类近300个品种。

(王绍增)

〔天津诺力昂过氧化物有限公司〕 2023年，天津诺力昂过氧化物有限公司（简称天津诺力昂）产值7亿元，主要产品为有机过氧化物，生产各种聚合物的引发剂。

1995年，天津诺力昂在经开区注册成立，工厂位于北辰区。2015年底，诺力昂北辰工厂搬迁至南港工业区，扩大产能，投资1亿欧元建设年产4万吨高端过氧化物生产基地，项目一期3.2万吨/年过氧化物生产项目2021年底建成。

诺力昂公司总部位于荷兰阿姆斯特丹，前身为荷兰阿克苏诺贝尔公司特殊化学品业务板块，有160多年历史，产品主要应用于聚合物和特种化学品、油漆及涂料、农业和食品、清洗及个人护理等领域。

（何　平）

医药健康产业

〔简况〕 2023年，天津经开区医药健康产业产值649.1亿元。经开区生物医药产教联合体获批"国家级市域产教联合体"，生物医药产业主题园区入选天津市级产业主题园区。核酸产业联盟成立，天津兴博润生物制药有限公司建成国内最大核酸单体生产基地，天津法尔玛制药有限公司建成国内最大的小核酸原料药基地；生物医药健康产业知识产权协同运营中心启动，建设生物医药健康知识产权数据库，构建创新链、产业链、资金链、人才链相互融合的生物医药健康产业服务体系。康希诺生物股份公司、凯莱英医药集团（天津）股份有限公司、诺和诺德（中国）制药有限公司获天津市外经贸提质增效示范项目支持资金，提升产业竞争力。

（档案馆）

〔重点医药项目〕 2023年，经开区医药健康产业促进局（简称医药局）负责经开区重点建设项目21个，项目总投资148亿元，固定投资24.47亿元。诺和诺德成品车间与智能立体库项目、药明康德华北总部项目、凯莱英生物服务平台二期、康希诺疫苗国际产业园项目、海光药业南港原料药项目、优诺金生物项目、斯芬克司医药外包服务基地项目等在建；明治乳业天津工厂、兴博润小核酸项目、雀巢普瑞纳宠物湿粮项目、凯莱英生产服务平台一期、法尔玛小核酸项目等9个项目竣工投产；天津臻诺医药集团有限公司、天津同诺泰生物医药科技有限公司、师帅（天津）医药科技有限公司等10余个服务业项目投入运营。

（成　弘）

〔生物医药产业主题园区〕 2023年3月，天津市召开工业和信息化工作会议，经开区生物医药产业主题园区获评市级产业主题园区。经开区生物医药产业主题园区是经开区生物医药产业研发培育孵化平台，面积2.5平方千米，生物医药产业年产值逾200亿元，于2022年获评国家新型工业化产业示范基地。

（成　弘）

〔京津冀智能医药产业园〕 2023年5月6日，第五届京津冀智能医药创新论坛暨京津冀智能医药产业园揭牌仪式在天津国际生物医药联合研究院举办。京津冀智能医药产业园整合京津冀人工智能、生物医药等产业资源，建设"孵化+融资"的产业培育体系，储备项目30余个。

（成　弘）

〔入选国家中小企业特色产业集群〕 2023年10月，以天津经开区生物医药外包服务产业为主体申报的天津市滨海新区生物医药外包服务产业集群入选2023年度国家中小企业特色产业集群。经开区生物医药外包服务产业集群聚集研发外包服务（CRO）、定制研发生产（CDMO）等各类企业124家，从业人员1.7万人，年产值114.75亿元。

（成　弘）

现代服务业

〔简况〕 2023年，经开区规模以上服务业营业收入2043.46亿元，比2022年增长9.7%。规模以上服务业15个重点行业营业收入953.95亿元，增长14.6%，其中，信息技术服务业、租赁和商务服务业、科研技术服务业收入分别增长13.3%、3.2%、8.5%。保理产业快速增长，全年新增保理企业22家，实缴资本22.5亿元，占天津市60%；全区保理企业资产总额超1500亿元，纳税近10亿元。全年数字医疗企业营收逾40亿元，恒瑞医药股份有限公司、零氪科技(天津)有限公司、通用环球医疗集团等企业投资的数字医疗项目落地。"互联网+"平台经济领域持续拓宽,引进蓝犀牛现代物流有限公司总部、传化集团网络货运北方总部、瑾道咨询(中国)有限公司区域总部、天防安全科技有限公司区域运营中心等生活性和生产性服务类项目。

(档案馆)

〔互联网新经济人才联盟〕 2023年,天津市互联网新经济人才创新创业联盟(简称互联网新经济人才联盟)聚焦数字经济,打破行业界限,跨界服务全域企业,形成互联网+平台经济、互联网+医药健康、互联网+内容创意等产业团组,落地项目70余个,新增产值200余亿元,提供岗位5000余个。至2023年末,汇聚了深圳腾讯计算机系统有限公司、三快在线科技有限公司(简称美团)、五八信息技术有限公司、微播视界科技有限公司(简称抖音)、小桔科技有限公司(简称滴滴)、贝壳控股有限公司等企业投资的200余家数字经济企业,以及南开大学、国家超级计算天津中心、中国互联网金融协会、天津电子信息职业技术学院等高校和专业研究机构。

(刘哲岳)

〔中国天津人力资源服务产业园(滨城园区)〕 2023年,中国天津人力资源服务产业园(滨城园区)(简称人力资源产业园)聚焦人力资源细分行业龙头,从政策、招商、运营服务等多个维度建设国家级人力资源产业园,引入中智(天津)国际经济技术合作有限公司、中石化人才发展(天津)有限公司等人力资源全产业链机构70家,涵盖外包、猎头、咨询、背调、招聘、法律、财税等多种服务业态,入驻面积约两万平方米,新增入驻团队500余人,全年营业收入34.7亿元。全年累计服务滨海新区企业5714家次,发布就业岗位1.8万个,开展线上、线下招聘活动150余次,带动就业3万余人。

(刘哲岳)

〔"互联网+医疗健康"示范项目〕 2023年5月25日,以"数字新时代,智能医疗赋能美好健康生活"为主题的第七届世界智能大会"互联网+医疗健康"创新发展论坛在国家会展中心举行。天津市卫生健康委发布2022年天津市"互联网+医疗健康"示范项目14个,涉及智慧管理、互联网医疗、新技术应用、网络空间安全、智慧医疗服务等领域。其中,橙意家人科技(天津)有限公司"慢阻肺数字疗法"、泰达国际心血管病医院"无线可穿戴设备在医疗机构的应用"、天津市泰达医院"医院智慧病房"等3个天津经开区单位申报的项目入选2022年度天津市"互联网+医疗健康"示范项目。截至2023年末,天津经开区聚集天津医朵云智慧健康药房有限公司、京东大药房(天津)有限公司等数字医疗产业头部企业50余家。

(刘哲岳)

2023年5月25日,2022年天津市"互联网+医疗健康"示范项目颁奖仪式在国家会展中心举行

〔PPG电动汽车及智能出行创新应用中心〕 2023年5月31日,PPG电动汽车及智能出行创新应用中心落成并投入使用。该中心总投资3000万美元,支持PPG公司粉末、防火、绝缘、粘合剂和密封剂、表面预处理和电泳等各种技术的应用测试;采用模块化设计,促进各技术应用领域的独立项目同期完成,助力PPG公司客户开发创新材料和工艺解决方案。

(贾虹辉)

2023年5月31日,PPG电动汽车及智能出行创新应用中心投用

〔跨境电子商务示范园区获评国家电子商务示范基地〕 2023年9月2日，商务部公布16家国家电子商务示范基地名单，天津跨境电子商务示范园区（经开区）暨抖音直播生态产业基地（简称跨境电子商务示范园）入选。

跨境电子商务示范园以双创大厦作为示范园承接载体，天津自贸试验区于家堡环球购跨境贸易综合服务有限公司是其运营主体，依托内容创造场景基地、供应链及直播选品基地、行业发展基地，整合电商资源、自媒体流量平台、直播电商机构、品牌商家，发展电子商务产业，建设直播经济产业生态，形成集直播达人、电商选品、流量运营、跨境出海、云仓管理、达人孵化、行业培训为一体的特色直播产业。跨境电子商务示范园已投入4万平方米作为产业导入载体，其中，跨境电子商务示范园官方基地1万平方米，为入驻企业、院校提供基础设施、共享办公、共享实训、培训空间、共享会议室及共享直播间等载体；机构办公场地2万平方米；选品中心、官方拍摄及场景基地1万平方米。

（贾虹辉）

〔智能招聘管理系统〕 2023年9月16—19日全国第二届技能大赛在天津举行。在天津市互联网新经济人才创新创业联盟（简称互联网新经济人才联盟）展区，联盟成员同道精英（天津）信息技术有限公司（简称猎聘）设置的“AI面试体验间”展示了智能招聘管理系统——“多面”。“多面”启用3D数字面试官“陶思睿”作为AI面试官，代替人工帮助人事部门批量面试，通过计算机自我学习对候选人进行360°全视角分析，自动生成人才评估报告，还原面试场景，提高人才甄选效率。

（刘哲岳）

〔PPG全球涂料创新研究院〕 2023年9月20日，PPG全球涂料创新研究院（PPG Global Coatings Innovation Center-TEDA，简称涂料创新研究院）落成并投入使用。项目占地面积3万平方米，开发油漆、涂料和特种材料。涂料创新研究院服务于建筑、消费品、工业、交通运输等领域客户。

（贾虹辉）

〔第十一届中国商业保理行业峰会暨第十届于家堡保理论坛〕 2023年11月28日，由中国服务贸易协会商业保理专业委员会主办的“第十一届（2023）中国商业保理行业峰会暨第十届于家堡保理论坛”开幕。峰会以“下一个十年：逆势增长”为主题，全国各地商业保理企业及相关机构代表近500人参加。峰会发布《中国商业保理行业发展报告（2022—2023）》等报告，天津经开区金融局参与编撰的《商业保理行业团体标准》发布。《中国商业保理行业发展报告》是中国反映商业保理行业发展状况的年鉴性权威资料，自2013年起连续发布10年。

（档案馆）

〔6家企业获得天津市服务业专项资金〕 2023年10月16日，天津市发展改革委发布《关于2023年度天津市服务业专项资金项目评审结果的公示》，天津市55个项目获批专项资金支持。该专项资金支持分为“年度小升规企业”“规上企业拉动力提升”两个方面。天津海瑞康健康科技有限公司、天津泰达文鼎人力资源服务有限公司、天津星尚云科技有限公司、开店宝（天津）科技有限公司等4家经开区企业获批“年度小升规企业”专项资金，占天津市26%；通标标准技术服务（天津）有限公司、天津海贝信息技术有限公司两家企业获批“规上企业拉动力提升”专项资金。

（刘哲岳）

〔中国联通“联通数智·智联全球”千企行活动〕 2023年11月22日，中国联通“联通数智·智联全球”千企行活动在于家堡洲际酒店启动。该次大会由天津市商务局、天津市滨海新区人民政府、天津经开区管委会指导，中国联通国际有限公司与天津联通公司联合主办，旨在共同推动天津区域贸易、投资、基础设施建设、人文交流等领域的国际业务合作，来自国内外300多家“出海”津企、外资企业负责人出席。

活动期间，天津联通公司与渤海银行、中国电建市政建设集团、奥的斯电梯公司、天津北星博辉互联网信息服务有限公司等企业组建国际业务战略合作联盟，共同构建智能制造、智慧物流、智慧金融等产业数字化合作体系，以网络化、智能化、数字化的国际通信创新成果推动天津企业“走出去”。

（档案馆）

〔猎聘公司入选2023年中国互联网综合实力前百家企业〕 2023年11月，由中国互联网协会、厦门市人民政府主办的中国互联网企业综合实力指数2023发布会暨百家企业论坛在厦门召开，中国互联网协会发布《中国互联网企业综合实力指数报告2023》，深圳市腾讯计算机系统有限公司、蚂蚁科技集团股份有限公司、淘天集团、百度公司、美团公司、京东集团、同道精英（天津）信息技术有限公司（简称猎聘）等100家公司入选2023年中国互联网综合实力前百家企业名单。经开区企业猎聘是连续第三年入选。

猎聘提供灵活用工、测培服务、在线调研、个人职业辅导及在线职业资格培训等业务。

（档案馆）

投资促进

- 概　况
- 投资促进办公室招商
- 电子信息产业促进局招商
- 智能制造局招商
- 新经济促进局招商
- 医药健康产业促进局
- 金融局招商
- 贸易发展局招商
- 南港工业区产业促进办公室招商
- 天津滨海—中关村科技园招商
- 西部片区管理局招商
- 北部片区管理局招商
- 国内外贸易
- 自由贸易
- 外事管理

概　况

〔招商成果〕　2023年，经开区实际利用外资12.76亿美元，实际利用内资700.06亿元。其中投资促进办公室（简称投促办）、电子信息产业促进局、装备及智能制造产业促进局等招商部门实际利用外资8.37亿美元，实际利用内资682.2亿元，新落地项目1626个。

（敖英欣）

〔新落地项目〕　2023年，经开区新落地项目1888个（含迁入178个），认缴注册资本合计880.44亿元。其中，内资项目1851个（含迁入175个），认缴注册资本合计695.81亿元，外资项目37个（含迁入3个），认缴注册资本25.95亿美元；制造业项目41个，占比2.17%，总投资393.49亿元，服务业项目1847个，占比97.83%，注册资本671.43亿元。注册资本5000万元及以上项目（外资项目折人民币）175个，占项目总数9.27%；世界500强企业背景项目21个，占项目总数1.11%。

（敖英欣）

〔增资项目〕　2023年，经开区市场监督管理局承接范围内增资项目891个，新增注册资本1168.81亿元。其中，外资项目36个，占增资项目4.04%，新增注册资本6.69亿美元，新增合同外资5.54亿美元；内资项目855个，占增资项目95.96%，新增注册资本1124.85亿元。

（敖英欣）

〔重点在谈项目〕　2023年，各招商部门在智慧招商平台共录入在谈项目4225个，其中半年内有更新推动进展的有效在谈项目393个（外资项目15个，内资项目378个；制造业项目115个，服务业项目278个；3亿元以上有效在谈项目18个）。

（敖英欣）

投资促进办公室招商

〔简况〕　2023年，经开区投促办落地海合安文化旅游（天津）有限公司科技产业平台、西班牙艾普拉斯集团北方区总部项目、天津滨海新区东江医院成果转化项目等自主招商项目125个，其中，非首都功能疏解项目20个，落地滨海—中关村项目3个。推动天津极地海洋度假酒店等楼宇去化面积3.81万平方米，促进市民广场医疗城、保利中轻护理平台、中石化人才发展公司等项目落户。

〔项目管理〕　2023年，经开区投促办组织联审会（经开区联合评审小组会议）37次，审议议题110个，通过108个；组织投委会（经开区投资促进管理委员会）会议13次，审议议题110个，通过109个；178份协议签约，协议投资额合计952.15亿元。定期撰写招商项目审议、项目签约、政策兑现相关情况统计分析报告；修订《天津经济技术开发区投资促进管理委员会工作规则》《天津经开区招商项目签批流程和项目协议管理办法》，撰写并发布《关于促进经开区产业高质量发展的若干措施》；57次优化、升级智慧招商平台协议管理模块。

（敖英欣）

〔政策兑现〕　2023年，经开区投促办审核招商协议类政策兑现申请7253件次，其中，受理2915件次，发回修改4126件次。参与管委会政策兑现领导小组会议11次，落实“税收+指标”兑现资金分配原则，统筹报送招商部门政策兑现资金14.09亿元，拨付资金6.6亿元。

（敖英欣）

〔招商活动〕　2023年，经开区投促办协调各招商部门围绕活动盘点在谈项目、推进储备项目、对接优质企业和招商渠道，参与或组织第十四届新领军者年会（夏季达沃斯）、泰达汽车论坛、第七届世界智能大会、中国国际矿业大会、德国汽车企业天津路演活动、经开区招商项目观摩暨招商引资工作座谈会、滨海新区“百日攻坚”行动重点招商项目“云签约”活动、滨城核心区“于响”片区高质量发展推介会暨项目集中签约活动、天津市外资和服务业重点项目首批集中签约活动、京津产业交流合作对接洽谈会等10场大型活动和各类区域推介活动。

（敖英欣）

〔招商渠道〕　2023年，经开区投促办梳理各招商部门渠道拓展需求，对接中国美国商会、中国欧盟商会、伦敦经济学人报纸有限公司、上海美国商会等资源，宣传经开区。与中国美国商会、伦敦经济学人报纸有限公司合作在于家堡洲际酒店举办“天津泰达早餐会：全球和中国经济展望”主题活动；与中国欧盟商会在于家堡联合举办“财税领域助力企业ESG战略管理”沙龙，十余家企业、机构负责人到访经开区。中国欧盟商会第三届“碳中和”大会期间，邀请数十家商会会员企业考察经开区。

（敬英欣）

〔办事处工作〕 2023年，上海办事处参加各类商会、协会活动，搜集项目信息，积累招商项目资源；参加长三角地区行业论坛，寻求合作机会；约见和拜访长三角地区已有客户，以商招商。组建粤港澳大湾区招商中心，制订粤港澳大湾区招商中心工作方案，完成办公地址租赁整备、渠道拓展、宣传推介等工作。

（敬英欣）

〔招商媒体〕 2023年，泰达英文招商网站更新新闻461条，其中，原创新闻273条，编辑新闻188条；更新专题58个，翻译18.35万个单词；“投资泰达”微信公众号全年发文764篇。在Facebook、Twitter等平台发布信息72条、文章链接144次。

（敬英欣）

〔广东鸿图轻量化智能制造项目〕 2023年4月20日，广东鸿图轻量化智能制造项目奠基仪式在现代产业区举行。该项目是广东鸿图科技股份有限公司（简称广东鸿图）投资建设的汽车零部件设计、研发制造基地，项目一期投资5.04亿元，建设动力中心、数控车间、压铸车间和倒班宿舍。项目一期规划年产1.2万吨新能源动力总成、底盘及车身结构零件，为天津一汽丰田汽车有限公司、一汽丰田汽车有限公司新能源分公司、北京奔驰汽车有限公司等汽车厂商提供配套。广东鸿图科技股份有限公司是中国压铸行业第一家上市公司，中国最大的精密铝合金压铸企业，由广东省粤科金融集团、广东省科技创业投资公司等广东省国资企业共同发起。

（敬英欣）

〔艾普拉斯集团北方区总部项目〕 2023年，西班牙艾普拉斯集团（简称Applus+）与经开区管委会签订合作协议，在天津经开区MSD投资建设中国北方区域总部，开展第三方测试、检验和认证业务，为石油和天然气、风电、核能、航空航天、汽车、电子等领域企业及政府、公共交通机构等客户提供服务。Applus+于1907年在欧洲创建，位居全球检测行业前十位。2007年，Applus+中国总部在上海成立，为全球70多个国家和地区客户提供数字化解决方案。

（敬英欣）

电子信息产业促进局招商

〔简况〕 2023年，经开区电子信息产业促进局聚焦主业开展招商，国芯科技高端64位RISC-V CPU项目、七一二移动民用通信产业化基地项目、辰星自动化总部基地项目、河北亨旺投资集团新能源板块总部搬迁项目等25个项目签约，投资总额22亿元。储

建设中的广东鸿图轻量化汽车零部件华北基地项目

备30余个重点在谈项目，投资额共计150亿元。

（王　璁）

〔渠道招商〕 2023年，经开区电子信息产业促进局派出12人次分别到日本、韩国、新加坡、中国香港、德国、法国等地拓展招商渠道，对接项目；派出近百人次到京津冀、长三角、珠三角等地开展招商工作。通过第七届世界智能大会、夏季达沃斯论坛、第六届中国国际进口博览会等活动，推动天津市、滨海新区领导与企业家互动；参加上海芯智库年度大会暨汽车智能化发展论坛、广州集成电路制造年会、银川中国半导体材料产业发展（银川）峰会、北京IDC中国ICT市场趋势论坛、余姚市韦豪创芯投资人年会、重庆汽车芯片协调会、2023中国（上海）国际传感器技术与应用展览会、深圳市工商联民营经济联合会等行业活动，梳理合作机会。

（王　璁）

〔国芯科技高端64位RISC-V CPU项目〕 2023年，苏州国芯科技股份有限公司增资1.5亿元，开展RISC-V架构（基于精简指令集建立的开放指令集架构）研发工作。该芯片可作为汽车主控芯片，服务于国内头部车企，应用于车载中央计算机、笔记本电脑、瘦客户机等领域。

（刘小溪）

〔七一二移动民用通信产业化基地项目〕 2023年，天津七一二移动通信有限公司在微电子工业区购地2万平方米，投资2.5亿元，建设通信专网产品智能化工厂，研发、生产通信系统，为国内铁路及轨道通信提供服务。项目当年开工、当年投产，入驻员工250人，营业收入4.5亿元，税收2000万元。

（吴天昊）

2023年6月15日，经开区管委会与天津七一二移动通信有限公司签署合作协议

〔河北亨旺集团新能源总部搬迁项目〕 2023年，河北亨旺投资集团有限公司（简称亨旺集团）投资8亿元，将新能源板块整体迁至经开区，设立天津公司，研发、生产、销售电池正极材料，2023年天津公司投入运营，营收5000余万元。亨旺集团总资产100亿元，其产品高纯还原铁粉及合金粉应用于交通、机械、电子、航空航天、军工及核工业等领域。

（李　宾）

2023年8月11日，经开区管委会与河北亨旺投资集团签署投资合作协议

〔奥尔斯曼半导体清洗设备研发基地项目〕 2023年3月，奥尔斯曼新能源科技有限公司投资2000万元建设奥尔斯曼半导体清洗设备研发基地项目，设计、研发、生产、销售半导体清洗用高浓度臭氧发生器。创始团队主要来自北方工业大学设备与控制重点实验室，其高浓度臭氧发生技术、液位控制技术、高浓度臭氧水制取技术等弥补国内该领域关键技术和基础工艺短板，臭氧水浓度可达80—100ppm（一百万份单位体积气体中所含溶质的质量），应用于半导体清洗设备、先进封装、微机电系统、功率器件等领域，打破进口垄断，实现国产替代。2023年，奥尔斯曼半导体清洗设备研发基地项目获滨海新区青年创客大赛一等奖。

（胡芯歌）

〔"三星系"企业招商〕 2023年，经开区电子信息产业促进局围绕三星系企业，开展互访交流活动9次，梳理企业投资扩能信息，通过服务，保障企业运营。天津三星电机有限公司全年产值同比增加15%，其配套企业浙江洁美电子科技股份有限公司华北地区产研总部基地项目于2023年9月25日开工。

（韩东春）

智能制造局招商

〔简况〕 2023年，经开区装备及智能制造产业促进局（简称智能制造局）围绕先进制造和高端服务，聚焦汽车、装备2条产业链；开展扩量、提质、增效、升级4方面工作。全年实际利用内资41亿元，平均每名招商人员完成近2亿元，实际利用外资1.2亿美元；新增租购地项目10个，去化工业用地3.39万平方米、厂房14万平方米，固定资产投资27.13亿元；新增商业销售额26.9亿元。

（刘　焱）

〔在谈项目与储备项目〕 2023年，智能制造局坚持“三跑”作风（冲刺跑找项目、定向跑拓渠道、往返跑服务企业），“三跑”招商300余人次，覆盖30余个省市200余家企业，形成百亿级三一重工项目、十亿级沪光线束北方基地项目、五亿级中粮产业园项目、亿级航天泰心上市总部项目等50个在谈项目和50个储备项目，民资、外资、国资项目占比72%、20%、8%，总投资416亿元。扩展行业协会等专业渠道20余个，与中国电动汽车百人会签署合作协议，通过渠道对接，形成山东吉利欣旺达动力电池有限公司动力电池项目等产业链在谈项目10余个；通过天津市无人机和新材料人才创新创业联盟，构建“北京研发、天津制造”协同模式，挖掘北京英孚瑞半导体科技有限公司半导体芯片项目等5个在谈项目。到企业服务100余人次，解决一汽-大众天津分公司（简称一汽-大众）技改项目开工、一汽丰田汽车有限公司（简称一汽丰田）供应链配套、长城汽车股份有限公司天津哈弗分公司（简称长城哈弗）中欧班列资源等问题，提升企业产值等指标。

（刘　焱）

一汽-大众天津分公司新车型技术改造项目效果图

〔签约落地项目〕 2023年，智能制造局注册签约项目149个，总投资73亿元，其中，5亿元以上项目两个，2—5亿元项目3个，1—2亿元项目3个。推动大众汽车零部件研发分中心项目、奥的斯北方研发中心项目等多个研发中心项目落地，提升经开区产业能级；推动肯博利精密工具项目等近百个产业链项目落地。

（刘　焱）

〔开工建设项目〕 2023年，智能制造局推动大众变速器APP550动力电机项目、吉利新能源商用车生产基地项目、富维海拉车灯生产基地项目、格拉默天津生产基地项目、四环恒兴二工厂项目等9个制造业项目开工建设，年度新增固定资产投资7亿元。

（刘　焱）

2023年2月8日，SEW-传动设备（天津）有限公司智能装配中心项目开工

〔竣工投产项目〕 2023年，智能制造局通过服务推动吉利新能源商用车生产基地项目、天津裕欣科技有限公司AGV项目、敏实集团汽车零部件北方总部项目等7个在建项目竣工、投产，年产值51亿元。吉利新能源商用车生产基地项目、美埃（中国）环境

2023年12月15日，天津远程新能源商用车工厂竣工

科技股份有限公司净化设备生产基地项目、天津易鼎丰动力科技有限公司控制器项目等实现当年签约、当年开工、当年竣工。

（刘　焱）

〔走访重点企业〕 2023年，智能制造局4次组团、2次参团参与境外出访，累计拜访德国大众汽车集团、日本丰田汽车株式会社、韩国SK至新集团等30余家外资企业总部。走访奥的斯电梯（中国）有限公司等20余家企业中国区总部，恢复因疫情中断的政企联络机制，推动三一重工项目、SEW-传动设备（天津）有限公司电子产品扩建项目等确定落地意向，推动奥的斯北方研发中心项目、天津大冢饮料有限公司二期项目等落地。

（刘　焱）

〔楼宇包保〕 2023年，智能制造局负责新恒富大厦等3栋楼宇包保工作（推动楼宇建设，协助楼宇招商），为在谈项目提供载体资源。与新恒富大厦运营方建立“楼宇+”协同招商模式，组织相关项目方考察楼宇40余次，全年楼宇去化面积1.31万平方米，导入百余人入驻办公，储备近10个在谈项目。召开“于响”片区楼宇专题推介活动，为锦希台大厦制订“一楼一策”工作方案，助推楼宇招商。

（刘　焱）

〔招商队伍建设〕 2023年，智能制造局以主题教育为引领，支部书记为党员讲党课2次，领导班子带队到企业调研30余次，走访重点园区5次，形成专题调研报告4篇。打破科室界限组建工作组，开展吉利新能源商用车生产基地项目、三一重工项目等项目洽谈；组织智能网联、汽车电子等多场专题业务培训，增强招商能力。

（刘　焱）

〔新恒富招商推介会〕 2023年5月10日，智能制造局、新恒富大厦楼宇运营方共同组织召开新恒富招商推介会，以新经济、科技创新及消费商业为招商重点，推介新恒富大厦楼宇载体资源。凯莱英生物医药集团、新兴达美（天津）投资有限公司、山东日照商会、京津冀产业联合会等近20家企业、机构参加。智能制造局解读“于响”片区2023年重点发展方向和支持政策，新恒富楼宇运营方介绍楼宇商业、办公、公寓等载体资源，活动现场2家企业与新恒富大厦运营方达成合作意向。

新恒富大厦位“于响”片区螺湾中心区，可用商业和公寓资源万余平方米，可用写字楼资源近4万平方米，主楼配备响螺湾地区唯一楼顶直升机停机坪。

（刘　焱）

〔格拉默集团两个项目落户〕 2023年5月17日，天津经开区管委会与德国格拉默集团签署投资合作协议，格拉默车辆内饰（天津）有限公司新生产基地项目、格拉默车辆部件（天津）有限公司乘用车座椅项目落户天津经开区。格拉默车辆内饰（天津）有限公司新生产基地项目投资1.2亿元，扩大企业生产规模，格拉默车辆部件（天津）有限公司乘用车座椅项目由格拉默集团与中国第一汽车股份有限公司旗下一汽哈尔滨轻型汽车有限公司共同出资1.57亿元建设高端乘用车座椅智能化生产线。管委会副主任金香花会见格拉默集团中国区运营副总裁王伟强一行，并参加签约仪式。

德国格拉默股份公司成立于1880年，总部设在德国巴伐利亚州，在19个国家有46家分公司、1.4万名员工。2004年，格拉默集团在天津经开区注册成立格拉默车辆内饰（天津）有限公司，生产商用车驾驶员座椅、电控扶手等产品。

（刘　焱）

2023年5月，经开区管委会与格拉默集团签署投资合作协议，两大项目落地经开区

〔高性能聚合物材料项目〕 2023年8月18日，天津经开区管委会与新加坡桐砚公司签署高性能聚合物材料项目投资合作协议。天津经开区党委书记、管委会主任洪世聪出席；新加坡桐砚公司董事长Harry Ni，天津经开区党委常委、管委会副主任马建军共同签署投资合作协议。桐砚公司依托其海外

石化行业资源，在南港工业区建设高性能聚合物材料生产基地，总投资21亿元。桐砚公司总部位于新加坡，在高性能聚合物材料方面拥有世界领先技术。

（刘　焱）

〔优时比中国与天津经开区签署战略合作协议〕 2023年11月，优时比（珠海）制药有限公司（简称优时比中国）与天津经开区签署战略合作协议，开展研发合作，优时比中国发挥其在神经系统、免疫系统及罕见病领域创新药物方面的研发优势，在天津经开区导入研发技术及其他创新型合作模式。

优时比公司1928年成立，总部位于比利时布鲁塞尔，是一家全球性生物医药公司，开发治疗神经系统和免疫系统重症疾病的创新药物和疗法。

（刘　焱）

2023年11月，优时比中国与天津经开区签署战略合作协议

〔日资企业交流会〕 2023年12月22日，天津经开区日资企业交流会在宝信大厦举办，管委会副主任

2023年12月22日，天津经开区举办日系企业交流会

金香花，一汽丰田汽车有限公司、爱丽思生活用品（天津）有限公司、德马吉森精机（天津）机床有限公司等37家日资企业50余位代表出席。截至2023年末，天津经开区累计注册日资企业440余家，投资总额70余亿美元。

经开区科技局、人力资源和社会保障局、生态环境局、建设和交通局、中国天津自由贸易试验区滨海新区中心商务片区工作局（简称自贸局）以及工业和信息化局等部门，围绕科技创新、外籍人员就业许可、人才政策、绿色园区与碳中和、自贸跨境指南、城市基建及轨道交通更新成果等方面，为日资企业解读政策，分享信息。

（刘　焱）

新经济促进局招商

〔简况〕 2023年，经开区新经济促进局（简称新经济局）强化产业链条招商，聚焦“1+4+N”（以新技术、新模式、新业态为核心，聚焦数字经济、互联网、大数据、供应链创新4个板块，向智能制造、人力资源、医疗健康、交通运输、众包服务、社交直播、零售消费、文体教育、金融创新、贸易流通等N个方向延伸）招商产业体系，全年累计引进各类项目223个，商务楼宇去化面积2.91万平方米，新增固定资产投资4.92亿元，新增营利性服务业（净增）收入25.84亿元，新增商品销售额（净增）36.5亿元。

（刘哲岳）

〔平台经济产业招商〕 2023年，新经济局加大龙头企业服务力度，推动滴滴出行科技有限公司天津分公司扩大业务规模，滴滴代驾、货运及企业级商旅等多个业务板块落地经开区，全年实现营收512亿元。腾讯数码天津有限公司股权投资业务新增税收逾3亿元，自如（天津）投资有限公司外资实缴8000万美元，天津三快信息技术有限公司（简称美团充电宝）新增税收逾2亿元，天津万达传媒有限公司营收同比增速超100%。

拓宽“互联网+”产业边界。互联网搬家头部企业蓝犀牛信息技术有限公司总部、国内头部科创服务平台瑾道咨询（中国）有限公司区域总部、物联网视频信创企业天防安全科技有限公司区域运营中心、美图公司旗下美选本地生活运营中心等项目落地。开展“互联网+支付服务”招商工作，引入开店宝支付服务有限公司（简称开店宝）、玖红科技有限公司等项目，针对开店宝支付科技服务产业链条，开展“补链”“延链”“强链”工作。

（刘哲岳）

〔数字医疗产业招商〕 2023年，经开区数字医疗产业年产值40亿元。新经济局梳理数字医疗产业应用场景与需求，在药品电商、数字化临床科研服务、患者管理等领域推动重点企业投资落户。康石科技服务（天津）有限公司、天津符讯科技发展有限公司、天津星尚富康有限责任公司等多家健康管理平台，零氪科技（北京）有限公司、深圳速速科技有限公司等企业数字化科研业务，通用集团旗下环球悦谷肾病专科总部等10余个项目落地。与扬子江药业集团、阿里健康科技（北京）有限公司等企业建立沟通渠道，形成多个有实质性合作意向的储备项目。

（刘哲岳）

〔央企、500强企业对接〕 2023年，新经济局围绕经开区产业定位，聚焦央企二级、三级公司和世界500强企业、中国500强企业，制订疏解图谱，增加对接频次，承接非首都功能项目60个。中国500强企业卓尔控股有限公司投资成立卓佃（天津）国际贸易公司，完成商销额23.6亿元；世界500强企业中国核工业集团有限公司在经开区成立股权投资平台，开展风电、光伏等新能源项目投资，平台实缴48亿元；中国500强企业中智集团首次在经开区成立子公司中智（天津）国际经济技术合作有限公司。

引导新润商业保理公司延续该保理公司深圳总公司业务模式，借助其合作客户、融资渠道等资源，推动经开区与中国中铁股份有限公司、中国铁建股份有限公司、中国交通建设集团有限公司、中国五矿集团有限公司等国务院国资委直属建筑类央企一级子公司建立合作关系。

（刘哲岳）

〔京津冀协同发展〕 2023年，新经济局以滨海—中关村科技园为京津冀协同发展招商项目承载地，落地滨海—中关村科技园项目82个。推动纳通集团北塘湾数字产业园系列项目，首个项目杰西慧中能量外科器械研发生产基地投资3.2亿元，年产值6亿元。推动创云融达信息技术（北京）有限公司研发服务总部、中环辰华（天津）环境科技有限公司、鑫万齐（天津）科技有限公司等项目入驻滨海—中关村科技园。

（刘哲岳）

〔人力资源产业园招商〕 2023年，新经济局对接专业人力资源服务平台，以中国天津人力资源服务产业园（滨城园区）（简称人力资源产业园）为依托，推动人力资源领域头部企业将核心业务板块迁入人力资源产业园。推动残疾人就业平台天津爱众宏远科技有限公司、灵活用工平台天津沐霖网络科技有限公司、程序员招聘平台猿派（天津徙木科技有限公司）等近20家人力资源服务机构落地运营；储备上市公司北京科锐国际人力资源股份有限公司、央企二级子公司建知（北京）数字传媒有限公司、国企平台海通人力资源有限公司、互联网灵工平台UU跑腿（时空隧道信息技术有限公司）等一批人力资源产业项目。同道精英（天津）信息技术有限公司（简称猎聘）入驻人力资源产业园，是园内营收体量最大、人员规模最大、去化楼宇面积最大的人力资源上市企业总部。

（刘哲岳）

中国天津人力资源服务产业园（滨城园区）

〔互联网新经济人才联盟招商〕 2023年，新经济局承担天津市互联网新经济人才创新创业联盟（简称互联网新经济人才联盟）秘书处专业服务工作，通过交流走访、人才培养、资源对接等方式，开展“招商引资、招才引智”工作。走访南开大学、国家超算天津中心、腾讯数码（天津）有限公司、三快科技有限公司（简称美团）等联盟成员近30家，举办政策宣讲、融资对接等活动9场，与同道精英（天津）信息技术有限公司共同策划并开展直播带岗活动3场，推荐联盟企业岗位100余个。推荐联盟企业参加首届滨城人才创新创业大赛，AI+合成生物创新即时分子检测、便携式医用高压氧舱研发、稀土超材料研究院及产业转化基地等项目获奖。

（刘哲岳）

〔楼宇去化工作〕 2023年，新经济局按照"于响"片区楼宇包保工作安排，走访富力大厦、融创大厦等楼宇业主方，推动楼宇去化工作，与天津融创置业有限公司沟通楼宇招商及合作协议签署相关事项。美图美事信息科技有限公司入驻抖音直播生态园，童车头部品牌优贝童车的持股平台及其营销、研发团队入驻微电子工业区；欧航公司租赁微电子工业区办公载体1万余平方米，开展长租公寓业务；天津荣晟嘉汇实业有限公司投资5000万元收购东区第四大街2万平方米未完工厂房。

（刘哲岳）

〔天津沐霖网络科技有限公司〕 2023年6月29日，人力资源服务平台霖珑云科网络科技（江苏）有限公司在天津经开区注册成立天津沐霖网络科技有限公司，通过其云上共享服务资源，提供社保薪酬、灵活用工、HR SaaS（一种人力资源服务软件）等人力资源全场景服务。

（刘哲岳）

〔阿里巴巴智能信息事业群项目〕 2023年10月24日，由阿里巴巴智能信息事业群——优视科技（中国）有限公司投资成立的全资子公司天津汇橙信息技术有限公司（简称汇橙公司）入驻滨海—中关村

天津汇橙信息技术有限公司

科技园。该项目负责阿里巴巴智能信息事业群UC浏览器、夸克手机客户端APP、书旗小说等相关业务的内容安全审核，入驻团队人数200余名，员工平均年龄25岁。

（刘哲岳）

医药健康产业促进局

〔简况〕 2023年，经开区医药健康产业促进局（简称医药局）注册项目80余个，投资总额80亿元。诺和诺德（中国）制药有限公司无菌制剂扩建项目、优诺金生物工程（天津）有限责任公司重组生物制品新药基地、青松医药集团股份有限公司高端制剂药品智能化工厂、天津市伊诺登医疗科技有限公司口腔种植体生产基地等一批生物医药项目签约落地。

（成 弘）

〔渠道招商〕 2023年，医药局外出招商60余次，走访项目70余家，参加产业峰会论坛20场，挖掘意向投资企业10余家。到北京、上海、江苏苏州、山东青岛、深圳、四川成都等地考察项目，开展招商；搭建海外招商渠道，与海外协会及企业合作，协助企业对接国内外市场，推动外资项目落地。围绕重点企业，开展产业链式招商，梳理企业上下游领域招商信息，进行靶向招商。

（成 弘）

〔天津（经开区）核酸产业联盟成立〕 2023年4月11日，"北京大学—天津全和诚核酸药物研发联合实验室"技术交流研讨会在天津国际生物医药联合研究院召开，天津（经开区）核酸产业联盟成立。

天津（经开区）核酸产业联盟由经开区管委会牵头，由经开区核酸产业相关企事业单位及相关机构联合组成，建立经开区管委会、重点高校、国有资本平台、领军企业共商共建共有的运营机制，负责天津（经开区）核酸产业园规划、建设和运行工作。

（成 弘）

〔天津市宠物产业联盟成立〕 2023年4月18日，由瑞派宠物公司倡导，与玛氏食品（中国）有限公司、天津雀巢普瑞纳宠物食品有限公司、天津瑞普生物技术股份有限公司等10余家天津市宠物行业相关

企业、院校共同成立涵盖宠物食品、兽药、宠物医疗器械、宠物电商的天津市宠物产业联盟。

（成　弘）

〔**生物医药人才创新创业联盟**〕 2023年，医药局通过天津市生物医药人才创新创业联盟和产教联合体平台整合产业上下游资源，推动人才培养和产业需求对接，形成“产业聚集人才、人才支撑产业”发展模式。组织项目签约、专业培训、创业辅导、学术讲座和院校对接等活动4次，吸引10家企业入盟；梳理“南开系”校友资源，推动中国制药百强企业落户。

（成　弘）

〔**6个核酸药物项目集中签约**〕 2023年12月，天津（经开区）核酸药物产业联盟一周年专题会暨第一届核酸药物产业供需交流会举办，6个项目集中签约。有济（天津）医药科技有限公司与天津第五中心医院合作建设临床研究与转化平台。天津全和诚科技有限责任公司与北京大学医学部共建核酸药物创新研究联合实验室。外泌体众创空间与清智生物科技（天津）有限公司合作研发核酸药物递送载体工艺。天津滨海柜台交易市场股份公司（简称天津OTC）与天津（经开区）核酸药物产业联盟双方联合搭建核酸药物产业领域的基金融资平台。北京安理（天津）律师事务所与天津（经开区）核酸药物产业联盟合作建设法务服务平台。天津全和诚科技有限责任公司与天津中合基因科技有限公司合作研发基因合成核心原料。

（档案馆）

〔**天津市伊诺登医疗科技有限公司**〕 2023年3月24日，天津市伊诺登医疗科技有限公司（简称伊诺登）成立，研发、生产、销售口腔种植体。伊诺登技术团队从事种植体研发十余年，依托韩国朝鲜大学、韩国环球口腔种植及修复研究会等资源，与韩国柯威尔公司、登腾公司等种植体制造商建立合作关系，自主掌握了种植体外观设计、表面处理等技术。

（成　弘）

〔**优诺金生物工程（天津）有限责任公司**〕 2023年，优诺金生物工程（天津）有限责任公司（简称优诺金生物）在经开区投资建设长效生长激素创新药项目，投资7亿元建设300万支水针和150万支冻干粉针生产线。项目一期投资3.5亿元，2023年10月开工。优诺金生物专注于创新类基因工程药物的研发和产业化，依靠人血白蛋白融合蛋白技术平台，研发多个治疗用生物制品。

（成　弘）

〔**青松（天津）制药有限公司**〕 2023年，青松医药集团股份有限公司（简称青松医药集团）在经开区投资成立青松（天津）制药有限公司，总投资7.88亿元，在西区购置3万平方米土地建设碳青霉烯类高端制剂药品智能化工厂，是国内首个具有碳青霉烯全品类产品配型粉液双室袋产品研发与生产能力的企业。

青松医药集团依托自身研发，筛选、引进全球特色医药产品和技术，依照中国监管要求进行商业化，年销售额15亿元。

（成　弘）

〔**天津臻诺医药集团有限公司**〕 2023年，天津臻诺医药集团有限公司在天津经开区设立天津恒泽医药科技有限公司，租赁天津国际生物医药联合研究院4500平方米厂房，建设生物医药研发实验室，承接国内外药物研发业务。天津臻诺医药集团有限公司成立于2022年，投资1亿元，建设其MAH持证（Marketing Authorization Holder，药品上市许可持有人）平台、北方药品进出口平台，控股上海、天津、成都、长沙等多个地区研发中心及生产基地，提供原料药、中间体产品及原料药全生命周期的延伸服务。

（成　弘）

〔**艾斯拓康生物医药（天津）有限公司**〕 2023年，艾斯拓康生物医药（天津）有限公司迁入天津经开区，建立两个研发平台。mRNA研发平台具备独立自主的核酸药物研发能力，建立从核酸序列设计、核酸制备与质控、递送载体设计、LNP（脂质纳米颗粒递送系统）制备及质控和功能验证的团队和模块；小分子药物开发平台通过生物概念验证功能，聚焦PROTAC（蛋白水解靶向嵌合体）药物研发，开发靶向表观遗传与关键性致癌蛋白的抗癌药物。

艾斯拓康运营总部位于北京，在北京、天津和美国波士顿设有研发中心，开发肿瘤、代谢等领域药物。

（成　弘）

〔诺和诺德（中国）制药有限公司〕 2023年，诺和诺德（中国）制药有限公司投资40亿元在天津经开区建设无菌制剂扩建项目，该项目采用隔离器技术，为制剂生产提供无菌保障。丹麦诺和诺德公司于1994年进入中国，在天津经开区建立天津生产厂诺和诺德（中国）制药有限公司。天津生产厂是诺和诺德公司唯一耐用注射笔供应商，面向全球市场供应耐用注射笔及制剂产品，2023年生产总值234.4亿元。至2023年末，诺和诺德在华上市的18款胰岛素产品全部实现中国本地化生产。

（成　弘）

金融局招商

〔简况〕 2023年，经开区金融局围绕科创、物流、医药、服务业开展招商，引进项目127个，其中，承接非首都功能疏解项目59个，引进平台总部和科技类项目105个；实际利用内资347.63亿元，实际利用外资3.44亿美元。

（王新璐）

〔承接非首都功能资源〕 2023年，经开区金融局落地“京津冀”投资项目43个，其中，北京投资项目36个，河北投资项目7个。投资方包括华电集团、中信集团、中铁集团、国电投集团、中化集团、河北高速集团、北京易商旅集团等央企、国企、民企，涉及商业保理、融资租赁、金融科技、汽车贸易等业态，总投资298亿元。

（王新璐）

〔会务招商〕 2023年，经开区金融局举办全国商业保理峰会暨于家堡保理论坛、中国汽车金融峰会、央企保理50人论坛、天津商业保理融资服务联盟大会、首届滨海基金小镇论坛等，吸引全国4000余名金融人士参加。在全国商业保理峰会暨于家堡保理论坛，发布天津商业保理创新发展基地创新试点政策（第三批）；在天津商业保理融资服务联盟大会期间，联盟内银行为区内保理企业提供融资逾50亿元。在2023中国汽车金融产业峰会宣传推介经开区汽车产业及汽车金融产业；2023年7月，经开区参投吉利集团首支产业基金，认缴出资3亿元，带动吉利商用车集团新能源重卡项目、醇氢生态科技总部项目落户。

（王新璐）

〔航运经济招商〕 2023年，经开区金融局负责航运经济招商引资工作，起草《天津经开区管委会关于推动港口经济支撑引领攻坚行动的实施方案》《天津经开区鼓励航运要素聚集发展的政策实施方案》《天津经开区关于航运大厦的建设运营方案》《天津经开区推动港口经济发展领导小组工作职责》，组建经开区航运经济招商工作联络群，定期召开航运招商工作例会，推动项目招商进程。走访中海润华（集团）有限公司、天津畅明航运集团有限公司、靖阳（天津）船舶管理咨询有限公司等30余家航运企业，拜访天津货代协会、天津船员服务协会等行业协会，获取船员协会会员企业名单，拓展项目资源。推动中信金融租赁有限公司在经区开展船舶离岸经营租赁业务，全年设立SPV（Special Purpose Vehicle，指仅为特定、专门目的而设立的法律实体）公司17家，固定资产投资10.5亿元；推动上海易桥海控实业发展有限公司设立4家航运企业，注册资本4000万元。

（王新璐）

〔SPV业务〕 2023年，金融局梳理单机单船SPV涉及的政策法规，首次开展经开区单机单船SPV业务。中信金融租赁有限公司25家船舶SPV、兴业金融租赁有限责任公司5家飞机SPV落户，新增固定资产投资20.96亿元。

（王新璐）

〔楼宇包保〕 2023年，金融局负责大连丰盈大厦、滨海国贸大厦、盈信大厦3座楼宇包保工作（推动楼宇建设，协助楼宇招商）。组织包保楼宇与金融机构召开融资对接会，举办存量资产盘活及Reits分论坛、“于响”楼宇融资推介会，邀请华融资产管理公司、长城资产管理公司，银行、券商等金融机构参会，提供楼宇资产盘活思路。

（王新璐）

〔人民数字传媒产业园〕 2023年，人民数据管理有限公司在现代产业区投资15亿元建设天津人民数字传媒产业园。该项目围绕数据存、管、用一体化体系，建设传媒大数据中心、国家数据资产管理平台、数字研究与创新应用平台、大数据产业集群的全产业链数字经济生态。一期开工面积4万平方米，建设传媒大数据中心一期工程4000个机柜；二期开工面积6万平方米，建设传媒大数据中心二期工程4000个机柜。

（王新璐）

〔中企云链总部项目〕 2023年，经开区金融局推动中企云链股份有限公司（简称中企云链）总部落户经开区，并开展香港上市筹备工作；推动中车集团将其持有的中企云链20%股权无偿划转至经开区国资局，8月，中企云链完成股权重组，上市主体落户经开区，规划融资5—10亿美元，用于在经开区建设金融科技产业园、组建科研人才团队等。中企云链是中国船舶集团有限公司、中国铁建股份有限公司等7家央企联合各大金融机构、民营龙头企业共同发起设立的金融科技平台，累计服务逾16万家企业用户、交易额逾1.8万亿元，确权逾6100亿元，为中小企业提供资金逾4200亿元。

（王新璐）

〔传化物流集团网络货运数字平台项目〕 2023年8月，传化物流集团网络货运数字平台项目落户经开区，规划年营业收入30亿元；10月，该项目分公司接入天津市网络货运监测平台，投入运营。

（王新璐）

贸易发展局招商

〔简况〕 2023年，经开区贸易发展局（简称贸发局）引进项目267个，其中，引进北京、河北投资企业29家，引进平台总部类项目56个。签约项目13个，重点在谈项目80个，储备项目115个。贸发局招商企业新增税收4.56亿元。

（贾虹辉）

〔重点项目〕 2023年，贸发局推动国家能源集团、国家管网集团、中国石油天然气集团、中国国家铁路集团、中国南水北调集团等央企二、三级总部项目落地。PPG电动汽车及智能出行创新应用中心、PPG全球涂料创新研究院、纬湃亚太研发中心等外资研发中心投入使用；中国石油工程建设有限公司天津分公司、金现代信息产业股份有限公司数字经济项目、看看世界（北京）文化科技有限公司数字教育项目等租赁MSD、滨海—中关村科技园等载体办公；北燃能源发展（天津）有限公司、天津渤海化工集团等7家企业申报天津市2023年鼓励口岸大型外贸主体落户发展项目。

（贾虹辉）

〔国家能源集团项目〕 2023年11月15日，天津经开区管委会与国家能源集团下属企业国能（天津）港务有限责任公司、神华煤炭运销有限公司、国华能源投资有限公司，分别就国家能源集团天津区域总部项目、国能焦煤内外贸一体化项目、新能源项目签署框架合作协议。其中国能焦煤（天津）有限公司于11月注册成立，建设“国内国际双循环”内外贸一体化销售中心。

（贾虹辉）

〔国家管网集团二级总部〕 2023年，国家管网集团下属科学技术研究总院分公司、储运技术发展有限公司两家央企二级总部项目落户经开区。5月，国家管网集团科学技术研究总院分公司注册地由河北省迁至天津经开区，定位为国家管网集团“科技创新研发中心、战略决策支持中心、成果孵化推广中心、运维技术保障中心、高端人才培养中心”；12月，国家管网储运技术发展有限公司在经开区注册成立，定位为高新技术企业，建设技术研发中心、全系列管道检验检测中心、高端装备制造和维修中心、智能设备监测诊断中心等，是国内唯一拥有30兆瓦级进口压缩机组大修能力的专业维修厂。截至2023年末，国家管网集团在天津有5家二级总部项目，全年营业总收入76.53亿元，纳税2.14亿元。

（贾虹辉）

〔纬湃科技项目〕 2023年4月，德国纬湃科技集团在纬湃汽车电子（天津）有限公司（简称纬湃科技天津工厂）设立天津实验室，开展新能源电动汽车直流高电压可靠性和电磁兼容实验，纬湃科技天津工厂形成研发、实验、生产一体化服务体系；8月，纬湃科技新能源智能制造与汽车电子新产品项目落地纬湃科技天津工厂，该项目投入逾亿元，用于满足小鹏汽车有限公司等新势力汽车制造企业的订单需求。

德国纬湃科技集团是全球领先的动力总成及电气化制造商，在全球有50多个生产研发基地，3.55万名员工，提供内燃机、中混（混合动力的一种）、插混、纯电等全链条新能源汽车动力总成解决方案。

（贾虹辉）

2023年4月25日，纬湃汽车天津实验室投用

〔南水北调集团新能源项目〕 2023年2月，中国南水北调集团新能源投资有限公司在天津经开区成立华北分公司作为区域总部。中国南水北调集团新能源投资有限公司注册资本30亿元，是中国南水北调集团设立的第一家专业从事新能源业务投资、资产管理、资本运营的全资子公司，开展风电、光伏、抽水蓄能、新型储能、氢能等新能源项目的投资和运营业务。

（贾虹辉）

〔中国石油工程建设项目〕 2023年2月，中国石油工程建设有限公司在天津经开区设立分公司，开展油气田地面工程、油气长输管道工程、天然气液化工程及接收站新能源业务等领域工程咨询、供前咨询、勘察设计、工程建设、投产运维全过程服务。

中国石油工程建设有限公司隶属于中国石油天然气集团有限公司，开展石油工程设计、制造、施工和工程总承包等业务，是全球最大225家国际工程承包商之一，多次入选“中国承包商企业60强”。

（贾虹辉）

南港工业区产业促进办公室招商

〔简况〕 2023年，南港工业区产业促进办公室（简称南港产促办）聚焦绿色石化产业开展招商工作，恒河新材料项目等26个项目签约，总投资547亿元，固定资产投资230亿元。参与起草《天津市石化化工产业高质量发展实施方案》《关于支持绿色石化产业链高质量发展的若干政策措施》《天津市化工园区建设标准和认定管理实施细则（试行）》等政策文件，并由天津市政府办公厅及相关部门印发实施。

（毛苑颖）

〔“科创中国”绿色石化产业高质量发展论坛〕 2023年，第七届世界智能大会期间，南港产促办组织大会首场高峰论坛——“科创中国”绿色石化产业高质量发展论坛，推介天津绿色石化产业，发布天津经开区绿色石化产业发展规划和一揽子支持政策，并组织企业、高校、科研院所、咨询机构等召开十余场科研创新成果转化对接会、产业链撮合对接会，促进创新科研成果与企业技术需求对接，推动产业链上下游企业交流合作。

（毛苑颖）

〔金科日化新材料项目落户〕 2023年2月，浙江金科日化新材料股份公司在天津经开区注册成立天津金科日化新材料有限公司，建设金科日化新材料项目。该项目落户南港工业区，总投资8.5亿元，占地19万平方米，年产10万吨过碳酸钠及下游相关日化原料产品。项目分两期建设，一期占地15万平方米，二期占地4万平方米。

浙江金科日化新材料股份公司从事氧系漂白助剂过碳酸钠的研发、生产和销售，客户包括宝洁公司、利洁时集团、汉高股份有限公司、联合利华集团、花王株式会社、狮王集团等国际大型日化企业。

（档案馆）

〔化工企业走进天津大学座谈会〕 2023年6月，天津精细化工和新材料产业（人才）联盟与天津大学化工学院联合开展校企系列活动——化工企业走进天津大学座谈会。

中石化北化院（天津）科技发展有限公司、中石化催化剂（天津）有限公司、天津普利特新材料有限公司、天津绿菱气体有限公司等企业与天津大学化工学院就中试基地建设共享、精馏技术、催化剂性能优化、轻量化材料、超纯气体制备等领域开展研讨，并达成初步合作意向；部分企业签订轻烃综合利用等领域技术服务合同。

天津大学化工学科是首批国家一级重点学科和“双一流”建设学科，有国家级基地11个、省部级基地28个。

（档案馆）

〔中石化英力士（天津）石化有限公司成立〕 2023年8月2日，中国石油化工集团有限公司（简称中国石化）与英力士集团（简称英力士）签署合作协议，在天津经开区成立中石化英力士（天津）石化有限公司，双方股比50%∶50%，共同运营中国石化120万吨/年天津南港乙烯项目（简称南港乙烯项目）。

2023年8月30日，中国石化与英力士所属企业英力士苯领业务集团（简称英力士苯领）签署ABS项目股东协议，中国石化与英力士苯领按股比50%∶50%，在南港乙烯项目共同建设30万吨/年ABS装置，生产高光泽、抗静电、高耐热等高端ABS产品（由丙烯腈、丁二烯、苯乙烯组成的三元共聚物）。

英力士成立于1998年，总部位于英国伦敦，在全球31个国家设有183家生产基地，员工2.5万名，化学品年产量6600万吨，年营收610亿美元，在2023年全球化工50强中排名第六位。在中国设有7个生产基地和1家销售公司，生产ABS、芳烃等产品，年销售额400余亿元。

（档案馆）

2023年8月30日，中国石化与英力士苯领签署ABS项目股东协议

〔中国石化董事长调研南港乙烯项目集群〕 2023年8月31日，中国石化董事长，天津市委副书记、市长共同调研中国石化天津南港120万吨/年乙烯及下游高端新材料产业集群项目（简称南港乙烯项目集群），了解项目布局、发展规划、智慧工厂建设等情况。

南港乙烯项目集群是国家“十四五”重点项目，项目占地240万平方米，总投资300余亿元。中国石化副总经理、中国石油化工股份有限公司总裁喻宝才；天津市委常委、常务副市长刘桂平和市政府秘书长孟庆松参加调研。

（档案馆）

〔绿菱研发产业化基地二期项目〕 2023年11月，2023绿色投资产业论坛在天津举行，总投资20亿元的一批项目现场集中签约。天津经开区管委会与天津绿菱气体有限公司签订合作协议，绿菱研发产业化基地二期项目落户经开区。

天津绿菱气体有限公司在南港工业区增资扩产，建设绿菱气体研发产业化基地二期项目，承担企业IPO上市和新产品研发等职能。绿菱气体研发产业化基地二期项目总投资2.35亿元，规划用地2.5万平方米，扩建710吨/年半导体专用系列高纯电子气体材料生产线，产品包括6个电子气体品种。

（档案馆）

〔利安隆新材料核酸药物核心原料研发中试项目〕 2023年11月，天津经开区管委会与天津利安隆新材料股份有限公司（简称利安隆）签订合作协议，利安隆新材料核酸药物核心原料研发中试项目落户经开区。利安隆通过注资天津奥利芙生物技术有限公司，双方共同建设运营核酸药物核心原料研发中试平台，致力于核苷、核苷酸及其衍生物、荧光探针、基因测序原料等产品研发及产业化。

（档案馆）

2023年11月，利安隆新材料核酸药物核心原料研发中试项目等一批民营项目集中签约

滨海—中关村办公公室招商

〔产业资源对接服务专班〕 2023年4月,天津经济技术开发区滨海—中关村科技园办公室(简称滨海—中关村办公室)成立产业资源对接服务专班,围绕智能制造、生物医药两个主导产业,对接北京高校科创资源,吸引项目转化落地。与中国技术交易所签署合作协议,利用其高校资源,为天津企业对接合作渠道。北京理工大学机械与车辆学院教授刘长猛团队研发的金属3D打印设备用于海工装备制造,是国家重点研发项目,该技术已完成小试验证。滨海—中关村办公室为其提供中试平台场地。

(档案馆)

〔中关村北塘湾数字经济产业园(M0)推介会〕 2023年1月28日,“2023京津冀数字经济发展论坛暨滨海—中关村北塘湾数字经济产业园(M0)推介会”在北京举办。北京正荣网际科技股份有限公司、创泽智能机器人集团股份有限公司、运怡(北京)医疗器械有限公司、四川华鑫通科技有限公司等企业与滨海—中关村办公室签署意向进驻协议。

(档案馆)

2023年1月8日,滨海—中关村北塘湾数字经济产业园开工

〔京津海归企业家产业推介会〕 2023年8月29日,天津滨海—中关村科技园京津海归企业家产业推介会召开,10家生物医疗产业领域的北京科技企业参加。北京多赢时代科技有限公司、北京诺赛基因组研究中心有限公司等多家企业的多个项目达成合作意向。

推介会由滨海—中关村办公室、国家海外人才离岸创新创业基地(天津滨海新区)主办,北京氪星创服信息技术有限公司承办。

(档案馆)

〔零氪科技入驻滨海—中关村〕 2023年,零氪科技(天津)有限公司(简称零氪科技)入驻滨海—中关村,整合数据、诊疗、药品等资源,开展AI研发、数据运营、患者全流程健康管理业务。零氪科技是国内最大的肿瘤大数据解决方案供应商,亦是医疗大数据行业首个独角兽企业,搭建了中国首个大样本量肺癌真实世界研究队列和中国第一个妇科肿瘤科研和疾病管理大数据平台。至2023年末,研究项目200余项。

(档案馆)

2023年,零氪科技(天津)有限公司入驻滨海—中关村

〔天津国通物联技术有限公司〕 2023年1月6日,天津国通物联技术有限公司(简称国通物联)总部落户滨海—中关村,通过物联网技术提供物联网全产业链运营服务,注册资本1000万元;6月,国通物联投入运营。国通物联围绕大数据可视化、计算机和AV技术、AI动作捕捉与OCR(光学字符识别)图片在线采集、大数据智能分析等,自主研发智慧水务管理平台和AI智慧校园体测系统,与天津滨海建投项目管理有限公司、天津出入境边防检查总站、滨海新区水务局等单位合作,开展智慧水务、智慧边检、智慧体育等物联网领域的研发及服务。

(档案馆)

西部片区管理局招商

〔简况〕 2023年,经开区西部片区管理局围绕重大项目招商、产业链招商、服务促招商3条主线,推动天津欧能电气有限公司二期扩能项目等项目签约；通过产业链招商，储备河北盛华尔生物医疗科技有限公司体外诊断试剂项目等项目。2023年，西部片区管理局自主招商项目15个，完成固定资产投资25.8亿元。

（胡庆华）

〔西区招商〕 2023年，西部片区管理局以服务促招商，挖潜企业存量，3个自主招商项目落户西区，新增产业固定资产投资19.58亿元；储备南京能驰新能源等3个自主招商在谈项目。

（胡庆华）

〔微电子工业区招商〕 2023年，微电子工业区44家企业注册，注册资本合计4.75亿元。其中微电子工业区管理中心自主招商项目5个，制造业项目1个，服务业项目4个，均为内资企业，注册资本合计1.02亿元。至2023年末，微电子工业区累计注册企业247家，外资32家，内资215家。

（孙凯琳）

〔逸仙科学工业园招商〕 2023年，逸仙科学工业园（简称逸仙园）依托首都外溢资源，推动新能源产业、电子信息产业升级，天津三星视界有限公司推进叠片电池认证，思腾合力（天津）科技有限公司建设人工智能特色园。2023年，逸仙园引进项目8个。

（项　民）

〔天津昆文汽车电子有限公司〕 2023年1月，上海昆文连接器系统有限公司在微电子工业区注册成立天津昆文汽车电子有限公司（简称昆文电子），10月，昆文电子入选天津市科技型中小企业名单。上海昆文连接器系统有限公司研发制造销售汽车电器盒、连接器、端子等产品。

（王用军）

〔民用通信产业化项目〕 2023年，经开区电子信息产业促进局盘活微电子工业区原天津阿尔卑斯电子有限公司闲置厂房，引进天津七一二移动通信股份有限公司投资建设民用通信产业化项目，建设其研发基地及总部基地。

（金雪梅）

北部片区管理局招商

〔简况〕 2023年6月27日，天津经开区调整部门职能，天津经济技术开发区北部片区管理局（简称北部片区管理局）负责北部片区（含现代产业区、一汽大众华北基地）园区运维、招商、企业服务等工作。全年北部片区管理局自主招商项目11个，新引进项目16个。现代产业区规模以上工业产值122.5亿元，全口径税收4.5亿元，固定资产投资9.98亿元；一汽大众华北基地规模以上工业产值352.9亿元，全口径税收27.3亿元，固定资产投资3.65亿元。

（姜　华）

〔配合招商〕 2023年，北部片区管理局配合各专业招商局开展招商工作，跟踪服务各招商局重点项目4个，开展拟落地项目选址、项目现场考察服务，协调能源配套等工作，推动项目落户北部片区。

（北部片区管理局）

〔联合招商〕 2023年，北部片区管理局与现代产业区、一汽大众华北基地周边的街镇加强合作，共享资源。与汉沽寨上街、茶淀街成立联合招商队伍，互荐龙舟科技无人船项目、房天下新能源电池项目等产业项目6个；现代产业区热源厂为寨上街20多家企业提供蒸汽服务，泰和公寓对周边街镇、未来科技城企业开放，共享住宅及生活配套资源；北部片区管理局收集区内企业用工需求，组织企业参加周边街镇举办的用工对接会，双向解决街镇人员求职、企业用工需求。

（北部片区管理局）

〔在建项目服务〕 2023年，现代产业区有敏实集团北方总部基地项目、长春富维海拉车灯有限公司天津生产基地等在建项目11个，总投资30亿元，现固定资产投资6.54亿元。北部片区管理局整合各类服务资源，协调有关部门解决在建项目建设过程中遇到的水、电、气、热等能源配套问题和雨污排放、绿化、道路等基础设施配套问题，服务次数214次，解决问题117个，在建项目服务率100%。

（吴　颖）

〔“园区吹哨、部门报到”机制〕 2023年，北部片区管理局整合各类服务资源，向经开区建设和交通局、规划和自然资源局、应急管理局、企业服务局、泰达图书馆、泰达科技工业园有限公司等部门“吹哨”20余次，协调解决汛期排水、安全隐患、蒸汽供给保障、园区绿化美化、东扩区电力环线建设、道路维修、园区综合执法等问题20余个。

（北部片区管理局）

2023年6月2日，北部片区管理局联合各部门到现代产业区孵化基地现场解决问题 （郭颖浩）

〔园区共同缔造理事会〕 2023年，北部片区管理局以现代产业区、一汽大众华北基地共同缔造理事会为载体，解决企业问题。全年，召开共同缔造理事会会议4次，走访企业120余家次，服务企业318次，解决企业问题94个，规上企业服务覆盖率100%。

（北部片区管理局）

〔天津融新科技有限公司项目〕 2023年，天津融新科技有限公司项目落户经开区，总投资1.6亿元，从事装配式建筑、电力设备箱、污水处理箱、光伏设备箱、蔬菜种植箱、储能设备箱等产品的结构研发、设计、制造、销售、技术服务。规划年产储能设备箱、装配式建筑、RTO燃烧室（蓄热式燃烧装置）等产品2.4万台（套）。

天津融新科技有限公司成立于2017年8月，是国家级高新技术企业，2022年产值1.4亿元，员工180人。

（刘　刚）

〔长春恒兴钢材加工有限公司项目〕 2023年，长春恒兴钢材加工有限公司项目落户一汽大众华北基地，购置土地2.05万平方米，项目投资强度0.48万元/平方米，为汽车及零部件企业提供钢材采购、加工、仓储、配送等24小时一站式服务。

长春恒兴钢材加工有限公司是一汽-大众汽车有限公司一级供应商，成立于2012年3月29日。

（刘　刚）

长春恒兴钢材加工有限公司购置的土地 （刘刚）

〔天津顶轩食品有限公司〕 2023年10月31日，天津顶轩食品有限公司在现代产业区注册成立，投资1500万元，租用成安塑料公司厂房3200平方米，从事生鲜菜（葱、姜、蒜等）清洗加工业务，是康师傅控股有限公司一级供应商。

（刘　刚）

国内外贸易

〔简况〕 2023年，经开区进出口总额2393.3亿元，同比下降9.1%，其中，出口1081.4亿元，同比下降11.8%，进口1312亿元，同比下降6.8%。限额以上商品销售额4056.62亿元，同比下降5.4%；限额以上社会消费品零售额（简称社零额）90.53亿元，同比增长11.3%。全年发放1300万元消费券，撬动汽车类零售额同比增长6.5%，发放消费券月份拉动全区社零额增长10.7个百分点。

（贾虹辉）

〔贸易发展政策推动〕 2023年，经开区贸易发展局（简称贸发局）出台《经开区关于推动外贸高质量发展实施方案》，吸引国能焦煤内外贸一体化项目、优合冻品供应链平台项目等龙头商贸企业落户经开区。编制《天津经开区于响片区商业发展行动方案》，组织策划一系列商业文旅活动，推出"于响专属消费券""于响啤酒节""于响好市"等十余个潮流经济品牌，促进商业与文化、旅游、体育等消费实现线上线下融合联动。制订《关于推动经开区会展经济发展的工作方案》，落实第六届中国国际进口博览会各项工作，邀请区内企业参加东盟博览会、南亚博览会、亚欧博览会、蒙古国进出口商品交易会、中国国际投资贸易洽谈会等展会活动，助力企业开拓境内外市场。梳理经开区制造业20强工贸分离情况，出台《经开区关于推动外贸高质量发展实施方案》，助力企业融入国内国际双循环发展战略；在"滨海万达"等商业网点开展新能源汽车展销活动，助力车企拓宽市场渠道。

（贾虹辉）

2023年4月29日，"于响好市"开街运营

〔国家级进口贸易促进创新示范区建设〕 2023年，贸发局制订《天津经济技术开发区推进国家进口贸易促进创新示范区建设实施方案》，建立以诺和诺德（中国）制药有限公司、天津三星视界移动有限公司、天津一汽丰田汽车有限公司、大众汽车自动变速器（天津）有限公司等重点工贸企业为代表的贸易企业联盟，提升进口贸易促进创新示范区在促进进口、服务、产业、提升消费中的示范作用。通过贸易促进和贸易创新，提升经开区支柱产业对全球相关产业资源的配置能级，助推产业转型升级。

（贾虹辉）

〔天津市首届直播电商大赛〕 2023年2月17日，由天津市委网信办、市商务局、经开区管委会指导，由天津市跨境电子商务示范园区（经开区）、天津新金融投资有限责任公司、国家数字服务出口基地（天津）主办，字节跳动有限公司（简称抖音）独家线上支持的"津门烟火　跨境尚品名都——天津市首届直播电商大赛"在于家堡洲际酒店启动。

大赛通过抖音直播生态产业园和跨境电商产业园两园联动，以"培训+大赛"形式，帮助选手掌握短视频制作和直播带货技能，培育直播达人，打造"跨境+直播"产业生态，拉动地区就业和电商消费。

（贾虹辉）

〔区域商贸新场景〕 2023年，贸发局对标国内外商圈，串点成线、结线成网，构建五级（国际消费地标—市级特色商圈—区级消费中心—经开区商业综合体—社区便民服务商店）消费体系，建设以泰达时尚片区、MSD、金元宝、天碱为核心的"四大重点商圈"。完善"于响"片区商业配套功能，召开滨城"于响"商业文旅发展推介会并发布《天津经开区"于响"片区商业发展行动方案》，吸引近300家商业企业参加。

（贾虹辉）

〔对口支援〕 2023年，贸发局制订《天津经济技术开发区高质量推进支援合作2023年实施方案》，组织召开工作部署会、联席会，到结对地区开展对接交流。制订年度财政援助资金分配方案，拨付资金1000万元。为青海省同仁市引入1000万元产业合作项目，组织辖区内企业在各个生产经营环节采购西部地区产品3138.92万元，组织机关事业单位工作人员购买消费帮扶产品54.92万元。援受两地签订2023年劳务协作框架协议，贸发局举办招聘会12场，提供就业岗位5500个，帮扶农牧区劳动力1103人就近就地就业，开办10个职业技能培训班。在基层党组织开展"乡村振兴我助力，携手共绘同心圆"捐款活动，累计募集捐款62.87万元，动员近百家企业募集捐款490余万元。

（贾虹辉）

自由贸易

〔简况〕 2023年，中国（天津）自由贸易试验区滨海新区中心商务片区自贸工作局（简称自贸局）围绕《自贸试验区2023年改革试点任务清单》和《天津市服务业扩大开放综合试点总体方案》，开展离岸贸易配套制度、人才资格认可、研发用品通关便利等领域创新工作，形成一批首创性成果。

（杨　颖）

〔改革试点〕 2023年，自贸局完成《自贸试验区2023年改革试点任务清单》各项牵头工作。培育保税贸易新业态，参与制订《中国（天津）自由贸易试验区国际航行船舶保税液化天然气加注试点管理办法》，调研中海油能源发展股份有限公司、北京燃气集团（天津）液化天然气有限公司、中国石油化工股份有限公司天津分公司等区内企业保税LNG（液化天然气）加注业务需求，推动海关特殊监管设施申报、试点项目申报；结合区内工程设备、大宗商品等领域企业离岸贸易业务需求，与外汇管理、银行等专业部门共同制订“一企一策”业务解决方案，推动3批9家企业纳入天津离岸贸易“白名单”自律机制，全年离岸贸易规模同比翻番。

（杨　颖）

〔创新案例〕 2023年，经开区“细胞谷”试验区制度创新案例入选国家服务业开放试点最佳实践案例，受天津市通报表扬。中心商务片区18项改革事项纳入《2023年天津自贸试验区复制推广改革试点经验》；自贸局的调研报告《自贸试验区对接国际经贸低碳规则创新经验研究》获天津市领导批示，相关建议由天津自贸试验区管委会组织实施。

（杨　颖）

〔先行先试政策落地〕 2023年，自贸局推进自贸政策赋能实体产业，推动天津药明康德新药开发有限公司等两批次企业纳入生物医药企业（研发机构）研发用物品进口“白名单”，生物医药企业（研发机构）研发用物品进口“白名单”制度在经开区落地。推动63家企业纳入国家跨境数据专用通道试点，对接区内企业数据跨境传输需求，开展天津自贸试验区数据跨境安全评估制度试点工作。结合经开区企业境外人才需求，在天津自贸试验区率先实施职业资格认可制度，并建立认可目录动态更新机制。天津自贸试验区跨境投融资综合服务中心成立，疏通资本跨境流动堵点，形成“8个政府部门+9家银行+16家中介机构”联合服务“矩阵”。天津泰达投资控股有限公司、华熙生物（天津）科技有限公司、天津滨海新区建设投资集团有限公司3家企业申请纳入天津自贸试验区被保全企业白名单，其中2家企业纳入被保全企业白名单制度试点。

（杨　颖）

〔招商服务〕 2023年，自贸局建立“自贸+招商”工作模式。开展“自贸伙伴”系列调研，实地走访和线上调研70余家区内企业，有针对性地更新自贸政策工具包和案例包，编制《经开区推动新型贸易发展自贸政策汇编》；梳理自贸促招商案例，向中山大学天津自贸试验区创新评估课题组报送中心商务片区年度新增案例23个。通过自贸政策解读、案例分享向招商部门推介自贸创新成果，全年推送“政策分享”7期、创新成果60余项；借助自贸试验区招商推介平台获取、推送、协同跟进项目线索20余个。推动自贸区和综保区联动创新，泰达综合保税区于2023年5月25日获批成为天津自贸试验区联动创新示范基地，依托自贸联动创新示范基地扩大自贸政策覆盖范围，通过跨境数据传输、离岸贸易、FT账户（自由贸易账户）、研发物品通关“白名单”等政策服务重点项目20余个。

（杨　颖）

〔自贸试验产业服务载体〕 滨海基金小镇　滨海基金小镇是金融创新运营示范载体，培育和引进创业投资基金VC、股权投资基金PE、证券投资基金、对冲基金等各类基金及相关金融中介机构，形成基金产业集聚区，提供政策、商务、人文、科技、品牌等综合服务。至2023年末，已导入海河产业基金、滨海产业基金、泰达引导基金等三级政府引导基金及天津OTC、华夏银行总行级托管机构等市场化机构，70余家基金管理人及产品落地。

跨境投融资综合服务中心　2023年，天津自贸试验区跨境投融资综合服务中心编制跨境投资政

2023年8月，泰达上市预备板在基金小镇正式开板

策清单、服务清单、负面清单，支持区内交易平台开展金融资产、贸易资产、碳资产、知识产权等跨境转让，拓宽高新技术企业、“专精特新”企业跨境融资渠道。建立“银行+政府+中介”联合服务机制，梳理跨境投融资领域金融产品，编制产品手册，为有跨境投融资需求的客户提供专业化服务。与滨海OTC、天津市基金业协会等服务机构，共同建立涵盖境内外投融资服务的基金库、项目库、中介库和专家库，推动资本、资产对接。建设泰达金融中心法庭，为各类金融机构和国内外投资者提供法律纠纷解决平台。天津自贸试验区跨境投融资综合服务中心2022年12月获批成立。

天津（滨海）海外人才离岸创新创业基地　天津（滨海）海外人才离岸创新创业基地（简称离岸基地）是聚集高新技术项目及吸引海外人才的引才引智平台、成果转化平台、服务创新平台。建设适合海外人才创新创业的信息中心、人才服务中心、直播平台、路演平台和创新成果展示平台；推出海外人才创新创业大赛、海外人才津门行、海外人才离岸双创发展论坛等引才活动；建立海外工作站，落实离岸基地支持政策。截至2023年末，通过海外联络站及各类峰会创业大赛、论坛、路演活动累计对接海外人才2000余人次，组织评审海外人才创业项目200余个，引进企业25家，合计注册资本2.22亿元，其中，海外人才创办企业17家，引进海外人才30余位。

天津抖音直播生态产业园　天津抖音直播生态产业园围绕MCN网红经济运营模式建设特色垂类产业园，引进天津蛋壳网络科技有限公司等5家电商机构，导入抖音旗下时光公会、煎饼公会、广善公会3家头部公会。至2023年末，天津抖音直播生态产业园招募线上主播1500人，招募线下主播及直播人才近500人，建设6000平方米共享办公空间、30多个共享直播间，为不同类型、规模的入驻团队提供直播和办公条件；建立产学研共建平台，与天津美院、天津科技大学等高等院校建立“专业+直播”定制班培养模式。

（杨　颖）

〔自贸试验产业龙头企业〕　同道精英（天津）信息技术有限公司是国内最大的中高端人才服务平台及就业大数据信息平台——猎聘网的运营主体。至2023年末，在全国15个重点城市和美国设有分支机构，是第一支登陆香港联交所主板的互联网+人力资源服务平台。零氪科技（天津）有限公司（简称零氪科技）开展医疗大数据及人工智能领域的研发工作，至2023年末，构建覆盖全国31个省、自治区、直辖市的业务网络，建立横跨“临床医学、计算机科学、药物研发、人工智能技术、商业化服务”的1000余人团队，与全国上百家三甲医院展开合作，提供肿瘤、罕见病等重大疾病领域解决方案。云链（天津）商业保理有限公司是国务院国资委重点支持的“互联网+”和央地协同创新平台，至2023年末，有注册企业用户13万家，核心企业实现“云信”确权逾4900亿元，为产业链上下游中小企业提供应收账款保理融资逾3200亿元。新希望（天津）商业保理有限公司是中国“三农”领域第一家商业保理公司，建立农业供应链场景下的新供应链金融模式，至2023年末，累计交易规模逾150亿元，累计服务客户数10万家；开展资金端资产证券化业务，取得储架（一次核准、多次发行的再融资制度）近400亿元，累计发行规模100亿元。国新商业保理有限公司全国唯一千亿级商业保理公司，注册资本70亿元，2023年，开展中央企业应收账款融资业务，助力中央企业推进供给侧结构性改革，改善财务状况，带动中小企业发展。

（杨　颖）

外事管理

〔简况〕　2023年，天津经开区开展外事工作培训、因公出访工作，推动对美地方工作和友城交流合作，服务外资企业发展，塑造区域对外形象。

（赵　繁）

〔因公出国（境）管理〕　2023年，经开区18个出访团组、69人次到德国、丹麦、荷兰、新加坡、日本、韩国等国家招商；管委会办公室（简称委办）开展行前教育，实施因公证照管理。

（赵　繁）

〔外国人来华邀请〕　2023年，委办在泰达政务平台更新外国人来华邀请函申办说明，走访区内外资企业20余家，指导申办手续。为区内30余家企业发放外国人来华邀请函，邀请43名外籍人士到天津开展经贸活动。

（赵　繁）

〔涉外服务与安全〕 2023年，委办定期到重点企业调研，受理外籍人士提出的问题，处置突发涉外事件。多次排查、梳理经开区海外企业及人员情况，督促企业落实主体责任，提高风险意识，做好安全防范。

（赵　繁）

〔对外交流与合作〕 2023年，经开区与“一带一路”国家在基础设施建设、能源资源开发、贸易和投资等领域开展合作，与白俄罗斯莫吉廖夫自由经济区建立合作关系。借助外事渠道，与美资企业、友城企业进行交流合作。各出访团组到欧洲、日韩等地招商期间，宣传经开区营商环境，推动其城市与天津市缔结友好城市。

（赵　繁）

营商环境

- 企业服务
- 政务服务
- 人力资源
- 天津泰达综合保税区
- 海　关
- 交通运输
- 公寓管理

企业服务

〔“双万双服”〕 2023年，经开区企业服务局通过“双万双服”平台收集企业问题670个，企业问题答复满意度、解决满意度均为100分。协调解决天津利安隆新材料股份有限公司、美克国际家私（天津）制造有限公司等企业历史遗留建设手续合规化问题。联合滨海新区公安局，召开滨海新区户籍制度政策解读会，协助企业引才留才育才。

（冯菲菲）

〔企业服务云平台二期项目〕 2023年10月，企业服务云平台二期上线试运行，形成电脑端和移动端双应用，注册用户1.2万余家，12月29日，正式运行。该平台建立统一的企业数据档案、经开区首个企业法人库。在企业端，搭建以“政策找企”“政企沟通”“供需平台”“活动中心”“营商环境”五大版块为核心的综合性平台，相关涉企事项入驻平台，从“明政策、提诉求、享服务、寻合作”4个方面，为企业提供全生命周期线上服务；在政府端，通过大数据对所有市场主体实现实时运行画像，为政府提供精准对企服务、实时运行预警、快速决策的动态数据依据。

（冯菲菲）

2023年10月，企业服务云平台底上线试运行

〔大型文旅活动〕 2023年，天津经开区通过举办大型文旅活动提升经开区城市生活品质，举办“魅力滨城，绽放于响”2023年滨城“于响”灯光节、滨城“向海乐活节”、国潮嘉年华音乐节、端午龙舟赛、泰达夏日艺术季暨天津茉莉亚“市民乐享”户外音乐会等文体活动，形成具有区域特色的文化品牌。

（冯菲菲）

“魅力滨城，绽放于响”滨城“于响”灯光节现场

政务服务

〔简况〕 2023年，经开区政务服务办公室（行政审批局、营商环境办公室、投资项目评审中心）（简称政务服务办）接待办事人22.5万余次，线上服务9万余次、线下综合代理1.8万余件，办理商事登记业务2.8万件、人社综合服务9.8万件、政务综合许可1.1万件，新建项目审批742个。

（邹圣扬）

〔政务服务体系〕 2023年，政务服务办提升“企业全生命周期”业务承载能力。整合行政、金融资源，推进“政务+金融”服务2.0模式；推行国际贸易窗口2.0模式，为不同贸易种类企业提供资源集成服务；建设“滨城人才首站”，提供招聘、就业、落户、安居的“一站式”政务服务。

推进政务服务向“于响”片区延伸，成立4个政务服务工作站，形成政银、政企、政商、政邮多元合作延伸服务模式，制订个性化2023年度延伸服务事项清单。发布《经开区政务服务协同共建工作方案》，组织经开区8个政务类大厅开展多轮互评互查，加强政务服务窗口单位协同联动。

（邹圣扬）

〔营商环境论坛暨交流会〕 2023年10月11—12日，第二届京津冀国家级开发区优化营商环境改革创新论坛暨国家级开发区营商环境交流会在于家堡洲际酒店召开，京津冀国家级经开区营商环境联盟智库成立。论坛以“改革向未来，共享谋发展”为主题，14家京津冀国家级经开区营商环境联盟成员及广州、昆山、合肥等26家国家级经开区代表出席。天津经开区作为京津冀经开区代表发布《优化营商环境十项行动》，并作为联盟代表发出“提升打造改革开放新高地倡议”。1.5万人次通过直播平台“线上参会”。

（邹圣扬）

2023年10月11—12日，第二届京津冀国家级开发区优化营商环境改革创新论坛暨国家级开发区营商环境交流会在天津于家堡洲际酒店召开

〔柔性执法“三张清单”〕 2023年，政务服务办制订经开区柔性执法“三张清单”，规范执法自由裁量权，覆盖经开区市场监管、生态环境、卫生健康等8个领域108项内容。相关执法部门围绕清单事项开展执法工作，发生清单内实际执法案件133件，共减免处罚318.4万元。

（邹圣扬）

〔工程建设审批改革〕 2023年，政务服务办牵头召开3次工程建设项目审批改革领导小组会议，相关审批职能部门沟通项目审批、服务情况，发现问题联动解决，工程建设项目审批改革领导小组印发“专家+双管家服务机制”“工业项目以函代证”“泰达工改4.0”等6个工程建设项目审批领域改革办法。

“泰达工改4.0” 经开区聚焦建设工程项目土地出让流程慢、整体设计周期长、施工进场前置环节多等问题，出台《关于进一步优化建设项目全流程审批服务推动经开区工业项目快速落地的若干措施》（简称“泰达工改4.0”），制订工业项目“用地清单制”、分阶段施工图设计文件审查、装修项目分类施工管理等12项措施，拿地类工业项目从签订土地合同到开工平均用时86.5个自然日。4月26日，天津天隆科技股份有限公司天隆在田蔬菜种子加工车间项目建设单位在经开区政务服务大厅取得天津市首张“桩基部位施工许可证”。

“专家+双管家”模式 “专家+双管家”模式（“专家”指各审批部门的业务骨干，“双管家”指由政务服务办和各招商部门联合组建的团队）通过服务前置，在项目投资协议签订环节，启动全流程定制化服务，搭建政企项目对接桥梁。建立“管家吹哨，专家报到”首问负责机制，政务与招商部门联动协作，实现“普通项目全覆盖、重点项目全面帮、招商项目提前帮、工业项目精准帮”；搭建项目审批服务效能平台，以项目为主线，“专家”和“管家”实现对项目全过程在线监管分析。全年，该模式服务投资项目221个，重点项目开工率近90%。

2023年2月6日，“专家+双管家”机制运行后首场“联合交底”项目服务会召开

天津经开区石化化工产业项目全周期政务服务指引 天津经开区石化化工产业项目全周期政务服务指引聚焦南港工业区项目，总结经开区“项目管家”团队全流程服务石化项目经验，征集规划、环保、应急等审批职能部门意见，形成区域介绍、产业政策、建设指南、能源报装、改革创新和营商环境等7个专篇，为南港工业区石化化工项目提供服务。

（邹圣扬）

〔产业营商环境〕 2023年，政务服务办推动《经开区2022年优化产业营商环境 推动高质量发展建设方案》86项任务全部完成，围绕经开区“先进制造业核心区”的定位，开展生物医药、化工新材料、平台经济三大产业营商环境研究，形成的“产业营商环境”研究报告被《中国行政体制改革报告》收录。

（邹圣扬）

〔营商环境手册〕 2023年10月23日，经开区政务服务办公室发布《2023年天津经开区营商环境手册》（简称《手册》）。《手册》在2022年版本基础上更新和升级，内容涵盖产业、政务、市场、法治、人文5个方面内容，介绍经开区区域营商环境建设举措和成果。

（邹圣扬）

2023年10月，《2023年天津经开区营商环境手册》发布

〔智能政务〕 2023年，政务服务办推进政务服务数字能力板块建设，分析投资项目审批效能，优化掌上办事服务流程，扩大电子证照社会化应用，实现窗口办理线上线下一体化，电子证照应用案例入选“天津市十佳优化营商环境经典案例”，相关经验被多家媒体报道。政务服务办基于天津市电子证照系统整体框架结构，更新电子证照终端采集系统，系统以政务服务需求为主线，调用业务数据，自动生成电子证照照面信息，部分高频事项全程电子化，减少申办人办理事项的跑动次数，压缩审批时间。

（邹圣扬）

〔企业“一件事一次办”〕 2023年，政务服务办承接滨海新区“外资”“外贸”“大型营业性演出活动”3项“一件事一次办”改革推动任务，拟定《经开区加快推进“一件事一次办”打造政务服务升级版实施方案》，推出人力资源服务许可、涉水评价许可、幼儿园设立许可、网络货运许可等共计12类企业“一件事一次办”办理事项。12月25日，“人力资源服务行业一件事”服务推出后首个企业当天提交一套材料取得人力资源服务许可证、劳务派遣经营许可证。

（邹圣扬）

2023年12月25日，“人力资源服务行业一件事”服务推出后首家企业取得人力资源服务许可证、劳务派遣经营许可证

〔证照分离改革〕 2023年，政务服务办对接行业主管部门，加强审管联动，扩大证照分离改革审批试点应用范围，推动极简化审批。户外广告许可、公共场所卫生许可、动物诊疗许可、兽药经营许可、城市排水许可、道路旅客运输及班线经营许可等事项实施“告知承诺制”方案。

（邹圣扬）

〔中介服务机构〕 2023年，政务服务办印发《天津经济技术开发区中介机构评价管理办法》，对中介机构实行“分类管理、量化考核”评价管理。28项行政许可中介要件事项中介机构全部纳入考核评价范围；5项代理服务型事项中介机构可向政务服务办报名申请，政务服务办牵头组织考核评价并对外进行结果公示，为企业选取高质量中介服务机构提供参考。

（邹圣扬）

〔规范审批特殊环节〕 2023年，政务服务办印发《天津经济技术开发区政务服务办公室行政许可特殊环节管理办法》，规范特殊环节工作程序、标准化规程与专家管理等内容，提升特殊环节透明度，为后续特殊环节的执行与管理提供依据。

（邹圣扬）

〔招商服务〕 2023年，政务服务办营造全员招商氛围，分解招商工作指标，建立招商小组服务保障机制，全年实际利用内资0.72亿元。经开区首个食品级纸包装生产基地天津紫丹包装科技有限公司投产；浪潮集团天津项目围绕区内主导产业，推动工业互联服务产业生态升级；天津顺德口腔医院建成开业，是该项目投资人在天津设立的首家连锁机构。

（邹圣扬）

〔普法宣传〕 2023年，政务服务办选取典型法制案例，与司法局共同编写《行政审批案例汇编》，涉及建设工程、交通运输、能源供应、土地登记、娱乐经营及个人权益等多个领域，以案普法、以案释法；聚焦行政机关工作人员关心的法律问题，发布“新法速递”12期、“法在身边”24期、“举案说法”12期，累计阅读量逾3万次。

（邹圣扬）

人力资源

〔简况〕 2023年，经开区人力资源和社会保障局以中国天津人力资源服务产业园（滨城园区）（简称滨城人力产业园）为载体集聚资源，围绕人才需求建设人力资源服务体系，统筹推动用工保障、人才引育、社会保障、劳动关系等工作。

（袁威威）

〔滨城人力产业园〕 2023年，滨城人力产业园一期出租率100%，园区主题率逾90%。滨城人力产业园洽谈、引进项目70个，已入驻办公机构45家，涵盖海外人员输送、涉外法律服务、海外培训、涉外安保、外包、猎头、咨询、招聘、法务等多种服务业态，总营收34.7亿元。开展海归及高层次人才供需洽谈会等各类活动150余次，接待调研及现场服务120余次，解决滨海新区近3万人次就业问题。滨城人力产业园承办全国第二届人力资源服务创新创业大赛天津决赛、第二届全国博士后创新创业大赛天津选拔赛，办赛期间吸引10余个人力资源服务项目达成落地意愿，经开区20余个项目进入全国博士后

2023年8月8日，第二届博士后创新创业大赛天津赛区决赛开赛

创新创业大赛全国赛决赛。建立滨城产业园共同缔造理事会工作机制，召开5次会议，解决园区企业租金、停车难等128个问题。

（袁威威）

〔人才开发〕 2023年，经开区引进、培养本科及以上学历人才、中级以上技术职称人才、高级以上技能人才、滨海新区区级以上人才称号获得者等中高层次人才4121人，其中通过“海河英才”落户引进人才1697人。实施“于响”片区酒店型公寓落户政策，为53家重点企业108余名突出贡献人才解决在津落户问题。全年为341家企业、3721人次审核人才专项奖励、储备人才补贴，审核金额10.58亿元。

（袁威威）

〔专业技术人才评价〕 2023年，经开区新增石油石化职称专业自主评审权限，获批组建石油石化职称自主评审评委会。通过中高级人才自主职称评审、专业技术职称聘任、专业技术职称社会化评审申报等工作，为4342人评定中高级职称。通过“科创企业评职称”活动开展政策宣讲4场，阳光泵业（天津）有限公司等10家企业55名重点研发人员提前获评中高级技术职称。

（袁威威）

〔产业技能人才培养〕 2023年，经开区人力资源和社会保障局制订《天津经济技术开发区泰达技能大师工作室管理办法（试行）》，5名高技能人才获“全国技术能手”“海河工匠”称号。开展民办职业培训机构质量评估，至2023年末，全区累计设立23家民办职业培训机构。推荐天津中集物流装备有限公司等7家企业入选“海河工匠”企业培训中心，至2023年末，累计入选64家。举办2023年“滨城工匠杯”暨第八届“泰达杯”职业技能竞赛，700名选手参加。推荐一飞智控（天津）科技有限公司无人机集群编队参评第二届全国技能大赛“最受欢迎的十大绝技”评选活动并入选。在第二届全国技能大赛中，经开区代表团获得1金、1银、1铜、1优胜的成绩。

（袁威威）

〔人才服务〕 2023年，经开区承办“智汇滨海人才节·滨城人才贷”发布会，为企业解决融资问题。承办第四届天津市“海河英才”创新创业大赛海外人

才创业赛暨"天开之星"海外人才创业赛，美国、日本、德国等10余个国家117个项目参赛，涉及新能源新材料、生物医药、智能装备等产业。开展系列人才交友活动，全区企事业单位50余名青年人才参加；授予区内百强企业和科技型重点企业中突出贡献的98名人才"泰达人社服务检验官""泰达人社事务执行官"称号。

（袁威威）

〔劳动关系〕 2023年，经开区承接人力资源和社会保障部劳动关系产业化服务、产业链供应链构建和谐劳动关系两个国家级创新试点项目，经开区人力资源和社会保障局预防为主，防治结合，化解各类劳动关系风险隐患。全年新增劳务派遣机构115家，累计344家，开展现场检查135家次；受理劳动仲裁案件1142件，当期结案率100%，调解成功率82.4%。为一汽-大众汽车有限公司天津分公司等重点企业开展劳动关系政策专题培训会9次，服务企业520家，为天津三星电子有限公司等83家企业提供一对一专项指导服务。2023年，2家企业获评全国和谐劳动关系示范企业，24家企业获评天津市劳动关系和谐企业，837家企业获评滨海新区劳动关系和谐企业。

（袁威威）

2023年12月1日，首届京津冀和谐劳动关系高质量发展大会在天津经开区召开

〔流动人员档案服务〕 2023年，经开区人力资源和社会保障局为企业及个人提供人事档案管理服务6.5万余件次，加工经开区流动人员人事档案信息化数据15.4万册，档案利用实现数字化管理；优化数字档案利用流程，"泰省事"线上平台增加2项服务。

（袁威威）

天津泰达综合保税区

〔简况〕 2023年，天津经开区综合保税区管理局（简称综保局）围绕天津泰达综合保税区（简称泰达综保区）"五大中心"（加工制造中心、研发设计中心、物流分拨中心、检测维修中心、销售服务中心）建设，与海关部门协同联动，拓展新业态。其中，艺术品保税展示业务首次落地泰达综保区，进出口货值5000余万元；保税维修业务额1.56亿美元，增长62.5%。服务主导产业进出口业务，全年泰达综保区外贸进出口204亿元，增速27.8%。

（徐晓晨）

〔天津自贸试验区联动创新示范基地〕 2023年5月，泰达综合保税区获批天津自贸试验区联动创新示范基地，9月，天津自贸试验区管委会印发《中国（天津）自由贸易试验区联动创新示范基地（泰达综合保税区）建设实施方案》。泰达综保区联动创新示范基地发挥"经开区+自贸区+综保区"三区联动效应，对标国际经贸规则，推动经开区生物医药、电子信息、装备制造等产业向微笑曲线两端（研发端与销售端）延伸，衍生保税研发、保税维修、再制造等业态，助力企业兼顾国内国际两个市场。与多方建立联动工作机制，与天津市委党校、滨海新区区委党校、天津商业大学、天津高新技术企业协会签订合作协议，引入政策、智库、人才、产业资源。

（徐晓晨）

〔天津协承昌新材料科技有限公司〕 2023年，天津协承昌新材料科技有限公司生产LVT（聚氯乙烯）地板、WPC（木塑复合材料）地板、墙板等绿色环保建材，月产能2.5万平方米，产品出口至美国、加拿大、德国等，并与国内多个连锁酒店、便利店、快餐店建立合作关系。天津协承昌新材料科技有限公司成立于2016年6月6日，占地面积3.5万平方米。

（徐晓晨）

〔沃勒（天津）汽车制造有限公司〕 2023年，沃勒（天津）汽车制造有限公司主营各类皮卡改装及奔驰V级、丰田埃尔法等高端商务车的设计、改装、私人定制业务。沃勒（天津）汽车制造有限公司成立于2021年5月，是工业和信息化部审批核准具备改装资质的汽车制造企业。

（徐晓晨）

沃勒（天津）汽车制造有限公司改装车间 （车廷宇）

海　关

〔简况〕 2023年，塘沽海关负责天津经开区（不含滨海新区中心商务片区）范围内通关、查验、加工贸易、稽核、特殊区域监管等海关类业务。规范属地纳税人行为，梳理属地纳税企业异地申报情况，吸引税款回流；成立业务骨干组，开展税政调研，分析税则规则和相关商品进出口形势；宣讲政策，引导企业享受关税减让红利。

（杨　凯）

〔优化营商环境〕 2023年，塘沽海关制订优化口岸营商环境专项行动方案，促进跨境贸易便利化。开展"保税+ERP"监管改革试点；加强特别贸易关注工作（世界贸易组织技术性贸易壁垒委员会和卫生与植物卫生委员会解决世界贸易组织成员间有关货物贸易的技术性壁垒纠纷的工作机制之一），其关于欧盟《电池与废电池法规》草案议题被海关总署采用，纳入WTO/TBT第91次例会；推动凯莱英医药集团、利安隆新材料有限公司运用企业集团加工贸易监管模式；推广真空包装货物布控查验模式，16家企业完成备案。

（杨　凯）

〔企业服务〕 2023年，塘沽海关开展"不让事情在我这里延误、不让企业在我这里受到冷遇、不让海关的形象在我这里受损"的"三不让"工作，形成问题"收集—解决—反馈"闭环管理。举办惠企政策宣讲会9期，政策推送60余次，涉及企业2600余家次，解决问题86个。

（杨　凯）

〔特殊监管区域（场所）〕 2023年，泰达综合保税区（简称泰达综保区）获批天津自贸试验区联动创新示范基地。保税维修业务由单元维修向多元维修业态拓展，保税展示业务交易首次扩展至艺术品。全年泰达综保区进出口总值204亿元，同比增长27.8%，其中保税物流中心进出口总值100.48亿元，全国排名第4。

（杨　凯）

交通运输

〔简况〕 2023年，天津经开区纳管交通运输企业392家、营运车辆2932部、营运船舶39艘。其中，区内注册道路普货运输企业278家、营运车辆2353部，危货运输企业13家、营运车辆260部；道路客运企业9家、营运车辆319部，运输旅客308.3万人次，周转量2.32亿人公里；水运企业10家、营运船舶35艘，水路货运量1580万吨，水路货运周转量273.6亿吨公里；机动车维修企业82家。全年道路运输（普货）车辆年审2760辆，新增加、迁入523辆；（危货）车辆年审252辆。网约车驾驶员延续注册8876人。

（侯剑虹）

〔企业服务〕 2023年，经开区交通运输管理中心落实《天津市鼓励发展航运业务的实施细则》，到天津

2023年7月，交通运输管理中心工作人员现场调研中海华润公司

中海华润航运有限公司调研，了解企业生产经营状况，对接企业经营发展面临的问题，指导企业申报航运鼓励补贴，协助天津中海华润航运有限公司完成市级评审并获904万元鼓励补贴。到西区、微电子工业区、逸仙园等片区调研，走访客运、普货、危货运力保障企业，梳理相关片区应急运力情况，督促企业提升应急保障能力，建设区域车辆应急保障体系。

（侯剑虹）

〔安全生产〕 2023年，经开区交通运输管理中心开展“防范化解安全生产重大风险专项整治”系列活动。开展重点企业“重大风险隐患”检查23家次，排查220家行业纳管企业重大风险隐患；开展“两客一危”企业双控体系建设和重点隐患风险辨识培训3次，企业主要负责人和安全管理人员62人参加；开展巡查检查工作，检查企业623次，派出执法人员1282人次，发现并整改隐患849项；开展动态监控抽查行动122次，随机抽查企业安全责任落实情况，对195名驾驶员教育培训情况进行抽查；开展南港工业区危化品生产仓储企业及路上停放“两客一危”车辆联合检查，派出检查人员112人次；开展“打非治违”工作33次，重点打击超范围经营等违法行为；开展“两客一危”企业挂靠整治，召开推动会3次，督促21家纳管“两客一危”企业开展自查。

（侯剑虹）

〔政务服务〕 2023年，经开区交通运输管理中心办理车辆道路运输证、从业人员资格证5519件次，制作客运、货运、水运各类报表316套。每月发布证件到期提醒告知书，告知45家企业“道路运输经营许可证”、472部车辆“道路运输证”到期时间，督促企业办理相关手续。全年核验7696部道路危险货物运输车辆“道路运输证”，保障危化品运输车辆资质合法有效。

（侯剑虹）

〔行政执法〕 2023年，经开区交通运输管理中心开展全体执法人员专题法制培训12次，宣讲“行政执法三项制度”、滨海新区法治建设应知应会知识要点、《交通运输行政执法人员应知应会手册》《滨海新区行政执法案件质量评查标准（2023版）》等。邀请专业人士开展培训研讨15次，提高工作人员法治意识、证据意识、程序意识。加强综合法律法规知识和交通运输专业知识的学习，全体执法人员均通过“法治政府建设示范创建公共法律知识考试”。

（侯剑虹）

公寓管理

〔简况〕 2023年，经开区公寓管理中心聚焦重点地区、重点企业，调配公寓2100余套，接待企业电话、到访3000余次。跟踪服务滨海—中关村、南港工业区、“于响”片区企业及一汽-大众汽车有限公司天津分公司、纬湃汽车电子（天津）有限公司、小核酸药物产业园等重点项目，提供各类公寓868余套。全年服务新落地项目35个。

（燕宗龙）

〔企业服务〕 2023年，经开区公寓管理中心走访天津英泰汽车饰件有限公司、一汽丰田汽车有限公司、凯莱英医药集团（天津）股份有限公司等企业，解决企业需求110余个；开展“造物奇市”公寓市集、公积金政策宣传、移动惠民资费套餐、公寓公交专线调研设计等活动，解决公寓居民诉求。

（燕宗龙）

〔安全管理〕 2023年，经开区公寓管理中心到10家公寓开展安全生产巡查，管控公寓安全风险；结合全区“重大事故隐患专项排查整治2023行动总体方案”“大排查大起底大落责大监管”“餐饮企业燃气安全专项整治”，对公寓开展排查整治，全年派出检查人员870余人次。开展消防安全技能提升培训、“全国防灾减灾日”宣传活动、安全生产月及消防宣传月系列活动，建设公寓安全文化。

（李厚全）

〔公共服务〕 2023年，经开区公寓管理中心支持13个公寓居民兴趣社团开展线下线上活动40场，参与人数1.5万人次；组织公寓间文娱活动7场，覆盖东区、西区、南港工业区等区域的公寓，1000余人参加；组织春节返乡慰问、春节留守居民联欢等活动20余场。

（张　璐）

〔综合评审〕 2023年，公寓管理中心发布“天津经济技术开发区职工公寓综合评审标准”，建立职工公寓考核评价机制。从运营管理、安全管理、公共事务3个方面开展职工公寓2023年上半年综合评审工作，提升公寓管理水平。

（刘立明）

科学技术

- 科技管理
- 科技服务
- 科技成果
- 科技平台
- 科技招商
- 知识产权

科技管理

〔简况〕 2023年,经开区R&D经费(研究与试验发展经费)逾92亿元,新增高新技术企业1142家、科技型中小企业1252家、雏鹰企业651家、瞪羚企业60家、科技领军(培育)企业55家,新增市级工程技术中心、工程研究中心、企业技术中心、重点实验室等研发机构16家。

(崔 建)

〔科创区规划〕 2023年,经开区科技创新局(简称科技局)统筹编制滨城科创区规划,考察4所高校、6个平台、20余家重点企业,到北京、上海、重庆学习中央创新区建设经验。滨海新区政府印发滨城科创区规划,建立"一核""一区""一带""N园"发展布局("一核"即滨海—中关村科技园,"一区"即滨海高新区华苑科技园,"一带"即滨城特色科技产业创新示范带,"N园"即一批主题园区)。

(陈志远)

〔科普工作〕 2023年,科技局获评2022年天津市科协工作先进单位。第37届科技周及2023年全国科普日期间,开展科普活动百余场,举办"科技工作者之家"活动10次;推荐一飞智控(天津)科技有限公司、天津海洋中心等9家企业申报市级科普基地,其中6家企业进入复评环节。长城汽车天津哈弗智能制造科普基地获批天津市科普基地,10人获评滨海新区科普大使称号。

(张晓歌)

科技服务

〔科技伴飞计划〕 2023年,经开区启动科技伴飞计划,建立科技局—招商部门—科技服务机构—科技孵化载体联动的科技服务机制。与招商部门联合推动新落户项目同步导入科技要素,指导融汇(天津)智能科技有限公司等125家企业编制科技创新规划;与工业园区和科技载体联合开展科技咨询服务,组织定制化科技政策和资质认定专题培训18场;辅导天津辰欣医疗科技有限公司等74家企业申报高新技术企业资质。

(崔 建)

〔科技人才服务〕 2023年,科技局梳理国内合成生物学领域502家重点企业、149家科研机构、35家小核酸企业人才团队及合成生物学领域112位高层次人才信息,编制《合成生物学产业及高层次人才图谱研究报告》及人才图谱。组织77名高层次科技人才申报国家和天津市启明计划、国家特殊人才支持计划、滨海新区科技创新领军人才等6个项目,4人获评滨海新区科技创新领军人才,20人入选2023年度滨海新区青年创新人才培育人选名单。组织生物医药企业中高端人才专场招聘会活动,千余名高校毕业生和社会化中高端专业人才参加。天津留学人员创业园经开区分园成立,建设天津留学人员创业园生物医药分园。

(张晓歌)

〔科技金融服务〕 2023年,科技局推动经开区800余家企业注册科技创新积分系统,组织银企对接百余次。推动企业上市,天津望圆智能科技股份有限公司、天津飞旋科技股份有限公司、天津建设发展集团股份公司、深之蓝(天津)水下智能科技有限公司等完成券商辅导。至2023年末,全区上市科技企业11家。

(陈志远)

〔服务机制〕 科技局开展2023高质量发展在行动——"益企科创"系列活动6期,到孵化载体、园区宣讲科技政策,对接企业需求,服务企业500余家。举办"科创南港2023"——赋能南港企业发展科技政策分享会,为中沙(天津)石化有限公司等20余家南港重点项目开展现场服务。启动科技伴飞计划,建立科技部门、招商部门、服务机构、孵化载体四方联动的科技服务联络网和科技专员队伍;建立企业调研服务"周计划"制度,调研企业120余次,企业反馈问题解决率100%。

(崔 建)

〔创响中国·天津经开区站系列活动〕 2023年3月7日,2023创响中国·天津经开区站活动启动仪式在天津经开区举行,"创响中国"活动由国家发展改革委和中国科协发起,天津经开区站系列活动由经开区科技局主办。科技局举办泰达中小企业园“共学园”、玑瑛（滨海）产创融合基地“大学生创新创业实训营”等系列活动，各孵化载体开展“双创”活动70余场；推出2023高质量发展在行动——“益企科创”系列活动，搭建企业科技创新要素对接和成果转化服务平台；开展3期“泰创+”活动，组织区内孵化载体代表到北京市、天津高新区、天津保税区标杆孵化器及A类孵化器学习、调研。

科技成果

〔研发机构〕 2023年，航天泰心科技有限公司等7家筹建期天津市重点实验室通过验收，思腾合力（天津）科技有限公司等3家企业获批组建天津市工程研究中心，纬湃汽车电子（天津）有限公司等6家企业通过天津市企业技术中心认定。

（陈志远）

思腾合力（天津）科技有限公司科研人员探讨技术问题

〔孵化载体〕 2023年，科技局开展“区级—市级—国家级”孵化载体梯度培育工作，制订重点孵化载体资质升级任务表，为外泌体专业化众创空间、海慧谷孵化器、启迪福星电子孵化器等载体提供一对一辅导。启动滨海新区区级孵化载体培育入库工作，经载体申报、专家评审，启迪之星电子孵化器、天津科技大学孵化器等4家孵化载体进入滨海新区区级孵化载体培育库。天津滨海中关村雨林空间孵化器入选2022年度国家级科技企业孵化器名单，是滨海—中关村科技园首家国家级孵化器。至2023年末，经开区有国家级孵化载体13家。

（陈志远）

〔科技成果转化〕 2023年，科技局推动国家超级计算天津中心、天津科技大学科技园等制订科技成果产业化方案；协助辽宁石化大学滨海产业研究院对接滨海—中关村科技园、南港工业区企业，推动天津科技大学科技园开展项目引进、孵化服务、银企对接等工作，天津科技大学科技园全年引进孵化项目25个。

（张晓歌）

〔科技成果交易〕 2023年，滨海新区数字化科技成果转化服务与交易平台经开区分站试运行，征集科技成果、需求近千项。围绕“助力技术转移机构发展”“助力技术经理人市场化合作”等主题，举办“科转小桌局”活动11场；举办“科创中国”京津冀科技成果对接会，发布小核酸药物、汽车及零部件、数字人、绿色石化等领域科技成果30余项，发布经开区创新主体技术需求清单60余项。全年技术合同登记备案1514项，合同交易额194亿元。

（张晓歌）

科技平台

〔国家超级计算天津中心〕 2023年，国家超级计算天津中心获科技部批准筹建国家新一代人工智能公共算力开放创新平台，在第六届世界智能大会发布“天河天元大模型”，建立“生成式智能”文本生成、语音生成、视频生成三套技术体系，基于该技术体系，与港口、海关、公安、医疗等领域机构开展模型研发合作。组织国家重点计划项目攻关，“基于自主创新的石油地震勘探行业应用平台”通过专项专家组验收，该成果应用于西部深部油气勘探开发，并获天津市科技进步奖二等奖。组织关键技术攻关，“产学研用协同的高通量材料计算融合服务平台”通过专项专家组验收，在国家材料基因项目基础上建设电池材料、有机光电材料等专题数据库；构建1800余种中药药方、6200余种药材、47000余个组方的中药知识信息库；建立涵盖1.5万种中药组分、5万个潜在靶标的分子活性库，用于多种疾病治疗靶点预测和中药筛选。

（代腾飞）

〔天津市滨海新区信息技术创新中心〕 2023年，天津市滨海新区信息技术创新中心（简称信息创新中心)开展科技部国家重点研发计划“多模态网络与通信”重点专项2项课题研究,TSN项目(Telecommunication Supporting Networks,电信支撑网)通过工业和信息化部验收。研制发布PCIe转RapidIO桥接芯片-PRB0400,获第十八届“中国芯”芯火新锐产品奖;聚焦SDSoW(软件定义晶上系统),联合国家数字交换系统工程技术研究中心(简称NDSC)、井芯微电子技术(天津)有限公司共同举办“晶上联盟SDI论坛”。

信息创新中心是滨海新区政府与NDSC合作共建的公益二类科研事业单位,成立于2015年9月14日,注册资本5000万元,注册地天津经开区,至2023年末,孵化了天津芯海创科技有限公司、井芯微电子技术(天津)有限公司、天津申易科技有限公司等6家公司。

(代腾飞)

2023年5月17日,“晶上联盟SDI论坛——RapidIO自主生态与SDI应用创新大会”在经开区举办

〔天津国际生物医药联合研究院〕 2023年4月,科技部批准南开大学、天津国际生物医药联合研究院(简称津药联合院)和康希诺生物股份公司合作重组药物化学生物学国家重点实验室,成立药物化学生物学全国重点实验室;10月8日,药物化学生物学全国重点实验室启动会暨2023年学术委员会召开,来自中国科学院、南开大学、南京大学、北京大学、天津医科大学、国药集团中国生物技术股份有限公司的8位院士、6位教授、1位研究员被聘为第一届学术委员会委员。2023年5月6日,津药联合院与泰达产业发展集团合作,在原泰达科技创新中心建设京津冀智能医药产业园,整合京津冀人工智能、生物医药等产业资源,建设“孵化+融资”的产业培育体系,打造津药联合院“一院两区”空间布局。

津药联合院由科技部、商务部、原卫生部、原国家食品药品监督管理局与天津市政府合作共建,2009年6月投入使用。至2023年末,承担国家重大科技计划专项、天津市重大科技专项等创新研发项目130余项,孵化了康希诺生物股份公司等科技型企业。

(代腾飞)

2023年10月8日,药物化学生物学全国重点实验室启动

〔天津航天瑞莱科技有限公司〕 天津航天瑞莱科技有限公司是天津市唯一兼具试验检测、试验设备研制、试验系统集成能力的第三方试验检测机构,具备国防科技工业实验室、武器装备科研生产二级保密资格、武器装备科研生产许可、军工安全生产标准化等14项行业资质。至2023年末,服务装备制造业企业1100余家,交付试验项目9586项,其中京津冀地区客户336家、交付试验项目3562项;在华北、东北、西北、华中、华东、西南等地区设有21个实体试验检测基地。

(代腾飞)

〔天津重型装备工程研究有限公司〕 2023年,天津重型装备工程研究有限公司获批国家企业技术中心。至2023年末,天津重型装备工程研究有限公司累计开展各类课题研究300余项,承担“04专项”、核电重大专项、“863”计划、“973”计划、国际合作等项目20余项,输出科技成果100余项。

天津重型装备工程研究有限公司成立于2004年,是国家发展改革委批准立项的“重型技术装备国家工程研究中心”、国家能源局批准立项的“国家能源重大装备材料研发中心”,亦是国务院国有资产监督管理委员会首批建设的“关键基础零部件(大型铸锻件)领域原创技术策源地”重点承建单位。

(代腾飞)

科技招商

〔简况〕 2023年,科技局新引进项目104个,净增营利性服务业收入2.55亿元,固定资产投资4000万元。其中,承接非首都功能疏解项目29个;平台总部等高端服务业和科技项目38个;滨海—中关村科技园入驻项目4个,楼宇去化面积1.69万平方米,新增全口径税收1805万元。负责“于响”片区天齐国际大厦1号楼楼宇包保工作(推动楼宇建设,协助楼宇招商),全年去化面积2.11万平方米,去化率93.29%。

(李彤彤)

〔天河数字经济产业园〕 2023年,科技局制订国家超级计算天津中心改革方案《发挥国家超级计算天津中心产业引育和聚集能效,打造高水平数字产业园招商引资方案》《关于构建一核两翼一园区,推动算力转化生产力高质量发展工作方案》,经滨海新区政府审议印发实施。天河超级计算有限公司、天河数字产业科技有限公司、天河产业基金管理公司注册成立。天河数字经济产业园获天津市发展改革委批复为第二批现代服务业特色数字化集聚区,入选克而瑞(中国)信息技术有限公司评选的京津冀十大主题园区。召开院士领衔算力峰会及产业对接会,举办两次管委会招商人员算力培训会,推动数字产业招商,至2023年末,落地数字产业项目60余个。

(李彤彤)

国家超级计算天津中心

〔天津国通物联技术有限公司〕 2023年1月6日,天津国通物联技术有限公司在滨海—中关村科技园成立,注册资本1000万元,通过大数据可视化、计算机、AV技术、AI动作捕捉与OCR(光学字符识别)图片在线采集、大数据智能分析等技术,开展智慧水务、智慧边检、智慧体育等物联网领域研发及服务。

(李彤彤)

〔新兴际华科技(天津)有限公司〕 2023年,中央管理企业(简称央企)新兴际华集团有限公司在天津经开区投资6.5亿元,成立新兴际华科技(天津)有限公司,以智能人机交互技术构建军需、消防应急救援、民用产品等领域研发生产销售一体化的科研服务体系。

新兴际华集团有限公司是国家应急救援产业技术创新联盟理事长单位,以冶金、轻纺、装备、应急、医药作为五大主产业,有新兴铸管股份有限公司等3家上市公司,员工5万人,资产规模逾千亿元。

(李彤彤)

〔中环院(天津)生态科技有限公司〕 2023年,天津市滨海新区环境创新研究院设立产业化平台公司中环院(天津)生态科技有限公司,承接科技成果转化项目,开展环境咨询、环境治理、节能减排、综合能源管理、环保信息化、环保设备销售等服务。

(李彤彤)

〔天津展湾信息科技有限公司〕 2023年,上海展湾信息科技有限公司在经开区投资成立天津展湾信息科技有限公司,通过人工智能场景化算法,研发边缘计算、数据平台、场景算法三类产品,为制造业企业提供设备联网、数据采集、场景化算法模型分析、质量监控等服务。

(李彤彤)

〔天津市华太天星科技有限公司〕 2023年,无锡麒联信息技术有限公司在经开区投资成立天津市华太天星科技有限公司,研发纯国产GPU服务器、全NVME高端存储、双路NVME SSD主控芯片,基于国产CPU提供企业级安全存储解决方案。无锡麒联信息技术有限公司是首批入围政府信创目录企业之一。

(李彤彤)

〔天津玉川科技发展有限责任公司〕 2023年,天津玉川科技发展有限责任公司在经开区投资5000万元,整合国内产业链资源,开展海洋油气水下生产系统国产替代研发工作。天津玉川科技发展有限责任公司创始人是国家重点引进的海外高层次人才，曾任AKER（安碁科技股份有限公司）副总工程师，负责30个国际大型水下生产系统项目。

（李彤彤）

知识产权

〔知识产权转化运用政策解读会〕 2023年2月7日，经开区知识产权局在知识产权服务业集聚园区召开知识产权转化运用政策解读会，经开区知识产权局、滨海新区知识产权保护中心、相关知识产权运营服务机构及近50家企业参加。经开区知识产权局解读天津市专利转化专项计划项目政策，滨海新区知识产权保护中心解答专利密集型产品认定、专利开放许可等问题，知识产权相关专业运营服务机构解答知识产权导航、贯标、质押融资、专利保险、专利转让等实务问题。

（岳文敏）

〔“知产时间”主题沙龙〕 2023年，经开区知识产权局举办“知产时间”主题沙龙系列活动。3月10日，“知产时间”主题沙龙活动第一期在经开区知识产权服务业集聚园区举办，内容为“研发过程中的知识产权保护和运用以及企业技术保密制度建设”，知识产权认证和商业秘密保护领域专家及一汽丰田汽车有限公司、康希诺生物科技有限公司等10余家企业参加。3月22日，举办“春风暖企 知产助融”活动，邀请有知识产权质押融资需求的企业、知识产权质押融资顾问、银行、财险机构等单位参加，帮助企业提高知识产权的转化率和流动性，缓解企业“融资难、融资贵”难题。6月13日，举办“知识产权创新创造与价值提升”活动，经开区企业、天津科技大学、辽宁石油化工大学等70余人参加，天津市知识产权局动员参会单位参加2023年天津市知识产权创新创业发明与设计大赛。7月11日，举办“PCT实务与申请策略”沙龙活动，凯莱英医药集团、一汽丰田汽车有限公司等10余家企业参加，中国汽车工程学会知识产权分会专家讲解PCT申请流程，为企业申请PCT国际专利提出建议。8月2日，“出海企业知识产权赋能”沙龙活动举办，邀请知识产权行业专家讲解相关知识，提高企业知识产权保护意识和能力，降低企业在跨境贸易中的知识产权风险。

（岳文敏）

〔天津市专利转化专项计划项目〕 2023年，天津市知识产权局、市工业和信息化局共同开展专利转化专项计划项目申报活动。经过申报、专家评审，天津博益气动股份有限公司、天津邦达知识产权代理有限责任公司等21家经开区企业和机构立项。其中，企业立项16家，占天津市总立项33.33%；运营机构立项5家，占天津市总立项10.64%。

（岳文敏）

〔生物医药健康产业知识产权协同运营中心〕 2023年4月24日，由经开区知识产权局牵头，天津国际生物医药联合研究院、滨海新区知识产权保护中心、中知在线科技公司共建的天津经济技术开发区生物医药健康产业知识产权协同运营中心启动，是天津市12条重点产业链中首个由区局牵头、多机构共建的知识产权协同运营中心。该中心通过建设知识产权载体平台、构建生物医药健康知识产权数据库、举行生物医药健康产业知识产权论坛等形式，为生物医药健康企业提供知识产权服务。

（岳文敏）

2023年4月24日，经开区生物医药健康产业知识产权协同运营中心启动

〔知识产权协同保护〕 2023年4月24日，经开区知识产权局与天津仲裁委员会、天津市滨海新区人民法院北塘中关村科技园中心法庭签署战略合作协议，构建经开区知识产权行政、司法、仲裁等机构协同保护机制，建立知识产权全链条保护制度和信息资源共享合作模式。

（岳文敏）

城区建设·生态环境

- 规　划
- 建　设
- 监　管
- 生态环境

规　划

〔规划编制及研究〕 2023年，经开区推动天津市区级国土空间总体规划方案报批工作，针对滨海新区、东丽区、西青区、宁河区国土空间总体规划（2021—2035年），配合各级区政府和天津市规划和自然资源局开展第二轮征求意见工作。分解传导上位规划对经开区各园区规划约束要求，明确规划管控分区、重要交通市政廊道、各类控制线对经开区各园区管控要求，横向发挥经开区国土空间总体规划对专项规划指导约束作用。

（郜舒睿）

〔重点片区规划〕 2023年，经开区完成核心区"向海十公里"总体规划，形成"一河两岸、一带六区"的空间结构，划定10个重点主题街区。完成于家堡片区控规修改必要性论证初稿，提出片区未来发展策略。完成经开区核心区土地招商规划推介，启动潮音寺、亚细亚火油公司仓库等片区规划策划。对接荣程集团CBA场馆、乌戈音乐节、中国传媒集团等运营单位，启动于家堡南半岛空间策划。启动核心区再造行动方案，谋划核心区再造8大工程。

（郜舒睿）

〔重点项目规划调整〕 2023年，经开区修改天保C03、光大银行二期、文化中心"滨电充"换电站、东区生物医药园、唐山三孚新型产业用地、逸仙园三恩、西区民生村220千伏变电站等项目控规（细分导则）并获得滨海新区政府批复。启动泰达医院、西区蓝白领公寓、西区P3实验室及周边地块项目、西区欧能项目、东区吉利甲醇加注站项目、复地高铁东幼儿园等项目控规（细分导则）方案编制并推动报审程序。

（郜舒睿）

〔重点项目审批〕 2023年，完成时尚广场城市更新住宅A地块、中石化聚龙湾居住项目、泰达一中改扩建工程二期、伴景湾保障性租赁住房、中海响螺湾C02复工项目等民用民生项目审批工作。完成津滨01-78产业H地块（一期）等新型产业用地项目、吉利远程新能源商用车天津工厂、南港大乙烯系列项目、渤化"两化"搬迁罐区项目、鸿图汽车智能制造项目、格拉默内饰天津生产基地项目等工业项目审批工作。

（郜舒睿）

〔市政项目审批〕 2023年，经开区完成响螺湾海晶、合景西区小镇、复地高铁东、西区凯莱英瑞博、北区敏实集团周边及专项债涉及项目道路管网规划审批工作。编制主城区公共空间规划设计导则，指导天碱-于响区域公共空间提升改造，创新公共空间管理模式，全面推广经营性用地红线内外一体化规划建设模式。规划和自然资源局（简称规资局）组织编制经开区核心区围挡提升方案并督促整改于家堡汇金中心项目围挡。办理时尚广场城市更新湖区景观、塘沽南站城市更新滨河公园等景观方案规划审批手续。组织开展于家堡东半岛道路交通市政配套、塘沽南站城市更新道路管网等规划研究工作。协调推动津潍高铁和京滨高铁、轨道工程、天津港集疏运通道等重大交通工程经开区范围规划设计，落实管线切改，协调推动跨高铁道路、管线预留工程。

（郜舒睿）

〔规划行政许可和审批〕 2023年，处理建设用地规划管理事项473件，其中核发《用地预审与选址意见书》69件、规划条件56件、《建设工程规划许可证》198件；核发《建设工程规划许可证（市政工程）》80件、《建设用地规划许可证（市政工程）》8件、《选址意见书（市政工程）》62件。

（郜舒睿）

〔土地出让〕 2023年，经开区土地出让成交54宗，面积278.50公顷，成交金额59.15亿元。其中，产业用地成交37宗，面积239.16公顷，成交金额17.38亿元；经营性用地成交5宗，面积9.94公顷，出让金13.94亿元；城市更新地块成交5宗，土地面积16.36公顷，出让金24.16亿元；划拨、续期等其他地块7宗，土地面积13.04公顷，出让金3.67亿元。

（郜舒睿）

〔企业节余工业地盘活〕 2023年，经开区通过对企业节余工业地收储，为吉利汽车醇氢生态总部项目、SEW项目、诺和诺德扩产项目、七一二移动民用通信项目等大项目增资扩产提供新载体。配合天津市规划和自然资源局滨海分局开展关于盘活存量资源的各项工作，贯彻落实天津市规划和自然资源局《关于盘活存量土地房产有关支持政策的通知》，开展经开区企业节余工业地摸排盘活工作。至年末，梳理形成87家企业约472.65公顷节余工业地台账，更新企业最新诉求和发展计划，根据企业实际情况分类制订策略。完成乐富容器地块、阿尔卑斯地块、普乐包装地块等收储盘活工作，完成诺和诺德项目、七一二项目土地资源保障工作，累计盘活企业节余地约19公顷。针对有被收储意愿企业，分批逐个深入协商，制订盘活工作计划，加大盘活力度，促进土地资源高效利用。

（郜舒睿）

〔城市更新〕 2023年，塘沽南站组建"1+5"设计工作团队，由1名历史文化保护及城市设计领域专家牵头组织项目片区总体设计及历史资源利用，协调滨河景观、M0产业、茉莉亚文化艺术主题街区、住宅、市政及道路配套等5大子项目规划设计工作。完成茉莉亚艺术商业街区、滨河景观、M0项目、住宅地块及市政道路方案设计；外挂项目耀华中学滨城学校主体封顶，新河租赁住房主体完工，完成新城家园小区环境综合整治、时尚广场项目会展中心整体拆除，编制景观湖区方案。

（郜舒睿）

建　设

〔区级重点工程项目〕 2023年，"京津冀协同发展天津泰达足球场"提升改造项目，建设规模80919.71平方米，设有3.6万余个观赛席位，场地对标亚洲足球联合会标准建设。6月，该项目通过工程质量竣工验收。项目建设单位为天津泰达集团有限公司，设计单位为天津市建筑设计研究院有限公司，施工单位为中铁十八局集团第五工程有限公司，监理单位为天津泰达建安工程管理咨询有限公司。

"京津冀协同发展天津泰达足球场"提升改造项目

（王　超）

（王　超）

〔基础设施建设〕 2023年8月，高铁东市政配套工程（一期）一标段融圣路、融仁路、金河道通车。项目由经开区管委会基本建设管理办公室立项建设，由泰达城发集团所属泰达建设公司组织建设、中铁十八局五公司负责施工。2023年3月，泰达综合保税区道路大修工程项目开工，涉及第十三大街（泰丰路—海滨高速）、海通街（泰丰路—海滨高速）、泰和路（第十三大街—海通街）及泰安路（第十三大街—海通街），修缮道路约3千米，5月底竣工。开展"缓堵治乱、环境提升"等专项改造，中心商务片区天碱二期建材路工程、北塘徽州道路段工程、经开区东区铂雅轩周边道路及人行道改造工程、天保片区新建道路工程等经开区民心工程10余条城市道路通车，累计新增里程约6千米。

（王　超）

〔绿化提升工程〕 服务外包产业园绿化提升工程项目位于经开区东区数字产业园内，建设内容为服务外包产业园实施景观配套绿化，建设规模约153768平方米，2023年11月通过竣工验收。2023年2月，上海道生态环境治理工程开工，10月30日，一期完工并通过竣工验收。工程总面积约36000平方米。项目范围包括上海道两侧、洞庭路西侧及德明道北侧的公共绿地和道路红线内绿化，建设儿童主题绿地、休闲主题绿地、植物主题绿地。2023年5月，经开区东区生态环境治理工程开工，项目范围包括出口加工区内（海景街、泰和路、海青街、海宁街、环路）、高尚生活组团环岛公园、海通街（黄海路—南海路）、第十一大街（欧文斯科宁建筑材料有限公司门前）、第二大街南侧（远洋琨庭二期北侧）、第二大街南侧（津门大院北侧）、第二大街（融科大厦周边）、蓝领公园、太湖西路西侧（实验学校西校区），总面积约39555平方米，2023年12月竣工。

（王　超）

服务外包产业园绿化提升工程项目 （王 超）

〔水务工程〕 2023年，泰达第一污水处理厂尾水综合利用项目工程开工。项目起于泰达第一污水处理厂，将达标尾水经新建管道调入滨海—中关村湿地净化，再通过北塘明渠河排入孟港排河，最终排入永定新河或经新河东干渠入海河。项目采用“循环系统构建+水质净化+杂草、水草治理及生态环境构建+原位微生物底质与水生态改良、雨水污染防治”多位一体综合治理措施。净水站设计规模2.5万立方米/天，水系处理水量35—100万立方米。东排明渠强排水泵投入使用，在东排明渠终点闸口设置4台强排水泵并配套建设变压器、电力管线等设施，增加12.4立方米/秒排放能力。

（王 超）

〔海绵城市建设〕 2023年，经开区建设和交通局（简称建交局）组织编制经开区海绵城市管理办法及海绵设施运行维护管理办法，明确项目全过程管理要求及运行维护要求。结合滨海新区海绵城市专项规划印发成果，编制三轮实施方案。系统化推动经开区海绵城市全过程管理工作，完成39个项目海绵城市指标意见，包括37个建筑小区项目、1个绿地与广场项目、1个市政设施。开展12次项目方案与施工图设计审查工作，包括2个城市更新片区项目方案。组织开展服务外包产业园项目海绵城市竣工验收。重点对服务外包产业园绿化提升项目（二期）、经开区东区生态环境治理工程（三期）两个项目进行过程监督。2023年，建成区达标面积46.45平方千米，占建成区总面积47.87%。

（王 超）

〔绿色建筑〕 2023年，经开区进一步推动绿色建材使用和高星级绿色建筑建设。年内，新建建筑均为绿色建筑，其中一星级绿色建筑占比80%以上，高星级建设占比30%以上。

（王 超）

〔房地产项目建设〕 2023年，经开区建设住宅项目16个，总用地面积87.44万平方米，总建筑面积260.86万平方米，固定资产投资36.72亿元。其中，2022年结转项目14个，总用地面积81.24万平方米，总建筑面积239.46万平方米。2023年新开工项目2个（新兴达美项目、中石化保租房项目），总用地面积6.18万平方米，总建筑面积21.6平方米。竣工项目7个（观雅轩、观澜轩、天晖苑、悦绣轩、紫宸澜苑、融瀚苑及格调林泉西苑、北苑），总用地面积13.4万平方米，总建筑面积56万平方米。

（王 超）

〔非经营性配套公建移交〕 2023年，经开区累计完成40个房地产项目147处非经营性配套公建移交，总建筑面积5.6万平方米，移交房屋均建档立卡。完成盛和园、昆西园配套公建产权登记工作。

（王 超）

〔特殊建设工程消防设计审查〕 2023年，特殊建设工程消防设计审查工作由经开区建管中心转至经开区建交局。全年审查31个项目，总建筑面积约70万平方米，审查出300余个技术问题，提供55次技术咨询服务。完成泰达一中改扩建二期、华东师范大学附属天津泰达学校、泰达国际心血管病医院等民生项目审查，敏实集团、药明康德新药开发股份有限公司、凯莱英医药集团、SEW传动设备（天津）有限公司、三星电子等重点产业项目审查，新兴达美、天翔公寓、伴景湾保租房等居住类项目审查，万达巷淘乐淘、盛豪文化等游乐娱乐项目审查等工作。开展验收项目复核，全年复核查验27个项目。

（王 超）

〔市政公共设施维护〕 2023年，经开区在管城市道路529条，约705.6千米。其中快速路1条，5.4千米；主干路71条，226千米；次干路135条，208千米；支路322条，263千米。在管桥梁设施93座，总长40.2千米。2023年，维修车行道18.24万平方米，人行道1.12万平方米，侧石1.3万延米，施划道路标线6.18万平方米，维修更换景观桥栏杆4300米，定期检测区域桥梁。

（王　超）

〔交通环境优化〕　2023年，经开区将泰达大街跨京山铁路桥自西向东车道分离并加装电子警察设施。改善西区长城汽车公司、康熙诺生物股份有限公司、凯莱英集团等重点企业周边道路交通环境，联合交管部门对南大街与中心庄路交口进行渠化改造，缓解早晚高峰车辆拥堵。开展核心区路灯提升改造工程，将30余条道路445基路灯更换为LED光源。

（王　超）

〔节水与水土保持〕　2023年，经开区开展用水计划管理，年初向经开区东区及西区1735户发出用水计划，计划水量5811.165万吨，年末完成东、西区40余户各类计划用水审批。创建18家节水型企业、4个1331户节水型小区。全年纳管162个生产建设单位水土保持项目，完成26个水土保持项目验收报备，全面排查经开区18个建设项目，督促符合条件的生产建设项目编报水土保持方案报告书或报告表22个并履行相关水土保持措施。

（王　超）

〔燃气安全专项整治〕　2023年，经开区以用户端燃气安全隐患整改和高频次管线巡护为抓手开展燃气安全专项整治工作。实现100%入户检查居民燃气安全，户内燃气改造完成率99.34%。推动非居民用户安装燃气报警器，实现覆盖率100%。每日巡查管线，推动老旧燃气管线改造工作。强化液化石油气安全工作，全覆盖检查经开区内液化石油气用户。

（王　超）

〔供热管理体系调整〕　2023年，经开区调整工业蒸汽价格，由每蒸吨204元调整至292元，进一步完善供热管理机制，将经开区居民供热价格体系、供热期等调整为与天津市整体保持一致。东区投用两对地热井，启动建设北疆热电厂热水引入工程，开展西区生物质锅炉启动前期研究工作。

（王　超）

〔能源配套服务〕　2023年，经开区在招商项目选址、项目落地、项目建设、后期服务等不同阶段跟踪项目能源需求、供应方案及建设进度，督促各专业公司按用户要求完成公用事业配套。为诺和诺德制药有限公司、诺维信生物医药有限公司、吉利商用车集团有限公司、洁美电子科技股份有限公司、康希诺生物股份有限公司、凯莱英集团、长城汽车公司、金耀生物科技有限公司等项目做好公用事业咨询及配套方案。协助PPG涂料、斯芬克斯公司、GMP项目、飞旋科技股份有限公司、敏实集团、鸿图科技股份有限公司、卡博特公司等项目接入供热供气管线等。引入泰达清洁能源作为现代产业区第二路气源，协调天碱、高铁东、于家堡东半岛等区域完成能源配套接入。

（王　超）

〔绿化养护管理〕　2023年，经开区组织开展修剪草坪绿植、清理杂草萌蘖、浇灌绿地、搭建防寒（盐）设施、防治病虫害等绿化养护作业。对标创建国家卫生城市复审工作有关标准，开展绿地环境综合整治，提升逸仙园重点道路环境，维修于响片区公园喷泉等。全年修剪草坪绿植逾千万平方米，补植25.2万平方米地被、草坪、绿篱，补植补栽860株行道树乔木。

（王　超）

〔行业安全监管〕　2023年，经开区建交局印发《建设和交通局关于2023年安全生产及巡查工作计划的通知》《建交局关于开展重大事故隐患排查整治2023专项行动的通知》，对各公用事业企业开展安全生产巡查。协同燃气公司检查场馆、宾馆（酒店）燃气和燃气设施设备事故隐患，开展“预防硫化氢等气体中毒窒息事故专项整治”专项行动。编制《应对极端强降雨地道（隧道）和下沉路应急机制演练方案》《交通安全事故应急演练方案》。

（王　超）

〔房屋安全管理〕　2023年，经开区建交局处理125件拆改房屋结构等涉及房屋安全投诉案件。联合泰达街开展城市危旧房摸底调查工作，摸排54户危旧房。完成2023年度房地产市场、住房租赁市场检查工作。

（王　超）

〔物业行业管理〕　2023年，经开区建交局审核38项应急解危资金使用申请，总计2634.52万元；审核20

件应急资金验收报告，涉及金额603.65万元；审核7项专项维修资金使用申请，总计481.41万元；完成12项专项维修资金完工审核，涉及金额819.63万元；审批4件公房维修资金，涉及金额45.29万元。办理12个物业服务合同备案，受理1051件物业行业领域信访、投诉案件。推动物业服务企业、泰达街道及社区上报年度物业企业信用评价，组织完成物业服务企业专项治理工作。

（王　超）

〔住房保障工作〕　2023年，完成一汽大众职工之家、北塘湾嘉庭公寓、泰华公寓、伴景湾新建保租房等保障性租赁住房认定工作，累计认定2961套。审核64件限价商品房购房资格，完成88个补充公积金调整审批备案，18个住房租赁补贴类备案、2个政策租金房屋租赁经营单位备案；出具14个未享受住房补贴政策证明。

（王　超）

监　管

〔简况〕　2023年，经开区建设工程管理中心（简称建管中心）创新监管模式，完善监管机制，强化监督执法，明确责任落实，确保监管工程质量合格、安全生产受控、建筑市场持续向好，"京津冀协同泰达足球场"提升改造、PPG全球涂料创新中心、大众汽车自动变速器新样机研发及测试中心、吉利远程新能源商用车天津工厂等项目如期竣工，耀华中学滨城学校、滨海新区中医医院二期工程、滨海—中关村科技创新产业园一期工程、泰达时尚广场片区城市更新等项目稳步推进。至年末，建管中心纳管建设项目207项，建筑面积940.1万平方米，投资额481.8亿元。在施项目93项，建筑面积337.4万平方米，投资额145.7亿元。新开工建设项目123项，建筑面积225.7万平方米，投资额72.6亿元。竣工建设项目108项，建筑面积166.3万平方米，投资额65.7亿元。

（张婷婷）

〔工程单体验收备案模式〕　2023年2月，经开区建管中心联合政务服务办公室（行政审批局）完成天津宁熙房地产开发有限公司观涛苑三期公寓单体竣工验收备案，经开区首次完成工程单体竣工验收备案，实践"完工一幢、验收一幢"工作模式。10月，建管中心牵头制订《关于进一步明确房屋建筑工程分单体竣工验收的指导意见》并以经开区工程建设项目审批改革领导小组办公室名义印发。

（张婷婷）

〔建设项目消防验收〕　2023年，完成消防验收183项，其中必验类26项，备案抽查类157项。解决早期落户经开区一汽大众华北基地的15家汽车零部件生产和物流企业消防验收手续不完善问题。7月，建管中心编制印发《建设工程消防验收办理指南》，进一步明确建设工程消防验收及备案事项申报流程和要件。

（张婷婷）

〔建设工程资源交易中心〕　2023年，经开区启动建设"建设工程资源交易中心"项目，该项目位于MSD-B1区，7月投入使用。集中经开区建设工程资源交易，便于区内建设项目参建企业办理日常业务。升级交易中心硬件设施，增强连续开评标能力，实现招投标活动闭环监督，保证项目评标保密性、安全性、独立性。

（张婷婷）

2023年7月1日，建管中心位于MSD-B1区的新开评标场所（建设工程资源交易中心）投入使用。　（张婷婷）

〔建设项目争优创优〕　2023年7月，滨海新区住建委通报2022年度工程创优获奖情况。天津茱莉亚学院项目获2022年度鲁班奖（国家优质工程）；天保金海岸03-22地块住宅项目2号楼、7号楼获"海河杯"奖项；天津科技大学人工智能实践基地项目等3

个项目获“优质结构评价”奖项；天晖苑项目获市级文明示范工地奖项；康希诺生物股份公司冷藏配送中心等9个项目获市级文明工地奖项。

（张婷婷）

〔建设项目管理〕 2023年，经开区建管中心检查建设项目1757项次，安排检查人员4335人次，出具整改单494份，发出停工单57份，排查出各类隐患1734项，全部整改完毕。5月，编制《房屋市政工程高处坠落事故预防指南》并发放至经开区各建设项目。

（张婷婷）

〔建设工程专项检查〕 2023年，经开区建管中心组织开展3次建设工程质量、安全、文明施工、建筑市场专项检查暨“双随机、一公开”检查，包括春季开复工、雨季施工、冬季施工专项检查，重点开展经开区房屋市政工程“重大事故隐患排查整治2023”专项行动和房屋市政工程“大排查大起底大落责大监管”专项行动。开展经开区建筑市场专项检查、建筑工地消防安全专项检查，按季度开展安全生产专项巡查。对46起建设工程质量、安全、文明施工、市场行为等违法违规行为实施行政处罚，处罚金额166万元。

（张婷婷）

〔建设工程观摩交流活动〕 新建耀华中学滨城学校项目二期、泰达国际心血管病医院扩建项目、滨海新区中医医院二期项目被评为“2023年度天津市观摩工地”。2023年5月、9月，建管中心在3个获奖

2023年5月，经开区建管中心在新建耀华中学滨城学校二期项目和泰达国际心血管病医院新建停车楼工程、介入中心改扩建工程、医技楼改扩建工程组织开展建设工程质量安全文明施工观摩交流活动。（张婷婷）

工地分别组织开展建设项目观摩学习交流活动。

（张婷婷）

〔建筑工地应急救援演练〕 2023年6月26日，经开区建管中心在滨海—中关村科技创新产业园一期工程新型产业用地建设项目现场组织开展建筑工地防汛、高处坠落事故综合应急救援演练。经开区应急局、建交局、建管中心有关负责人及区内重点项目建设、监理、施工单位主要负责人等120余人参加。

（张婷婷）

2023年6月26日，经开区建管中心在滨海—中关村科技创新产业园一期工程新型产业用地建设项目现场组织开展建筑工地防汛、高处坠落事故综合应急救援演练活动。（张婷婷）

〔防坍塌事故警示教育专题会〕 2023年7月27日，经开区建管中心组织召开天津经开区建设项目防坍塌事故警示教育专题会。区内45个主要在建项目施工和监理单位负责人、建管中心有关负责人等103人参加。观看建设工程坍塌事故警示教育片，

2023年7月27日，经开区建管中心在经开区投资服务中心组织召开天津经开区建设项目防坍塌事故警示教育专题会。（张婷婷）

通报全年滨海新区建设施工领域安全生产事故情况和“7·23”齐齐哈尔第三十四中学体育馆屋顶坍塌事故情况。3家建筑业企业介绍建筑工地防坍塌等安全生产工作的经验做法。

（张婷婷）

〔地下管线保护“八个一律”措施〕 2023年8月1日，经开区建管中心向建设单位发放强化地下管线保护“八个一律”工作措施宣传单，督促参建单位按要求履职尽责，加强地下管线保护。12月4日，建管中心组织召开防范施工外力破坏燃气等地下管线排查整治工作培训会，通报外力破坏燃气等地下管线典型事故案例，72家区内注册建筑施工企业负责人及建交局、建管中心有关负责人等80余人参加。观看建设项目安全员履职教育视频。（“八个一律”指凡是破土动工的，未对建筑工程周边环境进行现状调查，未进行安全教育和安全技术交底的，未进行地下管线勘察探挖的一律不许施工；凡是未制订地下管线专项保护方案，未制作地下管线分布图的，不具备安全施工条件的一律不得施工；凡是排查发现存在安全隐患的一律停工整改；未健全应急预案、未配备应急抢险队伍和设备的，一律不得施工；凡是安全隐患整改不到位的、屡教屡犯的一律依法清出天津市场；凡是破坏油气管线的，一律依法追究刑事责任；凡是发生事故的，一律追究建设、施工、监理单位的责任；凡是发生一般事故影响较大的，一律提级办理，严肃追责问责。）

（张婷婷）

〔建设工程招投标管理〕 2023年，公开招标126项，中标金额49.36亿元；年度直接备案291项，备案金额40.14亿元；年度直接发包270项，发包金额58.9亿元。

（张婷婷）

〔“评定分离”招标政策〕 2023年，经开区建管中心邀请招标人和招标代理机构参加座谈会，征求各方意见和建议，进一步扩大“评定分离”招标应用范围。全年完成评定分离招标84项，金额45.15亿元。

（张婷婷）

〔外来务工人员薪资管理〕 2023年，经开区建管中心检查经开区项目线上实名制系统使用情况，定期检查外来务工人员考勤率、项目经理到岗率、项目总监到岗率，督促整改不达标项目。处理181起农民工讨薪案件，发放工资总额598.64万元。12月13日，建管中心联合人社局组织召开经开区2023年“安薪实名制、拖欠零容忍”主题宣讲会，39个在建项目负责人、劳资专管员及人社局、建管中心有关负责人等80余人参加。

（张婷婷）

2023年12月13日，经开区建管中心联合人社局在投资服务中心组织召开经开区2023年“安薪实名制、拖欠零容忍”主题宣讲会。（张婷婷）

〔建设工程投诉和信访〕 2023年，经开区建管中心受理建设工程相关投诉与信访案件481件，处理479件，处理完成率99.6%。

（张婷婷）

生态环境

〔空气环境治理〕 2023年，经开区空气质量综合指数4.81，达标天数比例67.4%，$PM_{2.5}$浓度40微克/立方米，PM_{10}浓度74微克/立方米。第四大街国控点$PM_{2.5}$平均浓度39微克/立方米，达标天数206天。

（魏　芃）

〔水环境治理〕 永定新河塘汉公路桥、蓟运河防潮闸断面平均水质达到Ⅳ类标准，东排明渠、海河大闸断面平均水质达到Ⅴ类标准。入海排口北排明渠、LNG冷排口水质达标。

（魏　芃）

〔污染源排放监测〕 2023年，经开区完善现代化环境监测体系。开展南港工业区挥发性有机物排放组分调查，南港工业区智慧环保提升工程纳入中央大气专项资金项目库。完成388家(点位)次、2115项次各类监测，出具2000余份监测报告报表。完成92家次重点排污单位238台套在线设备比对。日常监管和排查118家水污染源企业600余台水质监测设备和75家废气污染源企业300余台废气在线监测设备污染因子，检查评估12家排污单位自行监测现场。

（魏 芃）

〔建设项目管理及重大项目服务〕 2023年，出具审批报告书(表)119件，发放142家排污许可证。批复涉及65件将固体废物移出天津市项目、5件海洋工程建设项目。核查75家企业排污许可证发证质量，发现25个问题并整改。启动南港工业区规划修编环境影响评价工作，完成环境影响评价机构年度考核。

（魏 芃）

〔环境违法行为查处〕 2023年，经开区借助便携式FID、走航监测、无人机等科技手段，借助工况用电监控系统平台在线巡查242家企业2386条产线。全年安排执法人员2242人次，检查企业1020家次，对28件环境违法行为行政处罚，累计罚款49.5万元。

（魏 芃）

〔蓝天保卫战〕 2023年，组织编制456家工业源减排清单，对197家企业开展绩效评级，完善94家锅炉企业清单，对30家企业完成LDAR检测。排查10家发散异味企业，为39家企业集中更换活性炭；开展26次走航监测，路检柴油车1128辆次，对31台次非道路移动机械开展尾气检测；“百日攻坚”期间督办整改283件扬尘等突出问题。

（魏 芃）

〔碧水保卫战〕 2023年，经开区完成西区雨污水合建泵站增加调水设施、南部片区水系连通等工程建设，解决轻纺工业园污水处理厂进水浓度偏低问题。实施南港工业区红旗路3公顷观海景观建设、南港工业园区生态修复系统观测站和管理信息系统建设及跟踪监测项目。增殖放流海洋生物1000余万只，排查黑臭水体，汛期前清掏雨水管网(井)。

（魏 芃）

〔净土保卫战〕 2023年，经开区推进创建“无废企业”，完成“无废企业”试点认定工作。更新23家土壤重点监管企业和2家地下水重点监管企业名录。完成680家企业1500余次危险废物管理计划审核，生成46000余份电子联单。

（魏 芃）

〔绿色园区建设〕 2023年，经开区加速转型绿色低碳园区，入选联合国首批全球可持续发展目标示范区50强。推动南港工业区完成绿色石化产业园区认定，生态环境局与发展改革局合作完成《天津经开区探索产业园区绿色低碳发展路径》，入选天津市“双碳”领域典型案例。

（魏 芃）

南港工业区

- 概　况
- 规划编制
- 基础设施建设
- 港口建设
- 园区管理
- 驻区单位

概　况

〔招商引资〕 2023年，南港工业区现地投产运营企业49家，产值894.4亿元。26个项目签约落户，总投资547亿元；8个项目投产，总投资近80亿元；13个项目开工建设，总投资近54亿元。13个项目获得土地使用权，土地出让面积182万平方米；完成土地款16.3亿元（含海域使用金）。中区有18家规上企业，实现产值55.4亿元，税收0.9亿元。天津龙鼎熙石化新能源科技有限公司、天津市正标津达线缆有限公司等4家企业入选2023年度天津市“专精特新”中小企业名单。和能人居科技（天津）集团有限公司入选2023年第四批制造企业单项冠军企业名单并被评为2023年国家级绿色工厂；奥其液压技术（天津）有限公司、大美泰康生态科技有限公司被评为天津市2023年科技型中小企业；紫垣纸塑制品有限公司、丰江科技有限公司被评为2023年度第二批天津市创新型中小企业；金桥焊材科技有限公司、丰江科技有限公司被评为2023年雏鹰企业；港丰建筑安装工程有限公司被评为2023年瞪羚企业；铭鑫汽车技术有限公司、源著新材料科技有限公司等11家企业入选2023年度天津市第二批高新技术企业名单。

（曹季莲　王美一）

〔安全保障〕 2023年，南港工业区整体形势安全稳定，扎实推进安全生产、应急管理、综合治理、环境治理等工作。通过省级化工园区认定、化工园区安全等级复核（D类——较低安全风险）。入列全国智慧化工园区和绿色化工园区，获评2023年最具发展潜力化工园区、市级化工新材料产业主题园区和天津市绿色化工新材料市级战略性新兴产业集群。开展“安全整治提升年”活动，打造企业安全文化，提升中区企业安全管理水平。安排部署信访维稳工作，保证社会和谐稳定。巡查园区环卫扫保、园林绿化、照明设施、治安和交通、停工项目安全、市政设施等。

（曹季莲　王美一）

规划编制

〔总体规划〕 2023年，南港工业区启动编制《天津南港工业区总体发展规划（2024—2035年）》。规划结合国内外石化化工产业发展趋势和自身资源承载能力，确定工业区产业发展定位和发展目标，明确产业发展定位和产业发展方案；根据产业定位和发展目标，选定发展方案并提出需要的公辅设施等配套条件；依据相关要求和结合工业区周边环境特点，按照产业发展方案，优化调整工业区功能区划和功能布局；根据产业生产需要，结合工业区现有设施条件，优化完善工业区给排水、供电、供热、供气、工业气体以及公共管廊等建设方案；根据产业发展方案安全环保特点，优化完善工业区环境保护和安全生产等相关设施。

（杜楠楠）

〔建设规划〕 建筑类项目规划服务情况　组织中国石化天津分公司南港乙烯外购轻烃原料配套项目、得川石化有限公司石脑油综合利用项目等16个项目以专题审查会、辅导宣贯会等多种形式解决90余项企业相关问题。完成中化学新材料创新平台基地项目、新材料北方智能制造基地项目（一期）、桐砚高性能聚合物材料项目、年产10万吨包裹型无磷过碳酸钠等日化新材料项目等23个项目规划条件服务；完成武警海警总队天津支队滨海新区大队南港工作站营区基地化标准化建设工程项目等5个项目选址意见书服务；完成石油化工科学研究院天津科学试验基地项目、天津普利特新材料有限公司新材料北方智能制造基地（一期）项目、天津天诚新材料有限公司丙烯腈副产氢氰酸制3万吨/年甘氨酸项目、天津南港LNG冷能综合利用示范项目等76个项目规划工规服务；完成北京燃气天津南港LNG应急储备项目（接收站工程）、中沙（天津）石化有限公司26万吨/年聚碳酸酯项目、天津新宙邦半导体化学品及锂电池材料项目、嘉实多北极星润滑油项目等24个项目规划验收服务。

市政类项目规划服务情况　解决南港乙烯项目雨水外排工程、南港海淡水供水管网工程、南港六街（南堤路—创新路）公共管廊工程、南港泰福道供水管线工程、南港四街公共管廊北延及配套管线工程等项目规划问题。完成专项债项目规划手续办理工作，对具备审查条件的南港南堤路（安盛路—安邦路）工程、创业路海港路港北路管廊扩建工程、人工湿地至污水处理厂管线二期工程、电力排管二期工程等15个政府债项目出具规划方案审核意见。完成大港500千伏变电站220千伏送出工程、大港500千伏输变电工程、南港东220千伏输变电工程、北京燃气天津南港LNG应急储备项目接收站厂前道路工程、天津南港120万吨/年乙烯及下游高端新材料产业集群项目220千伏电源线工程选址意见书服务。完成蒙西煤制天然气外输管道项目(TJ4#阀室)建设用地规划许可服务。为天津南港港铁物流有限责任公司专用线项目、天津泰港运营管理有限公司红旗路—南港二十四街及南港六街管廊项目、先达公司天津南港工业区海水淡化及综合利用一体化(30万吨示范)配套海上取水项目、天津市长芦盐业工程技术中心10千伏电源线工程等8项工程提供办理建设工程规划许可证服务,为天津南港港铁物流有限责任公司专用线项目、南港BP项目配套管廊工程、南港封闭建设硬质物理隔离工程、富港路一期(西中环延长线—华港东街)通信管道工程等26项目提供办理工程规划验收合格证服务。

(李铁义)

〔专项规划〕 2023年,形成南港工业区管线综合专项规划中期成果,对南港工业区各专业管线进行管线综合管理,为规划审批管线、管廊,建设管线等提供依据。局部调整雨水专项、污水专项、公共管廊专项、燃气专项、供水专项、供热专项、电力专项、通信专项及其他工业区相关专项规划。完成中区通信专项规划编制,完成中区管线综合专项修编(津维高铁影响区域)。

(李铁义)

基础设施建设

〔重点公用工程项目〕 *石化管廊项目* 2023年9月23日竣工,承载管道用于输送石油化工原料和产品,是天津市为服务中石化南港乙烯项目投产设立的重点配套项目。

海淡水供水管网工程 2023年9月19日完工,全长约7千米,是先达海水淡化及综合利用一体化(30万吨示范)项目重点配套项目。为先达海水淡化及综合利用一体化(30万吨示范)项目调试及投产运营提供必要条件,满足天津华电南港热电工程项目、中石化催化剂项目海淡水需求。

乙烯配套工业水管网工程 2023年9月12日完工,由泰达南港集团投资建设,全长约6.92千米,是先达海水淡化及综合利用一体化(30万吨示范)项目重点配套项目,为先达海水淡化及综合利用一体化(30万吨示范)项目调试以及投产运营提供必要条件,满足中石化南港乙烯项目海淡水需求。

南港工业区乙烯配套工业水管网工程 (宋绍禹)

供水应急管线工程 2023年11月20日完工,由泰达南港集团投资建设,采用DN1000涂塑钢管,起于南港水务公司出水口,沿创业三路向东敷设,穿越海滨四道及海滨高速,沿南港铁路向南敷设至创业路,沿创业路北侧向东敷设,穿越铁路框构及新石化大道,沿新石化大道东侧敷设至乙烯项目,全长约1.8千米,是中石化南港乙烯项目重点应急供水配套项目。

电力排管工程 2023年3月,一期工程开工,11月完工。由泰达南港集团投资建设,建设内容主要包括新建21孔、15孔、12孔、9孔电力排管约14千米,电力工井约140座。满足中石化催化剂项目、先达海水淡化项目取水泵站、物泽物流2—6类危险品集装箱堆场等企业用电需求。10月,二期工程开工,建设内容主要包括新建21孔、15孔、12孔、9孔点电力排管、工井等电力设施,电力排管全长约15千米。满足河北天诚等企业用电需求。

大港500千伏变电站工程 2023年12月13日投用,主要包含南港工业区新设500千伏变电站一座,新增变电容量2*1200兆伏安,新设53千米双回500千伏线路,新建铁塔124基。线路工程起于1000千伏天津南特高压变电站,止于500千伏大港变电站。优化天津东南部地区电网网架结构,增强天津电网的受电能力、输送能力和供电可靠性。

南港东220千伏变电站 线路部分包括大港—南港东Ⅰ、Ⅱ回220千伏线路工程、腾飞路—南港东Ⅰ、Ⅱ回220千伏线路工程和110千伏飞气线迁改

工程三个单体工程，新建11.1千米220千伏线路、42基铁塔。

南港东220千伏变电站 （尹　铁）

先达海水淡化及综合利用一体化（30万吨示范）项目　由先达（天津）海水资源开发有限公司投资建设，2023年末，厂区土建施工基本完工，具备通水条件。该项目是南港工业区工业水主水源，向区内企业提供工业水。产水总规模为30万吨/日，第一阶段建设规模为15万吨/日，单机规模3万吨/日。

2023年12月，先达海水淡化及综合利用一体化（30万吨示范）项目反渗透装置安装调试 （尹　铁）

浓海水排放示范工程　由泰达南港集团投资建设，是先达海水淡化及综合利用一体化（30万吨示范）项目重点配套项目，建设内容主要包括建1根D1420涂塑钢管，由先达项目至西港池，约2.3千米，排水规模17万吨/天。2023年8月完工。

华电南港热电项目　由华电国际天津开发区分公司投资建设，一期工程建设3×1172吨/小时超临界循环流化床锅炉和3×170兆瓦双抽背压机组，配套建设3×130吨/小时燃气锅炉，同步建设脱硫、脱硝设施，总建设规模105万千瓦。2023年5月27日，#3机组对外供热；6月24日，完成96小时满负荷试运行后正式投产运营。一期3台超临界双抽再热背压机组建设全面竣工。作为园区基础配套工程和唯一热源点，为园区内化工企业提供生产所需蒸汽，最大供汽能力2000吨/小时。

（尹轶　李刚　宋绍禹　段炜）

2023年6月，华电南港热电项目运营 （尹　铁）

〔市政基础配套工程〕　**瀛海东路（红旗路—LNG）道路工程**　新建道路总长4060米，红线宽度30米，2023年1月开工，12月实现双幅通车。

南港工业区道路配套照明、交通设施项目（一期）　新建海防路、华昌街、红旗路、创新路、南堤路、港通路、裕港路、富港路、西中环延长线路灯照明1153基，2023年1月开工、12月实现送电。

南港工业区道路配套照明、交通设施项目（一期）华昌街夜景 （何欣然）

南港工业区岸线生态修复工程—创业路（海防路—仓盛街）生态绿道工程　由泰达南港集团投资建设，实施面积约3.1万平方米。主要建设内容包括土方工程、种植工程、给水工程、排盐工程等。土方及种植工程开挖土方2.28万立方米，回填种植土2.1万立方米。给水工程敷设2560米De25-90PE管、288米De63-90给水拉管。安装4座阀门井、61座浇灌井箱等。排盐工程敷设5531米DN60-110双螺纹渗管、646米DN110-300PE管。安装26座排盐检查井、2座溢流井、75座检查井等，2023年6月30日竣工。

新石化大道（创业路—红旗路立交）生态修复工程　2023年5月25日开工，由泰达南港集团投资建设，实施面积6.08万平方米，其中市政绿地面积约5.42万平方米，硬质铺装面积约6600平方米。主要建设内容包括土方工程、绿化种植、绿化给水、绿化排盐及绿化养护及铺装工程等。土方及种植工程开挖土方1.7万立方米，回填种植土4.61万立方米。给水工程敷设1260米De90PE给水管、4200米De63PE给水管、54米De90PE拉管、86米De63PE拉管、58.5米De25PE给水管、140.4米DN50钢管。安装2座泄水阀门井、117座浇灌井。排盐工程敷设9518米De63PVC渗管、724米DN300钢筋混凝土管。安装24座排盐检查井（Φ1000）、15座排盐检查井（Φ1200）等。

南港工业区十四街（红旗路—北边界）城市道路工程　2023年7月15日开工，年末具备通车条件。由泰达南港集团投资建设，南起红旗路，北至陆域北边界，西至东港北六路400米，道路全长约5.9千米。道路等级为城市主干路，横断面宽度40米，双向四车道，设计通行速度为50千米/小时。道路附属配套工程有雨排工程、电力排管工程、通信工程、照明工程、交通工程、绿化工程、桥梁工程等。本项目为天津港新建2—6类危险化学品货物堆场项目重点配套工程。

创业路（海滨大道—海港路）引道工程　由泰达南港集团投资建设，起点位于海滨大道东侧，下穿新建南港铁路，终点接新石化大道，全长596.8米，2023年6月竣工。

（何欣然　张桓　马宇晨　陈宣达）

港口建设

〔港口管理〕　结合南港工业区能源保供和化工新材料产业发展的需要，取得天津港大港港区10万吨级航道提升工程施工图设计批复，具备开工条件；推动该工程纳入交通运输部“十四五”水运重点项目库。编制南港工业区大港港区总体规划修编项目成果，科学合理指导港区项目建设。

（胡玉娟）

〔港区建设〕　2023年2月，十万吨级航道疏浚工程开工，12月完工。由泰达南港集团投资建设，主要疏浚范围包括10万吨级航道（5+497～34+000段）、支航道、工作船及通用泊位港池、西港池等区域。疏浚总量约284.44万立方米，其中10万吨级航道部分疏浚量约261.08万立方米，港池及支航道部分疏浚量约23.36万立方米。

（陈宣达　商红军）

十万吨级航道疏浚工程　（陈宣达）

〔海域管理〕　按照《自然资源部关于进一步做好用地用海要素保障的通知》和《市规划资源局关于贯彻落实国家要求进一步做好我市用地用海要素保障的通知》要求，梳理项目海域审批流程，简化前期手续，节约海域手续办理时间，更新《天津南港工业区项目用海服务手册》。2023年，南港工业区办理天津渤化试剂产业建设项目、中化学新材料创新平台基地项目等27个项目海域使用证，涉海面积约190公顷。按照《天津南港工业区围填海项目生态保护修复方案》（调整稿），开展2023年生态修复工作。建设完成南港工业区红旗路南侧景观廊道，6月、10月开展两次增殖放流活动。

（胡玉娟）

园区管理

〔绿色化工园区建设〕　2023年，南港工业区入选全国《绿色化工园区名录》。园区以“碳达峰碳中和”为目标，提高能源、港口、交通等各项配套设施绿色化水平。基于石化产业特点，打造以能源综合利用为基础的低碳园区，建设智能化碳管理平台。依托区内中石化集团和北京燃气集团LNG资源和化工产业优势，规划集冷热互供、海水淡化、冷能发电、工业气体等于一体的全产业链条服务供应方案，实现冷能梯级开发、要素循环利用，强化服务供应保障，助力用能成本降低，打造冷能梯级利用示范园区。创新开展环境保护第三方核查，建成环境监控预警系统，实时监测园区环境质量。南港工业区清洁生产审核创新试点项目获得生态环境部批复。

（杜楠楠）

〔智慧化工园区建设〕 2023年，南港工业区按照“分步实施、急用先行”的原则，陆续对安全生产、封闭、环保、能源等行业进行信息化系统建设，初步实现园区安全生产防控、园区封闭化管控、环境监测监控、能源监测、管廊监控等目标。依据《化工园区安全风险智能化管控平台建设指南（试行）》《智慧化工园区建设指南》，园区通过建设“南港智慧大应急项目”，构建“1+1+N”智慧园区管理平台架构体系（即1个管理者驾驶舱显示子系统、1套数字应用底座、N个业务应用）涵盖智慧安全、智慧环保、智慧应急、封闭管理、运输管理、能源管理等多个应用业务版块，打造3个监测预警中心和1套园区地理信息数据中心。8月，南港工业区入选中国石油和化学工业联合会发布的第八批“智慧化工园区”名单。

（赵　磊）

〔安全应急管理〕 2023年，南港工业区组织开展重点县核查、全链条安全检查、重大事故隐患排查整治2023专项行动、危险化学品企业带“病”运行、老旧装置安全风险管控、强化重大危险源管理、高危细分领域整治提升等多项执法检查和专项排查，检查投产企业500家次，累计排查2800余项隐患并督促企业落实整改。迎接两轮次国务院安全生产委员会办公室危化品重点县专家指导服务核查，检查6家企业，发现并整改135项问题；迎接应急管理部重大危险源专项督导，检查2家企业，发现并整改15项问题；迎接应急管理部双氧水专项督导检查，检查1家企业，发现22项问题，21项完成整改。对10个项目出具安全审查初步意见，对12家企业开展申请入园危化建设项目选址安全预评估，对13家企业开展入区危化项目安全审查。对26家企业开展试生产前安全条件检查，查出289项隐患并督促整改。对12家企业在建项目开展专项检查，查出165项隐患并督促企业落实整改。推进建设危化品智慧物流综合服务中心，开展经开区应急管理“十四五”规划中期评估，开展“5.12”防灾减灾宣传和安全生产月系列活动。组织编发33种重点监管危化品“一品一案”、10种重点监管危化工艺“一艺一案”、16种重大危险源“一重一案”。组织开展1次危险化学品事故“四步式”综合应急演练、4次紧急拉动演练、8次“1+1”桌面演练。持续推进建设海上溢油应急设备库，港云路消防救援站投用，增配通信指挥车、LTE自组网通信设备、无人机、水下机器人等装备。中区督促37家企业配备安全管理和电工等专业人员，组织企业落实特殊作业、强化用电和现场目视化管理等，提升工贸企业现场作业环境和安全管理的规范化制度化管理水平。推动涉爆粉尘企业和喷漆企业等10家危险性较大企业从设计上提升本质安全水平，夯实安全基础工作。组织华恒包装和华熙生物等5家规模较大企业实施“6S”管理（整理SEIRI、整顿SEITON、清扫SEISO、清洁SEIKETSU、素养SHITSUKE、安全SECURITY）。

（赵　磊）

〔构建监测预警体系〕 依托智慧化工园区建设，构建企业安全生产监测预警中心、园区公共安全监测预警中心、自然灾害监测预警中心，实现“大应急、全灾种”监测预警体系。其中，企业安全生产监测预警中心接入24家危化企业风险监测预警系统、3821个传感器数据、524路视频；园区公共安全监测预警中心接入7处高空瞭望视频、33处有毒可燃气体周界监测点、192路道路监控；自然灾害监测预警中心接入3座气象观测站、1套大气电场仪、1套地震预警终端、12处雨量和积水监测点。

（赵　磊）

〔封闭系统建设〕 2023年，南港工业区构建危化品车辆全流程“线上+线下”安全管控机制。3161辆车违规扣分，282辆车拉入黑名单，176人次接受教育学习考试。严格审核通行证，多措并举提升卡口通行效率，从严管理渣土车，全年查处6000余起车辆违规行为、劝离无关人员7000余人次、拦截无关车辆5000余辆次，查处25辆套牌车。

（赵　磊）

〔责任关怀〕　2023年，南港工业区制订《南港工业区推动企业深入实践责任关怀的工作方案》，组织企业成立“南港工业区责任关怀企业工作委员会”，下设社区认知和应急响应、储运安全、污染防治、工艺安全、职业健康安全、产品安全监管六大工作组，负责企业层面责任关怀实践工作的整体统筹和组织实施。将海事、公安、消防等驻区单位吸纳为南港工业区“责任关怀”工作领导小组成员单位。5家新入区企业签署责任关怀承诺书，公开承诺实施责任关怀。9月，在责任关怀年度报告发布会上公开向社会发布《南港工业区责任关怀2022年度报告》。依托《石油和化工行业责任关怀星级评价实施细则（试行）》对照7个一级要素和54个二级要素，建立南港工业区责任关怀评估体系，南港责任关怀企业工作委员会组织区内企业开展自评。承办责任关怀社区认知和应急响应工作组会议，全国应急响应领域专家学者到南港工业区分享责任关怀实践经验，组织“童心共绘　智慧南港”园区公众开放日等系列责任关怀活动。

（赵　磊）

〔口岸服务〕　2023年，大港口岸吞吐量1871.51万吨，其中外贸吞吐量962.35万吨、内贸吞吐量909.16万吨。进港船舶1510艘次，其中进港国际航行船舶384艘次。8月23日，北燃码头口岸开放正式验收；9月6日，天津市政府下发对外开放批复；9月15日，装载7.5万吨液化天然气首船靠泊北燃码头。中石化LNG和北燃LNG共同形成“一港两企三泊位”的LNG接卸格局。

（刘　锐）

〔企业服务〕　2023年，编制4期企业主要经营数据简报、9期南港参阅信息。1月13日，召开渤化现场办公会，协调解决用地、供水、三地块供电线路等多项问题；4月6日，组织“百城千园行”，促进企业加快数字化转型和高质量发展；5月12日，举办专场科技政策培训，讲解经开区科技产业政策，协助企业制订培育方案；6月20日，联合知识产权局举办专场对接，协助企业提升知识产权战略意识，激发企业科技创新活力；8月15日，召开渤化现场办公会，协助企业推进二期项目落地实施；8月15日，组织召开试生产企业营商环境下午茶对接活动，协助企业梳理试生产及二期项目建设面临的各项问题，并现场解决，推动项目投产；10月24日，联合人社局举办“共建和谐劳动关系”主题培训，提升企业用工法律意识；11月10日，联合人社局举办“滨城项目制”培训政策专题宣讲会，助力园区企业提升员工专业性；12月15日，联合天津市工信局、滨海新区工信局举办“绿色制造”专题培训，解读绿色制造相关政策，指导企业申报绿色制造相关资质。全年走访调研中区企业120余次，积极服务投产企业，对企业提出的政策兑现、交通出行、能源配套、融资贷款等问题，协调相关部门解决。推动在建项目进展，配合相关部门协调解决在建项目手续办理、能源配套等相关问题。开展10余次银企对接活动，为企业解决融资贷款5000余万元。组织政企交流活动，联合经开区科技局、工信局及天津市工研院相关专家在中区综合服务中心开展“科技资质与‘专精特新’申报专题系列培训”活动，与政务服务办举办“泰达工改4.0”快批快办十二条改革举措——经开区中区企业培训会。中区管理中心和相关部门协调增设通勤公交车、通勤班车，园区增设共享单车、电车充电桩。

（刘锐　王昊洋）

〔信访维稳〕　2023年，南港工业区接访180余次，接待上访人员1320余人次，受理“12345”工单260余件。协调解决150起欠薪案件，涉及2000余名外来务工人员，金额6200余万元。中区接访20余次，涉及400余名外来务工人员，金额900余万元。

（杨帅　朱作清）

〔综合治理〕　2023年，南港工业区安排工作人员6000余人次、机动车650余辆次，巡查58000余千米；安排船舶180余艘次、无人机120余架次，巡航2200余海里。组织各执法单位开展21次联合行动，处置1500余名涉海违规人员、300余辆相关车辆，没收100余套违规渔具，驱离碍航船舶200余艘次。联合企业服务局、泰达街执法大队、泰达南港集团等单位加强公共区域管理，清理100余处流动摊贩，协调处理土方管理、路面垃圾、车辆带泥上路等问题。中区巡逻队主要围绕环卫扫保、园林绿化、照明设施、治安和交通、停工项目安全、市政设施等内容进行巡查,累计发现问题500余项。

（杨帅　王昊洋）

〔建设工程监管〕　2023年,南港工业区有化工建设项目9项,其他行业建设项目7项,全面管理项目质量、安全、文明施工、市场行为等方面,全年发出21份质量、安全及文明施工整改通知单,发出17份停工通知单。开展专项检查、专家检查22项次,发现问题隐患268项并落实整改。开展项目阶段验收29次,参与项目竣工验收6项。中区有房屋建筑和市政建设项目15项,全年发出14份质量、安全及文明施工整改通知单,发出11份停工通知单,开展专项检查、专家检查14项次,发现问题隐患178项并落实整改。开展项目阶段验收19次,参与项目竣工验收5次。

（靳　涛）

〔建设审批〕　2023年,南港工业区为项目办理质量监督14件(其中中区2件),协调化工站办理质量登记10件。全年办理联合验收8件,消防验收15件,备案抽查类10件。

（杩天赐）

驻区单位

〔马棚口派出所南港警务工作站〕　2023年,马棚口派出所南港警务工作站按照沿海安全保卫总队“一船一查”“一船一档”工作要求开展船舶管理工作,全年检查船舶500余艘次,船员800余人次,制作20余份船舶档案;对通用码头、南奥码头、泰奥码头、渤化码头、恒阳化工码头、中石化LNG码头、北燃码头所停船舶进行安全生产、安全防火、防范电信诈骗等宣传,累计张贴200余张宣传海报,发放2000余份各类宣传材料。召开2次辖区码头、船舶临时停靠点负责人会议。日常巡逻安排警力800余人次、车辆400余辆次。与海事、渔政、海洋局等部门签订党建引领基层治理联创联建协议书,加强执法协作,共享情报信息,加大对港区内涉船违法犯罪行为打击力度。查获3艘违法船舶,办理2起船舶案件,移交1艘渔政违法船舶,劝离赶海拾贝人员1000余人次、垂钓人员800余人次。

（时　威）

〔秀水派出所〕　2023年,滨海新区公安局秀水派出所处置警情1324起,刑事立案49起、破案37起、打击处理24人,查处治安案件78起,行政处罚15人。侦破管材被盗等案件,打击处理10余名违法嫌疑人,为受害企业挽回损失50万余元。联合大港海关机关党委、南港综合办党支部、北燃项目部等开展党建联建活动,立足封闭管理,加强属地联动,共同开展赶海拾贝、项目土方治理等专项治理行动。组织开展12次联合专项治理,紧密围绕剧毒、易制爆、易制毒危险化学品生产、储存、运输、经营、使用等重点环节持续深化整治工作,坚持实行“三个跟踪”(源头跟踪、管理追踪、流程跟踪)。常态化监测巡查企业及项目单位相关信息系统,指导运营单位落实网络和数据安全主体责任,提升安全防护水平,对重点岗位人员宣传防电信诈骗。加强项目建设和重大企业周边治安秩序维护,指导落实企业内保主责,动员企业治保人员加入“义警”队伍开展联巡联防,科学布建项目内外部、出入口、重点位置视频监控。开展60余次内保培训,联合200余名“义警”开展联合巡控2000余次。在南港乙烯项目、茂联科技公司等单位内部设置警务服务工作站,每日有2名民警在警务站进行警务前置服务。开展600余次治安消防大检查、排查整改200余处安全隐患,对2万名外来务工人员宣传防电信诈骗。

（窦雅琨）

〔高沙岭派出所〕　2023年,高沙岭派出所接警1371起,受理刑事案件50起,立案44起,破案20起,受理治安案件66起。全年安排警力730余人次、车辆260余辆次,组织300余次岸线巡查走访,参加33次海上联合执法,劝离500余名违规海钓人员、140余艘违规停靠船舶,清理35艘“三无”船舶,抓获6名禁渔期非法捕捞人员,查获3艘涉案船舶。对辖区80余家企事业单位开展200余次治安检查,积极开展防范电信诈骗、打击跨境赌博、规范出海船舶作业等宣传教育,累计张贴200余张宣传海报,发放1000余份宣传材料。调解辖区130余起各类矛盾纠纷。全年办理44个无犯罪记录,为89人办理身份证、92人办理居住证、23人办理流动人口登记、60人办理户口迁移,为32人办理其他户籍业务。

（李　升）

〔港南交警大队〕 港南交警大队有1名警长、10名民警、11名辅警、3台警车。2023年，港南交警大队推进南港工业园区内部道路纳管工作，配合相关单位加强园区隐患排查。9月—10月，开展大型客车、班车专项治理行动，查处1500余项违法行为。在海防路、红旗路设置流动勤务，管控大型货车、危险品车。安排安监民警到重点项目企业开展交通安全宣讲，加强多警联动，联合运管部门开展营运性客车检查。

（孙　浩）

〔交通管理支队港北大队〕 2023年，滨海新区公安局交通管理支队港北大队处理27起交通事故警情、10起交通举报求助。开展隐患排查整治，推动区域内8家重点运输企业落实交通安全责任制管理，开展10余次交通安全宣传教育。

（李江信）

〔大港海关〕 2023年，大港海关通过云签发证书、"互联网+稽核查"等科技手段与传统监管方式结合，丰富"关港集疏港智慧平台"等应用范围，吸引企业来津通关。运用"线上视频监控+线下实地监管"模式，提高通关效能，助力南港工业区获评全国2023年最具发展潜力化工园区。搭建"自贸享惠"平台，精准帮扶企业应享尽享关税优惠政策，全年签发434份原产地证书、 97份RCEP证书，为企业节省关税350余万元。2家企业通过AEO认证。集团保税加工贸易业务提质增效，全年进出口货值4475.1万元。完成跨境电商B2B出口货值5.1亿元。创新"智慧护链"监管，优化LNG监管模式。监管进口LNG货物416.2万吨，货值25.9亿美元。完成首

2023年10月19日，大港海关关员在恒阳码头对进境船舶开展登临检查　（张　璞）

票原油"先放后检"，促进能源产品进出口，全年检验监管进出口散装危化品727万吨。科学精准筑牢口岸防线，坚持"多病同防"，配合卫生检疫处签订相关联防联控合作机制，与天津市卫健委、天津市疾控等共建一体化应急网络。2023年，监管进出境船舶539艘次、进出境船员11851人次。开展病媒生物监测、压舱水核辐射监测工作，开展28次病媒生物常态化监测，用入境交通工具检出病媒生物5批次。

（王道明）

〔大港边检站〕 2023年，大港边检站验放出入境（港）船舶773艘次，验放出入境（港）人员16502人次。坚持把习近平法治思想作为执勤执法的根本遵循，充分运用新媒体平台开展法治宣传，提升执法公信力和服务对象满意度。持续打造"保供保稳边检力行"服务品牌，研究制订加快行政许可申报效率、长期行政许可逾期提醒、保供船舶优先快速通关、包容审慎处置申报差错等便民惠企举措。常态化开展"送政策、问需求、助发展"调研走访活动，助力北京燃气液化天然气码头开放验收，为"一港两企三泊位"LNG接卸新格局提供"边检方案"。

（涂敦泽）

〔大港海事局〕 2023年，大港海事局保障5579艘次船舶安全进出港，其中978艘次重点工程船舶进出港。开辟"绿色通道"，实现重点物资运输船舶进出港动态"零待时"，保障安全接卸74艘LNG船舶。服务天津市首个海上风电项目——三峡能源天津南港海上风电示范项目开工，对接建设单位，指导开展项目选址、船舶交通流影响等专项研究。落实"34511"水工监管服务机制，支持和保障恒阳石化码头等级提升、南港水上光伏、深海排污、十万吨级航道提升等重点水工项目建设。推进建设国家级溢油应急设备库，完成溢油回收设备、土建工程施工招标，"五通一平"竣工。协助交通运输部和天津市人民政府开展"2023年国家海上溢油应急专项演练"，协调30余艘参演船舶。成立天津市蓝海应急救援服务队大港分队，组织开展2023年海上搜救应急能力建设活动，推进建设搜救队伍。开展"应急值班技能比武""应急处置桌面推演"，提升突发事件应急处置能力。

（赵　阳）

〔南港消防大队〕 2023年，南港消防救援大队开展“消防安全重大风险隐患专项排查整治2023行动”“冬春消防安全专项整治工作”“易燃易爆企业隐患排查”“消防产品质量专项整治行动”“天津市城镇燃气专项整治工作”等专项行动。全年检查单位400余家次，督促整改500余处火灾隐患，发出12份行政处罚决定书、2份临时查封决定书。加强消防宣传培训，为40余家企业指导培训微型消防站，夜间拉动微型消防站40次。在开放宣传日接待企事业单位30余家次、参观人员400余人次。组织第五届政企联合企业专职消防队、微型消防站年度比武考核，与南港应急办、天津渤化化工发展有限公司开展1次联合消防演习。评选2023年消防安全单位、优秀企业专职消防队和先进个人。推动南港工业区企业专职消防队正规化建设，对南港工业区10家企业专职消防队进行正规化建设验收。全年出警101次，派出车辆290辆次、警力1457人次，抢救12名被困人员，抢救财产价值85.69万元。建成投用港云路消防站，港云路消防站为一级消防站，位于天津市南港工业区南港四街与港云路交口，建筑面积3443.69平方米。

（杨凯炎）

〔轻纺大道特勤站〕 2023年，轻纺大道特勤站出警108次，派出车辆324辆次、警力1592人次，抢救被困人员7人，挽救经济损失387万元。排查企业消防安全隐患，全年检查单位587家次，现场督促整改火灾隐患306处，62处火灾隐患移交上报支队。为149家次微型消防站培训，举办72次企业消防安全知识讲座，300余人次参加培训。

（贺林凯）

产业园区

- 滨海—中关村科技园
- 西　区
- 逸仙科学工业园
- 微电子工业区
- 现代产业区
- 一汽大众华北基地
- 南部新兴产业区

天津滨海—中关村科技园

〔简况〕 2023年，天津滨海—中关村科技园（简称滨海—中关村）强化与中关村国家自主创新示范区（简称北京中关村）合作，调整园区产业布局，完善创新体系，提升产业集聚能力、创新驱动能力，全年战略性新兴产业、高技术制造业、高技术服务业营收80亿元。至2023年末，滨海—中关村累计注册企业近5000家。

（任飞飞）

〔创新发展〕 2023年，中关村发展集团股份有限公司（简称中关村发展集团）与天津市滨海新区人民政府签订《关于进一步加快天津滨海—中关村科技园创新发展合作协议》，以中关村发展集团控股、泰达产发集团参股的模式组建合资公司，在成果转化机制、创新服务和利益共享机制、产业研究先行和政策协同机制等方面开展合作。与中国技术交易所签署合作协议，引导北京科技成果在天津转化。与滨海新区知识产权保护中心、滨海新区知识产权法庭、经开区知识产权服务业集聚区、知识产权股权投资基金合作建设知识产权保护的全流程服务体系。

（任飞飞）

〔科技成果〕 2023年，滨海—中关村有国家高新技术企业193家，较2022年增长37.8%；国家科技型中小企业259家，较2022年增长24.5%；天津市雏鹰企业145家，较2022年增长21.1%；国家中小企业公共服务示范平台4家。2023年，滨海—中关村战略性新兴产业、高技术制造业、高技术服务业营收80亿元，全口径税收12.1亿元。

（任飞飞）

〔创新平台〕 2023年，滨海—中关村与北京理工大学合作在M0新型产业用地（融合研发、创意、设计、中试、无污染生产等新型产业功能以及相关配套服务的用地）建设新能源与高性能制造实验室高校成果转化平台。2022—2023年，天津科技大学科技园连续两年获天津市大学科技园绩效评估第一名；辽宁石油化工大学滨海石化产业研究院投入运营，渤海大学创新平台项目启动装修工程。

（任飞飞）

天津科技大学科技园

〔产业联盟〕 2023年，滨海—中关村双碳产业联盟，与南开大学碳中和研究院等高校建立战略合作关系，联盟成员拓展至33家。联盟成员通过技术改造、项目合作等途径，推动节能减排，每年减少碳排放70余万吨。数字医疗产业联盟与卫生健康、审批、税务、药品监督管理等部门合作，构建数字医疗产业服务一体化平台，与银川、成都、海南等建立合作沟通机制。

（任飞飞）

〔企业服务〕 2023年，天津经济技术开发区滨海—中关村科技园办公室（简称滨海—中关村办公室）推进重点项目政策兑现工作，拨付滨海—中关村智能制造科创中心运营补贴，保障天津、北京两市开展共建滨海—中关村工作；国网电动汽车服务有限公司存量兑现协议修改原协议涉税表述，第一笔兑现资金到位。汇总更新园区载体使用情况，定期开展载体推荐服务。中关村科技服务生态雨林基金投入运营，2.8亿元实缴到位；天津滨海知识产权股权基金投资天津中科谱光信息技术有限公司、科芯（天津）生态农业科技有限公司等园区企业。

（任飞飞）

〔孵化平台〕 2023年，滨海—中关村发挥天津滨海中关村雨林空间孵化器、天津北创百联企业孵化器、中关村硬创空间、玑瑛产创融合基地等创新载体的作用，与建设银行合作，打造创业者港湾，通过银行资源促进企业发展；北塘湾（天津）科技发展有限公司创梦空间为企业提供商务休闲、路演推广、展示交流、创新创业等综合服务；与北京市科学技术研究院、中关村知识产权运营管理有限公司、北京中关村科技服务有限公司合作，搭建京津两地产业互动平台。天津（滨海）海外离岸人才创新创业基地获批建设中国（天津）自由贸易试验区联动创新示范基地，开展离岸科创中心试点，建设出入境服务中心。

（任飞飞）

〔宣传推广〕 2023年，《人民日报》《科技日报》《天津日报》、人民网、新华社等报道滨海—中关村500余次，中央电视台、天津卫视报道滨海—中关村近20次。通过微信公众号发布信息近300篇。全年接待各类来访团150次5400余人。举办“京津冀数字经济发展论坛”“第七届世界智能大会第二届滨海—中关村协同创新发展论坛”，举办中国首届未来医疗成果转化与合作大会、未来医疗专科创新解决方案挑战赛全国总决赛、第三届中国卫生健康成果转化论坛等“风起津航创新周”系列活动。

（任飞飞）

〔调查研究〕 2023年，滨海—中关村办公室到北京怀柔科学城、深圳光明科学城，学习两地建设国家综合性科学中心的经验；到重庆两江新区、宁夏、海南自贸试验区调研政务审批、审批事项监管、互联网医疗产业促进等情况；到北京理工大学、湖南湘雅医学院调研科技成果转化、职务发明专利转移转让的情况。围绕调研工作撰写调研报告3篇。

（任飞飞）

〔峰成医药科技（天津）有限公司〕 峰成医药科技（天津）有限公司2022年9月落户滨海—中关村，其医药

2023年，峰成医药科技（天津）有限公司科研人员做实验

研发中心项目于2023年10月投入运营。峰成医药新研发中心使用面积3000平方米，为客户提供CDMO（医药合同定制研发生产）项目的工艺开发、工艺优化、样品和标准品合成、杂质制备与分离等服务。

（任飞飞）

〔天津博创合成生物科技有限公司〕 天津博创合成生物科技有限公司（简称博创合成）是国家工业强基重大专项合成生物学产业化示范平台，成立于2022年5月30日，2023年投入运营。博创合成通过发酵和纯化技术生产高端氨基酸及下游产品、核苷及其衍生品等，具备菌种改良与定制、发酵过程精准控制、分离材料优化和定制、关键杂质影响分析等全流程核心技术和制造生产线。

（任飞飞）

〔天津燃洁斯工业设备有限公司〕 天津燃洁斯工业设备有限公司是集研发、设计、制造、安装、调试、运维于一体的专业环保集成化供应商，研发与制造工业废气系统RTO（蓄热式热力焚化炉）。至2023年，拥有自主知识产权26项，承接多家负极材料头部企业的环保工程、产线改造、供应链贸易等业务，是美国霍尼韦尔国际公司、德国费斯托公司等多个一线品牌的中国区授权代理商和德国霍科德公司、美国唐纳森公司等多个企业的授权集成商。

（任飞飞）

〔汉德森环保科技发展（天津）有限公司〕 2023年，汉德森环保科技发展（天津）有限公司（简称汉德森）生产环保科技设备，全国同行业内排名第一，天津市场占有率70%，在天津东丽区、蓟州区、大港油田建立了多个项目基地，总资产2亿元。

汉德森将创办于2015年，总部位于滨海—中关村科技园。

（任飞飞）

〔中科蓝海测试（天津）科技有限公司〕 2023年，中科蓝海测试（天津）科技有限公司（简称中科蓝海）负责管理和运营滨海—中关村生命健康公共技术服务平台，聚焦生物医药、生物技术服务、新材料检测等领域，提供仪器共享、检验检测、科研众包、成果转化等一站式服务。至2023年末，为南开大学、天津大学、天津医科大学、中国科学院、中国医学科

学院、天津国际生物医药联合研究院等1000余家科研机构和科技企业的研发创新提供系统化整体解决方案。

（任飞飞）

中科蓝海实验室

〔辽宁石油化工大学滨海石化产业研究院〕 2023年，辽宁石油化工大学滨海石化产业研究院（简称滨海石化产业研究院）围绕智慧炼油厂、石化产业等方向组建智库，建设科研创新基地、科技成果转化基地、高新产业孵化基地、高层次人才引育基地4个技术研发和成果转化基地。滨海石化产业研究院是辽宁石油化工大学与滨海新区合作共建的产学研一体化平台，2022年投入使用。

（任飞飞）

辽宁石油化工大学滨海石化产业研究院外景

西　区

〔简况〕 2023年，经开区西区工业总产值1299.1亿元，同比增长2.8%。至2023年末，西区累计注册企业304家，规模以上企业100家，其中，年产值逾百亿元企业5家，逾10亿元企业11家，逾亿元企业43家，呈现投资规模大、技术水平高、内外资并重、国资民资并举等特点，形成汽车制造产业、电子通信产业、装备制造产业、医药健康产业、航空航天产业五大支柱产业。

（董　尧）

〔在建产业项目服务〕 2023年，西区通过“前置辅导、全程服务、定期调度”服务模式，与经开区建设和交通局等相关部门建立西区在建项目服务月度联席会机制，定期协调解决项目建设问题；发挥“专家+双管家”服务机制作用，与行业主管部门共同组织开展“泰达工改4.0”培训、世纪康泰二期项目开工报建和内部装修报批手续辅导等，助力产业项目开工、投产。

（胡庆华）

〔企业生产运营服务〕 2023年，西区建立新入区企业见面会机制，组织科技创新局、人力资源和社会保障局为9家新入区企业宣讲政策，对接服务。整合资源，搭建企业生产运营后端服务平台，联合天津市工业和信息化研究院、天津滨海柜台交易市场股份公司（简称天津OTC）、高新技术企业协会，开展数字化转型培训、节能降碳诊断、融资对接、产业撮合、专精特新申请辅导等活动18次。落实“企业服务管家”制度，全年走访企业372次，帮助企业解决融资、人力、政策、科技等问题227个。

（胡庆华）

〔园区管理〕 2023年，西区落实“巡查—发现—协调”机制，开展长城汽车股份有限公司天津哈弗分公司、天津航天长征火箭制造有限公司等重点企业周边环境专项治理，疏堵结合，推动西区摊贩限时限地经营；推动重点路口渠化改造，2023年西区交通事故0死亡。推出3条定制公交线路，满足30余家企业7万余名职工及沿途居民周末假日直达天津市区的出行需求。

（董　尧）

〔园区配套服务〕 2023年，西区有公寓10家，总建筑面积94.14万平方米，可容纳6.9万人，公交场站2座，公交线路21条，在建地铁线路1条，运营车辆134部。建成西区医院、青年广场、体育场、邻里中心等配套设施，满足企业职工医疗卫生、休闲、娱乐、餐饮、购物需求。

（董　尧）

〔富联精密电子（天津）有限公司〕 2023年，富联精密电子（天津）有限公司研发与制造服务器、存储器、机柜等云运算产品，产值163.99亿元，员工12000人。

富联精密电子（天津）有限公司是富士康工业互联网股份有限公司全资控股公司，于2010年6月在经开区注册成立。

（胡庆华）

富联精密电子（天津）有限公司

〔大众汽车自动变速器（天津）有限公司〕 2023年，大众汽车自动变速器（天津）有限公司（简称VWATJ）产值261.45亿元。至2023年末，VWATJ先后投产DQ380双离合自动变速器、DQ500双离合器变速器、DL382双离合器变速器、DQ381双离合自动变速器、DQ400e混合动力变速器，APP290动力电机、APP310电动汽车驱动电机。

VWATJ是大众汽车集团全资子公司，成立于2012年7月16日，位于西区。

（胡庆华）

〔天津三星电机有限公司〕 2023年，天津三星电机有限公司（简称三星电机）产值148.39亿元，生产片式多层瓷介电容器（MLCC）电子部品。MLCC产品是国家产业政策鼓励类高新技术产品，三星电机是全球最大MLCC单一生产工厂。

1993年，中环电子信息集团有限公司与韩国三星株式会社在西区共同投资组建三星电机。

（胡庆华）

〔维斯塔斯风力技术（中国）有限公司〕 2023年，维斯塔斯风力技术（中国）有限公司产值71.56亿元，员工2500余名，组装、制造风力发电设备，是维斯塔斯集团全球最大的风电设备一体化生产基地。2005年6月，维斯塔斯风力技术（中国）有限公司在经开注册成立，注册资本1.3364亿美元，投资总额3.846亿美元。

（胡庆华）

〔长城汽车股份有限公司天津哈弗分公司〕 2023年，长城汽车股份有限公司天津哈弗分公司产值188.22亿元，员工1.2万余名，具备50万辆整车及配套产能，是中国市场皮卡、SUV销量冠军。

2009年4月，长城汽车股份有限公司天津哈弗分公司在经开区西区注册成立，2011年8月，投产。

（胡庆华）

长城汽车股份有限公司天津哈弗分公司

〔天津爱信自动变速器有限公司〕 2023年，天津爱信自动变速器有限公司产值26.15亿元。至2023年末，先后投产FR6速自动变速器、FF6速自动变速器零件（外壳、桥箱、油泵）、小型6速自动变速器。

2004年3月，天津爱信自动变速器有限公司在西区注册成立，注册资本1025万美元。

（胡庆华）

〔爱信（天津）汽车零部件有限公司〕 2023年，爱信（天津）汽车零部件有限公司研发、生产、销售汽车自动变速器及其相关零部件、自动变速器生产所需的专用特制设备，产值15.33亿元；员工489人，其中一线操作工人占比80%。

2012年4月6日，爱信株式会社和爱信（中国）投资有限公司在西区投资成立爱信（天津）汽车零部件有限公司。

（胡庆华）

〔津药药业股份有限公司〕 2023年，津药药业股份有限公司产值17亿元，生产皮质激素类原料药及制剂、氨基酸类原料药及制剂、心血管药物、外用制剂、保健食品等300余种产品，其中皮质激素类原料药生产能力居世界第一。

1999年12月，津药药业股份有限公司在西区成立，2010年10月投产。

（胡庆华）

津药药业股份有限公司

〔天津立中车轮有限公司〕 2023年，天津立中车轮有限公司产值20.87亿元，员工2400人，生产低压铸造铝合金车轮、旋压铝合金车轮、液态模锻卡巴轮等产品。

2006年11月，天津立中车轮有限公司在西区成立，2008年4月投产，项目投资总额1.4亿美元。

（胡庆华）

〔康希诺生物股份公司〕 2023年，康希诺生物股份公司（简称康希诺生物）研发、生产人用疫苗，产值9.9亿元。至2023年，康希诺生物建立了覆盖新型冠状病毒感染、埃博拉病毒病、结核病、脑膜炎、百白破、带状疱疹等12个疾病领域17种疫苗产品的研发管线（pipeline，处在研发过程中的产品线）。

2009年，康希诺生物注册成立，注册资本2.474亿元。

（胡庆华）

逸仙科学工业园

〔简况〕 2023年，逸仙科学工业园（简称逸仙园）有企业230家，其中规模以上企业32家，从业人员1.1万人；外资企业投资总额15.74亿美元，内资企业投资总额11.94亿元；形成以天津三星视界有限公司为代表的新能源动力电池产业，以万都汽车零部件公司、天津平和汽车配件公司为代表的汽车配件产业，以思腾合力（天津）科技有限公司、金山云（天津）科技发展有限公司为代表的电子信息产业三大产业结构布局。

（项　民）

〔企业服务〕 2023年，逸仙园搭建从项目签署投资协议到项目竣工投产的全过程服务平台，提供项目报建审批手续辅导、项目能源配套等在建项目服务，推动高山宝蜂产品（天津）有限公司、天津云海航食品科技有限公司等企业厂房新建、改造项目开工。联合各职能部门，通过专题服务会、企业问题协调会、政策宣讲会、走访服务等形式，搭建企业运营服务平台。走访天津三星视界有限公司、天津商科数控技术股份有限公司等企业120次，解决金山云（天津）科技发展有限公司外接管网改造、心爱之物（天津）科技有限公司厂房改造等问题50项。协助天津广福瑞达科技发展有限公司申请天津市“专精特新”企业，思腾合力（天津）科技有限公司、天津商科数控技术股份有限公司获“天津市科技领军企业”称号。

（项　民）

〔园区管理〕 2023年，逸仙园管理中心履行“园区吹哨、部门报到”职能，围绕招商引资、企业服务、营商环境提升等，通过联席工作会、现场调研等方式与经开区建设和交通局、规划和自然资源局、应急管理局、泰达环境投资集团有限公司环投公司、泰达科技工业园有限公司等部门对接，制订综合环境提升、临时用地管理、市政设施维护、园区防汛清融雪等方案。督导驻区单位开展治安综合治理，处置涉及火情、安全事故、劳动纠纷等突发事件，排查不稳定因素，全年未发生治安事件。

（项　民）

〔属地融合〕 2023年5月5日，天津经开区与武清区签署“逸仙科学工业园合作共建协议”，建立规划建设、产业发展、社会管理等协同联动机制，解决财政税收分成等历史遗留问题。逸仙园管理中心通过专题会、联席会、现场会及实地踏勘等方式，协调经开区和武清区相关部门，制订市政设施养管、道路疏导、治安综合治理、综合执法现场管理等方案，提升综合环境。

（项　民）

〔党建工作〕　逸仙园管理中心党小组坚持以习近平新时代中国特色社会主义思想为指导，贯彻落实党的二十大精神及习近平总书记系列重要讲话精神，坚决拥护“两个确立”、坚决做到“两个维护”，严格履行全面从严治党主体责任，开展学习贯彻习近平新时代中国特色社会主义思想主题教育、“践行党的二十大精神、让党旗在园区高高飘扬”主题党日活动，发挥党支部战斗堡垒作用和党员先锋模范作用。

（项　民）

〔天津三星视界有限公司〕　2023年，天津三星视界有限公司有11条聚合物电池生产线、6条圆柱锂离子电池生产线、1条纽扣电池生产线，为手机、电脑、新能源汽车提供锂离子电池，产值139亿元。

天津三星视界有限公司成立于1996年，注册资本1.047亿美元。

（张天林）

〔天津商科数控技术股份有限公司〕　2023年，天津商科数控技术股份有限公司销售收入逾4亿元。其核心产品中频逆变电阻焊控制器应用于汽车制造、航天航空、金属加工等领域，是中国唯一能够满足自动焊装主线技术要求的国产品牌；其依托中频逆变电阻焊技术研发的铝合金点焊机填补国内技术空白，应用于天津航天长征火箭制造有限公司、中国航发动力股份有限公司等航天航空企业，替代进口产品。

（张天林）

天津商科数控技术股份有限公司

〔思腾合力（天津）科技有限公司〕　2023年，思腾合力（天津）科技有限公司（简称思腾合力）建立博士后科研工作站，获“天津市科技领军企业”称号，全年营业收入8亿元。思腾合力成立于2009年，提供云计算、AI服务器、AI工作站、系统集成、产品定制、软件开发、边缘计算等产品和解决方案。

（张天林）

〔固瑞特（天津）复合材料有限公司〕　2023年度，固瑞特（天津）复合材料有限公司（简称固瑞特）生产各类复合材料，应用于风车叶片、游艇船舶、轨道交通工具等领域，销售收入4亿元，纳税1600万元。固瑞特于2006年9月在逸仙园成立。

（张天林）

〔天津广福瑞达科技发展有限公司〕　2023年，天津广福瑞达科技发展有限公司生产中央空调压缩机配件，销售额1.1亿元。天津广福瑞达科技发展有限公司成立于2018年，为全球三大压缩机生产商德国比泽尔集团、丹麦丹佛斯公司、日本大金工业株式会社提供配套。

（张天林）

〔京瓷安施电子元件（天津）有限公司〕　2023年，京瓷安施电子元件（天津）有限公司（简称京瓷安施）引进RMM（原材料粉末制备）生产线项目，形成从原材料到压敏电阻、连接器、滤波器等终端产品的完整生产能力，全年产值1.05亿元。

京瓷安施于2002年注册成立，注册资本4140万美元，投资总额5600万美元。

（张天林）

京瓷安施电子元件（天津）有限公司

〔海凯汽车零部件（天津）有限公司〕　2023年，海凯汽车零部件（天津）有限公司生产汽车门板、汽车踏板、电池盒等注塑产品，产值7000万元。海凯汽车零部件(天津)有限公司成立于2012年12月,注册资本1200万元。

(张天林)

〔普利朗工程塑料制造(天津)有限公司〕 2023年,普利朗工程塑料制造(天津)有限公司生产、销售工程塑料和化工原料,产值3000万元。普利朗工程塑料制造(天津)有限公司成立于2013年2月25日,注册资本140万美元。

(张天林)

〔天津威佳电子有限公司〕 2023年,天津威佳电子有限公司生产电子元器件、电子专用材料等产品,营业收入3500万元。2020年,威佳集团公司在经开区注册成立天津威佳电子有限公司,注册资本5000万元,投资总额8000万元。

(张天林)

〔金山云(天津)科技发展有限公司〕 2023年,金山云(天津)科技发展有限公司营业收入2.4亿元。金山云(天津)科技发展有限公司于2019年5月30日在经开区注册成立,是天津市2020年重点建设项目,2022年1月,投入使用,承担金山集团华北地区核心云计算基地职能。

(张天林)

微电子工业区

〔简况〕 2023年,微电子工业区工业总产值200.9亿元,增长-35.6%;税收8.88亿元,增长4.2%;新增固定资产投资5亿元。至2023年末,微电子工业区累计注册企业247家,其中外资32家,内资及民营215家。

(高晓燕 孙凯琳)

〔管理机制完善〕 2023年,经开区企业服务局综合执法工作延伸到微电子工业区,微电子工业区形成多部门共管格局。西部片区管理局微电子工业区管理中心(简称微电子管理中心)负责园区管理、企业服务、招商引资及综合保障职能,泰达科技工业园有限公司微电子运营中心负责园区所持厂房、公寓、公建及集中供热、给水系统的运营管理;泰达环境投资集团有限公司公用事业部负责园区市政道路、绿化、环卫、路灯、信号灯、排水系统等公用设施养管运维工作;企业服务局负责园区城市综合管理工作。

(张 莉)

〔企业服务〕 2023年,微电子管理中心走访企业90余次,解决企业诉求54件。推动天津滨海柜台交易市场股份公司与区内企业对接,辅导企业申报国家各项奖励政策。到企业开展调研,提供政策咨询服务,解决项目建设中土地、环境、能源等方面的问题。走访朗誉机器人公司、沂普光电公司等企业,指导企业开展安全、环保等工作。推动微电子工业区正艳医院到企业提供医疗服务。配合全国绿色基地军创企业工作委员会在园区举办"金融助力科技赋能 实现企业高质量发展"论坛。

(王用军)

2023年12月1日,微电子管理中心举办"科技政策、园区服务助力企业创新发展"助企活动论坛

〔园区管理〕 2023年,微电子管理中心履行"园区吹哨、部门报到"职责,全年"吹哨"58次,解决园区

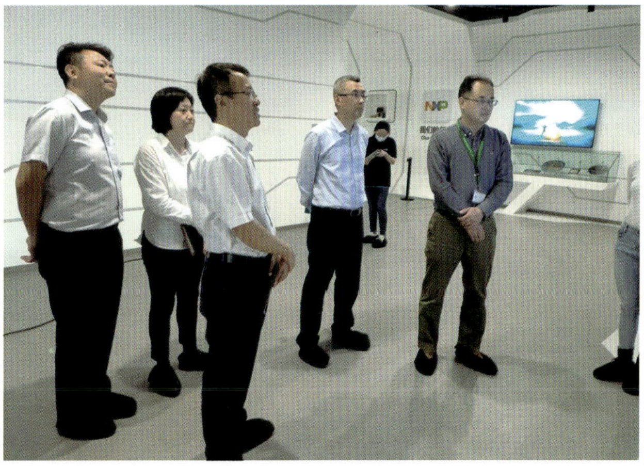

2023年5月10日,微电子管理中心走访恩智浦半导体(天津)有限公司 (高晓燕)

运维问题40余个。协同企业服务局、泰达街开展微电子工业区城市管理工作，清理公共区域占道经营现象，牵头组织园区派出所、巡逻队等驻区单位开展突击检查6次，处理违规商贩10余家，清整违规经营现场5处。

（王用军）

〔属地关系协调〕 2023年，微电子管理中心定期召开园区工作联席会议，邀请西青公安分局驻区派出所、巡逻队等驻区单位参加。走访、协调西青区大寺镇政府、西青电力公司、西青区水务部门等西青属地职能单位30余次，解决问题22项。

（张　莉）

〔企业党建〕 2023年，泰心康护公司成立党支部。截至2023年末，微电子工业区非公企业党员600余名、企业党委1个、党支部11个，涉及30余家企业。

（杨成珺）

〔天津七六四通信导航技术有限公司〕 2023年，天津七六四通信导航技术有限公司产值4.2亿元，员工288名，主营陆基导航产品、短波通信系统、卫星导航产品等。

天津七六四通信导航技术有限公司成立于2002年，2023年4月搬迁至微电子工业区，是国内唯一研制开发全套航空陆基导航产品的企业。

（王用军）

天津七六四通信导航技术有限公司

〔天津永文汽车部件有限公司〕 2023年4月，天津永文汽车部件有限公司在微电子工业区投产，2023年产值0.96亿元，员工60余人；研发与制造保险盒、端子、护套、保护壳等汽车线束部品，月最大产能2600万件。

2022年7月，天津永文汽车部件有限公司入驻微电子工业区。

（王用军）

〔天津汇康医用设备有限公司〕 2023年12月，天津汇康医用设备有限公司投产，研发制造心肺转流系统高端医疗器械及耗材，2023年产值0.2亿元。

2022年7月，天津汇康医用设备有限公司入驻微电子工业区，是首批进入《新冠肺炎疫情防治急需医学装备目录》ECMO领域的唯一中国企业。

（王用军）

现代产业区

〔简况〕 2023年，天津泰达科技工业园有限公司现代产业区运营中心（简称现代产业区运营中心）剥离政府职能，移交泵站、园区绿化、道路保洁、道路维修、路灯、河道保洁等市政养管项目，围绕“聚焦主责主业、高质量发展、深化改革、解决历史遗留问题”4个方面，开展现代产业区资产运营、企业服务等工作。至2023年末，现代产业区形成汽车配套产业、智能制造产业、新材料产业、食品医药产业等4个产业。

（祁　洋）

〔园区配套〕 2023年，现代产业区运营中心投资建设孵化基地厂房，占地9.2万平方米，服务汽车零部件和智能装备制造企业，具备孵化功能、技术人才培养功能；投资49万元建设一汽物流（天津）有限公司、天津敏实汽车零部件有限公司供水采暖项目，分别于11月9日、11月16日投入运营，解决企业冬季采暖问题；改造泰和公寓3号、4号楼，可出租房间353间，已出租224间，出租率65.16%；改造泰华公寓，改造后一层商用面积1810平方米，二至四层公寓客房251间。

2023年4月3日，天津泰达科工园能源管理有限公司注册成立，管理现代产业区供热厂站、管网运营、新能源等业务，为55家企业提供蒸汽，为3家企业提供热水供暖服务，全年累计用汽量36.03万吨。

（祁　洋）

〔园区管理〕 2023年，现代产业区运营中心开展管损专项治理，全年平均管损率33.08%，较2022年同期下降13.29%。2023年2月，上调区外（营城工业聚集区）用汽企业蒸汽价格至450元/吨（稳定用汽大户价格上调至370元/吨），全年增收490万元。推行蒸汽预付费机制试点，改造现代产业区蒸汽预付费计量系统，涉及园区热用户58家。修订计量相关条款，用汽不足申报量40%的，按蒸汽申报量40%结算，增加收入20万元。

（祁　洋）

〔安全生产〕 2023年，现代产业区运营中心开展各项安全自查47次，配合各种安全检查42次，累计整改隐患29项。组织各类安全培训7次，组织应急演练4次。制订分级安全管理办法，全员逐级签订安全生产责任书。

（祁　洋）

〔天津利安隆新材料股份有限公司〕 2023年，天津利安隆新材料股份有限公司（简称利安隆）产品涵盖抗氧化剂、光稳定剂、整体解决方案等，解决塑料、橡胶、涂料、纤维、胶黏剂及其他新型高分子材料的老化问题。至2023年末，利安隆建成集产品研发、安全生产、全球销售为一体的运营和供应链体系，在天津、宁夏、浙江、广东、河北、内蒙古、锦州建成7个生产基地；以中国香港为中心，成立了德国杜塞尔多夫、美国纽约、日本东京3家子公司，在韩国、意大利、西班牙、英国、土耳其等国家设立了品牌分销商。2011—2022年连续12年营业收入复合增长率27.52%。

（祁　洋）

天津利安隆新材料股份有限公司

〔卡博特化工（天津）有限公司〕 至2023年末，卡博特化工（天津）有限公司（简称卡博特天津工厂）累计投资20余亿元，年产能35万吨，是世界唯一整合型炭黑生产工厂，为轮胎、涂料、黏合剂、电池、塑料、高性能材料等行业客户提供原料采购、生产、质检、包装、仓储全产业链的产品和服务。2004年，卡博特公司与上海华谊能源化工有限公司合资建立卡博特天津工厂；2022年卡博特天津工厂产值31.5亿元、缴税1.76亿元，人均产值1100余万元。

（祁　洋）

卡博特化工（天津）有限公司

〔天津三环乐喜新材料有限公司〕 2023年，天津三环乐喜新材料有限公司（简称三环乐喜）研发、生产、销售烧结钕铁硼，年产能8500余吨，产品应用于汽车驱动电机、人工智能设备、传感器、节能家电、电梯电机、风力发电机、消费类电子等领域；获“天津经济技术开发区2022年度百强企业”“天津经济技术开发区2022年度营业收入50强企业”称号。

三环乐喜公司成立于1990年，控股股东北京中科三环高技术股份有限公司是全球特大钕铁硼永磁体制造商之一。

（祁　洋）

一汽大众华北基地

〔简况〕 2023年，一汽大众华北基地产值392.7亿元，同比增长6.2%；税收27.3亿元，同比下降25.3%；固定资产投资3.65亿元，同比增长6.9%；新增购地项目1个，在建项目4个，注册落地项目12个。一汽大众华北基地规划面积8.78平方千米，至2023年末，已开发3.83平方千米，位于天津市宁河区，归属天津经开区管委会管辖。泰达产发集团天津开发区一汽大众基地开发建设有限公司（简称一汽大众基地开发公司）是其开发和运营主体。

（张　璇）

〔企业服务〕 2023年，一汽大众基地开发公司建立企业服务管家机制，全年走访企业160余次，收集道路交通、生活配套、人才政策、政策兑现等4类问题10余项，问题解决率100%，企业满意率100%。

（张　璇）

〔一汽大众整车厂〕 2023年，一汽-大众汽车有限公司天津分公司（简称一汽大众整车厂）整车产量20.89万辆，同比2022年增长10%。一汽大众整车厂优化供应链供给结构，以整车订单需求为基准指导供应商，召开供应商资源例会60次，识别风险供应商24家，平均库存周转天数减少3.2天。推动备件和辅材国产化降低成本，“数字化降本模型”扩充至14项，单车成本较2022年降低21.5%。

2023年2月，奥迪Q3 PA车型项目投产；8月31日，一汽大众整车厂建成投产5周年，第100万辆整车——探岳GTE下线；12月1日，年产20万辆VW336/3 CN/K车型技术改造项目竣工，首款车下线。

（姜华　张璇）

2023年8月31日，一汽大众整车厂第100万辆整车——探岳GTE下线

〔大众一汽平台零部件有限公司天津分公司〕 2023年，大众一汽平台零部件有限公司天津分公司（简称平台公司天津工厂）生产20.6万套汽车底盘，营业收入15.3亿元。平台公司天津工厂成立于2016年12月，注册资本29994万元，位于一汽大众华北基地，为一汽大众整车厂提供底盘零部件产品；2020年、2021年、2022年、2023年连续4年评为天津市重污染天气绩效评级A级企业。

（姜华　张璇）

2023年，大众一汽平台零部件有限公司天津分公司获天津经纪技术开发区总工会“促进劳动关系稳定参与奖”

〔一汽模具（天津）有限公司〕 2023年，一汽模具（天津）有限公司产值8.33亿元，纳税1282万元。获一汽奔腾轿车有限公司2024年供应商“新奔腾-金骏奖”、比亚迪股份有限公司“最佳战略合作伙伴”、吉利汽车集团有限公司“优秀设备供应商”称号；通过“国家高新技术企业”复审，入选第九批天津市“瞪羚企业”，拥有6项专利授权。一字滑台、三轴自动涂胶产品投产，全年订单13.5亿元，良品率99.92%。

一汽模具（天津）有限公司成立于2018年3月，位于一汽大众华北基地，生产汽车零部件、模具、智能装备。2023年10月14日，中共一汽模具（天津）有限公司总支部委员会成立。

（姜华　张璇）

〔天津富晟汽车饰件有限公司〕 2023年，天津富晟汽车饰件有限公司（简称天津富晟）生产166万件汽车饰件，营业收入1.01亿元，纳税271万元。天津富晟生产乘用车内饰，为一汽大众、一汽丰田等品牌供货，有汽车内饰生产线13条，年产能为300万件汽车内饰。

天津富晟成立于2016年10月，注册资本1000万元，是长春富晟汽车饰件有限公司全资子公司，隶属于长春一汽富晟集团，公司坐落于一汽大众华北基地；2018—2023年连续6年获一汽-大众汽车有限公司“卓越供应商”“合作贡献供应商”称号。

（姜华　张璇）

〔天津华翔车顶系统有限公司〕 2023年，天津华翔车顶系统有限公司（简称天津华翔）生产大众轿车内顶棚、丰田轿车内顶棚及DVD加强板，产能120万套/年。2023年生产汽车顶棚110万套，交付合格率99.8%。

天津华翔成立于2016年12月09日，位于一汽大众华北基地。

（姜华　张璇）

〔天纳克富晟（天津）汽车零部件有限公司〕 天纳克富晟（天津）汽车零部件有限公司（简称天纳克）生产汽车排气系统总成。2023年，新增一汽大众Q3NF冷端项目、红旗C095项目、电磁阀沃尔沃项目等多个项目；实施“零文化推行”机制，全年工伤重伤事故零发生、客户全年零抱怨，客户交付准时率100%；获一汽大众整车厂“五周年优秀合作伙伴”、天津经开区劳动关系和谐企业、一汽大众华北基地安全理事会突出贡献奖等称号。

天纳克位于一汽大众华北基地，成立于2016年；2022年销售额69.15亿元，税后利润1.30亿元。

（张　璇）

〔天津市德立汽车部件有限公司〕 2023年，天津市德立汽车部件有限公司（简称德立汽车）生产汽车座椅骨架、汽车底盘冲压件及焊接总成、汽车车身焊接总成，被评为天津市高新技术企业、天津市专精特新中小企业。2023年，德立汽车在大众一汽平台零部件有限公司、天纳克、天津华翔等客户基础上，增加理想、奔驰等品牌车型业务。

德立汽车成立于2017年10月，占地面积4万平方米，分为3期建设，一期已投产。

（姜华　张璇）

〔亚普股份天津厂〕 2023年，亚普汽车部件股份有限公司天津分厂（简称亚普股份天津厂）生产汽车燃油箱，有2条燃油箱吹塑生产线、1条油管生产线、3条配套装配生产线，全年产值3870万元。获一汽大众整车厂2022年度“优秀供应商”和“最佳合作伙伴”、经开区安全文化示范企业、滨海新区健康促进企业等称号。

亚普股份天津厂位于一汽大众华北基地，成立于2017年，总投资1.6亿元，年产能50万只燃油箱、40万只油管。

（姜华　张璇）

〔富维安道拓天津分公司〕 2023年，富维安道拓天津分公司获一汽-大众汽车有限公司天津分公司“最佳合作伙伴”称号，全年营业收入15亿元，纳税4600万元，生产一汽-大众探岳、奥迪Q3/Q4、丰田180D座椅，一汽-大众探岳、丰田770B/018D门板。

2017年3月15日，富维安道拓天津分公司成立，位于一汽大众华北基地，是一汽-大众汽车有限公司A级供应商。

（姜　华）

2023年11月20日至23日，由中国安道拓主办、富维安道拓天津分公司承办的2023年中国区CI&AMS年会召开

南部新兴产业区

〔简况〕 2023年，按照《国资局关于委托泰达南港发展集团管理天津开发区南部新兴产业区开发建设有限公司的决定》，天津经开区南部新兴产业区开发建设有限公司（简称南区开发公司）由天津经济技术开发区南港发展集团有限公司代行出资人管理职责。南部新兴产业区总体规划43平方千米，其中，建设用地27.1平方千米，生态景观用地15.9平方千米。

（高　菲）

〔基础配套〕 至2023年末，南部新兴产业区起步区已完成园区边界路港中公路拓宽改造、排沥河道等工程建设，及道路排水、绿化、路灯等设施建设，具备项目摆放条件的土地面积7平方千米。

（高　菲）

〔项目招商〕 2023年，南区开发公司配合开展普天童乐项目招商工作。6月13日，经开区规资局启动普天童乐项目土地测绘、规划条件等土地出让前期工作；10月25日，普天童乐项目摘得津滨开（挂）G2023-25号地块。

（高　菲）

经济综合管理

- 发展与改革
- 统　计
- 工业和信息化
- 财　政
- 税　务
- 审　计
- 安全生产监督和应急管理

发展与改革

〔经济运行〕 2023年，天津经开区经济回升。全年地区生产总值增长3.2%，增速较2022年回升6.1个百分点；规上工业总产值5412.2亿元，营利性服务业收入708.4亿元，增长7.3%。固定资产投资492亿元，增速高于天津市17个百分点。交通运输业收入1076.9亿元，增长8%；社会消费品零售总额90.5亿元，增长11.3%；商品销售总额4056.6亿元。

经开区主导产业增加值增长1.5%，高于全部工业增加值增速0.2个百分点。汽车装备、化工新材料、医药健康产业增加值分别增长4.7%、3.1%、2%，产值分别为2384亿元、1086亿元和649亿元。战略性新兴产业投资增长4.1%；战略性新兴服务业营收增长9.1%，生活性服务业、数字经济、高技术服务业营收分别增长28.8%、9.2%、7.6%。

全年实际利用内资700亿元，增长24%；实际利用外资12.8亿美元。新落地制造业1亿至10亿元项目20个，10亿至50亿元项目6个，百亿元以上项目1个；引进产业链项目245个；新增楼宇去化面积20万平方米，增长58%。

区域R&D(研究与试验发展)投入强度超过4%，R&D经费年投入总额逾92亿元，技术合同登记交易额194亿元。有效发明专利7500件。一批外资研发中心建成，7家市级重点实验室通过验收，6家企业获批市级企业技术中心，全区新增国家级、市级专精特新企业91家。

（郭　熠）

〔固定资产投资〕 2023年，经开区完成固定资产投资492亿元，同比增长0.6%，其中产业投资占比77.2%，较2022年提高0.7个百分点。

（高丽波）

〔政策资金〕 2023年，南港九街2号雨水泵站等3个项目获批2023年增发特别国债支持资金2.77亿元；西区医药产业园项目获批发行专项债券1亿元；海燕公寓配套工程提升改造项目获批保障性租赁住房中央预算内投资1475.5万元；南港工业区至海晶盐田浓海水输送工程等3个项目获批天津市重大项目前期费124.54万元。

（高丽波）

〔服务业专项资金项目〕 天津市发展改革委发布《关于2023年度天津市服务业专项资金项目评审结果的公示》，全市55个项目获批专项资金支持，其中经开区13家企业入选，共获批资金200余万元。

（张子成）

〔京津冀协同发展〕 2023年，经开区落地京津冀协同项目492个，协议投资额1634.12亿元，注册资本542.24亿元。其中，北京市项目432个，协议投资额1605.95亿元，注册资本520.88亿元；河北省项目60个，协议投资额28.17亿元，注册资本21.36亿元；10亿元以上投资项目30个，协议投资额1507.91亿元，注册资本474.10亿元。中石化英力士石化有限公司、中化学新材料科技公司、中铁十九局股权投资基金、国能焦煤（天津）有限公司、中石化人才发展（天津）有限公司等18个央企项目落地。

（董　洁）

2023年2月24日，经开区召开落实京津冀协同发展纵深行动新闻发布会

〔区域合作〕 2023年11月，天津经开区管委会与山西转型综合改革示范区管理委员会签署《天津经济技术开发区　山西转型综合改革示范区合作框架协议》，双方在创新合作体制、产业转移对接、产业金融、技术协同创新与科技成果异地转化、双方干部学习交流等领域开展合作。

（董　洁）

〔政府投资计划〕 2023年，经开区根据区域发展需要、项目实施轻重缓急和债券融资情况，编印实施经开区2023—2025年政府投资项目三年滚动计划。

（高丽波）

〔产业促进〕 数字经济　经开区发展改革局牵头制订《数字泰达建设2023年攻坚行动方案》，推进经开区数字产业化和产业数字化，引导数字经济与实体经济融合发展。经开区党委常委会2023年第11次会议审议通过方案。在2023年天津泰达数字经济论坛上发布人工智能、数字通信、元宇宙、机器人、信息安全、数字金融等第二批数字经济典型案例。

未来产业　2023年，发展改革局牵头制订《天津经开区布局未来产业行动方案》，推动经开区实施创新驱动发展战略，培育发展未来产业，构建面向未来的现代产业体系。经开区党委常委会2023年第17次会议审议通过方案。

主题园区　2023年，发展改革局统筹推动特色主题园区建设，12个特色主题园区完成考核答辩，新一批主题园区完成申报。

两业融合　2023年，经开区发展改革局牵头编制《天津经济技术开发区先进制造业和现代服务业融合发展试点评估报告》并上报天津市发展改革委。

（张子成）

〔"十四五"规划中期评估〕 2023年，经开区发展改革局牵头开展"十四五"规划中期评估工作，编制《〈天津经济技术开发区国民经济和社会发展第十四个五年规划和二〇三五远景目标纲要〉实施情况中期评估报告》，梳理"十四五"规划实施中期进展情况、规划实施的成效和问题，提出改进规划实施的对策建议。经开区党委常委会第25次会议审议通过报告。

（张子成）

〔"碳达峰碳中和"工作〕 2023年7月18日，经开区印发《天津经济技术开发区碳达峰实施方案》（简称《方案》）。《方案》聚焦产业、能源、城市更新、低碳科技、绿色金融、国际合作、低碳管理7个领域，提出制造业低碳发展行动、能源绿色低碳转型行动、城市更新碳达峰行动、绿色低碳科技创新行动、金融创新助力达峰行动、深度参与国际合作行动、全面提升管理水平行动7项行动。制订核心区（东区、中心商务、滨海—中关村科技园）、西部片区（西区、微电子工业区、逸仙科学工业园）、北部片区（现代产业区、一汽大众华北生产基地）、南港工业区等"一核三区"四大区域"碳达峰"行动方案。《方案》同步配套印发《天津经济技术开发区智能无人装备产业园近零碳工业园区规划方案》和《天津经济技术开发区滨海—中关村科技园近零碳园区规划方案》。

（张艳玲）

〔用能评审〕 2023年，经开区发展改革局分析企业能源消耗情况，评价考核74家重点用能单位年度节能目标完成情况。组织重点用能单位开展能源审计和清洁生产审核，22家企业完成能源审计评审，13家企业完成清洁生产评审。

（张艳玲）

〔绿色低碳案例〕 2023年，经开区加入世界经济论坛"产业集群向净零转型倡议"单位，是中国加入该倡议的首个国家级开发区、首个综合型产业园区。编制《产业园区绿色低碳发展之路——天津经济技术开发区绿色低碳转型路径探索》"双碳"案例，被天津市发展改革委作为"双碳"案例予以发布。

（张艳玲）

〔信用体系建设〕 2023年，经开区强化企业服务，推广"信易贷"服务中小企业融资，在政务服务领域为信用良好企业提供绿色通道，在"海河分"平台发放政府消费券。在"3·15"国际消费者权益日、食品安全宣传周等，开展各类信用宣传。

（李宏伟）

〔民营经济促进〕 2023年，经开区制订《天津经济技术开发区关于落实滨海新区"春笋行动"实施方案》《天津经济技术开发区关于促进民营经济高质量发展若干措施》，从环境支持体系、要素保障体系、成长激励体系、组织保障体系4个方面，优化民营经济发展环境。

（李宏伟）

〔国家级经开区综合考评〕 2023年12月，天津经开区在国家级经济技术开发区综合发展水平考核评价中排名第3位。在5类32项考核指标中，有23项指标优于全国国家级经开区平均水平。

（樊　超）

〔绩效考核〕 经开区发展改革局开展2023年年度、季度部门考核和个人考核，分解“滨海新区考核、商务部评价、经开区重点工作”多层次指标体系，逐级向每个部门、每个科室延伸。将滨海新区对经开区年度、季度考核指标逐层分解到岗到人，建立全区40个部门1500余名授薪人员年度指标考核清单。

（樊 超）

统 计

〔统计分析〕 2023年，经开区发展改革局审核、评估、汇总分析相关数据，完成2022年统计年报及2023年统计定报工作；召开统计培训会9场，参会3000余人次，开展线上数据质量核查1500余次，落实国家核查任务331次，走访核查企业94家；跟踪监测分析重点行业、重点企业、重点项目发展情况与重点指标，服务领导决策，全年报送统计快报82篇，聚焦热点领域，撰写《经开区金融业增加值情况简析》《经开区规模以上文化及相关产业运行情况分析》《经开区2022年度研究与试验发展经费投入情况分析》；开展“四上”企业及固定资产投资项目纳统工作（纳入统计，作为统计局的统计调查对象），全年新增“四上”企业396家，同比增长两成，一汽-大众汽车有限公司天津分公司等3家分公司企业纳统。

（梁玉男）

〔投入产出调查〕 2023年4月，经开区开展投入产出调查，调查样本单位近400家。组织全部样本单位参加天津市、滨海新区两级3轮业务培训，6月，组织样本单位填报电子台账。

（迟晓芸）

〔经开区第五次全国经济普查工作〕 2023年，管委会成立经开区第五次全国经济普查领导小组，在经开区统计调查中心设立第五次全国经济普查领导小组办公室，部署、推动开展第五次全国经济普查工作，调查经开区第二产业和第三产业发展规模、布局和效益，查清区内各类单位基本情况。4月，完成第五次全国经济普查投入产出调查样本单位400家企业的天津市、滨海新区两级3轮业务培训。6—12月分批次完成全部投入产出调查样本单位的前三季度电子台账调阅工作。8月，开展全区域入户清查登记工作，完成清查单位逾4万家，形成普查登记底册。

（朱灏峻）

〔统计法制宣传〕 2023年2月、6月，经开区组织规模以下劳动工资抽样调查样本单位线上培训，参训单位近200家，讲解制度规范，并同步宣讲统计法律法规，提高统计法治意识。12月25日，在滨海万达举办全国第五次经济普查及统计普法宣传月活动，向千余人进行统计普法宣传。

（迟晓芸）

工业和信息化

〔工业运行〕 2023年，经开区规模以上工业总产值5412.2亿元，工业运行逐季好转。截至2023年末，全区规模以上工业企业550家，较2022年末增加15家。其中，产值逾亿元企业289家，较2022年增加7家；产值逾10亿元企业72家，较2022年增加1家；产值逾百亿元企业12家。经开区主导产业产值4873.3亿元，占全区规模以上工业总产值90.0%，同比提高0.1%，其中，汽车与装备制造业产值2383.7亿元、石化产业产值1085.8亿元、电子信息产业产值754.7亿元、医药健康产业产值649.1亿元。

经开区重点产品产量呈增长态势。汽车整车产量同比增长2.2%，其中新能源汽车产量增长1.1倍；化工原料乙烯、丙烯产量增长16.3%、23.6%；医疗仪器设备及器械产量增长19.2%；服务机器人产量增长11.8%。

（刘 皓）

〔专精特新中小企业梯度培育〕 2023年，经开区工业和信息化局加大科技型中小企业梯度培育力度，为企业争取制造业高质量发展政策、国家制造业专项资金等各类政策和资金支持。全年新增国家级专精特新“小巨人”9家，新增天津市专精特新中小企业82家，入选数量超过前3年获批数量总和。8家企业入选天津市制造业单项冠军，1家通过复核。

（刘 皓）

〔“三争取”工作〕 2023年，经开区工业和信息化局开展“三争取”工作（争取政策、争取资金、争取荣誉），与工业和信息化部、天津工业和信息化局对接，了解上级政策导向，邀请相关专家辅导企业“三争取”工作。车规级芯片产业集群、生物医药外包服务产业集群分别入选第一批、第二批工业和信息化部中小企业特色产业集群。新增纬湃汽车电子（天津）有限公司等10个国家级绿色工厂、1家绿色供应链管理企业。经开区化工新材料产业园获评第三批天津市产业主题园区，云圣智能科技有限公司等4家企业获评天津市首批工业设计中心，北塘湾（天津）科技发展有限公司等4家企业被认定为市中小企业公共服务示范平台，航天长征火箭技术有限公司、长城汽车股份有限公司天津哈弗分公司、天津华电南疆热电有限公司、天津港第二集装箱码头有限公司等4家企业被评为2023年度天津市5G全连接工厂。

（刘　皓）

〔产业促进〕　2023年，经开区工业和信息化局制订经开区产业链招商“1+4”（1个总方案是指《经开区进一步加强制造业招商引资推动产业链高质量发展三年行动方案》，4个子方案是指汽车装备、电子信息、生物医药、化工新材料4个产业的方案）三年行动计划，构建经开区“1+4”产业链招商引资方案体系。全年开展制造业招商早餐会、下午茶活动97场，组织招商活动120场；落地制造业项目473个，投资总额316.6亿元，拟签约项目130个，投资总额753.73亿元。

（刘　皓）

〔项目推动〕　2023年，经开区工业和信息化局梳理工业固定投资项目，分解工业固定投资任务至各招商部门。聚焦年度计划投资额逾5亿元的大项目，跟踪并推进其进度，并定期汇总上报；宣讲支持政策，推动新项目开工。

（刘　皓）

〔工业企业数字化转型〕　2023年，经开区召开企业研讨会，宣传政策，引进一批第三方机构组织技术改造，推进制造业数字化、网络化、智能化、绿色化发展，助力企业转型升级。推动一批案例申报市级数字车间和智能工厂，新增天津美克家具有限公司智能制造示范工厂等3个智能工厂及和能人居科技有限公司装配化装修车间等16个数字化车间。

（刘　皓）

财　政

〔简况〕　2023年，经开区财政局开展财税收入、重点税源挖潜等专项调研，制订年度预算收入计划，分解财税收入任务。牵头成立经开区税源专班，整合税务、招商、市场监管、人力资源和社会保障等部门数据信息，组建经开区税源基础信息库，加强部门间协调联动和数据共享，形成合力，服务招商工作。全年完成一般公共预算收入139.1亿元，同比增长11.6%，其中税收收入132.5亿元，同比增长17.1%，税收占比95.3%。

（张春明）

〔争取上级支持〕　2023年，经开区财政局跟进天津市财政局平台经济扶持政策，与市财政局一起到深圳调研腾讯计算机系统有限公司、顺丰控股股份有限公司等头部平台企业，推动经开区平台企业申报，推荐滴滴（中国）科技有限公司等3家平台企业纳入支持范畴。完成2022年天津经开区与滨海新区年度结算工作，增加转移支付补助，维护经开区利益。

（张春明）

〔企业调研〕　2023年，经开区税源专班先后走访五八同城信息技术有限公司、中信金融租赁有限公司、一汽丰田汽车有限公司等平台、金融、制造业企业15户，分析企业及行业情况。向管委会上报《关于央企及其所属企业特殊体制政策分析情况的专报》《关于南港工业区当前税收特点及后续增长措施的分析报告》《关于经开区平台经济发展情况的分析报告》《关于经开区保理产业发展质效的分析报告》等11期专项分析报告。

（张春明）

〔预算决算管理〕　2023年，经开区财政局编制2023年度预算，完成《天津经济技术开发区2022年财政预算执行情况及2023年预算草案的报告》，批复2023年各单位预算并生成一体化系统指标；开展2024年部门预算编制工作。加强部门预算运行全过程管理，各部门公用经费统一压减10%，调整支出结构，压减一般性支出，保障“三保”支出（保工资、保运作、保民生），基本民生领域预算资金落实到位。盘活财政存量资金，缩短资金审批停留环节，加快指标下达和支出审核进度。2022年部门决算首次将基建支出、政策兑现支出、公用养管支出纳入填报口径，首次实现全口径部门决算。盘活国有资产，印发《天津经济技术开发区内设部门与专业工作机构国有资产处置管理办法》，梳理剩余闲置或低效房产，全年盘活闲置房产收入735万元；收回效果不佳项目资金，提高财政资金使用效益，调减效率不高、效果不好项目经费，收回各部门项目预算8700余万元。

（张春明）

〔政策兑现〕 2023年，财政局完善政策兑现领导小组制度，更新《政策兑现资金安排方案》，明确协议类项目与上级配套普惠项目的牵头部门、分配方案与分配原则。保障重点项目兑现资金，动态监控各部门预算使用情况，动态调整各部门预算，及时拨付兑现资金；创新兑现资金拨付方式，盘活产发集团持有的翠亨村房产存量资产，化解其以前年度尚未拨付的兑现资金。2023年滨海新区下达高质量发展专项资金两批，合计7.5亿元，用于一汽-大众汽车有限公司天津分公司、一汽丰田汽车有限公司、三星系企业等经开区重点制造业企业。

（张春明）

〔财政投资项目评审〕 2023年，财政局坚持不同项目使用相同单价标尺进行评审，规范各种服务类项目定价模式，通过横向比较节约采购资金，评审48项政府购买服务项目，审减投资5498.40万元。全年累计评审预算类项目231项，累计核减投资4.07亿元，平均审减率18.40%。开展基建项目结算审核工作，完成34个项目结算报告，核定金额1.45亿元，核减金额395.57万元。

（张春明）

〔政府采购〕 2023年，经开区完成政府采购项目183个，采购预算52047万元，成交额51031万元，节约资金1016万元，节约率1.95%。其中，服务类49404万元，节约率1.58%，工程类1463万元，节约率13.02%，货物类164万元，节约率1.76%。推进政府采购信息公开，要求采购方按时限要求发布政府采购项目信息；落实政府采购支持乡村振兴政策，2023年度政府采购脱贫地区农副产品23.95万元；开展2023年天津市营商环境政府采购指标迎评工作，向滨海新区财政局报送案例26个。

（张春明）

〔财政绩效评价〕 2023年，财政局制订并印发《经开区财政项目支出财政绩效评价内部操作细则》，从事前准备、组织实施、出具报告、结果应用4个阶段规范财政绩效评价工作，审核各部门项目预算绩效。选取2022年财政重点评价项目、整体评价单位、事前评估项目，将高质量发展专项、科技类、平台经济类等政策性扶持支出纳入事后评价范围；选取基建类专项债重点项目开展事前绩效评估。

（张春明）

〔城市运营补贴〕 2023年，财政局采用固定补贴和专项补贴等方式，向区域公用事业类企业拨付城市运营补贴资金，涉及热力、燃气、绿化、污水、市政、公交、供热工程返还等业务。调整能源补贴政策，降低能源补贴支出规模；推动电力设备转让盘活工作，转让经开区部分110千伏输电线资产，完成相关电力存量资产评估、决算、转固（将在建工程转为固定资产进行核算）等工作。

（张春明）

〔代理记账机构年审〕 2023年，财政局审核具备代理记账业务资质的248家机构，督促193家机构完成年检备案工作，32家机构注销资质，对55家失联机构完成上报反馈工作。

（张春明）

〔会计人员管理〕 2023年，财政局梳理会计人员信息采集、职称考试报名咨询、证书发放业务流程，全年审核会计人员信息2077条，发放561份2022年度初级、中级会计资格证书；完成会计人员继续教育及系统信息变更申请446人次。

（张春明）

〔财政执法〕 2023年，财政局加强财政执法人员资格管理，动态更新执法人员名单，新增执法人员2名；开展行政执法能力建设专题培训5人次，组织执法人员参加2023年天津市财政系统行政执法人员法律知识考试。检查天津利通物流有限公司财务收支、会计基础工作、会计核算质量等相关情况，提出整改要求，并督促整改到位。

（张春明）

〔债务管理〕 2023年，经开区财政局开展风险提示及隐债缓释化债工作，推动召开债务领导小组及债务专题会8次，按月下达债务风险提示函，上报35笔隐债缓释，均取得天津市核实函，缓解年度还款压力。组织委管企业通过展期、调整还款计划、新增融资等方式接续到期债务本息；组织78场金融机构对接活动，推动光大银行、天津银行、天津农商银行对新金融公司新增授信。

推动成立经开区申报置换债券领导小组及财经工作专班，以项目为主导缓释债务，组织委管企业对照债务监测平台系统梳理隐债融资项目，查清底数，将138笔隐债归属至41个项目。梳理2022年债务接续情况，开展2022年度国企债务考核工作。

（张春明）

〔专项检查〕 2023年，经开区财政局牵头制订《经开区落实财会监督和预算执行监督专项行动方案》《经开区落实重点民生资金专项整治行动实施方案》《经开区预算执行监督专项行动问题纠偏整改规则》，开展“三保”经费、政府购买服务、资产管理、社保经费、教育经费等财经纪律专项检查，规范财政资金使用，涉及几十家内设部门及专业工作机构、1400个政府购买服务合同。

（张春明）

税　务

〔简况〕 2023年，国家税务总局天津经济技术开发区税务局（简称经开区税务局）完成全口径税收385.5亿元（含免抵调），同比增收25.5亿元；市一般预算税收173亿元（含免抵调），同比增收19.3亿元；区县级税收109.9亿元（含免抵调），同比增收11.2亿元；非税收入57.2亿元，同比增收14.9亿元；社保基金收入131亿元，同比增收7.7亿元。

（何梅　夏丽）

〔组织收入工作〕 2023年，经开区税务局围绕服务增收、挖潜增收、堵漏增收3条主线，统筹管理，提升服务质效。建立“一抓手、两差异、三注重”（以绩效考核为抓手，实行预测偏差率指标、分值双差异的评定机制，注重早部署、注重早谋划、注重早落实）收入预测机制，将收入预测纳入绩效考核；编纂历年税收概况、制造业中小微企业缓缴税费概况等汇编材料，研判收入形势。巩固存量税源，为城发集团、产发集团等委管企业开展政策辅导，对接涉税事项。跟进重大项目，培育新增税源，到北京调研滴滴集团，拓展代驾、代订及商旅出行领域业务。梳理税收大数据，分析重点企业、重点行业情况，以税资政，为领导决策提供依据，撰写税收分析12篇、组织收入报告23篇、专题分析报告5篇，报送工作专报4篇。

（何梅　夏丽）

〔税收征管〕 2023年，经开区税务局通过数据赋能，建设智慧税务平台，推进税收精准监管。建立“一键式”筛查台账，集成283项重点任务；落实数电票（全面数字化的电子发票）推广“条线化、目录式”工作模式，分解任务，开通数电业务快速通道；开展电子税务局上线试点工作，制订推广方案，搭建试点环境；拟定不动产直征时间表、线路图，开展直征工作（直接征收不动产登记税费）。依托网格化管理机制和风险管理扎口（一种管理方式）推送功能，推送风险任务1410条，防控增值税留抵退税、出口退（免）税、企业所得税税前扣除等事项风险；梳理千户集团企业（年度缴纳税额达到国家税务总局管理服务标准的企业集团）集团性、行业性风险，建立经开区税务局指标模型，该模型被天津市推广。依托5C监控系统编制发布指标预警单，“一对一”逐户指导，清理欠税2867万元；加强国际税收管理，强化反避税、非居民税收管理，监控跨境税源，入库税款3.4亿元；实施股权转让个人所得税审核机制，提升股权转让管理水平，入库税款1.77亿元；规范诚信体系工作，失信核查3人次，补缴税款及滞纳金8072.51元。

（何梅　夏丽）

〔依法法治〕 2023年，经开区税务局完善依法行政制度体系、行政执法工作体系，推行非强制性执法，实行税务证明事项告知承诺制，调整不动产拍卖司法税收联动工作流程，规范税务行政处罚程序；建立常态化督审建议单制度，开展税费优惠政策落实专项督察，防范政策落实领域风险。

（何梅　夏丽）

〔税务服务〕　2023年，经开区税务局制作“税费优惠政策明白纸”，开展“春风送暖　税惠万家”系列培训，推广“津税通”征纳互动云平台。依托征纳互动云平台，梳理企业需求，推送政策186064次，新增减税降费、展期减税降费9883次，企业享受税费优惠8.56亿元。推广“非接触式”办税，邀请企业、涉税服务机构担任“税务体验师”，查找服务堵点；完善网格化管理制度，制作网格员名片，畅通税企沟通渠道；以经开区税务局第一税务所为重点，创建“枫桥式税务所”，推行“简事快办”。

（何梅　夏丽）

审　计

〔简况〕　2023年，经开区审计局立足“审计监督首先是经济监督”定位，聚焦国有资源、国有资产、公共资金，增加审计调查项目，提出建议，全年完成审计项目27项。参加经开区重大项目控制价联审会10余次，协助财评中心（财政性投资预决算评审中心）节约财政资金；参加经开区投资项目联审专题会议33次，审核招商项目协议97个，对招商协议隐含审计风险的问题提出合理化建议。

（薛　亮）

〔经济责任审计〕　2023年，经开区审计局完成经济责任审计8项，其中，经开区建设和交通局局长、原绿色石化产业促进局（南港工业区经济发展局）局长等党政主要领导干部任职期间经济责任履行情况审计6项，经开区交通运输管理中心主任国有事业单位主要领导任职期间经济责任履行情况审计1项，新金融投资有限公司董事长国有企业主要领导任职期间经济责任履行情况审计1项。

（薛　亮）

〔国有企业审计〕　2023年，经开区审计局完成国有企业审计4项，对北塘湾（天津）科技发展有限公司、天津经开区商业保理有限公司、天津泰达租赁有限公司、天津泰达智慧城市科技有限公司的资产负债及所有者权益情况进行审计。

（薛　亮）

〔固定资产投资审计〕　2023年，经开区审计局开展固定资产投资审计50项，其中，新开展经开区第一中学改扩建工程二期、滨海—中关村科技创新产业园一期、泰达国际心血管病医院提升改造工程等项目固定资产投资跟踪审计9项；延续固定资产投资审计项目41项（跟踪审计项目28项、结算审计项目13项）。全年完成固定资产投资审计1项（天津港大港港区10万吨级航道工程跟踪审计项目）。

（薛　亮）

〔专项资金审计〕　2023年，经开区审计局完成天津茱莉亚学院2021—2022学年运营费用专项资金、市场监督管理局2022年度“1+3”机构项目财政资金、2022年度疫情防控资金管理使用情况专项资金审计3项。对天津茱莉亚学院制度建设、内控管理、财务状况、运营情况等方面进行审计调查，调研其他国际学校运营费用，对比天津茱莉亚学院自身运营特点，提出压减运营费用建议。对市场监督管理局2022年度“1+3”项目财政资金预算、拨付及使用情况进行审计，保障专项资金合理支出，发挥效益。经开区疫情防控资金管理使用情况审计重点关注防疫专项资金拨付使用、防疫物资采购和分配、以前年度审计查出问题整改等情况，发现应急用车项目结算不实问题，挽回损失1144.91万元。

（薛　亮）

〔审计调查〕　2023年，经开区审计局开展专项资金审计调查8项。委属国有企业管理的不良资产情况专项审计调查、天津荣新应收账款债权管理有限公司资产及经营情况专项审计调查梳理国有企业不良资产数量、处置情况，针对不良资产管理工作中存在的问题及可能出现的风险，提出相关审计建议。产发集团建设相关领域内部管理及控制专项审计调查针对产发集团建设相关领域制度建设及执行、招投标程序等11个方面，提出审计问题69项。管委会内设部门委托购买第三方服务专项审计调查梳理管委会22家内设部门第三方服务专项资金使用情况，审计各类专项资金使用效果，提出整合信息化等共性服务项目，共享信息资源，降低购买服务成本等建议。天津国际生物医药联合研究院经营情况专项审计调查梳理研究院补贴资金使用情况，调研其经营状况，提出将对研究院的补贴政策改为招商政策的建议，以加强招商部门与研究院合作，推动项目落地。天津泰达津联热电有限公司2022年度热力供应成本及补贴情况专项审计调查分析该公司热力生产、输配环节各项成本，为管委会制订供热规划、完善补贴政策提供依据。委属国有企业投资的基金等非银行类金融公司经营状况专项审计调查分析委属企业投资的非银行类金融企业财务状况、业务开展及内部控制情况，发现并揭示委属金融企业存在的问题及制度体系缺陷，为管委会强化委属金融企业监管提供决策依据。境内（外）各办事处资产情况专项审计调查梳理境内（外）办事处资产情况，审计调查其货币资金、固定资产处置、经费支出情况，对个别办事处原始资料缺失、记账中断等历史问题提出处置建议。

（薛　亮）

〔计划外工程结算审计〕　2023年，经开区审计局开展2021年以前年度未列入审计计划的政府投资项目结算审计工作，出具审计结果通知书223份，审计合同471份，审计建设资金246493.61万元，审定金额230144.44万元，审减金额16349.13万元，审减率7.10%。

（薛　亮）

安全生产监督和应急管理

〔简况〕　2023年，经开区应急管理局（简称应急局）以“智慧应急年”为主题，围绕“防、管、控、应”4个维度，开展安全生产、防灾减灾、应急管理工作，全年区域安全形势稳定。

（王　浩）

〔安全生产责任落实〕　2023年，经开区党委、管委会主要领导及分管领导召开42次党委会、安全生产委员会（简称安委会）季度会和专题会，研究重大事故隐患排查整治2023专项行动、国务院安委会考核迎检、企业安全巡查、信息化建设、防汛“一张图”、地下管线等问题。各分管主任召开各分管行业领域安全生产会议，开展重点时期安全检查68次，落实安全生产“党政同责、一岗双责”责任。

（王　浩）

〔重大事故隐患排查整治专项行动〕　2023年，应急局围绕重大事故隐患排查整治2023专项行动，开展安全生产全链条排查整治、预防硫化氢中毒、公共场所人员聚集安全、“两客一危”、城镇燃气、餐饮燃气、仓储、消防“三合一”（将住宿与生产、储存、经营中的一种或一种以上的使用功能场所，设置在同一建筑内且未进行有效防火分隔的场所）百日行动等专项整治25次，各部门累计检查企业7692家，派出检查人员16980人次，发现问题隐患10557个，行政处罚企业218家，罚款439.16万元。聚焦出租厂房和违法占地，开展“大排查大起底大落责大监管”专项整治，解决长期遗留的安全问题。实施安全监管“倒排名”机制，排查不放心企业221家次。

（王　浩）

〔企业安全生产巡查〕　2023年，应急局围绕企业双重预防机制建设、全员安全生产责任制落实、安全文化建设、安全事故防控能力提升等方面，开展企业安全生产巡查，应急局及各职能部门累计巡查215家企业，派出1247人次，整改问题3211项，促进企业更新或新建安全管理制度447项、新增安全管理员48名、设立安全总监11名、安全培训9819人次。

（王　浩）

〔应急预案〕　2023年，应急局根据各园区和相关部门职能变化调整应急预案，形成“1个突发事件总体预案+32个专项预案+N个部门预案”的应急体系架构，覆盖各种突发事件类型。建立全年24小时应急值守机制，接报处置各类突发事件26起。

（王　浩）

〔应急演练〕　2023年，应急局组织停航船舶人命救助综合应急演练、网络安全攻防应急演练、防汛拉动应急演练、建筑施工现场防汛和高坠事故应急演练、道路交通危化品泄漏事故桌面推演、食品安全事故应急演练等20次，涉及商业、建筑工地、道路运输、防汛、食品卫生、特种设备、文旅等领域；督促企业开展应急演练222次。

（王　浩）

〔防灾减灾〕　2023年，天津经济技术开发区防汛防潮指挥部办公室（简称防汛办）累计发送预警信息532次584条，发布安全提示63次，开展电话抽查

308次。汛期应对降雨18次，启动防汛应急响应8次；海河流域防洪期间，连续在岗值守19天，参与和召开调度会议27场，拟写汇报、通知、方案19份，发送各类指令、预警、通报信息300余次；行洪期间，在蓟运河现代产业园区段、永定新河滨海—中关村段现场指挥，保障区域安全。

（王　浩）

〔排水应急机制〕　2023年，经开区建交局组织编制《经开区排水工作方案》《应对极端强降雨中心城区排水泵站应急机制》等7项应对极端强降雨天气应急机制。开展低洼易积水点位风险排查，针对11处下沉地道及9处积水点位制订“一处一预案”，明确应急排水措施、处置流程、应急排水和道路封闭具体负责人。会同防汛办组织建设“防汛一张图”，明确降水数据、河道水位、下沉地道、泵站桩体、物资设备、应急队伍等信息。

（王　超）

〔应急基础保障〕　2023年，应急局评估经开区综合应急管理平台驾驶舱，改进风险展示、企业巡查、线上会商、在线监控等版块，录入600余家企业和12个重点行业安全风险信息，提升驾驶舱的综合展示和动态调度能力。推动安全生产专项检查、企业巡查流程“上线”，提升信息化平台对区域风险管控的集成能力。

（王　浩）

〔公益培训〕　2023年，应急局到企业宣讲“安全生产十五条硬措施”61场。推动企业108637人使用“泰安全”手机客户端APP在线学习，安全泰达微信公众号发布信息130次（390条）。组织4期“5部事故案例警示片及1部有限空间宣教片”学习，51843人次参加。开展安全大课堂、安全小课堂公益培训18次，培训47191人次；安全讲师进企业30次，培训1200人；组织防汛、地震灾害专题培训2场，131人参加。组织防灾减灾宣传周、安全月系列活动及应急、防灾减灾活动35次，发放资料15000余份（册）。组织12家企业开展安全文化建设；组织管委会各部门300余人参加预案、信息报送、应急能力等培训。

（王　浩）

市场与质量监督

- 市场监管
- 工商行政管理
- 质量监管
- 食品与药品监管
- 特种设备监管
- 市场稽查

市场监管

〔春节市场价格监管〕 2023年，经开区市场监督管理局（简称市场监管局）派出执法人员60余人次，开展春节前涉疫物资民生商品价格和服务收费监管专项行动，对近百户商超、药店、餐饮等主体进行巡查检查。强化药品、抗原检测试剂盒、口罩“三类”涉疫物资价格监管，打击捏造散布涨价信息、囤积居奇、哄抬价格等价格违法行为；采取巡查检查、提醒告诫等方式，强化高端白酒、酒店住宿、旅游景区、餐饮娱乐、停车收费等与节日消费相关的价格监管。

（马　丽）

〔“3·15”系列活动〕 2023年“3·15”国际消费者权益日系列活动期间，市场监管局派出执法人员1178人次，检查经营者783户次，发放宣传材料3000余份。3月6日，市场监管局开展“平台企业进法庭”活动，组织10余户平台企业到北塘中关村科技园中心法庭（互联网法庭）旁听互联网相关案件现场庭审；3月7日，开展“消费维权进公寓”活动，邀请四方君汇律师事务所律师，为公寓居民宣讲“网络购物中的消费者权益保护”；3月11日，开展“社区居民进企业”活动，组织社区居民到天津养乐多乳品有限公司生产车间参观制造业全程操作工艺；3月13日，开展“营养专家进校园”活动，邀请天津科技大学教授到国际学校，宣传营养健康科普知识；3月15日，开展“维权宣传进社会”活动，通过电子屏幕宣传、发放各类宣传材料等形式，宣传与消费者日常生活相关的法律法规、工作指引等。

（马　丽）

〔商业秘密保护专家库〕 2023年4月20日，天津经开区举办商业秘密保护专家聘请仪式暨商业秘密保护专家论坛。经开区以现代产业和创新产业为重点，聘请行政事业单位、法院和检察院、高等院校、企业、律师事务所等领域专家30名，组建经开区商业秘密保护专家库，为商业秘密保护工作提供人才支持。

（马　丽）

2023年4月20日，管委会领导为商业秘密保护专家颁发证书

〔旅游市场安全培训〕 2023年4月25日，市场监管局到天津海昌极地海洋公园，对商圈内商户进行现场培训，保障“于响”片区旅游市场安全。针对“五一”假期游客数量增多现象，监管人员对各商户旅游旺季如何保障食品安全、理性应对消费投诉、明码标价诚信经营、儿童产品质量、特种设备安全等方面进行指导。

（王明军）

〔住宿类平台企业监管〕 2023年，市场监管局从价格监管、提升服务质量、保护消费者合法权益、处理投诉举报与舆情等方面对途家在线信息技术（天津）有限公司、天津榛美旅宿旅游有限公司两家住宿类平台企业进行约谈与提醒告诫。要求商家合理定价、明码标价，严禁收取未标明费用，并通过技术手段对商家恶意涨价行为进行监测和管控；对于商家不合理取消订单行为，按照法律法规和平台规则采取处理措施，维护消费者合法权益；倡导入驻商家提升管理服务水平，安排工作人员24小时值

“五一”节前，监管人员约谈住宿类平台企业

守，处理投诉举报与突发舆情。

（马　丽）

〔重大事故隐患排查整治2023专项行动〕 2023年4月，国务院安委会印发《全国重大事故隐患专项排查整治2023行动总体方案》。5月22日，市场监管局召开市场监管领域重大事故隐患专项排查整治动员部署会议，贯彻习近平总书记有关安全生产重要论述和重要指示精神，以特种设备为重点，推进食品、药械、重要工业品等重点行业领域安全风险专项排查和治理；加大执法力度，开展拉网式排查，查处各类违法行为，消除事故隐患；加强安全教育培训，提高企业安全管理水平，增强从业人员安全意识，从源头上预防和遏制事故发生。

（付壮壮）

〔高考期间市场秩序监管〕 2023年6月，市场监管局开启"护考模式"，开展高考期间市场秩序监管专项行动。检查商品交易市场、校园周边经营通信器材的商户，打击销售窃听、窃照专用器材的违法违规行为；开展商业零售、餐饮住宿等领域价格监督检查，要求经营者对各类商品及服务项目明码标价，查处价外加价、哄抬物价、价格欺诈等违法行为；排查与高考有关的商业广告，处置虚假宣传行为。专项行动期间，派出执法人员156人次，排查酒店、超市、餐饮等各类市场主体78户，发放提醒告诫函78份，未发现相关违法行为。

（马　丽）

2023年6月，监管人员检查校园周边经营通信器材的商户

〔商业秘密保护创新试点〕 2023年9月19日，国家市场监督管理总局公布第二批全国商业秘密保护创新试点地区名单，天津经开区入选。2022年，经开区入选天津市商业秘密保护创新试点地区，至2023年末，经开区市场监管局制订《天津经济技术开发区商业秘密保护创新试点工作方案》，组建经开区商业秘密保护专家库，举办商业秘密保护专家座谈会，推动天津七一二通信广播有限公司、天津利安隆新材料股份有限公司等企业建立商业秘密保护体系；构建行政、司法、行业、仲裁调解、维权援助、企业自治等立体保护网络，形成"企业主体、部门联动、优势互补、社会参与"的多维商业秘密保护格局。

（马　丽）

〔在线民宿行业合规指引发布〕 2023年9月27日，《天津经济技术开发区"互联网+民宿"合规经营指引》（简称《指引》）发布，是中国首个针对在线民宿行业的合规指引，亦是天津经开区首次从监管角度对新经济业态提出的合规要求。市场监管局基于日常监管发现的问题和投诉，走访调研民宿企业，梳理形成《指引》。《指引》适用于在天津经开区注册的民宿网络交易平台经营者，及通过该平台开展在线业务的民宿经营者，内容涵盖经营资质、信息收集、档案管理、广告宣传、价格秩序、信用管理、消费维权等7方面。

（马　丽）

〔公平竞争审查联席会议〕 2023年11月21日，天津经开区召开2023年度公平竞争审查工作联席会议，通报国务院办公厅《关于妨碍建设全国统一大市场有关问题的通报》，解读国家市场监督管理总局等部门印发的《公平竞争审查制度实施细则》。

2023年11月，经开区召开2023年度公平竞争审查联席会议

联席会议总召集人由部门负责人调整为管委会分管领导，成员单位由28个增加至33个，基本实现部门全覆盖，消除审查工作盲区。

（马　丽）

工商行政管理

〔“双随机、一公开”监管〕　2023年，经开区管委会召开部门联合“双随机、一公开”监管联席会议，部署部门联合“双随机、一公开”检查工作，以“进一次门，查多项事”为原则，要求各成员单位梳理检查任务，避免重复检查，对某些检查领域的检查事项增加联合检查部门，减少对企业干扰。1—3月，各成员单位认领相关检查事项，发布清单；4—10月，按照清单完成2023年部门联合“双随机、一公开”所有检查任务，检查事项35个，涉及市场主体224户。

（刘思宇）

〔政企交流会〕　2023年，经开区市场监管局组织区内商务秘书企业代表与管委会招商部门、企业服务部门，召开“为企服务、促企发展、合作共赢”交流会，管委会12个部门与46家商务秘书企业参加。经开区投资促进办公室、人力资源和社会保障局、科技局、滨海—中关村办公室、综保局、市场监管局分别宣讲经开区产业招商政策、人才政策、科技政策、滨海—中关村政策、综保区政策、知识产权政策等。

（蒲　艳）

市场局召开政企交流会，解答企业问题

〔“送法进企业”活动〕　2023年10月20日，经开区市场监管局开展“送法进企业”普法宣讲培训，为企业宣传诚信价值观和诚信经营理念，提高企业信用意识。解读《中华人民共和国市场主体登记管理条例》《天津市市场主体（经营场所）登记管理办法》，解答“一址多照”、企业列入经营异常名录、企业对外公示信息、“双随机、一公开”监管方式、食品药品监管、特种设备监管等领域问题。

（王明军）

质量监管

〔消防产品联合检查〕　2023年，经开区市场监管局与经开区消防救援支队开展消防产品联合检查。执法人员重点检查卖场中待售消防产品厂名厂址等标识是否齐全，被列入强制性认证目录的产品是否取得CCC证书，经营者是否留存进货记录和供方的营业执照、检验报告等文件；为经营者和市民现场讲解消防产品质量辨识技巧和使用方式，宣传消防相关法律法规常识。

（徐德昊）

〔“五一”安全检查〕　2023年“五一”期间，市场监管局开展“保安全促消费”系列检查。执法人员到危险化学品、电线电缆等工业产品生产企业，围绕原材料与半成品过程检验、成品出厂检验等环节进行检查。检查旅游景点周边各类商店，查看玩具等消费品产品标识、入市资质与进货票据；突击检查旅游热点区域周边加油站、海鲜市场、餐饮单位，查看加油机、电子秤等计量器具是否在检定有效期内，是否存在蓄意破坏计量器具准确度的现象。

（徐德昊）

〔世界认可日活动〕　2023年6月9日是第16个世界认可日，主题为“认证认可检验检测：建设质量强国　促进全球贸易”。经开区市场监管局和滨海新区市场监管局在建材检验检测机构现场举办建筑材料检验检测机构检查培训暨“6·9”世界认可日主题活动，讲解建筑材料检验检测的检查流程和注意事项，解答机构人员提出的问题。

（徐德昊）

〔工业产品质量安全“两个责任”〕 2023年，经开区市场监管局宣传《工业产品生产单位落实质量安全主体责任监督管理规定》和《工业产品销售单位落实质量安全主体责任监督管理规定》（简称“两个责任”规定），推动工业产品生产、销售单位落实质量安全主体责任。在相关企业工作群宣传“两个责任”规定文件与国家市场监管总局配发的“一图读懂”宣传材料，要求企业完善管理体系，执行“日管控、周排查、月调度”制度。走访部分企业，学习其执行“两个责任”规定的经验，解决其在制度制订与运行中存在的困难。组织生产企业召开落实质量安全工作推进会，宣贯“两个责任”规定。

（徐德昊）

〔检验检测机构监督抽查〕 2023年，经开区市场监管局抽取9家检验检测机构开展“双随机、一公开”监督抽查工作，涉及食品、建材、环保等5个领域，要求其按照《检验检测机构资质认定管理办法》《检验检测机构监督管理办法》等进行自查，检查场地、设备、仪器、管理体系、信息采集、报告数据及记录等是否存在出具不实、虚假检验检测报告的行为，基本条件和技术能力是否符合资质认定条件，是否超出能力范围向社会出具具有证明作用数据、结果等。

（徐德昊）

〔7家企业获政府质量奖项〕 2023年滨海新区“质量月”活动暨第八届滨海新区质量奖启动会在美克国际家私（天津）制造有限公司举办，公布第六届、第七届滨海新区质量奖、质量奖提名奖获奖企业名单。经开区天津航天长征火箭制造有限公司、一汽-大众汽车有限公司天津分公司、天津海光药业股份有限公司、美克国际家私（天津）制造有限公司等4家企业获质量奖，天津松昌国际货运有限公司、天津泰达洁净材料有限公司、天津信泰汽车零部件有限公司等3家企业获质量奖提名奖。

（徐德昊）

〔质量月主题活动〕 2023年9月全国质量月的主题为“增强质量意识　推进高质量发展”。9月上旬，经开区市场监管局召开工业产品生产许可证业务座谈会，执法人员现场回答企业提出的产品检测方法、换证申报流程、保持生产能力等方面问题。滨海新区市场监管局和经开区市场监管局在天津秉信包装有限公司承办主题为“引导绿色消费，畅享低碳生活”的京津冀绿色产品认证交流会，天津市市场监管委、北京市市场监管局、河北省市场监管局和三地部分区县市场监管局从绿色认证发展情况、支持政策、存在问题和重点工作等方面进行交流。

（徐德昊）

〔窃听窃照设备专项排查行动〕 2023年12月，执法人员走访五金市场、电子产品生产企业，现场检查经营者是否销售带有偷拍偷录功能的充电宝、插座等产品，进货是否查验相关资质，产品标识是否齐全，是否按相关认证要求组织生产。向经营者宣传《禁止非法生产销售使用窃听窃照专用器材和“伪基站”设备的规定》等法律政策。全区未发现涉嫌窃听窃照专用器材产品。

（徐德昊）

食品与药品监管

〔校园食品安全〕 2023年2月10日，经开区市场监管局召开2023年春季学校食品安全工作会议，部署春季学校食品安全专项检查工作，强化教育主管部门、市场监管部门、学校、食品经营单位的责任意识，要求其承担各自的管理责任、主体责任和社会责任，提高食品安全风险防控、隐患治理、安全管理能力，保障师生“舌尖上的安全”。2月13日，市场监

2023年9月4日，秋季校园食品安全暨集中用餐单位食品安全问题专项治理行动工作部署会召开）

管局执法人员派出执法人员20余人次，到16家学校和托幼机构进行食品安全检查并开展陪餐行动，查看校园主体责任落实情况、从业人员管理情况、食品原材料采购贮存和操作加工情况、餐饮具清洗消毒情况、“明厨亮灶”运行情况。9月4日，经开区食品安全委员会召开2023年秋季校园食品安全暨集中用餐单位食品安全问题专项治理行动工作部署会，宣讲经开区2023年秋季校园食品安全专项监督检查和集中用餐单位食品安全问题专项治理行动工作方案，要求各相关部门强化校园食品安全舆情管理机制建设，完善舆情应急响应程序。

（宋春华　任飞）

〔企业食品安全培训〕　2023年食品安全宣传周期间，经开区市场监管局到一汽丰田汽车有限公司（简称一汽丰田）开展食品安全培训。一汽丰田有1万余名职工，6个职工食堂，供应中餐晚餐。市场监管局组织专家培训一汽丰田食品工作人员，讲解《企业落实食品安全主体责任监督管理规定》及食堂食物中毒分类、食物中毒预防要点等知识，并发放食品安全宣传资料。

（夏　淳）

〔食品安全“两个责任”〕　2023年，经开区党委多次召开党委常委会会议、食品安全委员会会议，制订食品安全“两个责任”（属地管理责任、企业主体责任）工作机制实施方案，建立包保督导排查隐患、发现问题、落实整改的闭环管理机制，防控食品安全风险。经开区食品安全委员会办公室采取专题培训、制作工作手册和包保卡片等形式，调动包保干部积极性；采取现场宣传、集中培训、发放告知书的形式，提高经营者对食品安全“两个责任”工作机制的知晓率和配合度。

（宋春华）

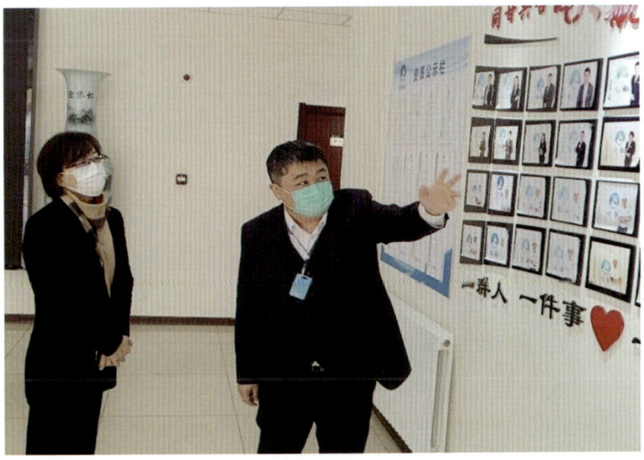

2023年3月，管委会领导检查食品安全“两个责任”工作机制落实情况

〔医疗美容行业突出问题专项治理〕　2022年11月—2023年3月，经开区市场监管局开展为期4个月的医疗美容行业突出问题专项治理，围绕群众反映强烈的问题，重点打击美容行业虚假违法广告、价格违法、不正当竞争、涉药品和医疗器械违法、无证无照经营等行为。专项治理期间，市场监管局派出执法人员90人次，检查医疗美容机构65户次，发放倡议书、告诫函57份，立案2起。

（张　弘）

〔“向海乐活节”食品安全保障〕　2023年，经开区市场监管局开展首届滨城“向海乐活节”食品安全保障工作，成立保障工作领导小组，建立应急保障队伍，对接属地和行业管理部门，掌握相关活动现场、早夜市、主要商圈的经营动态。约谈和培训重点商户、商超、商圈和早夜市管理单位，并同步开展反食品浪费监督检查与食品生产经营监督检查，指导食品生产经营者落实《反食品浪费法》《天津市反食品浪费若干规定》。巡查北塘古镇、永旺梦乐城、千百汇、翠亨广场、天津周大福金融中心K11零售中心、洲际酒店、极地海洋世界、万达广场等，检查大中型餐饮单位300余户次、大型商业综合体11户次，开展约谈和集中培训6场，涉及活动主办方、管理单位、经营单位100余户次；发放禁食野生动物、倡导公勺公筷、制止浪费宣传材料1500余份。

（宋春华）

〔反对食品浪费专项检查〕　2023年，经开区市场监管局开展反对食品浪费专项检查，督导餐饮服务单位倡导节俭行为，营造“浪费可耻、节约为荣”社会氛围，减少社会餐饮浪费。提倡餐饮服务单位推行“小份菜”“分餐制”，推出“温馨提示”“节约提醒”等措施；督促餐饮服务单位培训从业人员，落实点餐提示流程，主动提示消费者根据用餐人数合理点菜、适度消费；提倡免费提供打包餐盒，主动提醒消费者打包剩余菜品。

（任　飞）

〔食品生产企业食品安全管理人员培训〕 2023年5月，经开区市场监管局采用线上线下相结合的授课形式举办为期5天的食品生产企业安全管理人员脱产培训班，内容涵盖《食品安全法》《食品安全法实施条例》《企业落实食品安全主体责任监督管理规定》《食品生产许可管理办法》《生产许可审查通则(2022版)》《抽检管理办法》及食品安全“两个责任”工作机制等内容，共40学时。经开区52家食品生产企业的167名质量管理人员及4名监管人员参加培训。结业考试一次性通过率97%。

（宋春华）

〔医疗器械安全宣传周活动〕 2023年，经开区市场监管局开展全国医疗器械安全宣传周活动，围绕“安全用械、共享健康”主题，以医疗美容行业相关医疗器械为重点，采取线上法规培训、实景监督指导、社区宣传、专题讲座等形式宣讲医疗器械政策法规和医疗器械科普知识。面向区内医美相关器械生产研发机构、批发企业、医美机构和三级综合医院开展专题讲座，引导企业落实质量安全主体责任，规范医疗器械生产、经营、使用行为。

（宋春华）

〔集中用餐单位食品安全培训会〕 2023年10月24日，经开区市场监督管理局举办集中用餐单位食品安全培训会，讲解原材料采购、加工制作、分餐配送、清洁消毒、环境卫生等方面内容，要求集体用餐单位对标对表排查隐患，规范全过程食品安全管控行为。要求集中用餐单位配备食安总监和管理人员，建立“日管控、周排查、月调度”工作机制，落实属地管理责任和企业主体责任“两个责任”。

（任　飞）

2023年10月24日，市场监管局举办集中用餐单位食品安全培训会

〔“阳光食品”智慧监管系统上线运行〕 2023年，天津经开区“阳光食品”智慧监管系统上线运行，构建“注重预防、全程监管、联合惩戒、信息公开、社会共治”监管模式。推进线上线下一体化监管，建立监管部门、食品经营主体、社会公众“三位一体”的“互联网+明厨亮灶”智慧监管平台，接入1055户社会餐饮商户操作间视频监控信号，对经开区全部工地食堂、大中型餐饮单位、集体用餐配送单位等进行24小时实时监控。

（宋春华）

〔重大会议食品安全保障〕 2023年12月，中新天津生态城联合协调理事会第十五次会议在天津召开，经开区市场监管局承担会议期间食品安全保障工作。经开区市场监管局选派执法人员入驻保障点位，建立保障人员与保障点位沟通协调机制，围绕环境卫生、加工操作、检验检测、食品留样等环节，对供餐单位食品从业人员进行现场培训。会议期间，经开区市场监管局进行食材快检188批次、洁净度检测67批次、中心温度检测9批次、微生物快检14批次、豆浆生熟度检测1批次，检测合格率均为100%。

（宋春华）

〔《京津冀食品经营实施办法》专题培训〕 由北京市、天津市和河北省三地共同制定的《京津冀食品经营许可和备案办理实施办法》(简称《京津冀食品经营实施办法》)于2023年12月1日实施。经开区市场监管局召开专题培训，对照国家市场监管总局《食品经营许可和备案办理办法》，解读《京津冀食品经营实施办法》；对照天津市市场监管委《关于做好过渡期食品经营许可审批工作的通知》，就如何做好过渡期的食品经营许可和备案工作进行探讨。

（宋春华）

特种设备监管

〔特种设备安全生产重大隐患专项整治〕 2023年，经开区市场监管局采取线上方式召开特种设备安全生产重大隐患专项整治推动部署会，参会人数270余人。会议通报特种设备安全检查情况，观看特种设备安全警示教育片，要求企业按照排查整治要求开展自查，检查安全管理体制机制方面存在的问题及安全隐患，列出问题清单，明确整改责任人和完成时限。

（张亚萍）

〔两会期间特种设备安全防范〕 2023年3月2日，经开区市场监管局组织区内特种设备生产单位（安装、改造、维修）参加滨海新区特种设备安全工作警示教育专题会议，向特种设备生产单位发放安全工作警示函，督促生产单位加强生产环节质量把控和安全巡查，防范化解安全隐患。监督检查2022年发生过安全生产事故及问题隐患较多的企业，要求其做好设备日常保养和检查。加大两会期间监督检查频次，2月27日—3月5日，派出检查人员32人次，检查企业16家，设备35台（套）。强化重点行业领域专项整治，委托天津市特种设备安全与节能协会监督检查区内7家气瓶和移动式压力容器充装单位，发现8个关键项目的10个问题，所有问题均整改完毕。制订假期值班计划，24小时保持通信畅通和人员热备状态，应对各类突发事件。

（张亚萍）

〔特种设备"网格化"管理〕 2023年，经开区市场监管局建立特种设备"网格化"管理模式，开展系列"网格化"管理培训。开展5场特种设备理论集中培训；开展实务培训，积累实战经验，每月举办两次特种设备安全监督检查实训活动，走访特种设备种类全、数量多、监管难度大的企业，排查问题，为监管人员讲解监督检查要求和技巧；强化应急培训，开展模拟蒸汽压力管道泄漏、叉车货物坠落事故两次现场演练，验证特种设备专项预案及相关企业特种设备应急预案的针对性、实用性和可操控性，提升监管人员应对特种设备突发事件应急救援和现场处置能力。

（张亚萍）

〔燃气排查整治〕 2023年，经开区市场监管局开展燃气排查整治。结合换证工作，现场检查燃气经营企业及天然气门站、储气站、CNG（压缩天然气）加气站等重点燃气场所；强化对液化石油气瓶充装单位的检查，现场检查天津市港塘燃气销售有限公司，督促其落实主体责任，保障气瓶均在法定检验有效期内。排查燃气管道隐患，现场监督检查4家使用单位，发现1处问题隐患，下达1份监察指令书。

（张亚萍）

2023年7月，监管人员现场检查燃气使用情况

〔特种设备安全宣传"五进"活动〕 2023年6月27日，经开区市场监管局与泰祥社区开展支部共建活动，宣传安全乘梯知识，介绍电梯使用场景、运行特点、使用方式，及安全乘梯常识、常见故障类型和应急处置方式。现场播放电梯宣传视频，向居民发放电梯安全宣传资料，让居民掌握电梯相关知识，引导居民阻止不文明乘梯行为。

（张亚萍）

2023年6月，市场监管局工作人员为居民讲解电梯安全知识

〔末端城镇燃气压力管道专项整治〕 2023年10月26日，经开区市场监管局召开末端城镇燃气压力管道专项整治工作会，解读《经开区市场监管局关于开展末端城镇燃气压力管道专项整治的工作方案》，建立市场监管部门、检验机构、燃气供气单位三方协作的工作机制。走访6家燃气经营单位，督促其检验

居民小区末端管道。经开区东区居民小区末端管道30千米完成现场检验，中心商务片区、滨海—中关村科技园居民小区末端管道全部完成现场检验。

（张亚萍）

〔电梯事故隐患排查专项整治〕 2023年，经开区市场监管局组织电梯使用单位、维保单位开展隐患自查自纠，要求其强化日常维护保养，增加电梯关键部件的专项维保。检查人员密集场所及投诉举报数量较多的居民小区电梯，查处各类违法行为，检查企业20家，派出执法人员40人次，检查电梯205台，发现隐患2个，下达指令书2份；对1家企业开展立案调查。聘请天津市特种设备监督检验技术研究院专家对电梯专项检查工作开展技术指导，对12个居民小区的电梯开展全覆盖监督检查，防止设备“带病”运行。

（张亚萍）

〔冬季供热锅炉专项检查〕 2023年，经开区市场监管局梳理区内供热锅炉，逐家核实信息，形成供热锅炉台账，制订锅炉专项检查工作方案，对台账中的设备实施全覆盖监督检查。到热源三厂、安吉智行物流有限公司天津分公司开展执法检查，督促企业落实安全生产主体责任，强化锅炉日常维护保养，排除安全隐患。采取“四不两直”（不发通知、不打招呼、不听汇报、不用陪同接待、直奔基层、直插现场）方式，检查企业“三落实、两有证、一检验、一预案”（落实管理机构、落实责任人员、落实规章制度，设备有使用证、作业人员有上岗证，在用设备要定期检验，制订特种设备应急预案）情况，“两个规定”及“日管控、周排查、月调度”工作制度落实情况，检查企业12家，设备51台，派出检查人员102人次，未发现重大事故隐患。

（张亚萍）

2023年11月，市场监管局开展冬季供热锅炉专项检查

〔严寒天气特种设备安全运行〕 2023年12月，经开区遭遇极端天气，市场监管局开展严寒雨雪天气下特种设备安全专项整治，12月14日，到长城汽车股份有限公司天津哈弗分公司开展专项监督检查，检查企业特种设备主体责任落实情况、极端天气设备运行情况、应急值班情况。利用微信工作群等渠道，发布低温雨雪天气特种设备安全风险提示，针对不同设备可能出现的后果或问题、事前注意事项、应对防范要点、事中事后处置措施等给予企业提醒和指导。加强应急值守，落实领导带班和24小时值班制度，对外公布应急值守工作人员信息，确保遇到紧急突发事件时，信息及时报送。

（张亚萍）

市场稽查

〔假冒注册商标查处〕 2023年4月，经开区市场监管局收到关于用于南港重点电站建设的假冒耐磨钢板举报线索。市场监管局在接报当日突击检查涉嫌存放假冒耐磨钢板的仓库，发现耐磨钢板和加工完毕的钢板切割件。经注册商标所有权人鉴定，上述耐磨钢板材料并非注册商标所有权公司生产或授权生产，均为假冒侵权产品。执法人员作出没收假冒钢板和罚款14万余元的行政处罚决定。7月23日，日本阿自倍尔株式会社在日本总部通过涉外公证的方式委托中方律师到经开区市场监管局，现场举报天津市某企业未经授权出售“azbil”商标阀门定位器，并在多个网站、微信公众号上宣传。市场监管局对线索进行分析研判，固定其线上线下违法行为证据。执法人员先期组织调解，在日方企业不同意的情况下，市场监管局责令该企业停止侵权并处以罚款。

（任飞　李阳）

〔违法经营新冠抗原检测试剂查处〕 2023年，经开区市场监管局执法人员在检查中发现某公司3万支新冠抗原检测试剂，涉嫌未经许可经营医疗器械。市场监管局指派人员对该线索进行核查，该3万支新冠抗原检测试剂，均为未注册的第三类医疗器械。该公司未经许可经营未注册第三类医疗器械的行为违反《医疗器械监督管理条例》，对其进行行政处罚，罚没款30万余元。

（任　飞）

行政事务

- 政策研究
- 政务协调
- 机关事务
- 人事管理
- 离退休管理
- 图书文献服务
- 档案管理
- 修志编鉴

政策研究

〔调查研究〕 2023年，完成各类研究及分析材料40余篇，编印20期《调查研究》《热点跟踪》。开展"京津冀协同发展视角下经开区发展机遇研究""经开区产业迭代升级路径和策略研究"，为经开区进一步融入京津冀协同发展、加快产业转型升级、促进招商引资，发挥参考作用，其中子课题提出打造"材料创新园"设想，具有较大操作价值。到区内重点企业、外地先进地区调研学习，形成《合肥国有资本赋能战新产业发展经验与启示》《常州培育发展新能源产业的经验启示》《关于借鉴天安云谷"产城社区"理念打造新型产业载体的调研报告》等成果，为经开区提高创新能力、优化相关领域产业布局、打造新型产业园区发挥积极推动作用。常态化跟踪分析国家、天津市、滨海新区层面与经开区发展关系密切的重点政策，为区域发展提供有力支撑。围绕国家层面鼓励外资研发中心相关政策、推动低空经济有关政策，进一步专题研究，为相关领域发展提供重要参考。

（秦清清）

〔深化改革〕 2023年，经开区牵头组织完成2022年度和2023年度天津市、滨海新区深化改革考核工作。制订《经开区落实滨海新区2023年全面深化改革任务台账》，定期上报深改落实情况。全年组织上报10个国家级试点案例、7个市级试点案例，超额完成绩效考核指标。滨海新区《改革创新工作交流》刊发经开区两篇改革成效做法。要素改革方面，跟踪整理广州开发区通过审批创新加快重点项目进度的经验做法，由党委主要领导在会议专题研究，有关分管领导带队学习，后续围绕探索桩基先行、分阶段审查施工图、用地清单制等方面实施"泰达工改4.0"改革。创新改革方面，优化"领导小组+专项工作组"联动机制，成立"京津冀数字医疗产业联盟"。国企改革方面，聚焦"六化"（推动专业化整合、加快市场化转型、完善现代化治理、突出正向化赋能、加强系统化统筹、实行差异化考核）实施新一轮国企改革，天津经济技术开发区国有资本投资运营有限公司获得"AAA"信用评级，完成滨海新区改革任务要求。

（秦清清）

〔大兴调查研究工作〕 2023年，经开区落实关于大兴调查研究的工作要求，制订《关于在全区大兴调查研究的工作方案》。党委12名班子成员领题调研，186名中层干部形成205篇调研报告，涵盖体制机制、产业招商、科技创新、国企改革、综合经济、后勤保障等多领域。组织调研成果评审，编辑印发《天津经开区大兴调查研究优秀成果汇编》，为党委提供决策参考。

（秦清清）

〔重要文稿起草〕 2023年，经开区政策研究室完成起草各类会议文稿、汇报等综合文字材料90余篇及年度工作会、招商大会、财经工作会等会议文稿，将政策及产业研究成果融入讲话和汇报材料，发挥"以研促文"作用。

（秦清清）

政务协调

〔公关工作〕 2023年，承办各类活动537批次，接待9970人。其中，承办及协助举办各类大型活动40批次，接待党和国家领导、国家各部委、各省市开发区等领导到经开区调研活动51批次，接待天津市、滨海新区领导会见、调研活动125批次。

重要外事活动 接待尼泊尔工业商业与供应部秘书一行，接待德国联邦外交部部长一行，接待白俄罗斯莫吉廖夫州执行委员会主席一行，接待白俄罗斯驻华大使一行。

重要政务活动 接待中央组织部专题调研组，接待北京市党政代表团，接待河北省党政代表团，接待青海省发展改革委考察组；接待全国妇联书记处书记一行，接待武警部队中将副政委一行，接待全国人大常委会委员、财经委副主任委员一行，接待财政部副部长一行，接待工信部节能司司长一行，接待河北省工信厅厅长一行，接待深圳市宝安区政协党组书记、主席一行，接待南昌市经开区党工委委员、管委会副主任一行。

重要招商活动 接待天津市委书记会见三星电子株式会社会长，会见吉利集团董事长，会见茱莉亚学院荣誉院长、首席中国事务官，会见德国大众汽车集团管理董事、大众汽车集团（中国）董事长；接待天津市委副书记、市长会见三星大中华区

总裁，会见诺和诺德公司全球高级副总裁兼大中国区总裁，会见日本丰田汽车公司中国本部本部长；接待天津市委常委、常务副市长会见英力士集团烯烃与聚合物亚太区总裁；接待天津市委常委、滨海新区区委书记会见日本明治集团社长，会见霍尼韦尔智能建筑科技集团总裁兼首席执行官，会见58同城创始人兼首席执行官等企业家。

承办智能大会“科创中国”绿色石化产业高质量发展论坛、原料药先进制造发展大会暨医药智能制造高峰论坛、智能大会高峰论坛（分论坛）、2023年滨海基金小镇投融资行业峰会、产教联合体成立大会、中国石油和化学工业联合会开幕式及系列活动、第十一届（2023）中国商业保理行业峰会暨第十届于家堡保理论坛、汽车金融论坛、滨海—中关村北塘湾数字经济产业园启动活动、滨城核心区“于响”片区高质量发展推介会暨项目集中签约活动、“滨城人才季”第二届暨“人才聚滨城　智创未来”招才引智启动活动等大型活动。

（白舒同）

〔新闻宣传〕　2023年，天津经开区举行例行新闻发布会9场，各类专题新闻发布23次，全媒体发布2046篇原创稿件，网民制作发布600余篇经开区宣传作品。完成3个重大主题宣传，22个系列专题宣传。在《人民日报》半版专题刊发2次；在《天津日报》头版头条刊登1次，头版报道10余次。在政务新媒体发稿5篇，3个话题传播量过亿，获12项各类重大专题网络宣传奖项。在天津新闻广播推出《泰达一线》品牌栏目。升级改版经开区招商宣传片及宣传画册。

（裴　蕾）

〔公文与会务〕　2023年，天津经开区党委、管委会签转文件14734件；收取、流转中央、天津市委和滨海新区区委红头文件1125件；审修、制发各类公文1216件。组织召开党委、管委会各类会议288次，处理天津市、滨海新区各级外部会议通知3237次。

（王晓童　吉朝卿）

〔政务督查〕　2023年，对经开区173项年度重点工作和重点工程、95项高质量发展攻坚行动任务、110余项决策部署定期跟进、随报进展、提出建议、闭环落实。现场督查新河租赁住宅、一汽大众基地PPP项目等经开区重点工程，形成27期督查报告。提升上级督办件办理效能，推动天津市和滨海新区年度重点工作中20项经开区牵头任务、65项经开区协办任务及400余项决策落实。

（黄景辉）

〔电子政务〕　2023年，天津经开区管委会升级改造OA办公平台。全年OA流转公文130082件，手机OA处理公文93519件，预定会议室5880次，发送各类办公短信357102次，流程流转2099106次，处理其他行政办公申请303次。

泰达政务服务平台　2023年，发布8649条信息。其中，泰达政务服务平台“政府信息公开”专栏主动公开1288条政府信息，滨海新区“政府信息公开”专栏主动公开90条政府信息。发布31条政策、36条政策解读及图解政策。策划26个专题，维护41个专栏专题。2023年，“i泰达”手机客户端访问量16671次，用户下载安装8497次，发布信息量2262条。14292名新用户在网上办事大厅注册账号，申报政策兑现事项5497次。在2023年中国优秀政务平台（数字政府）推荐及综合影响力评估中，经开区获得“2023年度中国领先政务网站”称号和2023年度中国“互联网+政务服务”十佳创新案例。

泰达呼叫服务中心　2023年，受理电话呼入业务3万余次，受理“12345”便民专线工单业务6.9万件、政民互动平台业务（含政民零距离、地方领导留言板、党建群心连心、经开区信箱）1300余件，受理“智齿”智能系统业务600余次。电话呼出量1699278次。

网络安全维护　2023年，处理桌面类突发事件2987次，巡检管委会网管中心机房2160次，调试管委会网络1583次，会议运维124场次。

（贡　正）

〔网络舆情监管〕　2023年，报送12期《舆情月报》、2期《舆情专报》。设置常态化监测专题7项、重点案/事件监测专题24项，接收负面舆情线索预警2421条次，重点开展应对处置61条次，均在24小时内完成舆情处置。举报不良信息9328条、各类舆情风险点2041条。

（裴　蕾）

〔网络信息安全〕　2023年，经开区开展常态化巡网工作，对2977个网站、304个手机软件、3个传播平台进行网络专项治理，监测处置75个违规网站平台、110件网络安全问题。创新属地网站访问异常排查程序，举办经开区管委会网络安全主题中心组学习，开展“天津经开区2023年网络安全攻防实战演练”，落实举办2023年国家网络安全宣传周活动。

（裴　蕾）

〔信访工作〕　2023年，经开区受理各类群众来信、来访案件2571件。其中，来信2270件，来访301批次。信访事项及时受理率、按期办理率100%，群众满意率92.96%。化解天津市、滨海新区督办案件13件。与公安部门、属地单位联合完成国家及天津市、滨海新区重要会议、重大节点期间值守劝返工作，未发生较大规模群体性事件和恶性极端个案。

（魏建涛）

〔人大与政协工作〕　2023年，经开区有47名滨海新区第四届人大代表、18名天津市第十八届人大代表、2名全国第十四届人大代表。办理人大议案19件，其中，市级6件，区级13件。办理政协提案25件，其中，国家级1件，市级5件，区级19件。开展各项人大代表活动15次。组织开展市代表联系区代表、职工群众见面活动。召开经开区人大代表2023年全国两会宣讲座谈会。开展滨海新区第四届人民代表大会代表补选工作，16981人参加选举，整体参选率98.72%，补选7名区人大代表。

（李文涛）

机关事务

〔ISO 9001及ISO 14001认证审核〕　2023年，组织经开区管委会各内设部门、专业机构认证单位参加ISO 9001管理体系认证审核。配合经开区生态环境局完成ISO 14001环境体系认证。

（寇　岩）

〔总务管理〕　2023年，经开区管委会优化整合机构办公场所，不动产登记中心搬迁至第三大街原投资服务中心，建管中心招标站搬迁至泰达MSD。保障管委会办公用房设施设备正常运行，维修项目22项。推动管委会资产处置工作，为5户管委会所属资产办理过户手续；审核各部门调剂资产8批次，指导审核各部门报废资产11批次。

（解　振）

〔物业管理〕　2023年，经开区管委会与远大低碳技术（天津）有限公司签署EMC能源托管合同，托管经开区司法服务中心能源费用，自2023年12月1日起实施，为期十年。与宝信大厦产权单位金信房地产有限公司签订能源管理合同，托管宝信大厦能源费用，自2023年1月1日起实施。

（寇　岩）

人事管理

〔人事管理〕　2023年，经开区为80余人办理人事异动手续，妥善处理7人次信访反映事件。修订考勤和假期待遇管理办法，引导各单位健全内部管理制度。围绕高质量发展需要，加强基层干部动态管理和调研分析，研究薪酬调整、招聘选聘等工作方案，持续做好干部队伍建设。

（徐德运）

〔薪酬福利〕　2023年，经开区调整100余人次工资待遇，为30余人次协调解决生育待遇及工资衔接问题，处理23名干部退休待遇问题。核算发放全委授薪员额内、授薪员额外1500余名干部工资，完成4次季度绩效、1次年度绩效考核及绩效工资发放工作，进一步巩固岗位绩效工资分配制度。

（徐德运）

离退休服务

〔离退休干部党建工作〕　2023年，经开区持续推进离退休干部党支部建设，规范组织生活，严格组织纪律。开展离退休党支部主题教育，组织多场“高质量发展”“党的二十大报告”等思想理论专题讲座。在“争先创优”活动中，经开区第二、第五退休党支部获滨海新区“六好”示范党支部称号。落实离退休干部政治待遇，在重要节日慰问困难党员、困难老干部、“在党50年”老党员，全年发放慰问金66.51万元。

（李海山）

〔离退休干部生活医疗待遇〕 2023年，经开区落实离退休干部各项生活待遇和医疗待遇。累计发放补贴2509余万元，为离退休老干部增加自选筛查体检项目，提供体检报告解读和健康咨询服务。10月，老干部活动中心新址揭牌。组织离退休干部参加“添加正能量共筑中国梦”“看滨海向未来”“迎重阳瞰泰达”系列征文、竞答、主题参观等活动，活动中经开区组织人事部获“滨海新区优秀组织单位”称号，10名老干部获最佳参与奖，20篇征文分别入选区、市级刊物。

（李海山）

图书文献服务

〔简况〕 2023年12月，泰达图书馆落实天津经开区参加第七次全国公共图书馆评估定级工作推动会要求，按66项测评指标收集整理650个佐证文件，通过文化和旅游部第七次全国县级以上公共图书馆评估定级评审，自2009年起连续四次被评为国家一级公共图书馆。

（图书馆）

〔借阅服务〕 2023年，泰达图书馆入藏中文图书1.68万册，借阅图书30.7万册次，到馆读者65.78万人次（同比增长1.3倍），办理借阅证1.73万余个（同比增长6.3倍）；网站访问722.7万次（同比增长5.6%）。推出“期刊数纸同读”服务模式，为15%纸质期刊提供扫码阅读数字期刊服务，提高纸质期刊和电子期刊的阅读率。改造儿童阅览区，建设亲子

2023年4月23日，泰达图书馆“4·23世界读书日”活动之“书香馥心　阅美无限”草地募书会

阅读空间，补充书籍6000余册。回溯并入藏2021年合订期刊1228册、合订报纸163册，下架入库2022年期刊1400余种、报纸近200种。全年发布微信推文536篇，阅读量18.9万次。“泰达图书馆”微信公众号关注人数53470人（同比增长16.3%）。

（图书馆）

〔阅读推广〕 2023年，泰达图书馆开展“阅美·泰达”品牌阅读活动，其中，线上活动133场，线下活动345场（同比增长32%），7.2万人次（同比增长10%）参与。泰达图书馆一汽-大众（天津）分馆获评“天津市示范阅读新空间”，是经开区第二家市级“示范阅读新空间”。3月，泰达图书馆渤化分馆揭牌。至2023年末，经开区有企业书友会5家。

（图书馆）

2023年1月，泰达图书馆一汽-大众（天津）分馆揭牌仪式

〔廉洁文化专题阅读〕 2023年，泰达图书馆多措并举以特色文献阅读服务廉洁文化建设。建设“清风书苑智慧书柜”，更新廉洁、党建、党史、社科等类图书近1000册。建立廉洁文化专题图书展示区，展示馆藏廉洁文化图书。设立“廉洁文化有声书墙”，依托数字馆藏资源，读者可在线阅读或移动端扫码阅读。与经开区纪委、组织人事部合作建设“书香机关”，在线推荐廉洁文化系列丛书和“读书思廉”专题图书。

（图书馆）

〔科技文献信息服务〕 2023年，泰达图书馆聚焦战略性新兴产业、支柱产业及京津冀协同发展，构建信息资源服务体系。为滨海—中关村科技园等园区及“专精特新”科研创新实体，建立梯度科创支撑服务体系。全年到各类科研创新实体为近千名科

研人员提供面对面科技文献服务，为科研人员办理免费中外文文献获取账号1746个，提供期刊、论文、专利、计量报告、标准等科技文献21459篇，助力区域科技创新。

至2023年，国家科技图书文献中心（NSTL）泰达服务站连续12年获国家级表彰。在“NSTL助力天津地区科技信息服务调研行”活动中，专家组将“泰达科技文献服务季”“创新动力源达人赛”“主播说文献”“信息素养公开课”等泰达图书馆（NSTL泰达服务站）文献信息服务品牌及相关经验向全国推广。

（图书馆）

2023年4月，泰达图书馆到经开区西区立中轻合金公司提供数字资源服务

〔决策信息服务〕 2023年，泰达图书馆依托信息资源系统、分析支持系统，搭建数字资源服务平台，为经开区提供决策信息服务。编发《双周决策观察》《规划和自然资源动态速递》《泰图信息专报》等10种决策支持刊物，全年累计出刊419期，《双周决策观察》获滨海新区领导签批17次；配合招商工作，为管委会各部门提供产业报告、行业资讯、公司背景、企业营收、招商渠道、舆情监测等定题文献120篇；建设15个数字资源数据库，开展线上线下信息素养培训22次，提供参考、咨询、服务信息5000余条。

（图书馆）

〔展厅接待〕 2023年，泰达图书馆负责“美丽滨城”会客厅、滨海新区现代产业展示交流中心（合称展厅）讲解接待工作，首次使用英文讲解。全年接待国家发改委、商务部、工信部、财政部、国家知识产权局、中央党校、团中央书记处、中央军委机关事务局、武警指挥学院、外交部驻外使节考察团、全国侨联，河北省、青海省党政代表团，多家媒体代表团等参观1092场2.43万人次。承接第七届世界智能大会、首届网络空间安全（天津）高峰论坛、第十九届中国汽车产业发展（泰达）国际论坛、中华人民共和国第二届职业技能大赛相关人员参观接待、讲解任务。

（图书馆）

档案管理

〔简况〕 2023年，天津经济技术开发区档案馆（简称经开区档案馆）馆藏资源稳步增长，服务水平持续提升，综合实力进一步增强。经开区档案馆领导班子成员深入开展调查研究，形成《泰达图书馆服务区域科技创新实践》《经开区政务服务电子文件归档和电子档案管理》及《经开区智慧图书馆建设》3个调研报告，并制订相应工作方案和措施。年末，经开区档案馆被评为2023年度天津市档案工作先进单位。

（档案馆）

〔“三送”服务〕 2023年，经开区档案馆“送法规、送资源、送服务”（“三送”）服务品牌被列入滨海新区档案事业“十四五”规划。经开区档案馆走访康希诺生物股份公司、天津敏实汽车零部件有限公司等企业，推动企业档案规范化管理及信息化建设。天津药明康德新药开发有限公司数字档案馆通过天津市档案局验收，成为天津市首家建成企业数字档案馆的非国有企业。

（档案馆）

2023年6月9日，天津经开区档案馆“6·9国际档案日”系列活动服务区域经济社会发展

〔档案接收〕 2023年，经开区档案馆馆藏资源稳步增长，符合进馆标准的档案及电子文件接收率100%。针对经开区财务中心档案存放空间紧缺问题，将财务中心会计档案提前接收进馆。全年征集“大沽船坞”“塘沽南站”“天津碱厂旧址”藏书票及《滨城人才政策明白纸》等地方文献106册，接收54批次（28个全宗单位）档案4535盒（卷）20343件。

（档案馆）

〔建设项目档案〕 2023年，经开区档案馆为企业提供从项目开工到档案接收进馆全程档案服务，指导泰达足球场提升改造工程、中石化催化剂（天津）有限公司、耀华中学滨城学校等重点项目档案工作，接收中国石化天津LNG接收站二期项目、国家超级计算天津中心配套项目、PPG全球涂料创新研究院等重点工程档案。梳理“于响”片区建设项目，培训工程档案归档人员3批次600余人，覆盖“于响”片区55个市级重点建设项目。全年验收115个项目档案，接收档案3324卷，接收条目数据7万余条。

（档案馆）

2023年6月，经开区档案馆到南港工业区北部片区提供工程档案服务

〔档案查询利用〕 2023年，经开区档案馆围绕经开区中心任务、重点工作、重大项目、重要活动，提供综合档案和城建档案查询利用服务，为政府决策、招商引资、公众维权和民生保障等提供凭据。全年接待各类档案查询1500余人次，调阅案卷7017卷11669件、照片783张，复印档案及图纸3.94万页。配合审计局经责审计和项目审计查档调档，解决审计部门查档调档难题。

（档案馆）

〔档案开放审核〕 2023年，经开区档案馆进一步完善档案开放审核工作流程，增加档案馆与档案形成单位或移交单位会审环节。对3272件馆藏1993—1995年文书档案进行初审、复审、会审、终审，经经开区管委会批准后，向公众开放891件档案。

（档案馆）

2023年9月，经开区档案馆档案开放审核工作组集体审议开放结果

〔区情区史教育〕 档案馆区情区史教育展厅（简称区史展厅）是经开区新员工入职教育基地、党风廉政教育基地、中小学思政课堂。2023年，区史展厅承接经开区领导班子庆祝建党102周年主题党日、滨海新区人大常委会领导讲授主题教育党课等，并接待商务部外资司和国家科技图书文献中心领导、古巴食品工业部部长、经开区离退休人员等41场1026人次。接待经开区实验中学、经开区第二小学、经开区第二中学教师团队200余人参观。梳理馆藏改革开放、红色档案资源，组织9批次299名中小学生开展“馆本课堂”及“档案思政小课堂”活动。向经开区各单位用户赠送《泰达记忆》2000册。

（档案馆）

〔数字档案馆建设〕 2023年，经开区档案馆进一步推进数字档案馆建设，开展第二批档案数字化工作。全年数字化加工文书档案150万页、城建档案图纸20万页（折合A4幅面）。

（档案馆）

2023年9月26日，经开区领导在经开区档案馆考察档案数字化工作情况

〔“档案见证泰达”微展览〕 2023年，档案馆推出“档案见证泰达”(1984—2022)微展览，发布26期微信推文，展示经开区发展成就，共含文字3万字、图片938张、视频120分钟，总阅览量1.9万余人次。

（档案馆）

修志编鉴

〔《天津经济技术开发区年鉴2023》出版〕 2023年，档案馆优化编纂模式，完善年鉴篇目方案，依照经开区“十四五”规划编排产业篇目，设置年度特篇《新冠疫情防控》，调整计划类文献。12月，《天津经济技术开发区年鉴2023》出版，手机版《天津经济技术开发区年鉴2023》电子书同期制作完成并公开发布，全书450页90万字，设26个类目、155个分目、1240个条目，收录241张图片。

（档案馆）

〔地方志数字化〕 至2023年末，经开区档案馆完成经开区所有志书和年鉴数字化，并制作成手机版电子书，通过网站、微信、二维码等方式公开发布，供读者免费查阅。手机版电子书采用流媒体技术，支持跨平台、跨终端阅览，在手机、平板电脑、办公电脑中随时查阅，支持全书检索、自动浏览、目录跳转、拷贝内容等，方便读者检索、使用，发挥地方志存史、育人、资政作用。

（档案馆）

〔地方志资料库〕 2023年，档案馆与多个省市地方志编纂机构交换年鉴116册、志书7册。至2023年末，经开区地方志资料库累计收集全国各地志书、年鉴600余册。

（档案馆）

国有资产经营与管理

- 概　况
- 天津泰达城市发展集团有限公司
- 天津泰达产业发展集团有限公司
- 天津经济技术开发区南港发展集团有限公司
- 天津新金融投资有限责任公司

概　况

〔简况〕 2023年,经开区国有资产监督管理局(简称国资局)建立国资系统经济运行季度分析机制,每季度召开国企经济运行分析会,督促企业完成经营目标;组建经开区国有资本投资运营公司,确定“两步走”(短期内发挥“信用支持、发债统筹、产业赋能”战略功能,中远期成为经开区国有资本的“运营管理平台、资本运作平台、产业引领平台”)发展战略,打造经开区城投类AAA级信用企业。区属国有企业全年营收156.27亿元,较2022年增长67.24%;利润总额2.50亿元,较2022年增长13.79%。

(付　丹)

2023年4月17日,经开区区属国有企业2023年1季度经济运行分析会召开

〔新兴产业拓展〕 2023年,国资局成立天津绿动经开能源投资集团有限公司,挖掘经开区光伏发电、节能改造业务资源,整合低碳中心相关股权,构建绿色产业链条。开展不良资产处置业务,与资产管理公司合作拓展市场化业务。与国家超级计算天津中心、天津国际生物医药联合研究院等专业机构合作,通过股权合作等方式助力战略性新兴产业发展。

(付　丹)

〔国企市场化改革〕 2023年,国资局召开国企市场化改革推动大会,制订“支持与引导企业市场化转型发展的十项举措”。推动各委管企业确定市场化改革企业主体,制订市场化改革方案,跟进重点领域关键环节改革进展,评价市场化改革效果。

(付　丹)

2023年2月2日,天津经开区国资国企市场化转型推动大会召开

〔三项制度改革〕 2023年,国资局深化三项制度(劳动制度、人事制度、分配制度)改革,推动各委管企业精简内设部门,配备相应中层干部。调整绩效考核及兑现机制,制订考核指南、政策说明,完成2022年度经营业绩考核评价工作。完善工资总额管理方式,开展国有企业工资总额管理专题辅导,指导各委管企业制订其工资总额管理办法,加大工资总额在集团内“二次分配”力度。规范外部董事管理,调整委管企业外部董事年度考核方式和决策程序。指导产发集团所属商业保理公司市场化选聘职业经理人,制订职业经理人考核指标和薪酬标准。

(付　丹)

〔资产盘活〕 2023年,国资局处置盘活MSD-H1写字楼、MSD-H3写字楼、嘉兴希尔顿酒店、云赛数据中心、翠亨人才公寓等重点项目,推动南港LNG公司、泰港石化仓储公司等股权退出,全年盘活资产15.3亿元。推动北塘华塘睿城、微电子厂房等项目补办权证,增加融资资源。推进资产证券化,推动科工园厂房公募REITs项目(不动产投资信托基金,Real Estate Investment Trusts的缩写)发行,该项目是天津市首单公募REITs项目。创新盘活方式,与专业机构合作,推动管委会与信达资产管理股份有限公司签订战略合作协议,通过设立S基金(Secondary Fund,专门从事私募股权投资领域的基金)盘活出行基金沉淀份额。

(付　丹)

〔投资管理〕 2023年，国资局修订区属国有企业投资监管制度，加强企业境外投资和债权投资的监管，建立固定资产投资季度计划事前备案机制，提高企业自主经营决策能力。支持区属国有企业与重点产业企业合资合作，推动产发集团与国家超级计算天津中心、国际生物医药联合研究院合资成立企业，南港集团与海河基金合资成立市场化基金。对接招商项目，结合吉利新能源项目、七一二移动通信项目等建设需求进行固定资产投资，盘活存量闲置厂房。创新投资方式，与船舶资产运营领域专业民营企业合作开展境外投资，收购船舶产业投资基金持有的船舶债权资产包并开展市场化运营，解决历史遗留问题，挽回损失。

（付　丹）

〔业务整合〕 2023年，国资局落实“三量”（盘活存量、培育增量、提升质量）工作要求，到各委管企业及所属重点二三级企业调研，推动各委管企业围绕主业重组，退出非主业和非优势业务。梳理资产底数，推动厂房、公寓、商办楼宇等资产集中统一管理，降低管理成本。

（付　丹）

〔债务接续〕 2023年，国资局推动区属国有企业通过新增融资、债务置换和期限调整等方式接续债务。组织区属国有企业完成3轮债务情况调查，制订市场化转型、市场化经营收入提升方案。协调金融机构落实隐债置换，保障满足条件的隐债应换尽换。组织各集团梳理隐债化解过程中释放出的资产资源，对接新项目，发挥资产效益。建立债务风险预警机制，指导各企业定期梳理资产状况，统筹优化抵押资源、担保资源。

（付　丹）

〔安全生产管理〕 2023年，国资局完善国资系统安全生产责任体系，制订国资局安全生产工作职责清单和履职清单，确定20项工作职责和34个履职事项。建立风险分级管控和隐患排查治理双重预防机制，开展重大事故隐患2023专项整治、2023安全生产月活动等14项安全生产专项整治行动。加强国资系统安全生产培训演练和督导检查，全年开展安全培训演练2次，发放海报800份；开展安全检查20余次，排查整改隐患110余项。

（付　丹）

〔监管制度〕 2023年，国资局修订《国资监管权责清单（2023年版）》，对部分监管项目加大放权力度，提高决策效率。修订区属国有企业投资管理办法、评估机构选聘管理办法等国资监管制度，开展“立改废释”（新立、修改、废止、解释）工作。加强国有产权登记管理，建立产权登记信息动态管理机制，推动区属国有企业产权“应登尽登”“应调尽调”。

（付　丹）

2023年9月13日，国资局组织区属国有企业召开国资监管权责清单修订交流会

〔监管平台优化〕 2023年，国资局升级“经开区智慧国资平台”，优化平台统计、分析、诊断、决策功能，梳理风险易发领域数据指标，建立风险实时监测预警机制。指导区属国企增强业财（业务财务）信息联动，强化企业各类成本精细化、过程化管理，指导南港供应链公司建设业财一体化系统并正式运行。推进区属国有企业公务用车安装GPS定位系统，公务用车纳入滨海新区大数据监督平台统一监管。

（付　丹）

天津泰达城市发展集团有限公司

〔简况〕 天津泰达城市发展集团有限公司（简称泰达城发集团）是天津经开区管委会直属一级国有企业，下辖8家二级企业。2023年，泰达城发集团资产总额977亿元，同比增长8%；营业收入22.5亿元，同比增长26%；市场化收入5.75亿元，营业利润同比增长52%；所有者权益350亿元。

（李书豪）

〔城市运维业务〕 2023年，泰达城发集团城市运维业务营业收入8.1亿元，同比增长69%。完成经开区“一区十园”2286万平方米市容环卫管理、2610万平方米园林绿化养管、1572万平方米道路养护、1306万平方米储备土地日常管理，以及桥梁、路灯、河道、排水管网、泵站等日常城市运营维护工作。压降养管费用，2023年城市运维费用较2020年经开区财政预算压降20.1%；制订雨水泵站非汛期经济化运行方案，节约电费350万元/年。

（李书豪）

〔城市更新业务〕 2023年，泰达城发集团推进塘沽南站城市更新项目，同北京铁路局签订补偿协议，启动滨河公园一期项目；筹备西区青年广场二期保障房、海通街、MSD-B11地块等11个新项目。全年城市更新业务总投资12.57亿元。

（李书豪）

〔建设项目全过程咨询业务〕 2023年，泰达城发集团及所属公司取得甲级测绘资质、城乡规划编制乙级资质等专业资质，打造集项目策划、规划设计、项目管理、检测试验、测量测绘、运营管理等于一体的全链条管理模式。全年建设项目全过程咨询业务营业收入1.86亿元，同比增长69%。

（李书豪）

〔资产管理运营业务〕 2023年，泰达城发集团资产管理运营业务营业收入5.3亿元，新签约写字楼客户、商业客户100余组，新增年租金3600万元。人力资源产业园一期位于泰达MSD-A1座，实现满租。

（李书豪）

〔智慧城市业务〕 2023年，泰达城发集团以“经开区及其所属区域视频监控及相关数字化基础设施平台统一运维项目”为依托，通过公安视频监控、地理信息时空平台、IOC大数据平台（基于物联网、云计算和大数据技术的综合平台）、混合云平台、AI视频云平台等基础设施及平台服务资源，提供项目策划、专业咨询、数据管理等多元化服务。全年智慧城市业务营业收入2.46亿元，同比增长29%。

（李书豪）

2023年5月11日，泰达城发集团举办数字化赋能项目管理专项培训

〔精细管理〕 2023年，泰达城发集团构建办公平台流程智能化应用、业财一体化深度集成、项目管理全生命周期数字化风控等数字化运营管控体系。完善党建、人事、财务、采购、资产等26个权责事项；梳理制作集团财务管理、投资管理、工程项目管理、经营管理、资产管理等20个管理模块126个事项的管控界面清单，按照核准审批、事前备案、事后报告、组织实施、事后备案5种方式进行管控。

（李书豪）

〔安全生产〕 2023年，泰达城发集团建立全员安全生产责任制，制订《天津泰达城发集团有限公司重大事故隐患排查整治工作实施方案》，围绕城市运维、楼宇运营、建设工程等方面，组织安全检查57次，发现并整改各类隐患330项。

（李书豪）

2023年6月20日，泰达城发集团开展“安全生产月”系列活动

〔风险防控〕 2023年，泰达城发集团制订《泰达城发集团及其下属各级子公司“评定分离”专家库管理办法》，组建专家库和专家委员会；完成103项下属公司招标采购方案联审、32项下属公司单一来源采购审核。制订《委派人员管理暂行办法》，规范参股公司人员委派及履职要求，保障国有出资人权益。建立参股股权经营管理工作机制，推动低效、无效股权适时退出。

（李书豪）

〔党建工作〕 2023年，泰达城发集团开展学习贯彻习近平新时代中国特色社会主义思想主题教育，深入开展调查研究，解决49项问题。3个基层党组织、12名党员干部获经开区党委和国资局党委表彰。策划“党日+”主题，开展“做精主业勤追梦”等12项活动。

（李书豪）

2023年6月9日，天津大学组织与战略管理系党支部与泰达城发集团党委开展共建交流

〔天津泰达规建技术服务有限公司〕 2023年，天津泰达规建技术服务有限公司（简称泰达规建公司）

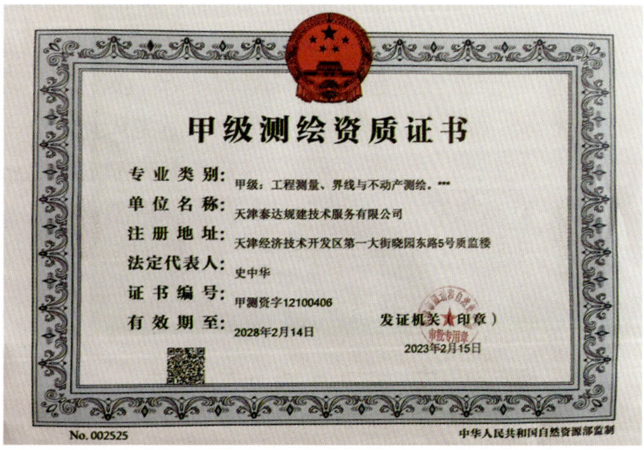

甲级测绘资质证书

专业类别：甲级：工程测量、界线与不动产测绘。***

单位名称：天津泰达规建技术服务有限公司

注册地址：天津经济技术开发区第一大街晓园东路5号质监楼

法定代表人：史中华

证书编号：甲测资字12100406

有效期至：2028年2月14日

发证机关（印章）

2023年2月15日

No.002525

中华人民共和国自然资源部监制

2023年2月，泰达规建公司获甲级测绘资质

获国家测绘甲级资质和城乡规划编制乙级资质，开展规划测量、市政测量、界线与不动产测绘、规划技术咨询等建设项目全过程咨询服务。

测量测绘　2023年，泰达规建公司完成地形图测量、建筑物规划放验线、建筑物过程查验、竣工验收测量、基坑监测、沉降观测等项目339个；测量房产建筑面积166万平方米、登记房地产权证土地面积766万平方米、登记新供地不动产权证土地面积820万平方米，共621项。

2023年9月，泰达规建公司开展一汽丰田天津基地测绘业务

规划设计　2023年，泰达规建公司承接经开区管委会、四大集团和滨海土地发展中心等各类规划策划工作；拓展滨海新区业务，承担汉沽、大港等地区控规修改工作。

（李书豪）

〔天津泰达土地整理开发有限公司〕 2023年，天津泰达土地整理开发有限公司（简称泰达土地公司）注册资本15亿元，资产总额31.8亿元，承担经开区范围内土地资源统一收储及相应基础设施配套建设工作。

房屋征收　2023年，泰达土地公司开展滨海新区轨道工程等重点项目房屋征收工作。鸿运小区搬迁671户，完成率97.95%；鸿运小区4号楼、5号楼主体拆除。完成晓园新邨1—15门房屋征收前期准备工作。

土地收储与管理　2023年，泰达土地公司推动海晶集团地块、星马汽车地块等收储项目8个，新增储备土地336万平方米；完成26宗土地各项供前事项，土地规模130万平方米，土地出让收入26亿元。

2023年12月28日，晓园新邨征收动员现场

资产运营　2023年，泰达土地公司盘活企业存量资产，完成滨海天和城配套公建、底商出租、尾房销售、地下车库运营等工作，运营收入280万元。

（李书豪）

〔**天津泰达建设工程有限公司**〕　2023年，天津泰达建设工程有限公司（简称泰达建设公司）提供规划设计管理、工程造价咨询管理、建设工程管理等项目全生命周期管理服务，营业收入2.36亿元，净利润289万元。提供抵押、担保15笔，抵押住宅及底商873套，办理11块储备用地土地收益权质押担保，融资款77.87亿元。新河租赁住宅项目（新郡家园）竣工。截至2023年末，791户居民选房并签订搬迁补贴协议，占需搬迁比例98.99%；腾空、破除房屋858套，为756户居民发放补贴1115.33万元。全年中标5个项目，合计中标金额569.72万元；代建业务营业收入806万元，比2022年增加444万元。

（李书豪）

〔**天津泰达发展有限公司**〕　2023年，天津泰达发展有限公司（简称泰达发展公司）负责泰达MSD（现代服务产业区）、“于响”片区商办楼宇的租售、配套商业招商、运营工作，为企业提供定制化服务。

泰达MSD

写字楼运营　2023年，写字楼新签约中化学十三化建投资建设有限公司、中国石油工程建设有限公司天津分公司等客户105组，新签租赁面积4.06万平方米，新签合同总额5048.66万元，年租金2600.88万元。推动央企二级公司总部落户，国家管网集团二级公司液化天然气接收站管理分公司购买MSD-H1座、MSD-H3座作为其总部；国能集团天津港务公司购买泰达MSD-F1座作为集团天津总部。

2023年10月26日，国家官网集团办公厅主任考察MSD-H1项目

产业园运营　中国天津人力资源服务产业园（滨城园区）2022年8月开园，泰达发展公司是其招商运营服务商，2023年营业收入30亿元，税收1.2亿元。至2023年末，其一期项目（MSD-A1座5—10层）出租率100%，累计引进机构45家，盘活楼宇1.98万平方米。

2023年，泰达发展公司加大双碳大厦招商力度，储备吉利汽车集团有限公司双碳板块、渤海银行绿色银行、天津旭然科技有限公司等在谈项目，中石化新星（天津）新能源有限公司、滨海新区智慧集团等3个项目落户双碳大厦。

至2023年末，MSD片区“石化产业园”有39家石化企业，与南港工业区LNG项目、中沙石化项目等联动形成“南港搞生产东区搞服务”的石化产业集群。

商业运营　2023年，泰达发展公司新签约商业客户58组，新签租赁面积1.23万平方米，新签合同总额1358.09万元，新签合同年收入550.25万元。举办“于响好市”、泰达MSD“Hi FUN嘉年华”等活动，配合举办滨城夏日“星耀滨海”、“有你泰好”打卡、啤酒节等活动。

公寓运营　2023年，泰达发展公司公寓运营营业收入2144.70万元，同比减少129.94万元；营业成本1717.17万元，同比减少22.49万元；全年GOP（营业毛利）422万元。

物业服务　2023年，泰达发展公司所属天津泰达第一太平物业服务有限公司承接泰达城发集团所属商办资产的物业管理服务，接管仁泰大厦、荣泰大厦、东方名邸、恒富大厦等项目。至2023年末，在管物业项目8个，面积80万平方米。

（李书豪）

〔天津泰达智慧城市科技有限公司〕　天津泰达智慧城市科技有限公司（简称泰达智慧公司）隶属于天津泰达城发集团，下设天津泰达有线电视网络有限公司（简称泰达网络公司）、易泰达科技有限公司（简称易泰达公司）2家全资国有企业。2023年，泰达智慧公司整合滨海新区信息化资源，开展智慧城市运营和资本运作工作，营业收入2.47亿元，较2022年增加5300万元。

泰达智慧公司依托“经开区及其所属区域视频监控及相关数字化基础设施平台统一运维项目”，打造多元化服务大运维体系，承接智慧文旅、智慧商圈、低碳楼宇等城市更新项目；建设医疗大数据平台，签约京津冀智能医药产业园合作平台项目。“云计算服务安全能力要求标准在混合云下的应用实践”“综合应急平台建设项目（二期）——南港工业区智慧大应急（二期）项目”入选天津市网络安全典型案例。

泰达网络公司开展智慧停车业务，中标滨海新区威海路、杭州道、新胡路、津港路4宗储备地块，建设公共停车场。易泰达公司与中国电信天津分公司签署“天翼云”战略合作协议，合作推广“泰达天翼云”项目；中标滨海新区教育综合保障服务中心项目、滨海新区政务内网采购等项目。

（李书豪）

〔天津泰达工程技术咨询服务有限公司〕　天津泰达工程技术咨询服务有限公司（简称技术咨询公司）隶属于泰达城发集团，前身为经开区建设工程试验中心。2023年，技术咨询公司营业收入4648.15万元，利润总额394.80万元。

检验检测　2023年，技术咨询公司承接滨海—中关村科技创新产业园一期工程、吉利远程新能源商用车天津工厂项目等检验检测项目244个，涉及房地产、公建、厂房、轨道交通、市政等领域，覆盖经开区、保税区、生态城等区域。

技术咨询　2023年，技术咨询公司签订滨海新区土地发展中心新河船厂地块场地治理全过程咨询、会展中心城市更新环保咨询、金耀生物公司房产确权转固审批代办等合同117份。

（李书豪）

〔天津泰达环境投资集团有限公司〕　2023年，天津泰达环境投资集团有限公司（简称泰达环投公司）开展市政设施、园林绿化、环卫扫保等城市运维工作，泰达环投公司及所属公司合并营收8.11亿元，成本费用利润率2.3%，资产负债率59%。完成地铁Z2线工程开口、破路修复、苗木迁移等项目67项，增加产值3300余万元；完成30余条道路路灯大修工程，更换老旧电缆、路灯等，完成产值1000余万元。

2023年8月，环投公司更换第三大街沿线电力电缆

泰达环投公司是2023年经开区“创卫创文”工作兜底保障单位，“创卫创文”复审期间，派出500余

2023年7月29日，环投公司在新港路宝龙易积水点位开展排水工作

人次、各类设备130余台次，清理垃圾近700吨。

（李书豪）

〔**天津经开区城市更新建设投资集团公司**〕 天津经济技术开发区城市更新建设投资集团有限公司（简称城市更新公司）隶属于泰达城发集团。2023年，城市更新公司围绕塘沽南站城市更新项目、定制化厂房、城市微更新等业务，打造经开区综合性投资开发平台。

城市更新 2023年，城市更新公司总投资14.86亿元。调整M0新型产业园用地容积率，增加产业建筑面积3万平方米；根据“2023年汛期后国家关于支持灾后重建”政策，申请2024年新增国债5600万建设资金，缓解塘沽南站城市更新项目资金问题，签订塘沽南站城市更新项目搬迁还建“更新安置协议”。

定制化厂房 2023年，城市更新公司开展定制化厂房业务。3月17日，富维海拉车灯（天津）有限公司厂房项目开工；11月，客户工艺设备进场，局部起租，年租金800万元。8月25日，格拉默车辆内饰（天津）有限公司厂房项目开工；10月26日，地基通过验收。

2023年8月25日，经开区格拉默内饰天津生产基地项目开工

招商引资 2023年，城市更新公司围绕塘沽南站城市更新项目，对接北京钧铭嘉浩资产管理顾问有限公司、盘古行（天津）商业管理有限公司等第三方单位，接洽33组客户。委托维思平设计公司编制M0新型产业园项目定位，储备客户21组。通过市场资源对接汇成科创科技有限公司、天津达居房地产经纪有限公司等客户16组。

风险管理 2023年，城市更新公司制订公司内控体系建设工作实施方案，梳理公司日常管理中的薄弱环节，完善制度26项；与经开区审计局建立沟通联络机制，通过跟踪审计、定期抽查等方式对城市更新项目进行全过程指导监督，提升项目合规性。

党建工作 2023年，城市更新公司发挥“党建引领、共同缔造”作用，与北京铁路局等单位开展党建共建等主题党日活动，形成“业务点题、党建推动”模式。在塘沽南站城市更新项目推动过程中，通过常态化“党建+”模式与中国铁路北京局集团有限公司天津工程项目部建立协作机制，依托塘沽南站历史文化场景，共同开展主题党日活动。

2023年9月5日，城市更新公司与北京铁路局开展党建共建活动

（李书豪）

天津泰达产业发展集团有限公司

〔**简况**〕 2023年，天津泰达产业发展集团有限公司（简称泰达产发集团）以市场化转型为主线，构建、培育、运营战略性新兴产业生态，有泰达科技工业园有限公司、泰达人才安居有限公司、一汽大众基地开发建设有限公司、北塘湾（天津）科技发展有限公司、天津泰达津滨高速公路有限公司等8家重点二级企业，整体管控65家企业，参股企业52家，资产总额1021.87亿元，全年营收50.54亿元。

（李景泰）

〔**产业促进**〕 2023年，泰达产发集团聚焦经开区主导产业，整合资源，构建“招商+服务+金融+投资”的一体化业务模式。建立涵盖产业全周期、全流程的基金体系，参股、控股基金管理公司4家，参股基金6家，累计实缴出资额3.23亿元。与中关村发展集团合作设立生态雨林基金，立项项目14个，储备项目

121个。与天津市海河产业基金、滨海产业基金、泰达引导基金合作，成立专项基金，支持战略性新兴产业，投资项目15个。

（李景泰）

〔园区运营〕 2023年，泰达产发集团围绕京津冀协同发展、专业化主题园区、产业发展平台，构建产业生态体系，提升产业运营能力；聚焦医疗器械、生物制药、芯片设计、工业自动化等高科技细分领域，全年落户项目120家，注册资本15.85亿元，去化载体1.75万平方米。与天津中关村运营公司、科芯科技公司合资建立天津中关村产业发展有限公司，培育高科技产业集群；与天津国际生物医药联合研究院有限公司合资设立医智（天津）产业园区运营管理有限公司，共建京津冀智能医药产业园；承办“智联产研·协同创新”——“科创中国”京津冀科技成果对接会，发布科技创新成果30余项，20余家经开区创新主体发布技术需求60余项。

（李景泰）

〔人才服务〕 2023年，泰达产发集团人才安居公司和人才发展公司围绕“市场化运营”和“人才服务”，构建生活性服务及生产性服务双核发展模式。“泰之嘉”品牌公寓1000余间，整体出租率90.5%，营业收入1100万元。人才发展公司举办招聘会33场，参会企业846家。

（李景泰）

〔市场化转型〕 2023年，泰达产发集团设立一系列市场化主体，加快市场化转型。泰达租赁公司新增投放额14.26亿元；经开保理公司投放保理融资款10.6亿元，较2022年增长32.5%；科工园能源管理公司创新业务模式，建设分布式屋顶光伏等新能源项目；产业园管理公司运营美食广场等园区商业空间，营业额500余万元。

（李景泰）

〔微电子工业区运营〕 2023年，泰达科技工业园有限公司微电子运营中心（简称微电子运营中心）优化微电子工业区营商环境，运用市场化手段盘活托管载体闲置资产，新出租厂房1.15万平方米。至2023年末，微电子工业区注册企业247家，其中，外资32家，内资及民营215家，区内经营生产企业73家，规模以上企业15家，从业人员1.4万人。

载体经营 2023年，微电子运营中心强化托管载体管理，配合各渠道协同完成招商服务与合同谈判，全年盘活闲置厂房资产1.15万平方米，其中，盘活中小企业园厂房5271平方米，盘活西青区厂房6258平方米，厂房年租金收入同比增加280万余元。与承租方签署三号公寓出租合同，盘活600余间房间及综合配套服务楼3298平方米。

企业服务 2023年，微电子运营中心配合各招商部门，开展地接招商工作，全年完成招商接待30余次。走访园区企业25家，收转、处理企业来函解决诉求50余件次，续签企业8家，续租面积3万余平方米。协调解决三星视界移动公司、恩智浦半导体（天津）有限公司等企业厂房维修、能源申请等日常事务。组织“科技政策、园区服务助力企业创新发展”助企活动，为企业提供政策咨询等服务。

2023年12月1日，“科技政策、园区服务助力企业创新发展”助企活动论坛召开

安全生产 2023年，微电子运营中心全员签订安全责任书，组织开展消防、燃气、危化品、用电、仓储、物流和小商贩安全检查，检查企业56家，整改安全隐患，全年安全生产零事故。

（祁 洋）

〔逸仙科学工业园运营〕 2023年，泰达科技工业园有限公司逸仙科学工业园运营中心（简称逸仙园运营中心）承接5.7万平方米标准厂房、4.7万平方米公寓、1万平方米其他商办楼宇等逸仙园自有载体运营工作，通过招商、招租，盘活闲置资产，全年盘活闲置公寓70间、闲置厂房配套楼宇750平方米，增加经营收入110余万元。

供热改革 逸仙园地热站供暖面积5万平方

米，每供暖季亏损170余万元，2023年，逸仙园运营中心推动逸仙园地热站市场化运营。武清区民营供热企业投资1.8亿元改造燃气供热锅炉，并承接逸仙园自有载体及武清区商业、公建供暖业务，逸仙园减少亏损170余万元/年。

安全生产　逸仙园运营中心配合经开区应急局加大安全隐患排查检查力度，推进双重预防机制建设。多次联合经开区应急局、武清消防支队、驻区民警办召开安全生产专题会议，通报安全事故案例，部署物流仓储、第三方管控等环节安全管理工作。

（祁　洋）

〔天津泰达科技工业园有限公司〕　2023年，天津泰达科技工业园有限公司（简称科工园）管控范围内公司合计营业收入6.96亿元，利润总额2.35亿元，能源业务收入增长0.42亿元。

市场化业务　2023年，科工园组建天津泰达科工园能源管理有限公司、泰达产业园管理有限公司，扩大公司业务；开展物业统筹管理、园区载体广告、商务秘书等多元化业务，提升公司盈利能力。吉利远程新能源商用车天津工厂厂房、微电子标准厂房、大陆汽车系统（天津）有限公司定制厂房等新能源光伏业务落地；天河数字产业园车辆停泊实施统一收费，年营业额100余万元。

资产盘活　2023年，科工园盘活楼宇9.4万平方米；改造天大科技园服务中心及孵化器、泰华公寓、天河数字产业园等10.45万平方米；新建孵化器9万平方米。吸引中航长城计量测试（天津）有限公司、华源智信半导体（天津）有限公司、赛诺医疗科学技术股份有限公司等企业入驻。推动天津市首单公募REITs发行，盘活科工园存量资产，11月14日，收到上交所受理反馈意见。

园区运营　2023年5月6日，由科工园和天津国际生物医药联合研究院有限公司合作共建的京津冀智能医药产业园揭牌；融达科技园依托"加速+投资"产业体系，吸引药物研发、医疗器械等领域企业入驻；天大科技园建设智慧停车系统、智慧能源、智慧云缴费系统等，建设智慧化产业主题园区；天河数字产业园完成外部绿化及景观提升工程、园区标识柱更换工程、楼体亮化工程；改造海云街厂房，提供食堂、小超市、自动贩卖机等配套服务，提升企业满意度。

企业服务　2023年，科工园走访企业500余次，帮扶企业解决问题230余次；为企业提供载体服务，并围绕企业和主题产业需要，提供政策、人才、技术对接、知识产权、融资对接等增值服务。

（祁　洋）

〔北塘湾（天津）科技发展有限公司〕　2023年，北塘湾（天津）科技发展有限公司（简称北塘湾科发公司）总资产117.26亿元，净资产83.74亿元，注册资本80.08亿元。

市场化改革　2023年，北塘湾科发公司开展产业导入工作，梳理历史政企间资金往来，按照市场化模式，建立结算通道。围绕园区开发和产业生态运营两大维度，建立内部创业孵化团队管理及激励方案，拓展市场化增量业务；成立"传统基建+新基建+全服务体系+市场化手段"模式的全产业链开发运营公司。对接合作资源，参与共建"滨海新区数字化科技成果转化服务与交易平台（经开区分站）"，参加技术成果对接活动，与经开区医疗器械创新驱动发展中心签署战略合作协议。承办"智联产研·协同创新"——"科创中国"天津经开区京津冀科技成果对接会，来自京津冀三地的高校院所发布小核酸药物、汽车及零部件、数字人、绿色石化等科技创新成果30余项；康希诺生物有限公司、纬湃汽车电子有限公司等20余家经开区创新主体在活动中发布技术需求60余项。

数字化运营　园区一卡通"创享通"小程序投入运营，实时了解园区消费群体需求，掌握客户信息；通过"创享通"业务，联结园区内业务、商户、企业、人员，实现产业、企业、资金、数据的互联。承接滨海—中关村停车场智能化工作，完成科技园总部基地、嘉庭公寓地下停车场等智能化改造，推出"Bestown畅停智慧停车"服务。

客户服务　通过定期走访、召开座谈会、满意度调查等多种方式，掌握企业需求、焦点问题，制订客户服务方案。Bestown创梦空间（城市会客厅）政务服务工作站可办理政务服务事项30项，全年累计受理企业问题400余件，实现园区事、园区办。在城市会客厅设立"滨海新区人才服务窗口"，为入区企业提供滨海新区人才政策宣介、滨城人才证办理等服务。

招商工作　截至2023年末，与泰达产业发展集团产业投资运营中心共同推动项目落户2个，配合管委会招商部门落地项目13个，自主对接招商资源项目9个。接待参观选址420余次。泰达产业发展集团推介滨城人才大赛项目37个，其中北塘湾科发公司推介12个，80%项目落地经开区。

项目建设　2023年1月，与滨海—中关村科技园办公室共同举办"北塘湾数字经济产业园项目启动活动"，其中滨海—中关村科技创新产业园（即M0新型产业用地项目）一期工程主体工程于年底竣工，吸引海河生物医药科技集团、北京纳通医疗集团、百川生物科技股份有限公司等高成长性企业及北京理工大学等高校资源，40%载体完成定制预约。在北京举办"2023京津冀数字经济发展论坛暨滨海—中关村北塘湾数字经济产业园推介会"，面向北京科创企业推介项目。

资产盘活　推进滨海公交总站空置房招商工作，出租盘活1000平方米；盘活南部污水泵站房屋，签署1766.88平方米租赁合同。推动云赛数据中心挂牌出售，与购买意向单位签署意向协议。

滨海新区首届人才节系列活动　2023年6—10月，承办"智汇滨海人才节"2023年首届滨城人才创新创业大赛暨滨城人才峰会。8月8日，组织开展领军人才评审，77名人才报名参评，33人获领军人才奖；8月31日，举办青年创客大赛决赛，青年创客组1506人报名，34人获青年创客奖；10月21日，举办滨城人才峰会。

（李景泰）

〔天津泰达人才安居有限公司〕　2023年，天津泰达人才安居有限公司（简称人才安居公司）管控天津泰达弘泰物业服务有限公司、天津全上产业服务发展有限公司、天津开发区世纪宾馆有限公司、天津经济技术开发区泰港投资有限公司、天津泰达住嘉资产管理有限公司等9家企业，全年营业收入5.095亿元，利润总额6325.07万元。

"泰之嘉"品牌公寓　2023年，天津泰达住嘉资产管理有限公司成立，运营"泰之嘉"品牌公寓。"泰之嘉"瑞达公寓店、福瑞家园店投入运营，运营公寓1000余间，整体出租率90.5%，入住人员993人；营业收入1100万元、利润250万元。11月，中国房产信息集团上海克而瑞信息技术有限公司举办"2023中国房地产产品力TOP100发布会"，"泰之嘉"瑞达公寓店获"五佳人才公寓产品系"称号。

数字化运营　2023年，公寓数字化运营平台投入运营。其中，"安居乐业"小程序"报事报修"模块接单2460件，客户满意度99.95%；水电缴费、预约看房、网络办理、智慧通行、生活服务等模块为客户提供一站式服务；通过客房租赁系统，公司财务功能与业务模块实现一体化管理。

营销体系　2023年，开展调查研究，分析目标客户与市场竞争情况，制订《公寓租金结构性调价方案》及天翔公寓、天鸿公寓等载体营销推广方案，印制《公寓租住指引》宣传册，拓展营销渠道。

客户服务　2023年，开展"一企一策"服务，结合重点企业业态、管理模式、生活及服务需求，制订各公寓客户服务方案，优化公寓项目考核机制。完善重点客户包保机制，通过定期走访、召开座谈会、满意度调查、工单办理等方式，掌握企业需求、焦点问题，针对退房损坏赔偿、退保证金慢等问题制订应对举措，企业满意度逾99%。

项目建设　2023年，改造天翔公寓、天滨公寓、天鸿公寓、航天公寓，全年固定资产投资9870万元。一汽大众基地公司职工之家新建项目取得土地使用证、用地规划许可证并获得银行贷款。

资产盘活　2023年，承接融科融汇大厦、伴景湾会所（含车位）、玛歌庄园别墅、"住保精舍"项目、翠亨村项目等资产盘活任务。完成翠亨村66套房产、玛歌庄园、伴景湾/佰瑞居363个车位资产评估工作。翠亨村19套住宅（2090.29平方米）以抵债形式兑现政策补贴，抵债金额4480.73万元；"住保精舍"项目出租20余套。

公寓REITs项目　2023年，完成REITs（房地产投资信托基金）项目公寓资产尽调资料收集、周边市场调研工作，确定首批入池资产组合，制订保障性租赁住房REITs项目相关专项方案。与建行开发区分行住房金融业务部、天津国弘企业管理有限公司、天津保障性住房投资基金管理有限责任公司建立战略合作关系，制订保障性租赁住房pre-REITs资产孵化基金方案，引入ABS（资产证券化）机构、私募基金为新建、改建租赁住房项目提供资金支持，储备REITs后续入池资产。

市级人才公寓认定　2023年，天富公寓、天渤公寓、航天公寓通过天津市第八批人才公寓认定，公司市级人才公寓达5座（天鸿公寓、福瑞家园、天富公寓、天渤公寓、航天公寓）。

安全生产　2023年，以天渤公寓、瑞馨公寓为试点，建立并推广公寓"双控标准化"模式。开展重大隐患专项排查整治行动，共检查220家次，发现较大及以下安全隐患842项，完成整改775项。举办突发应急预案桌面推演、天鸿公寓“11·9”消防应急疏散演练等活动91次。创新管理模式，成立天鸿公寓应急处置中心，建设公寓安全应急保障体系。举办“安居安全课”7场，举办“人人讲安全，个个会应急”主题演讲等活动。连续3年获“天津经济技术开发区安全生产协会优秀会员单位”称号。

（李景泰）

〔天津经开区商业保理公司〕 2023年，天津经开区商业保理公司（简称经开保理公司）聚焦经开区产业发展方向，新增业务投放13笔，投放额10.6亿余元，较2022年增长32.5%，利润总额1157万元，较2022年增长380%，撬动外部资金4.6亿元，较2022年增长360%。经开保理公司获2023中国供应链金融“星熠奖”、年度“供应链金融最佳创新变革企业奖”。

经开保理公司围绕“政策兑现+应付工程款+四大集团内部应收账款”三大主营业务，对接区内企业。针对政策兑现类业务，推出“政策兑现3.0”，梳理银行及同业机构授信偏好，以市场化资产对接市场化资金，为政策兑现类业务储备授信资源，建立“财政—企业—保理—银行”业务模式。

2023年12月，经开保理公司获“供应链金融最佳创新变革企业奖”

（李景泰）

〔泰达海河私募基金管理有限公司〕 2023年，泰达海河私募基金管理有限公司（简称泰海基管公司）制订S基金（Secondary Fund，专门从事私募股权二级市场的基金）、科创债（科技创新公司债券）、基金份额收益权质押等方案，与相关机构合作开展盘活、融资工作。从产业和投资两个维度，搭建南港新材料产业基金、吉利海河共创基金2只合作基金。与管委会招商机构、泰达产业发展集团、海河产业基金、滨海产业基金等联动，接收各方推荐项目50余个；加强投后管理，对于已投项目定期走访，跟踪公司治理，审核相关协议，了解企业动向和资金使用方向，为项目退出提供保障。

（李景泰）

天津经济技术开发区南港发展集团有限公司

〔简况〕 2023年，天津经济技术开发区南港发展集团有限公司（简称泰达南港集团）主营基础设施建设、综合运营服务、产业引进促进、港口铁路物流贸易、供应链金融等业务，所属企业26户，其中，全资企业7户、控股企业6户、参股企业12户、代管企业1户。全年营业收入58.6亿元，利润总额3631万元。

（高　菲）

〔项目配套〕 2023年，泰达南港集团建设项目35个，完成固定资产投资14.77亿元。12个南港乙烯产业集群配套项目竣工，其中石化管廊项目经过4年建设，于9月全线贯通，打通南港乙烯项目物料输送通道。围绕天津渤海化工集团、先达（天津）海水资源开发有限公司、中石化催化剂（天津）有限公司等项目建设配套基础设施，满足企业对道路、水、电的需求。围绕能源供应建设9个配套项目，LNG西延管廊项目、恒河管廊项目、催化剂管廊项目、十四街供水项目等竣工。围绕园区标识、照明、绿化，完成9条道路亮化提升工程、13个主要路口两类设施布设工程、18万平方米绿化工程。

（高　菲）

〔能源供应〕 2023年，泰达南港集团开展能源直供工作，提升能源供给智慧化水平。全年供应蒸汽223万吨，处理污水194万吨，供应自来水2715万吨，供应天然气9400万立方米，租赁管廊6.5万平方米。

（高　菲）

〔重点项目〕 2023年，泰达南港集团加大港口设施、产业服务、物流贸易、绿色环保等方面投资力度，全年自主投资建设项目规模9亿元。建设科创中心，构建区域产业综合协同创新中心，其主楼主体结构通过验收；与天津天和盛新材料科技有限公司、海晶集团等企业合作，建设新材料产业基地，完善南港工业区创新载体孵化功能；建设南港危化品智慧物流服务中心和交割库，提升南港工业区危化品物流资源调节能力；建设港口航道类项目，10万吨航道疏浚项目竣工。

（高　菲）

〔“三量”工作〕　2023年，泰达南港集团多措并举推动“三量”工作（盘活存量、培育增量、提升质量）。优化股权资源，溢价转让中石化天津液化天然气有限责任公司（简称中石化LNG）股权，退出天津泰港石化仓储服务有限公司、得丰公司股权，出售中国海油股票。盘活存量资产，办理综合服务区（一期）西侧地块产权证，开展轻纺大厦提质增效、电力大通道回购等工作；梳理资产状况，挖掘低效资产潜能。培育新增长极，建设中圣公司冷能综合利用项目、交割库和新材料（一期）项目、渤化码头二期项目；设立南港基金，参与油气交易中心项目，围绕专业场景开展市场化运作。拓展供应链贸易业务领域和规模，全年合作客户100余家，建立业财一体化系统，构建融资场景。

（高　菲）

〔党建工作〕　2023年，泰达南港集团开展学习贯彻习近平新时代中国特色社会主义思想主题教育，分阶段开展党委集中学习和专题研讨10场，各级党组织开展学习47次。把党的领导融入公司治理各环节，集团党委研究党的建设重大决策69项，前置研究重要经营事项142项。全年组织“第一议题”学习30余次，开展理论学习中心组扩大学习活动16次，把“第一议题”转化为“第一行动”，各基层党组织组织“三会一课”等组织生活300余次。全年接收预备党员2人，转正2人；选拔干部11人，选派高管2人，交流干部11人，市场化招聘财务专业人才2人；评定高级、中级职称12人，组织开展“干部上讲台”11期。制订各层级领导班子全面从严治党主体责任清单和任务清单。

（高　菲）

〔泰港建设公司〕　天津泰港建设有限公司（简称泰港建设公司）成立于2020年7月10日，是泰达南港集团全资子公司。2023年，泰港建设公司开展项目管理和代建、拆迁服务、招标代理、施工等经营活动，南港工业区石化管廊项目、电力排管一期项目、十万吨航道疏浚项目、十万吨航道提升项目、南港十四街项目等竣工。修复南港岸线生态，全年完成创业路、新石化大道等5项绿化工程，栽植乔灌木2.4万棵，绿化地表6万平方米，建设500米南部生态海堤和生态观测站。开展“增殖放流”工作，投放三疣梭子蟹苗440万只、海蜇苗600万头，投放菲律宾蛤仔1875万粒、青蛤苗600万粒。建设瀛海东路、华港东街、华港南街、华港南街、仓盛东街、南港十四街、港虹路（南港四街—南港六街）、安建路（泰环路—创新路）等8条15.26千米企业配套道路。海防路、南堤路、西中环延长线等9条主干道道路照明工程竣工，照明工程覆盖天津渤海化工集团有限责任公司、华电国际电力股份有限公司天津开发区分公司、中沙（天津）石化有限公司等南港工业区重点项目。

（高　菲）

〔泰港运营公司〕　2023年，天津泰港运营管理有限公司（简称泰港运营公司）建成3条供水管线，LNG西延管廊项目、恒河管廊项目、催化剂管廊项目等配套工程竣工。海防路燃气管道通过验收；蒸汽分输站、污水厂等3个改扩建项目完成联合验收及竣工备案，取得不动产权证。针对企业污水指标超标问题，调整工艺，污水达标率100%。

泰港运营公司成立于2010年4月，是泰达南港集团全资子公司，负责南部片区蒸汽、燃气、饮用（工业）水、污水处理、公共管廊等能源供应与服务，承接能源基础设施建设、供电及电力设施安装维修、危险化学品经营等业务。

（高　菲）

〔泰港产业公司〕　2023年，天津泰港产业发展有限公司（简称泰港产业公司）推动新材料产业创新基地（一期）施工，对接招商项目，打造化工中小企业载体平台；成立全资子公司建设交割库项目，优化园区内化工物流、仓储、贸易服务全产业链条，引入社会化资本，建立载体运营新模式；与中远海运物流发展有限公司合作成立合资公司，投资建设天津南港危化品智慧物流综合服务中心。盘活在管运营载体，其中，南港综合服务区办公楼等载体出租率93%，亨斯迈定制厂房及南港3号、6号、8号标准厂房出租率

100%；轻纺大厦新出租面积2398.63平方米，出租率提升至55%；中区一期标准厂房出租率51%，租赁企业共12家。建立一站式全流程服务体系，轻纺大厦获批开展危险化学品无存储经营企业注册业务，泰港产业公司成立该业务企业服务小组，优化服务模式，将单一注册服务转化为全流程服务，企业可一站式完成企业开办等手续，2023年第一季度，企业一站式办理首张《危险化学品经营许可证》。

泰港产业公司前身为天津南港工业区投资有限公司，为泰达南港集团全资子公司。2013年5月注册成立，通过产业扶持、产业孵化、产业投资、产业服务，促进区域增值。

（高　菲）

〔南港供应链公司〕 2023年，天津市南港供应链科技有限公司（简称南港供应链公司）增加注册资本5亿元，新增车辆、农产品、冷链等业务，新增中海油（天津）油田化工有限公司、天津泰达投资控股有限公司旗下天津泰达供应链管理有限公司、渤化集团旗下澳佳永利化工有限责任公司、西部证券旗下西部永唐投资管理有限公司等央企、地方国企合作客户。获批进出口业务资质，对接客户资源，开展平行进口车和冷链产品业务，6月，完成首笔进出口业务。

南港供应链公司是泰达南港集团全资子公司，2022年6月注册成立。

（高　菲）

〔南港港铁物流公司〕 2023年，天津南港港铁物流有限责任公司（简称南港港铁物流公司）整合资源，开展铁路专用线运输业务，梳理南港工业区及周边区域需求，开通沙河驿镇站到南港北站的砂石料铁路运输业务；走访园区内外客户，全年完成铁路专用线装卸量108万吨；走访相关部门推动铁路运费下浮事宜，焦炭运费享受下浮30%政策优惠。

开拓公路运输业务，办理道路运输经营许可证，建立综合型物流企业。调研企业道路运输情况，梳理需求信息，整合汽车运输队伍资源，开通中区道路货物运输业务。

拓展仓储、贸易业务。完成交割库项目选址、可研编制、设计招标等工作；统筹客户资源，为天津华电南港热电工程提供市场煤炭及煤炭公铁联运运输服务，与天瑞水泥集团有限公司合作，开展水泥及水泥制品代销业务。

南港港铁物流公司成立于2019年10月，由泰达南港集团控股、天津铁路建设投资控股（集团）有限公司参股组建，开展铁路货物装卸、代理、仓储、物流等业务。

（高　菲）

〔泰港石化环保公司〕 2023年，天津泰港石化环保科技发展有限公司（简称泰港石化环保公司）处理南港乙烯项目辅热锅炉化学清洗废液，接收化学清洗水7300吨、酸碱中和废水1400吨，处理6000吨；编制固废环评报告，根据“无废集团”批复要求，上报环评变更手续。污水、固废、废碱氧化等4座变电所投入运营；污水处理工程全流程贯通，污水单元具备开车条件；固废单元通过调试，废碱氧化及冷冻结晶单元处于工程收尾阶段。

天津泰港石化环保科技发展有限公司（简称泰港石化环保公司）成立于2021年3月31日，由泰达南港集团出资设立，注册资本8500万元，2022年4月6日，泰达南港集团与中国石油化工股份有限公司通过协议增资方式对泰港石化环保公司增资扩股，公司注册资本增至4.5亿元，双方各持股50%，开展污染物处理、环保技术研发、环保技术服务与咨询等业务。

（高　菲）

天津新金融投资有限责任公司

〔简况〕 2023年，天津新金融投资有限责任公司（简称新金融公司）推进企业市场化转型，将建设、招商、引导性投资相结合，开展新经济、新业态的孵化及培育工作；按照《天津经济技术开发区国有企业改革总体实施方案》，优化法人治理结构，形成以股东会、党委为引领，以监事会、纪委为监督主体，以董事会、经理层为决策执行主体的法人治理框架，其控股股东为天津泰达城市发展集团有限公司。2023年末，新金融公司注册资本71亿元，总资产687亿元。

（高晓岚）

〔股权投资〕 2023年，新金融公司制订市场化转型发展方案，开展新能源、新经济两个板块市场化业务，对外投资及管理二级企业32家，其中，全资及控股企业10家，参股企业16家，通过股权委托实际控制6家。设立天津新易联合航运有限公司，完成1户混改任务；出清银河达华基金管理有限公司股权，完成1户出清任务。

（高晓岚）

〔招商引资〕 2023年，新金融公司盘活楼宇资产，开展招商工作，蕾奥（天津）投资管理有限公司、天津天翼融资担保有限公司、嘉信荣商业保理（天津）有限公司、天津观澜餐饮管理有限公司、肯德基连锁餐厅、桔子酒店、库迪咖啡（天津）有限公司、中影影院等项目落户，去化面积2万平方米。对接中国石油集团工程设计有限责任公司、中海油能源发展股份有限公司清洁能源分公司、京东科技控股股份有限公司等客户，洽谈新项目。

（高晓岚）

〔不良债权清收处置〕 2023年，天津荣新应收账款债券管理有限公司清收处置不良资产，一户一策分类处置，配合公安机关侦办刑事案件，推动刑事追赃和追责问责工作。全年回收现金10.5亿元，取回实物资产2亿元。盘活存量资产，嘉兴希尔顿酒店资产在天津产权交易中心以3.7亿元挂牌出让。

（高晓岚）

〔融资工作〕 2023年，新金融公司通过新增融资、续贷、申请财政资金、企业拆借等方式接续到期债务，全年合并口径按期还本付息116.27亿元。由新金融公司及下属公司共同完成新金融公司渤海银行流动资金贷款续贷、天津金元房地产开发有限公司天津银行经营性物业贷款、天津金风房地产开发有限公司天津农商银行园区贷款、天津荣新应收账款债券管理有限公司天津农商银行资产购置贷款等融资事项，分期发行45亿元新金融公司非公开公司债券。梳理存量资产，与合众资产管理股份有限公司、渤海人寿保险股份有限公司合作，获得保险债权计划融资。截至2023年12月末，新金融公司总资产687亿元，总负债529亿元，所有者权益158亿元。

（高晓岚）

〔党建工作〕 2023年，新金融公司推进党委理论学习中心组集中学习研讨，组织专题党课宣讲，结合问题清单推动各项工作。优化党委研究决策机制，整改经开区一届党委第九轮专项巡察新金融公司党委反馈的问题，落实滨海新区四届区委第六轮巡察新金融公司党委反馈的意见，推进整改。开展自持楼宇运营管理和招商引资专项监督，督促问题整改。建立交互监督机制，与关键岗位人员开展廉政提醒谈话，通过观看警示教育片、拍摄原创廉政教育微视频、廉政讲台等方式增强党员纪律规矩意识。开展“三公”经费管理专项监督、工程建设招标采购领域突出问题专项整治，处置问题线索3件，追缴问题人员违规违纪款项107万元。

（高晓岚）

〔天津金涛互联网科技有限责任公司〕 天津金涛互联网科技有限责任公司（简称金涛公司）承接抖音直播生态产业园商业化运营工作。2023年，金涛公司围绕“产业带+MCN模式”（multi-channel network，一种新的网红经济运作模式）打造特色垂类直播生态产业园，新增天津大杰致美信息技术有限公司、天津军艺传媒有限公司、天津修雷傲贸易有限公司等10家直播企业，入选商务部国家电子商务示范基地，是天津唯一获批园区，直播产业链产值3.5亿元。

（高晓岚）

2023年2月17日，新金融公司、天津市跨境电子商务示范区（经开区）、国家数字服务出口基地（天津）举办“津门烟火 跨境尚品名都——天津市首届直播电商大赛”

〔中国金融租赁有限公司〕 2023年，中国金融租赁有限公司（简称中金租公司）从原中国银行保险监督管理委员会“高风险机构”名单中“摘帽”出列；与中国人民银行沟通，推动其从中国人民银行“高风险机构”名单中“摘帽”出列事宜。运用清收、以物抵债、增加担保等方式，处置资产，全年回笼现金15.6亿元，还本付息33.5亿元，存量融资续作25.6亿元，未发生同业违约。

（高晓岚）

〔天津绿动经开能源投资集团有限公司〕 2023年，天津绿动经开能源投资集团有限公司（简称津开能投集团）成立，初期人员到位。筹建于家堡区域集中供热中心，与相关企业开展新能源和传统能源领域合作；打造市场化企业，完成上海浦东世博洲际酒店、中星铂尔曼酒店等储能项目投资及设备安装工作。

（高晓岚）

天津泰达投资控股有限公司

- 概　况
- 天津泰达建设集团有限公司
- 天津津滨发展股份有限公司
- 天津泰达电力有限公司
- 天津泰达水业有限公司
- 天津泰达热电能源管理有限公司
- 天津泰达市政有限公司
- 天津泰达绿化科技集团股份有限公司
- 天津滨海新区公共交通集团有限公司
- 天津泰丰工业园投资(集团)有限公司
- 天津泰达城市轨道投资发展有限公司
- 天津滨海泰达航母旅游集团股份有限公司
- 滨海投资(天津)有限公司
- 中非泰达投资股份有限公司
- 天津泰达威立雅水务有限公司
- 天津泰达滨海站建设开发有限公司

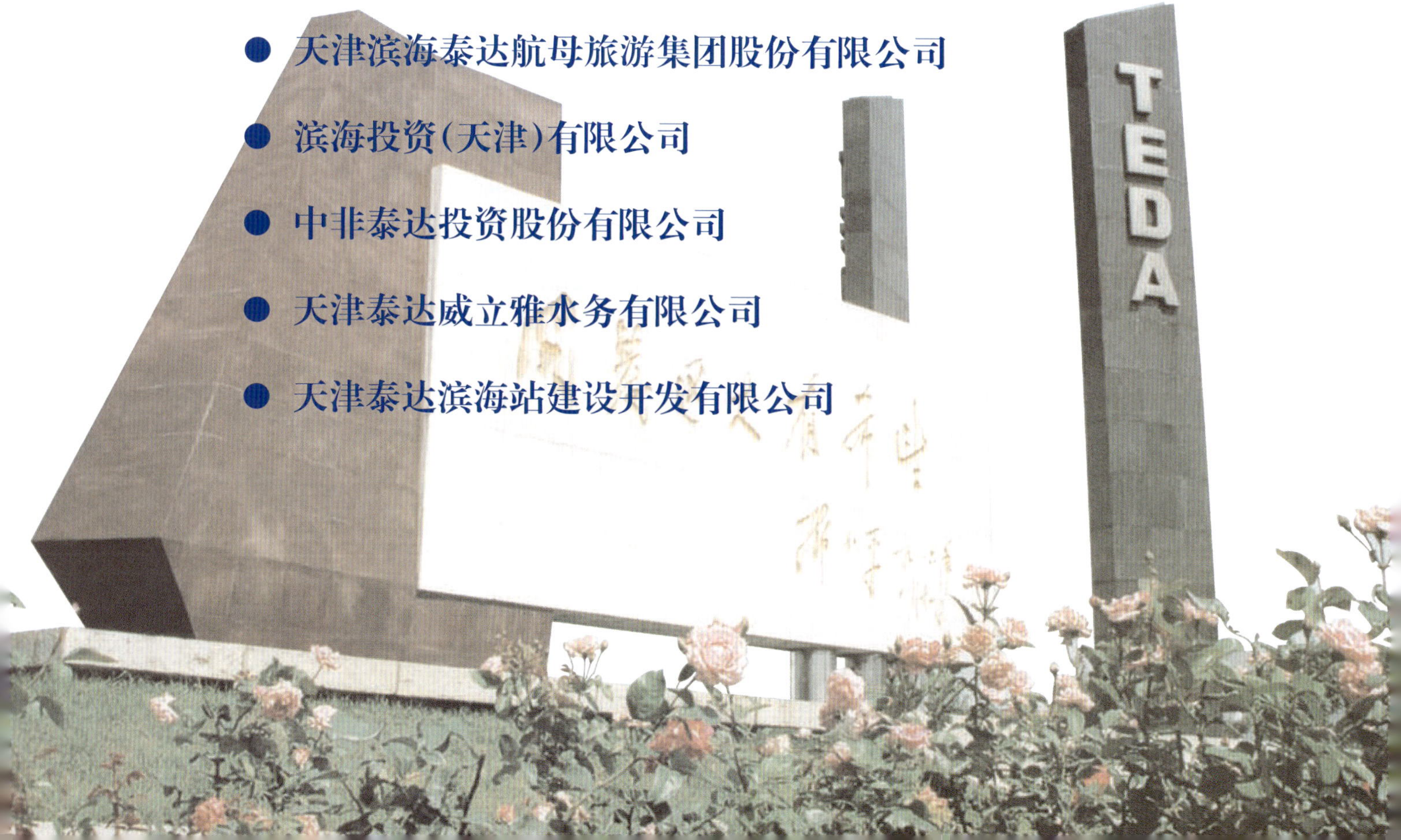

概　况

〔简况〕　天津泰达投资控股有限公司(简称泰达控股)承担中埃·泰达苏伊士经贸合作区、梅江会展中心、中新生态城、滨海西站、地铁9号线、Z4线等重点项目建设,拥有国家级开发区综合发展水平"十七连冠"的片区开发、基础设施建设投融资、能源供应保障等建设运维团队,构建以实业为核心,城市综合开发、金融协同支撑的产业体系。2023年,泰达控股位列中国500强企业第295位、中国服务业500强企业第101位。至年末,总资产4733.19亿元,总营业收入892.79亿元,总利润27.57亿元。

(解佳伟)

〔资产管理〕　2023年,泰达控股开展资产盘活专项行动。通过资产盘活收回资金74.73亿元,主要包含通过转让非战略性企业股权收回资金17.12亿元,通过策划实施南门外金耀广场、河东一机床、南开天拖片区等城市更新项目盘活自有闲置资产收回资金21亿元,助力盘活百利机械及食品集团等兄弟单位获取资金22.5亿元。通过收储、出售、出租方式盘活郁江道地块、黄河道土地、新冠制药厂房等房产土地收回资金14.11亿元。盘活房产土地17.2万平方米,完成2023年度"天津市国资委闲置房产、土地盘活专项行动"任务。爱米斯项目入选国家发展改革委24个"盘活存量资产、扩大有效投资"典型案例。联合光大金瓯资产管理有限公司盘活南开九策城市广场,引入"京东MALL"。推进瑕疵资产确权,实现1宗土地、10处房产共计380.62万平方米确权,释放价值8.6亿元。

(解佳伟)

〔投资管理〕　2023年,泰达控股完成投资174亿元。滨海西站二期项目南广场地铁预留段完成验收,北广场主体结构封顶,进入附属结构施工阶段。轨道交通Z4线一期工程全线24座车站全面进场,9座高架站、1座地面站主体结构封顶,完成19千米正线铺轨,首列电客车进场调试。南门外商圈北部片区城市更新项目控规调整获得批复,完成土地摘牌并取得施工许可。河东一机床城市更新项目启动老旧厂房改造施工、拆除非保留建筑物。南开天拖片区城市更新项目首宗住宅地块摘牌,取得施工许可。泰达科创城首开区控规获得批复,天江公寓保租房项目投入运营。泰达航母推进5A级景区升级"景观质量评价"工作,修缮风情街并改造码头餐厅。新增15个光伏发电项目,合计58兆瓦。进一步扩大生态环保产业全国布局,中标内蒙古太仆寺旗和土默特左旗乡村振兴盐碱地改造示范项目、广西金秀和百色右江国家储备林建设项目,投资63.15亿元。垃圾发电等固体废物处理领域拓展落地4个新项目。将泰达工程科技公司改组为泰达数智科技公司,统筹数智转型和信创业务规划发展。成立泰达供应链管理公司,通过整合系统内采购业务,实现集团整体协同、提质、降本、增效。中埃·泰达苏伊士经贸合作区吸引23家企业入驻,出售46.1万平方米土地,新兴铸管股份有限公司、中国玻璃控股有限公司、天一化学股份有限公司项目签约。

(解佳伟)

〔安全管理〕　2023年,泰达控股深入推进安全生产风险防范行动和安全生产专项整治三年行动,扎实开展重大事故隐患排查整治专项行动和防汛等各项重点工作,安全生产和消防安全形势总体平稳。全年开展1.2万次安全检查,妥善处置"5·31"津南区八里台镇局部地面沉降和海河流域特大洪水等突发事件。健全安全生产管理制度,完善安全应急处置机制,组织本部和所属企业开展防灾减灾演练、培训等活动。

(解佳伟)

〔巡察工作〕　2023年,泰达控股制订《泰达控股全面从严治党净化政治生态行动方案(2023年-2025年)》,明确系统内一体推进"三不腐"(不敢腐、不能腐、不想腐)工作路线图、施工图。深化"以案四说",召开泰达控股系统警示教育大会,开展"四风"问题专项整治。全年开展3轮常规巡察,深化"巡审联动"监督机制,建立"一体化"巡审办公平台。

(解佳伟)

〔内部改革〕　2023年,泰达控股推进同质化业务、同类型企业重组整合,减少法人户数65户,将管理层级控制在四级以内。指导督促二级企业及三级重点企业制订完善"一企一策"方案。实施《投资管理规定》及《投资项目决策授权管理办法》,通过建立全周期投资监管联动机制，形成科学严谨的项目投资决策体系。实施"泰达英才培养工程"，选优配强所属企业领导班子，加大年轻干部培养选拔和轮岗力度，打造市场化作战队形。加强招标采购管理，建成招标采购服务中心，制订公司采购、合同、招标管理评定分离等多项管理办法，规范各类招标采购行为。建立经济运行分析调度机制，践行现场工作法。召开全系统科技创新大会，制订发布《泰达控股高新技术企业"双提升"专项行动实施方案》，8家企业入围天津市国资委国有科技企业"育精培优企业库"。全年申请40余项专利，取得8项发明专利授权。构建"总部审计中心+重点企业内审机构"管理架构，强化集中统一管控，加强垂直管理力度，统筹经济责任审计和专项审计，开展巡察审计联动机制。切实履行公司主要负责人作为法治建设第一责任人的工作职责及依法治企重要组织者、实践者的责任。运行"泰达控股数智化1.0"平台，实现基础数据和业务流程数字化。

（解佳伟）

〔党的建设〕 2023年，泰达控股扎实推进主题教育，深入学习贯彻习近平新时代中国特色社会主义思想。整改天津市委巡视反馈意见指出的4个方面、44个具体问题。在中央和天津市主流媒体刊发432篇报道、官方微信公众号发布1365篇报道，在视频号发布82条视频，打造集团企业文化展厅。评选出20个优秀主题党日和20个基层党建工作优秀案例，编制《党建撷英》向所属各级党组织推广宣传经验。指导43个党组织完成换届，整顿4个党组织。制订全面从严治党主体责任"两个清单"，压紧压实责任。开展"四风"问题专项整治，发现五大类28项具体问题，退回超标发放福利金额约5.6万元。全年对10家单位开展5轮政治巡察，发现问题307项，推动建章立制105项，问责63人次。建立天津市国资系统首个无党派人士工作室，开展"共看新泰达·共谋新发展"活动。

（解佳伟）

天津泰达建设集团有限公司

〔简况〕 2023年，天津泰达建设集团有限公司（简称泰达建设集团）形成以自有项目开发、代建、城市更新三大板块为核心，以贸易、物业管理、资产运营为补充的发展格局。获得克尔瑞2023年度领军房企、天津市房地产业协会2023年度先进房地产开发企业等称号，获得经开区两新党委"先进基层党组织"称号。

（李　雪）

〔重点项目〕 **格调瑰丽花园**　项目产品采用极致面宽、公建化外檐、法式度假酒店园林等，打造滨海稀缺住宅产品。2023年，成为经开区销售金额第一名、销售面积第一名。

格调宝珀花园　项目为提升整体品质，从公区精装、标识设计方面进行方案迭代优化和重点设计，反复推敲重点部位选型，打造中式人文情怀社区。获评2023年建设工程项目施工工地安全生产标准化学习交流项目。

格调浅羽花园　滨海新区第一个城市更新项目，项目将湖区公园作为示范区，公园修复改造方案经过22次内容修改及提报，主景复刻足立美术馆"白砂青松庭"，结合岛屿、瀑布、溪涧、桥梁等元素打造成为私家庭院式湖区景观。

格调榴园　2023年项目完成三个批次集中交付，格调榴园严控工程质量，规范现场安全文明施工，获评2022年度天津市文明施工示范工地，获得2023年度天津市建设工程"海河杯"奖项。

（李　雪）

天津津滨发展股份有限公司

〔简况〕 2023年，天津津滨发展股份有限公司（以下简称津滨发展）营业收入30.64亿元，其中房地产销售收入29.84亿元，合并净利润5.25亿元。优化业态结构布局，将业务量逐年下降的非房地产开发公司合并改制为联合办公小组；梳理公司岗位编制，通过竞聘选拔完成人员重新上岗。

（汤建盈）

〔项目建设〕 2023年，津滨发展完成西青梅江板块H2初晴项目交付入住工作，结算面积4.35万平方米。推进梅江H1地块开发建设，该地块占地面积16.25万平方米，计容建筑面积16.94万平方米，主体结构施工完成40%。推动泉州市津汇红树湾项目

BI区洋房及高层工程竣工及产品交付。经开区第三大街宝珀花园项目占地面积1.5万平方米，计容建筑面积3.81万平方米，项目进入竣工收尾阶段。通过招拍挂程序获得津滨开(挂)2023-4号地块，该地块用地面积3.82万平方米，规划建筑面积4.96万平方米。

（汤建盈）

天津泰达电力有限公司

〔简况〕 2023年2月1日，天津泰达电力有限公司(简称泰达电力)调整组织架构，董事会办公室与总经理办公室合并为综合办公室，计划财务部更名财务资产部，安全监察部更名为安全应急部，规划部更名发展策划部，采购管理办公室与审计部合并为风控合规部。直属公司天津泰达电子工程有限公司吸收合并天津泰达电力工程有限公司，增设天津泰达电子有限公司和天津泰达新能源技术有限公司党支部。围绕“数智赋能，谱写转型发展新篇章”主题，推进数字化转型，推动智能电网建设。全年完成保电任务20余次。至年末，代理总电量20.94亿千瓦时，其中代理绿电量2.34亿千瓦时。与华能新能源股份有限公司签订5年期30亿千瓦时绿电合作协议。

（黄伟铭）

〔基础技改〕 2023年，泰达电力完成20项正式电源、施工电源及环网改造工作，大修技改工程11项。全年完成光伏建设54.603兆瓦，光伏发电量7640万千瓦时，占售电量2.5%，较2022年增加23%。签订光伏能源管理协议容量21兆瓦，推动各变电站升级改造工作全面实施，夯实区域电网安全性和稳定性。

（黄伟铭）

〔电力服务〕 2023年，泰达电力接到由泰达控股热线、“12345”市民热线等反映的各类事项2万余件，办结率98%。泰达电力微信公众号新增“一键报修”功能，能够快速确定报修地点、电表故障类型。全年通过可视化报修功能解决10400余户居民用电问题。开展低压用户现场勘查214次，为170户居民办理低压电表增容、新建低压电表业务，为556户居民汽车充电桩挂表。网上营业厅全面上线，提供16项业务办理，实现“一网通办”。

（黄伟铭）

〔安全管理〕 2023年，泰达电力以“安全统筹发展年”为安全生产工作主题，开展53次安全教育培训，举办36期“安全微课堂”，全员签订岗位安全消防责任书815份。在安全月、消防宣传月组织10余次防灾减灾演习和主题演讲等系列活动。对照国务院安全生产工作“十五条硬措施”，贯彻落实重大事故隐患排查整治专项行动方案，针对薄弱环节开展100余次全覆盖式、专项式安全检查，开展7次应急演练。优化防洪专项应急预案，将全体中层干部、共产党员纳入防洪抢险队，形成24小时备班值守机制，升级40余项应急装备。

（黄伟铭）

〔能源论坛〕 2023年7月28日，由泰达控股主办、泰达实业和泰达电力协办的2023电力创新能源论坛在万丽泰达酒店会议中心开幕，论坛主题为“加快配电网转型升级，服务园区绿色发展”，系统内、行业内专家领导共同探讨能源领域高质量发展路径。

（黄伟铭）

天津泰达水业有限公司

〔简况〕 天津泰达水业有限公司(简称泰达水业)完成供水量5110万吨，售水量4704万吨，再生水RO一级供水量294万吨，售水量262万吨。供水压力、水质合格率100%。污水厂出水稳定达标，再生水水质合格率、湿地处理水质合格率100%。

（邹爱华）

〔安全管理〕 2023年，泰达水业不断完善安全制度规定、开展隐患排查治理、应急处置演练等工作。全年召开4次安委会、8次安全专题会，完成172次公司级督查，整改376个安全隐患。组织各类安全培训8次，1000余人次参加。开展安全演练54次。

（邹爱华）

〔优化管理〕 2023年，泰达水业进一步优化考核细则、考核形式及评分标准，结合年度经营考核指标、年度计划及公司战略规划目标。全面优化人力资源管理，创新人才培养模式，加强部门间业务、技术交流。推进“稳增长、降成本、防风险、优管理”工作，抓细抓实成本费用控制。

（邹爱华）

〔表务与服务〕 2023年，泰达水业加强管网管理，利用远传数据分析可疑漏点，有效提高查漏力度、降低管网漏损。开展“窗口亮化”行动，倾力建设服务规范、便民利民、环境优美的服务窗口，打造“一站式服务”“一对一服务”，满足用户多样化需求，不断提升供水服务整体水平。制订水表普查更换计划，推进水表更换工作。

（邹爱华）

〔智慧水务〕 2023年，泰达水业持续加强数字化转型，完成管网加压泵站监控系统迁移，实现调度资源整合。推进GIS及管网水力模型建设，将供水管网全面数字化，实现400余千米地下管线由暗转明。

（邹爱华）

〔工程建设〕 2023年，经开区西区东南组团及西北组团给水管网工程全线竣工验收投产，东南组团规划三十六路和规划五十一路给水管网工程项目竣工验收。完成Z4线第三大街站DN1600mm管线切改施工。推进老旧管网改造，完成净水厂出厂主干管十一大街洞庭路至南海路段项目立项备案和施工图设计及项目招标工作。

（邹爱华）

天津泰达热电能源管理有限公司

〔简况〕 2023年，天津泰达热电能源管理有限公司（简称泰达热能）完成蒸汽上网量445.6万吨，上网电量10261万千瓦时，营业总收入15.35亿元，利润总额2695万元。归母净利润1493.17万元，同比增长10.96%。2023年，泰达热能获得“2023年度中国供热行业能效领跑者”称号，被评为“泰达控股2023年度安全生产先进企业”，公司党委被泰达实业党委评为“落实全面从严治党主体责任优秀单位”。泰达热能地热井开发利用项目被《天津日报》、天津新闻广播电台采访报道。

（毛欣欣）

〔能源结构转型〕 2023年，泰达热能优化燃料供应体系，落实控煤指标及碳排放量要求，燃煤较同期压降3.38万吨。降低供热成本，提高绿色能源占比。推进泰达供热管网接入生态城供热系统项目、“引津滨热电蒸汽入泰达管网”项目、西区热电生物质锅炉改造项目等。

（毛欣欣）

〔市场运营〕 2023年，泰达热能落实全面预算管理，完善提质增效体制机制，推动节能降耗与生产经营、绩效管理深度融合。结合燃料供应等生产情况进行“北热南调”试运，合理匹配燃煤蒸汽和燃气蒸汽产量比，降低生产成本。承揽各类工程项目99个，签订合同总额约9578万元，经营产值8749.17万元，累计净利润662.38万元。实现工业蒸汽价格市场化定价的机制转变，蒸汽销售价格由204元/吨调整至292元/吨，供热服务标准与天津市对接。集中供热价格参照天津市标准执行，集中供热期与天津市供热期保持一致。

（毛欣欣）

〔设备升级改造〕 2023年，泰达热能大修滨海热电厂环保、除尘设备，完成国华公司、滨海热电厂电气设备更新改造等134项检修项目。全年投资1310万新建管网2500米，摸排整改重点供热问题，打通管网输运瓶颈，提高老旧小区供热效果，优化二次网水力调节，降低管网损耗。

（毛欣欣）

〔服务管理〕 2023年，泰达热能接收易泰达、25201111热线电话、12345热线电话工单等20794件，办结率100%，用户回访率100%。

（毛欣欣）

〔智慧供热〕 2023年，泰达热能加强企业数字化转型工作，推动建设智慧供热。完善窗口客服能力，升级收费系统，实现与天津市规资局实时对接功能，开通窗口电子化办理“开通/停供业务”功能，增强用户一站式服务体验。加强供热系统信息化管控水平。完成米兰世纪小区二次网平衡调控系统项目验收，深入推动调度中心调度系统应用。完成滨海热电厂一期DCS升级改造和地热井智慧上传等项目。

（毛欣欣）

〔管理优化〕 2023年，泰达热能完成中层干部三年期聘任和中层副职、中层助理等重要岗位竞聘工作。完成用户服务中心和集采中心全员竞聘上岗工作。强化制度管理，新建、修订93项制度。严控招标采购及合同管理，有效降低采购成本，全年完成招投标项目262项，管理审批合同797件，节约成本2024万元。推动绩效考核科学化、精准化，健全全员考核机制，组织2300人次参加考核培训，19名员工通过内部竞聘重新调整岗位。

（毛欣欣）

〔安全供热〕 2023年，泰达热能逐级签订安全消防责任书1284份。组织10287人次参加安全教育培训，公司安全文化实训基地在经开区“企业安全实训体验馆”评选活动中获二等奖。全年开展186次安全检查，发现并整改各类隐患201项。开展各类应急演练151场次，1854人次参加。平衡达标排放与经济运行，推动区域生态环境持续改善。

（毛欣欣）

〔党建引领〕 2023年，泰达热能紧扣开展学习贯彻习近平新时代中国特色社会主义思想主题教育要求，制订调研清单，深入调研11次。在泰达控股微信订阅号、泰达实业集团微信公众号等报送25篇泰达热能特色简报。在年轻干部中选拔任用中层副职4人、中层助理6人。组建冬季供热服务临时党支部，下设青年供热服务队，持续提升区域供热服务保障水平。2个基层党支部案例分别入选泰达控股系统基层党建工作优秀案例和党支部优秀主题党日。制订全面从严治党主体责任“两个清单”，开展“四风”问题专项整治，加强重点人群、重点领域教育和监督，2023年度运用监督执纪“第一种形态”处理3人次，党纪处分1人次。加强警示教育，充分发挥纪检监督推动作用，围绕工程建设、燃煤采购等风险点主动约谈中层干部5人次。团总支在泰达控股团委年度考核评定获得“好”档次并获得滨海新区团委授予的“滨城先锋集体”荣誉称号。

（毛欣欣）

天津泰达市政有限公司

〔简况〕 2023年，天津泰达市政有限公司（简称泰达市政）落实天津市委、市政府调研精神，制订任务分解表，推动“项目拓展、资产盘活、招商引资、管理提升、风险防范”5个专项行动。盘活企业资产，提升企业资产质量，制订风险防范行动方案，确定短期、中长期工作目标，细化17项工作举措和23条具体任务，形成合理稳健、有竞争力的融资结构。泰达市政党委被评为泰达实业“落实全面从严治党主体责任优秀单位”，泰达市政被评为泰达实业“经营工作优秀单位”。

（梁　佳）

〔市政基础设施建设〕 2023年，泰达市政参与213项招标代理项目、72项造价咨询业务。参与28项工程项目管理，涉及Z4线管线切改、绿化迁移及交通导行工程，第一机床厂及周边区域城市更新项目、天津港集疏运专用货运通道工程管线切改项目、玉砂路桥等，累计创收8000万元。

（梁　佳）

〔市政设施养护〕 2023年，泰达市政利用市政设施管理平台实施智能化、精细化市政设施管理，累计巡查4万千米，发放600余份维修任务书，维修道路49万平方米。开展河道河堤防洪巡查工作，巡查永定新河南岸、蓟运河两岸、北干渠堤岸水位及坝体等，累计安排巡查人员330人次、车辆70余辆次。中标逸仙园一体化管理项目及经开区东区、西区、滨海—中关村科技园、现代产业园区市政排水管网运维项目，一体化管理道路养护、市政管网维护、泵站运行、绿化养护、道路扫保、路灯信号灯养护、河长制及巡查。

（梁　佳）

〔排水防汛〕 2023年，泰达市政应对5号台风“杜苏芮”等持续性强降雨，投入使用创新技术，安排24小时地道值守人员，完善突发故障的应急预案并开展应急演练工作。实施东排明渠排水能力提升工程，汛期前疏通雨污水管道903.17千米，清掏各类窨井3.34万座。

（梁　佳）

〔道路检测〕 2023年，泰达市政利用大数据划分重点区域，制订针对性道路检测计划，优化道路检测流程，提升检测水平。检测东区、西区、滨海—中关村科技园、商务片区260条道路，累计1700千米。完成经开区建交局、滨海新区环保局、泰达环境投资公司等单位应急保障和专项检测工作26次。拓展对外业务，对河北雄安新区、廊坊等地开展专项检测，开辟京津冀协同发展新通道。

（梁 佳）

〔安全生产〕 2023年，泰达市政开展“安全生产月”系列活动，推动自主开发的“市政啄木鸟”小程序上线应用，强化“互联网+市政设施共治”模式，开启安全化、智能化、精细化的市政设施管理新模式。开展“民呼我为 擦亮窗口”实践活动，市政服务窗口处理247项各类社会信息反馈，办结率100%，用户满意度100%。

（梁 佳）

〔资质证书〕 2023年，泰达市政持续升级市政设施建设养护资质、办理消防和防雷检测资质，下属天津泰达工程检测有限公司（简称泰达检测）通过中国计量认证（CMA）检测资质认定，具备13项工程（包括管道、道路工程）认证及出具权威性报告能力；天津泰达道桥建设有限公司（简称泰达道桥）获得国家级高新企业认证和GB1燃气管道、GB2热力管道、GC2工业管道三种承压类特种设备安装、修理、改造施工许可证。由泰达市政牵头、泰达检测实施的“2022年度天津经济技术开发区道路检测项目”获得“2023年度天津市政交通养护示范工程”奖，创新成果《道路养护智慧化管理体系的构建与实施》获得天津市第二十九届企业管理现代化创新成果一等奖。

（梁 佳）

〔党建工作〕 2023年，泰达市政学习贯彻党的二十大精神及习近平新时代中国特色社会主义思想，制订公司2023年度党建工作要点，落实党组织第一责任人抓党建工作职责。签订《泰达市政党建工作目标责任书》，将原5个党支部调整为11个，成立纪检室并配齐人员。加强纪检监督职责，强化“四风”检查整改，组织开展廉政书法展，推进廉洁文化建设。制订泰达市政落实天津市委巡视反馈问题整改方案和工作任务书，制订173条整改措施；落实泰达控股党委巡查反馈“回头看”，制订82项整改措施。制订《泰达市政党委2023年宣传思想工作要点》《泰达市政党委2023年宣传思想工作重点任务安排》，印发2期《泰达市政》期刊。

（梁 佳）

天津泰达绿化科技集团股份有限公司

〔简况〕 2023年，天津泰达绿化科技集团股份有限公司（简称泰达绿化）以“三量”（盘活存量、培育增量、提高质量）工作为总引领，立足“生态绿化”发展定位，聚焦新形势下发展新路径，规划全面转型新布局。泰达绿化被评为泰达实业2023年度“先进单位”，获得“落实全面从严治党主体责任优秀单位”称号。

（陈 晨）

〔市场化转型〕 2023年，泰达绿化在土壤修复、盐碱地改良、高标准农田建设、林下经济、中草药种植、国储林建设等转型业务领域持续发展。与内蒙古泰旗城乡投资有限公司组成联合体中标内蒙古太仆寺旗国土绿化试点项目的设计、施工总承包（EPC），实现以内蒙古太仆寺旗相关项目为切入点探索实施科技成果转化的建设新路径。实施塘沽新胡路（新河船厂）地块固废清理项目、中新天津生态城人工减排湿地工程、经开区西区医药产业园等生态修复项目；推进内蒙古赤峰巴林左旗、巴彦淖尔杭锦后旗、呼和浩特市土默特左旗及广西百色市等乡村振兴、国土绿化项目。泰达绿化入选全国绿化模范单位拟表彰名单，承办第五届盐滩绿化及生态城市建设战略研讨会。

（陈 晨）

〔科研工作〕 2023年，泰达绿化开展乡村振兴、盐碱地修复治理等16项科研课题。“科创中国”重盐碱地生态治理创新基地入选全国创新基地示范项目，入围天津市国资委国有科技企业“育精培优企业库”，获批天津市重盐碱地生态治理技术创新中心。泰达绿化自主培育的“泰达之恋”月季花获“京津冀首届月季邀请赛”金奖。“生态材料与低产土壤高价值利用技术研究”申报2023年第二批天津市制造业高质量发展专项资金项目。全年获得国家专利授权21项，其中发明专利4项、实用新型专利17项，新申报专利19项，2个耐盐碱月季花新品种被国家林草局授予植物新品种权，作为第一单位发表3篇核心期刊论文，引进2名博士后人才。

（陈　晨）

〔设计业务〕　2023年，泰达绿化承揽并组织设计工作102项，重点开展经开区专项债、静海健康产业园协和医院周边道路专项债、河东区第一机床厂改造、中新天津生态城友好公园、唐山水利部滦水公园等项目，获天津市“海河杯”勘察设计一等奖1项、二等奖2项、三等奖1项及第五届“青年规划师眼中的京津冀协同发展”学术活动创新作品奖和最佳组织单位奖。

（陈　晨）

〔工程建设〕　2023年，泰达绿化承担24个在施及新建项目，完成经开区服务外包园绿化提升工程、上海道生态环境治理工程、河东区第一机床总厂展示区景观工程、中新友好景观工程等建设任务。获取建筑工程施工总承包二级、建筑装修装饰工程专业承包二级、环保工程专业承包二级、施工劳务资质、市政行业设计乙级资质。

（陈　晨）

〔养管业务〕　2023年，泰达绿化完成2023天津夏季达沃斯论坛滨海新区环境保障布置专项工作，迎接滨海新区创建文明城区和创建国家卫生城市复审，推进经开区、中新天津生态城、天津港、静海区子牙镇等天津本地项目及安徽合肥、武汉杨春湖、山东东营、山东潍坊、河北霸州、贵州贵安等外埠项目常态化养管、花卉租摆等工作。泰达热带植物园被授予天津市教科院附属滨海泰达小学及泰达中学协同育人实践基地、滨城泰达“大思政课”共同体实践教学基地、天津市新时代文明实践基地。获得天津园林绿化优秀养护管理奖一等奖1项、二等奖3项、三等奖3项。

（陈　晨）

〔安全管理〕　2023年，泰达绿化强化落实安全生产责任制，推进“重大事故隐患排查整治2023专项行动”，开展安全生产全链条排查整治和安全专项整治，组织开展防灾减灾周、安全生产月、消防宣传月等专项活动。全年进行110次安全检查，排查并整改120项安全隐患。泰达绿化获评“经开区安全生产协会2022年度优秀会员单位”。

（陈　晨）

〔党建工作〕　2023年，泰达绿化围绕“学思想、强党性、重实践、建新功”总要求，深入开展学习贯彻习近平新时代中国特色社会主义思想主题教育，统筹理论学习、调查研究、推动发展、检视整改工作一体化推进。开展天津市委巡视、泰达控股巡察反馈意见整改工作，严肃党内政治生活。优化干部选聘方式，加大干部提拔力度，建立后备干部人才库，完善干部考核模式。开展纠治“四风”专项监督，组织全体职工开展个人岗位风险排查，打造特色廉洁文化品牌。深入开展落实意识形态工作责任制专项检查反馈问题整改。在“学习强国”学习平台、津云等60余家主流媒体发表325篇报道。健全保密工作管理制度，建立保密机要室。强化群团建设，选举1名职工董事，完成公司团支部换届选举工作。组队参加泰达控股“建功新时代”健步走活动及篮球赛，获得泰达实业“安康杯”安全知识竞赛团体一等奖。

（陈　晨）

天津滨海新区公共交通集团有限公司

〔简况〕　2023年，天津滨海新区公共交通集团有限公司（简称滨海公交）总收入1.77亿元，运营里程5579.7万千米，载客5136.38万人次，安全行车交通间隔里程432万千米。总收入同比上升8.55%，运营里程同比上升9.53%，载客量同比上升22.85%。

（孙　璐）

〔企业管理〕　2023年，滨海公交启动“风险管控质量工程”体系建设工作，制订《滨海公交关于实施“风险管控质量工程”的工作方案》，聚焦重点业务流程，完善企业内控体系。推进依法治企，召开法治工作专题会议，结合企业法治建设考核问题，制订并落实《法治建设工作实施方案》。修订《值班工作管理规定》《差旅费管理制度》《设备管理办法》等20项制度规范。

（孙　璐）

〔安全管理〕 2023年，滨海公交组织全员签订《2023年安全生产责任书》《2023年消防安全责任书》。修订《安全生产责任制》《安全生产事故现场警示教育办法》《驾驶员行车安全档案管理制度》《安全生产奖惩管理制度》等9项制度规范。完善防汛工作应急处置流程及防汛工作方案，组建防汛应急队伍。完成"城市公交""道路旅客运输""机动车维修"三个专业安全生产标准化年度自评工作。开展重点整治"六项违章"、安全生产全链条排查整治、"重大事故隐患排查整治2023专项行动""三检例保"及安全隐患大排查大整治、安全生产月等12项活动。组织121次安全应急演练，7562人次参加。开展9598次安全检查和隐患排查，检查驾驶员57633人次，检查车辆32593车次，检查点位5387处次，发现1824处安全隐患并完成整改。开展164次安全培训，3万余人次参加。

（孙　璐）

〔公交线网〕 2023年，滨海公交新辟公交线路1条，满足世纪大道大港实验中学至中塘镇学生通学需求。优化公交线路21条次，重新设置塘沽火车站、太湖路、轻轨泰达站等5个公交站点位置，调整124路、955路等4条线路走向，新增核工业学院站、锦成园站等6个站点。至年末，有公交线路139条，常规公交线路总长度3600.2千米，较2022年末增加23.5千米。

（孙　璐）

〔服务管理〕 2023年，滨海公交制订《运营服务品质专项提升活动》方案，重点整治行车大间隔、发车不准点、到站不停车、服务态度差、站牌信息有误等问题，开展"绿色出行、美好生活"公交出行宣传、公益板报设计、大型公交中途站敬老爱老志愿服务等活动。更换100辆醇氢电动公交车辆。全年接听、办理乘客各类事项79275件，协助回复、办理人大提案政协议案7件。

（孙　璐）

〔市场运营〕 2023年，滨海公交运营企业"滨城通"手机客户端APP，开通线上预约定制公交、线上付费等功能。与邮储银行合作，开展"1分钱乘公交"及乘车立减等优惠活动，签约营销活动资金10万余元。结构性优化公交运力，累计开通76条通勤、通学、文旅等定制专线，配合滨海新区"向海乐活节"文旅活动，推出"日出东疆"等特色线路。落实场地（所）租赁业务12项，场站（所）租赁收入256万元，开展中途站点冠名及车体广告业务2项，广告收益193万元。

（孙　璐）

〔荣誉〕 2023年，滨海公交获泰达实业2023年度"经营工作优秀单位"，公司运营十一部获泰达控股2023年度"安全生产先进集体"，公交102路获泰达控股工会"工人先锋号"称号。张艳来获中国道路运输协会、中国海员建设工会全国委员会联合授予的2023年度"全国道路运输安全行车二百万公里优秀驾驶员"称号，何先熬获第八届天津市道德模范提名奖，王巍获泰达控股2023年度"安全生产先进个人"称号，王青、陈刚、王双牛获泰达控股工会"五一劳动奖章"。

（孙　璐）

〔群团工作〕 2023年，滨海公交选举产生第三届职工代表、工会会员代表、职工董事和第三届工会委员会、经费审查委员会、女职工委员会。召开5次职代会联席会，组织开展劳动技能及安全生产知识竞赛、主题摄影、游泳比赛等活动。组织3场健康知识、女职工保护、情绪管理主题讲座。创建"滨海公交518路"劳模创新工作室，选拔培养标兵18名。建设西部新城"职工小家"。团总支开展学雷锋志愿服务活动、安全月宣传活动、公交宣传周、青年文明号志愿活动，55名志愿者参加。

（孙　璐）

〔纪检工作〕 2023年，滨海公交开展2次专（兼）职纪检干部廉洁教育培训、4次"学思警廉"活动，组织纪委学习小组集中学习41次。各单位开展1次廉洁风险排查、3次重点节假日"四风"自查自纠工作，对9人开展任前谈话或廉政履职谈话，对2名受问责干部回访教育。

（孙　璐）

〔党建工作〕 2023年，滨海公交制订35项党建工作要点，落实14项习近平总书记重要指示批示和重要论述及"回头看"工作，落实整改上级巡视巡察反馈意见109个。开展学习贯彻习近平新时代中国特色社会主义思想主题教育，细化任务清单16项，开展4

个专题研讨及主题教育民主生活会。召开第三次党员代表大会，选举产生第三届中国共产党天津滨海新区公共交通集团有限公司委员会和纪律检查委员会。调整党组织架构，完成泰达实业党代表选举和所属党支部换届工作。年内接收15名预备党员，18人转为正式党员。落实泰达控股党委《关于新时期加强和改进作风建设的意见》，采取“四不两直”方式，检查安全生产、运营服务等工作落实情况。

（孙　璐）

天津泰丰工业园投资（集团）有限公司

〔简况〕　2023年，天津泰丰工业园投资（集团）有限公司（简称泰丰公司）加强成本管控，促进降本增效。强化公司知识管理意识，建立公司成本体系，对标先进企业，通过不断优化华棠·星空项目方案设计，节约项目成本。泰丰公司及所属智昇公司创新传播和营销形式。2023年，泰丰公司及子公司获得“泰达控股2022年度安全生产先进企业”“泰达集团2022年度先进集体”、红桥区“五一劳动奖章”等称号。

（岳彤泽）

〔资产运营〕　2023年，泰丰公司配合泰达集团、泰达创业投资有限公司推进中新生态城软件园华棠·星空项目。通过存量盘活，进一步摸清资源资产底数。通过加强与第三方服务机构联络，拓展客户来源等方式，推动到期租户续约及招商工作。协同推进制度建设与企业改革，推动制度管理体系化、规范化、标准化。优化调整产业布局，推动法人户数减少工作。

（岳彤泽）

〔安全管理〕　2023年，泰丰公司开展“安全隐患整治”工作，贯彻落实泰达控股和泰达集团安全生产工作会议精神，召开专题安全工作会议，明确公司的安全领导小组及成员责任，分解细化工作任务，组织专项安全检查和消防实操训练。

（岳彤泽）

〔党建工作〕　2023年，泰丰公司开展学习贯彻习近平新时代中国特色社会主义思想主题教育，完善责任体系，推动管党治党政治责任一贯到底。推动企业党建工作与中心工作融合，发挥党支部领导作用。完善并落实“第一议题”制度，执行支委会议事规则，持续强化议题资料准备、沟通、汇报、决策等要求。落实全面从严治党，开展学习违规警示案例等警示教育。

（岳彤泽）

天津泰达城市轨道投资发展有限公司

〔项目建设〕　2023年，天津泰达城市轨道投资发展有限公司（简称泰达城轨）完成高架段12座车站主体结构封顶，完成北塘站、中新生态城站、和顺路站、滨海南开中学站外立面装修；高架区间24.9千米，实现贯通20千米，完成高架段控制性节点跨汉蔡路桥、跨中央大道桥施工，跨永定新河大桥推进上部结构施工。地下段12座车站中，于家堡站、融仁路站、金临道站、大沽船厂站4座车站（于家堡站为既有建成站）完成施工，新城三站、石油新村站、滨海文化中心站、泰达站、第三大街站、第九大街站6座车站开展围护结构、基坑开挖、主体结构施工。地下区间实现建设提速，完成金临道站—融仁路站明挖区间施工，融仁路站—于家堡站区间盾构机组装，大沽船厂站—金临道站区间、于家堡站—滨海文化中心站区间盾构掘进施工；车辆段18个单体建筑，完成9个主要单体的主体结构及二次结构，其中首列车已到段入库并达到库内调试条件；正线轨完成正线铺轨施工21.5千米。玉砂道110千伏主变电所完成土建施工、设备安装调试及嘉地线外电源施工，具备送电条件；完成DC1500V直流开关柜、40.5千伏气体绝缘开关柜、再生制动能量吸收装置、整流机组及配电变压器等供电系统甲供设备出厂验收工作；完成信号系统设计联络、设计审查并完成接车范围内信号系统设备出厂验收及安装调试；完成首列车车载专用通信系统设备出厂验收及到货检验；完成站台门系统设计联络及样机验收；完成首列电客车、首批工程车、救援车等设备出厂验收及车辆到段；完成航母站机电设备工艺样板展示区建设；完成供电系统正线接触网支柱组立启动，按照整体工期进度要求完成永定新河北岸至车辆段接触网支柱组立施工960处、安装电缆托架22303套、安装贯通地线19900米；完成航母站至车辆段各变电所供电设备基础施工96套。

（李　莹）

〔安全生产〕 泰达城轨建立健全安全生产管理体系、修订完善安全管理制度、加强安全检查及员工安全教育和培训。2023年，签订105份安全责任书、消防责任书；开展500余次安全检查，发现2365项问题隐患，发出500余份隐患整改通知单；开展6次安全教育培训、4次应急演练。

（李　莹）

天津滨海泰达航母旅游集团股份有限公司

〔简况〕 2023年，天津滨海泰达航母旅游集团股份有限公司（简称泰达航母）丰富旅游产品，打造文旅消费新场景，补短板、促经营、抓服务、强管理，为推进泰达航母AAAAA级旅游景区创建及北交所上市目标奠定基础。全年营业收入1.75亿元，净利润1354万元。2023年，泰达航母获得"天津市放心消费示范企业"称号，被评为国家级夜间文化和旅游消费集聚区和天津市拥军企业。

（张　煜）

〔创新娱乐项目〕 2023年，泰达航母举办"夜上津门·焰遇航母"夏日焰火音乐节、"基辅号"航母军事主题参观、"航母风暴""汽车特技"演出及俄罗斯文化风情集市。新增护卫艇巡航、飞车漂移体验、动力三角翼飞行体验项目。

（张　煜）

〔新媒体宣传〕 2023年，泰达航母开启抖音平台直播营销，共开展直播57场，累计时长360小时，成交金额1091万元。邀请抖音自媒体人发布航母游玩攻略短视频，助力泰达航母在自媒体平台宣传，全年抖音平台销售金额2280万元。通过央视新闻、新华社、中国新闻网等媒体发布新闻报道65篇。融入滨海新区"向海乐活节"系列活动并承接滨海新区秋季"向海乐活节"开幕式。

（张　煜）

〔团队业务〕 2023年，泰达航母组织召开"泰达航母春季研学推介会"，邀请京津冀30余家研学机构到场了解航母特色研学课程，倾听客户需求，提升服务质量。全年接待京津冀等多地中小学研学团队8.7万人次。

（张　煜）

〔重点项目〕 2023年，按照AAAAA级景区创建程序，泰达航母对照旅游景区等级评定标准完成自评，梳理71项待提升问题，整改24个项目。明确北交所上市路径，谋划新三板挂牌公司创新层进层、北交所IPO路径，邀请银河证券为公司转板上市开展专题培训。完成泰达航母文化旅游综合开发项目策划，策划内容涉及3大主题区，新增9个室内主题项目、22个室外游乐项目、4处无动力项目。推动泰达航母由观光型主题公园向科技赋能、情感文化融合、互动参与沉浸式体验的主题公园升级转变。

（张　煜）

〔内控管理〕 2023年，泰达航母吸收合并1家所属企业，压缩4个部门，新增1个部门。调整12个部室的部分职责，明确新增部门职责。增加季度"亮点工作"加分项的筛选和评定，调整非提成绩效工资岗位系数。新增15项公司管理制度，修订30项管理制度。12月，上线资产管理应用，实现资产状态动态管理。

（张　煜）

〔安全管理〕 2023年，泰达航母通过夜场焰火审批及焰火安全管理，制订夜场安全保障方案。落实安全生产责任制，制订《相关方安全管理制度》《消防安全管理制度》，修订《安全生产责任制汇编》及5项应急预案。完善双重预防机制，形成12类、98项安全风险评估清单。全年开展2000余次各级安全检查，发现86处隐患并完成整改。开展105次各级安全生产基础知识培训、消防安全知识培训等，开展48次消防、水上救援、防潮防汛等演习。

（张　煜）

〔党建工作〕 2023年，泰达航母成立主题教育领导小组，召开动员部署会，研究制订实施方案，明确主题教育"路线图"，开展主题教育专题民主生活会、组织生活会，组织中层干部参加专题读书班学习研讨。对标巡视整改任务，研究制订整改方案及台账。修订理论学习中心组制度，开展理论学习中心组意识形态专题学习。组织领导班子成员、各层级制订“两个清单”，常态化开展廉洁警示教育，全年开展7次“四风”查究、4次党建考核，开展15项重点专项监督，运用“第一种形态”提醒谈话处理2人次。全年确定2名发展对象，2名预备党员转为正式党员，确定2名入党积极分子。泰达航母优秀主题党日和基层党建工作优秀案例入围《泰达控股系统优秀主题党日基层党建工作优秀案例选编》。强化党员干部、职工群众意识形态领域知识学习培训。参与天津市文明单位创建工作并入围候选名单，开展“争做文明有礼天津人”主题活动。

（张　煜）

滨海投资有限公司

〔资源整合〕　2023年，滨海投资有限公司（简称滨海投资）净利润2.36亿元。关注投资项目的跟踪和实施，持续提高项目研判、风险识别防范能力，逐步建立投资项目储备库和投资项目全生命周期管理机制。完成中石化南港LNG码头2%股权收购，增强储气调峰能力，具备参与LNG贸易条件，促进天然气上下游一体化模式落地，就收购LNG码头股权事宜与中石化长城燃气达成意向，实现上下游产业链一体化发展。

（李笑妍）

〔科技创新〕　2023年，滨海投资探索向综合能源运营商转型，布局综合能源业务，研发大楼屋顶光伏发电项目实现并网发电。12项研发项目结项，新授权知识产权36项。天津泰达滨海清洁能源集团有限公司入选天津市国资委“育精培优企业”。《燃气井下安全监测项目》获得滨海新区质量攻关项目“优秀奖”。组织编制2项应用技术类团体标准，通过评审并发布实施。

（李笑妍）

〔安全生产〕　2023年，滨海投资完善并推行安全标准化，发布安全检查标准图册、应急处置要点等文件，为子公司安全管理提供指导。强化应急处置能力，规范应急装备配置。开展并持续完善“双盲”演练及事故类比演练。

（李笑妍）

中非泰达投资股份有限公司

〔简况〕　2023年，中非泰达投资股份有限公司（简称中非泰达）贯彻落实党的二十大精神和习近平总书记对中埃·泰达苏伊士经贸合作区的重要指示批示精神。利用天津作为“一带一路”重要节点的地理和战略优势，推动泰达合作区成为连接亚、非、欧三大洲的重要枢纽，助力天津全面开放新格局建设，推动“内外双循环”和高质量发展。中非泰达应对埃及及全球经济环境挑战，通过战略升级实现合作区产业示范引领、服务功能辐射、资源配置和金融保障能力的提升。全年中非泰达营业总收入22053万元，利润总额9481万元，净利润8333万元；泰达合作区收入7045万埃镑，较2022年同期增长21%。

（郭　峥）

〔营商环境优化〕　2023年，中非泰达面对埃及及全球经济环境挑战，采取一系列措施优化营商环境，推动泰达合作区的战略升级和高质量发展。加大与埃及政府沟通力度，争取更优惠的政策环境，推动人民币跨境结算以减少汇兑风险。加强与东疆综合保税区联动，中非泰达提升园区的服务功能和产业配套，促进企业吸引力和竞争力。

（郭　峥）

〔招商模式创新〕　2023年，中非泰达通过构建数字化招商平台，提高招商效率和精准度，更快地响应企业需求，吸引更多高质量的投资项目。引入多元化合作方式和投资激励机制，与埃及苏伊士运河经济区管理总局洽谈土地购置或类PPP（公私合作）模式，促进双方深度合作和共同发展。通过建立和完善长三角及珠三角等地区招商办事处，延伸招商网络，增强与国内外投资者的沟通和联络，将泰达合作区打造成为对外开放新高地。

（郭　峥）

〔园区功能拓展〕　2023年，中非泰达加大基础设施投资，完善园区物流中心、产业用地基础设施及生产生活配套服务体系。通过引入国际商品集散中心和汽车及零配件集散中心，提升园区服务功能，为天津市及其他地区产品提供更广泛的国际市场接入点。通过与天津港联动，泰达合作区提升物流和贸易功能，通过国际投贷基金、跨境商业保理及人民币国际化等金融服务，强化金融服务功能。

（郭　峥）

〔安全生产〕 2023年，中非泰达通过信息化系统在境内外传达习近平总书记、国务院安委会和泰达控股主要领导对安全生产工作重要指示批示精神，部署中非泰达安全生产各项工作。聘请专家每季度开展安全生产相关培训，组织全体员工到生态城观摩安全生产体验馆。全年中非泰达及泰达合作区开展4次安全教育培训、3次应急演练；安全生产领导小组带队检查4次，工作组检查12次，发现并整改隐患6项。

（郭　峥）

〔党建工作〕 2023年，中非泰达贯彻落实党的二十大精神及习近平新时代中国特色社会主义思想。加强全面从严治党，中非泰达党总支紧密围绕"学思想、强党性、重实践、建新功"的总要求，深化党员干部理论学习。组织开展理论知识竞赛、主题党课、红色电影党课等。结合新形势、新任务、新职责，中非泰达党总支将学习与查摆问题、落实改进措施相结合，为中非泰达在"一带一路"建设中提供坚强的政治和组织保障。

（郭　峥）

天津泰达威立雅水务有限公司

〔简况〕 2023年，天津泰达威立雅水务有限公司（简称泰达威立雅）污水处理量3488.58万立方米、污泥处理量64.55万立方米，脱水污泥15758.58吨，海晶东雨污水泵站污水提升量124.77万立方米、雨水提升量36.82万立方米，出水水质100%达标。

2022年，污水处理量3431.63万立方米、污泥处理量64.98万立方米，海晶东雨污水泵站污水提升量167.76万立方米、雨水提升量68.67万立方米，出水水质100%达标。

（李洪云）

〔节能减排〕 2023年，泰达威立雅利用自控系统动态调整工艺参数，精准投加药剂，完成节能减排工作。主要污染物减排量中化学需氧量COD：4814.24吨、生化需氧量BOD_5：2719.00吨、悬浮物SS：2406.77吨、氨氮NH3－N：814.58吨、总磷TP：87.21吨、总氮TN：839.35吨，污水处理平均单位电耗0.22度/立方米，污泥回收利用率100%。

2022年，主要污染物减排量中化学需氧量COD：6083.25吨、生化需氧量BOD5：3088.81吨、悬浮物SS：3186.27吨、氨氮NH3－N：800.60吨、总磷TP：92.65吨、总氮TN：769.37吨，污水处理平均单位电耗0.22度/立方米，污泥回收利用率100%。

（谢建成）

〔设备设施维修维护〕 2023年，泰达威立雅投入278.9万元更新维护设施设备。完成1471项设备预防性维护工作，169项纠正性维修及其他工作。

（谢建成）

〔生产运行管理提升〕 泰达威立雅通过PLC加药系统自动化控制改造，实现药剂精准投加；通过污泥脱水药剂选型试验，选用综合低单耗药剂提升污水处理质量、工艺精准运行质量，综合药剂吨水单耗同比减少20%，出水水质100%达标排放。

（谢建成）

〔安全生产〕 2023年，泰达威立雅落实安全生产15条硬措施，开展"岁末年初安全生产隐患专项整治行动""安全生产全链条排查整治"及"重大事故隐患排查整治2023专项行动"。全年累计开展各类安全检查及巡查263次，安排检查人员325人次，排查安全隐患239项并明确安全隐患整改时限。组织相关部门、一线班组、分包商人员开展31次培训及演练，539人次参加。2023年，泰达威立雅获得"经开区管委会安全生产先进单位""经开区安全生产协会优秀会员单位"称号。

（朱玉文）

〔党建工作〕 2023年，泰达威立雅牢牢把握"学思想、强党性、重实践、建新功"的总要求，加强调查研究，确定3个调研课题，制订16项重点工作，对照查摆问题28个，制订整改措施84条。加强检视整改，形成《专项整治清单》。落实天津市委巡视整改要求的重点难点任务，研究制订《落实市委巡视反馈问题整改方案》，推动落实69个整改事项，43个"举一反三”事项，修订完善19项管理制度。

（任文睿）

天津泰达滨海站建设开发有限公司

〔简况〕 天津泰达滨海站建设开发有限公司（简称泰达滨海站）、天津泰达交通枢纽运营管理有限公司（简称泰达交通运营），全年接送旅客175.9533万人次。

（李　莹）

〔工程建设〕 2023年，泰达滨海站推进“京滨城际滨海西站市政配套工程全速推进”项目各项工作，南广场地铁预留段完成主体结构封顶、主体结构验收、人防主体结构验收，B1线盾构接收完成双线贯通；完成Z2线、B3线盾构洞口临时封堵。北广场项目A区完成主体结构施工，完成B、C区地上及地下结构施工，项目具备Z2线进场施工及接收条件。

（李　莹）

〔安全生产〕 2023年，泰达滨海站组织签订54份安全责任书、消防责任书；开展39次安全检查，发现363项问题隐患，发出39份安全隐患整改通知单。组织10余次防汛应急演练、高处坠落应急演练、消防应急演练、有限空间应急演练等培训演练。

（李　莹）

〔党建工作〕 2023年，泰达滨海站及泰达城轨党委落实全面从严治党主体责任，按照泰达控股党委巡察反馈整改意见及泰达控股党委、泰达城投党委关于落实市委巡视整改工作的部署要求，以巡促改、以巡促建、以巡促治。坚持党建引领，修订3家公司《法人治理主体“1+3”权责表》和议事规则，召开34次党委会议，以理论学习中心组集体学习、读书班、“三会一课”为基础，切实加强理论学习。开展国有企业“强根铸魂”行动，全面系统加强国有企业党的领导和党的建设，完善所属党支部设置，推动Z4线、滨海西站项目高质量发展。

（李　莹）

金　融

- 金融管理与创新
- 地方金融
- 金融司法平台
- 金融服务平台
- 人民银行
- 金融监督管理
- 商业银行
- 其他金融机构

金融管理与创新

〔简况〕 2023年，经开区有银行业金融机构49家。其中，存款类金融机构42家，中资全国性大型银行6家，中小型银行22家，农村商业银行2家，村镇银行3家，外资银行5家；非存款类金融机构7家。地方金融机构570家。全年金融业增加值334.49亿元。

（档案馆）

〔“产业+金融”发展模式〕 2023年，经开区金融局针对汽车、能源、医药、基建等产业不同供应链环节、不同供应链周期对金融服务的需求，构建“汽车+金融”“能源+金融”“基建+金融”“航空+金融”等产业金融发展模式，诚实集团商业保理项目、国电投广大（天津）新能源有限公司、河北高速集团（天津）商业保理有限公司、易商（天津）商业保理有限公司等项目落户经开区。

（王新璐）

〔企业上市〕 2023年，经开区成立上市工作领导小组，解决企业上市前问题，推动企业上市，为天津建设发展集团股份公司开具所有合规函件，企业完成证监会上市备案工作；走访区内上市储备企业56次，为企业提供差异化金融服务和上市支持；建立经开区上市重点企业资源库，推动天津绿菱气体有限公司、北塘湾（天津）科技发展有限公司等19家企业在泰达上市预备板挂牌；建立区内企业梯度培育和分层管理机制，形成7家在审辅导、36家重点后备、180家储备培育的“三个一批”资源体系；联合天津滨海柜台交易市场股份公司（简称天津OTC）为企业开展北交所“绿色通道”政策、注册制下上市保荐业务及上市审核、港交所最新上市政策等培训10余场。

2023年，经开区4家企业申报交易所审核，3家企业申报天津证监局辅导，1家新三板企业申报北交所上市。

（王新璐）

〔金融消费者权益保护〕 2023年，经开区金融局制订《天津经济技术开发区地方金融投诉处理工作办法》，处理金融类信访投诉600余件，处理风险线索29条，监管约谈及走访排查100余次，开展防范非法集资宣传5次。开展旅游、养老、房地产等领域常态化非法集资风险排查；处理融资租赁信访8件、投诉202件，与企业、投诉人双方沟通，提出意见建议。开发经开区非法集资案件远程登记系统，指导集资人登记，提高案件审核及清退效率。建立市场监管、公安、行业主管部门等多部门共同研判、联合开展行政化解工作机制，排查天津金融资产登记结算有限公司失联集资人，退赔165名集资人款项。

（王新璐）

〔高风险机构风险化解〕 2023年，经开区金融局对照天津市金融局专题会议精神及中国人民银行、国家金融监督管理总局对中国金融租赁有限公司（简称中金租）和天津国泰金融租赁有限责任公司（简称国泰金租）风险化解处置方案的反馈意见，修改中金租和国泰金租风险处置化解方案。国家金融监督管理总局批复同意国泰金租进入破产清算流程；6月12日，天津监管局印发《关于巩固风险处置成果实现高质量发展的通知》，中金租不再列为高风险机构。

（王新璐）

地方金融机构

〔简况〕 2023年，经开区有地方金融机构570家，其中，小额贷款公司2家，融资担保公司8家，典当公司7家，地方金融资产管理公司1家，区域性股权交易市场1家，商业保理公司156家。

（王新璐）

〔地方金融机构监管〕 2023年，经开区金融局开展小额贷款公司、融资担保公司、典当公司、地方资产管理公司、区域性股权市场等领域企业非现场监测、监管评级、现场排查、专项检查等工作，开展约谈39次、现场排查57次、专项检查2次。走访约谈空壳和指标异常企业75家，清理商业保理企业9家、融资租赁企业7家。

（王新璐）

〔监管评级〕 2023年，经开区金融局通过日常监管、风险排查等方式对小额贷款、融资担保、典当、地方资产管理4个行业开展监管评级工作，评价企业经营、管理水平、内控机制、风险状况等情况。初评企业148家，其中，商业保理企业88家（参评率60%），融资租赁企业60家（参评率60%）；商业保理企业A级39家、B级23家、C级15家、D级9家、E级2家，融资租赁企业A级10家、B级15家、C级9家、D级8家、E级18家。

（王新璐）

〔商业保理〕 2023年，经开区发布天津商业保理创新发展基地第三批试点政策，降低企业税负，拓宽融资渠道。全年新增保理企业22家，实缴资本22.5亿元；增资保理企业3家，新增实缴资本5.1亿元。截至2023年末，全区保理企业资产总额1500余亿元，占全国20%，全年纳税近10亿元。天津市金融局遴选27个“2022—2023年度商业保理行业服务实体经济典型案例”，其中天津商业保理创新发展基地10家企业的13个服务实体经济案例入选。

（王新璐）

〔项目审查〕 2023年，经开区金融局开展地方7类金融组织（小额贷款公司、融资担保公司、区域性股权市场、典当行、融资租赁公司、商业保理公司、地方资产管理公司）、投资类企业审查工作，办理审查事项323件。其中，投资类企业268件，占比83%，地方金融组织55件，占比17%；新设项目88件，变更项目235件（其中备案6件）。推动9家商业保理企业、5家融资租赁企业纳入监管白名单；全区商业保理企业正常经营率83%，融资租赁行业正常经营率45.19%，出清率25.97%。

（王新璐）

金融司法平台

〔泰达金融法庭〕 2023年，泰达金融法庭受理案件9278件，标的额总计51.5亿元。建立“内催阶段调解介入+司法确认+强制执行”金融不良债权催收模式，将金融纠纷化解前置到金融机构内部催收阶段，出具调解成功司法确认裁定书，赋予调解协议强制执行力。泰达金融法庭及相关调解组织诉前调解互联网金融纠纷案件4512件，调解成功3314件，调解成功率73.45%。

（王新璐）

〔泰信金融调解中心〕 2023年3月，泰信金融调解中心运营，全年接案11万件，服务京东世纪贸易有限公司、长城滨银汽车金融有限公司（简称长城滨银）、随行付支付有限公司、邮政储蓄银行股份有限公司、兴业银行股份有限公司等客户。泰信金融调解中心与天津市滨海新区人民法院（简称滨海法院）、长城滨银开展批量立案系统直联调试，联通长城滨银业务系统与滨海法院审理系统，进行批量立案和审理，提高案件审理效率。

（王新璐）

〔国际商事审判庭〕 2023年2月，国际商事审判庭在经开区恒富大厦揭牌成立，面积3000平方米，建立“一站式”国际商事纠纷解决机制，围绕涉外商事，集中审理涉外民商事案件，提升天津自贸试验区法治营商环境。

（王新璐）

金融服务平台

〔滨海基金小镇〕 2023年，中能建基金管理人、天津滨海柜台交易市场基金管理公司、吉利资本产业基金、领投资本基金等119家企业落地滨海基金小镇，其中资管类46家，税收8709.88万元。举办上市培育、融资对接、路演推介等活动43场；推动天津自贸试验区跨境投融资综合服务中心、滨海新区人才创新创业基地基金小镇工作站、天津滨海柜台交易市场股份公司滨海基金小镇运营中心、《证券日报》滨海办事处、东卫律所金融服务中心入驻滨海基金小镇，提升滨海基金小镇跨境投融资、人才培育、创新运营、专业宣传、法律服务水平。

（王新璐）

〔双碳大厦〕 2023年，天津双碳大厦引入培育绿色技术、绿色产业、绿色金融等领域企业，吸引天津绿动经开能源投资集团、津苏佳联能源（天津）有限公司等20余家企业落户，碳资产交易规模逾3亿元。围绕绿色发展等主题，举办ESG主题沙龙（生物医药行业专场），邀请60余名天津市生物医药行业上市公司、银行机构、拟上市公司代表参加。推动天津泰达租赁有限公司参与编制国内首个融资租赁行业ESG标准——《融资租赁企业环境、社会及治理(ESG)报告指南》,获中国经济学会批准实施。组织召开第二届双碳大厦共同缔造理事会会议,发起《绿色项目评估认证标准方法》和《绿色企业评估认证标准方法》倡议,吸纳天津智碳管理咨询服务有限公司、天津鸿盛碳资产管理有限公司、船级社天津分公司等企业和中国银行、农业银行、工商银行、建设银行等4家金融机构加入理事会,成员单位由12家增至23家。

(王新璐)

〔天津自贸试验区跨境投融资服务中心〕 2023年,天津自贸试验区跨境投融资综合服务中心建立"政府+银行+中介"联合服务机制,联动各级资源,开展事前引导、事中辅导、事后督导的全生命周期服务,为企业提供一站式跨境投融资服务。推动跨境项目落地,协助上海易桥海控实业发展有限公司船舶投资项目、瑞派宠物医院管理股份有限公司香港并购项目、天津有鹿智能科技有限公司海外上市项目完成ODI备案(境外直接投资备案),协助浙江奥秀纺织新材料科技有限公司在中埃·泰达苏伊士经贸合作区投资建厂。推动澳洲博满基金、台湾中租控股股份有限公司等境外机构在经开区收购不良资产和金融牌照。至2023年末,累计完成境外投资项目备案30余例,投资总额2亿多美元。吸纳9家合作银行入驻,对接上海外联发商务咨询有限公司、北京美森信息咨询有限公司跨境中介服务机构,完善法律和税务咨询功能。

2022年12月7日,天津自贸试验区跨境投融资综合服务中心成立。

(王新璐)

〔金融对接服务〕 2023年,经开区金融局举办3场春季银政企融资对接会,邀请18家金融机构、30家项目单位参会。在滨海基金小镇和双碳大厦等载体平台,组织46场行业专题对接活动,针对科创债、"津信惠"银企对接、知识产权融资、生物医药企业融资等问题进行专题讲解。为企业提供点对点投融资对接专项服务百余次,为橙意家人科技(天津)有限公司、天津投对科技有限公司等18家企业对接投融资10亿元,撬动全口径投融资90亿元。协助滨海产业基金参股设立元希海河(天津)生物医药产业基金;推动泰海基金与南港集团设立天津南港海河新材料产业投资基金,与吉利投资管理(天津)有限公司设立吉利海河共创投资基金。

(王新璐)

人民银行

〔简况〕 2023年,中国人民银行滨海新区中心支行更名为中国人民银行滨海新区分行(简称人行新区分行),加挂国家外汇管理局滨海新区分局牌子,履行基层人民银行职能。是年,人行新区分行落实稳健货币政策,防范、化解重点领域金融风险,完善外汇管理和服务,为滨海新区经济发展提供金融服务。截至2023年末,滨海新区本外币各项贷款余额14819.1亿元。

(张琦琦)

2023年8月18日,中国人民银行滨海新区分行举行挂牌仪式

〔落实稳健货币政策〕 2023年,人行新区分行印发《关于做好2023年金融支持地方经济发展的指导意见》,开展窗口指导,引导金融机构加大信贷投放、调整信贷结构,截至年末,滨海新区本外币各项贷款余额14819.1亿元,同比增长9.5%,高于2022年同期7.8个百分点。加大科技创新、绿色低碳等重点领域及民营、小微企业等薄弱环节的支持力度,支持企业利用银行间市场拓宽融资渠道。引导金融机构对接绿色项目,推动绿色金融和转型金融产品创新。落实金融支持民营经济高质量发展"三四五六"专项行动,推出积分信用贷、专精特新贷、投联贷等金融产品,扩大首贷、信用贷、无还本续贷等

业务覆盖面，梳理"滨海新区金融支持民营经济高质量发展十大特色案例"，构建金融助力民营经济发展长效机制。2023年滨海新区再贷款再贴现资金近90亿元，涉及市场主体5000余户。实施普惠小微企业贷款阶段性减息政策，支持滨海新区法人银行为3000余户小微企业减免贷款利息593.22万元。

（张琦琦）

〔防范化解金融风险〕 2023年，人行新区分行运用央行评级、压力测试、存款保险核查、现场评估等方式监测和评估区域金融风险，发现并反馈苗头性问题；分析金融租赁公司风险监测预警指标，化解存量高风险机构风险。引导金融机构落实《天津市金融支持房地产市场平稳健康发展实施意见》等政策，满足房地产行业合理融资需求；指导法人银行开展房地产贷款集中度管理，实施存量首套住房贷款利率调整、"认房不认贷"等住房信贷政策，支持、激活刚性和改善性住房信贷需求。截至2023年末，滨海新区房地产开发贷款余额216.9亿元，同比增长13.62%。

（张琦琦）

〔外汇管理和服务〕 2023年，人行新区分行深化金融改革创新，制订外汇领域创新业务针对性举措及风险防控措施，推动全国首单飞机发动机离岸融资租赁业务落地滨海新区，复制推广新型离岸贸易"境外承包工程海外采购"模式。聚焦共性化业务需求，解决租赁企业租前息业务需求、对外债权登记业务办理时限等问题。开展政策宣讲30余场，覆盖企业1800余家，推动贸易外汇收支便利化政策、经营性租赁收取外币租金、融资租赁对外债权登记、资本项目收入支付便利化等业务扩面增量。推出"汇率避险+担保基金+普惠金融"模式，优化中小企业汇率避险服务。拓宽货款结算、利润汇出、发放境外贷款等多场景跨境人民币使用渠道，船舶租赁领域实现跨境人民币结算。开展跨境风险联防联治提升工程，与滨海新区公安局开展打击地下钱庄专项行动，联合"汇警检法税关银"七部门签署《打击涉税、涉汇、涉关、洗钱等违法犯罪行为合作备忘录》，建立常态化合作协调机制。

（张琦琦）

〔金融利民举措〕 2023年，人行新区分行提供征信查询服务，投放信用报告自助查询设备29台，提供查询服务19.19万笔。推动金融机构通过中征应收账款融资服务平台为企业融资15.89亿元。在"3·15""5·15"等节点，开展"人民币知识宣传 纸硬币零钱兑换"活动，现场兑换零辅币2.7万余张（枚）。推广数字人民币试点应用场景，开立数字人民币钱包62.56万余户。配合税务部门集中办理个人所得税汇算清缴退税和增值税留抵退税等70余万笔；办理全国首笔海关电子退税和滨海新区首笔数字人民币退税业务。

（张琦琦）

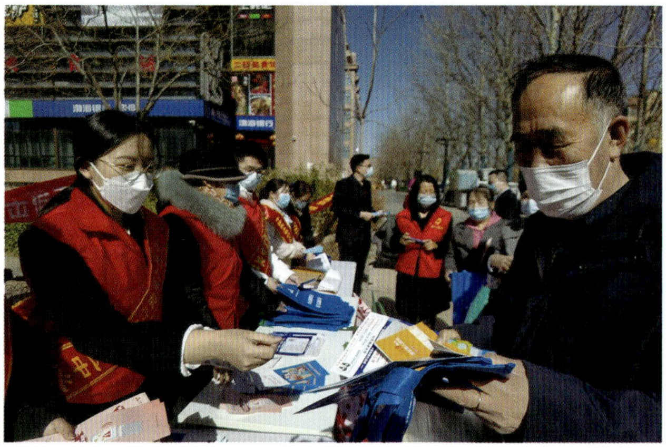

2023年3月15日，人行滨海新区分行工作人员到社区开展人民币知识宣传及纸硬币零钱兑换活动

金融监督管理

〔风险监管〕 2023年7月，国家金融监督管理总局滨海监管分局（简称金融监管滨海分局）成立，根据国家金融监督管理总局和国家金融监督管理总局天津监管局的授权，开展金融监管工作。是年，金融监管滨海分局强化风险防控力度，监测、分析辖内银行保险机构经营特点和风险特征，制订监管措施，细化监管要求。指导辖内银行保险机构开展重点领域风险防控工作，保障不发生系统性金融风险。

（孙爱翔）

〔区域服务〕 2023年，金融监管滨海分局加强与滨海新区各部门交流，共同推动重点领域工作，支持地方经济社会发展。协同制订金融突发事件应急预案，开展反诈宣传；通过金融方式协助滨海新区开展助企纾困、新动能引育、支持中小企业发展等工作。

（孙爱翔）

商业银行

〔**中国银行滨海分行**〕 2023年，中国银行股份有限公司天津滨海分行（简称中行滨海分行）服务实体经济，普惠金融贷款余额增长4.92亿元，绿色金融贷款增长46亿元，战略性新兴产业贷款增长58亿元，民营企业贷款增长13.08亿元；资产、负债总额分别为700余亿元、600余亿元，营业收入逾17亿元。

区域服务 2023年，中行滨海分行助力构建天津“1+3+4”产业布局（1指智能科技；3指生物医药、新能源、新材料三大新兴产业；4指航空航天、高端装备、汽车、石油石化四大优势产业），相关产业授信总量525.5亿元；助力港、产、城融合发展，年末相关授信余额41.58亿元；助力自贸区经济发展，FT（自由贸易账户）场景服务金额550.16亿元。全年敞口对公授信客户信用总量近1358亿元。

业务创新 2023年，中行滨海分行聚焦金融服务，开展“境外承包工程总分包模式”无追索权出口融信达业务，定制航运物流场景项下出口融信达产品方案，实现业务场景落地；以人民币期权及远期结售汇业务规避汇率敞口风险。

（马 迪）

〔**中国工商银行开发区分行**〕 2023年，中国工商银行股份有限公司天津经济技术开发区分行（简称工行开发区分行）加大支持实体经济金融服务力度，全年实现拨备前利润6.34亿元，同比增长0.51亿元；中间业务收入1.41亿元，同比增长0.36亿元。

调整信贷结构 2023年，工行开发区分行聚焦制造业调整信贷结构，降低贷款集中度，政府平台类客户贷款占比由2020年的90%下降至2023年末的62.78%。聚焦西区和南港工业区，加大南港工业区绿色石化产业信贷投放，推动重点客户相关业务落地并储备一批重点项目。多次组织召开普惠金融业务动员会，调整普惠金融布局，信贷客户经理下沉网点开展自营普惠业务，截至2023年12月末，工行开发区分行普惠贷款余额11.59亿元，较年初净增3.36亿元，普惠客户734户，较年初净增350户。

业务营销 2023年，工行开发区分行梳理存量市场，发掘客户新需求，分类施策，逐户确定责任人。梳理千万元以上存量重点客户，逐户走访；梳理存款较年初大幅下降和日常资金高流低存的中部及尾部客户，开展“挖潜提升”工作。全年，挖潜重点公司客户8户，提升存款5.28亿元；走访中部及尾部客户160余户。深化银政合作，对接经开区金融局，与经开区保理业务创新发展基地签署战略合作协议。建立有贷无贷联动业务模式，构建有贷客户推荐体系，通过信贷客户经理分片分包服务，形成共同走访、联动营销、协同落地的营销机制，推动无贷户向有贷户转化。

外汇业务 2023年，工行开发区分行推进“首办户”（有跨境结算需求，但之前从未使用人民币进行跨境结算的企业）落地工作，落地“首办户”12户，累计金额138.68万美元。与工行总行、工行天津分行建立询价报价机制，为企业客户办理结售汇询价业务近10亿美元，拉动结算量6.7亿美元。跟踪重点客户融资需求，落地进口TT融资（进口发票融资或进口汇出汇款融资）2200余万美元及非融资类保函业务2.8亿元；为企业办理进口TT及出口发票融资业务，全年投放1.4亿美元；为多家企业办理新型离岸贸易业务，储备一批新型离岸业务资源。

个人金融业务 2023年末，工行开发区分行人民币储蓄存款余额93.4亿元，较年初增长13.1亿元，储蓄存款日均余额87.2亿元，较年初增长14.5亿元。梳理各网点客户，客户经理维护的20万以上客户增加1699户。举办“企业家加油站”揭牌活动，打造企业家公私一体化的个性化综合服务平台。多场景联动，提升中间收入，组织理财节活动，理财销售近2亿元，基金销售2608万元，保险销售262万元，理财客户扩容988户，基金客户扩容910户，贵金属客户扩容412户。搭建文旅、体育惠民、慈善、户外拓展等场景，提升联动效果，加强与慈善关联企业和个人客户的联系，拓展高端客户渠道。

风险管控 2023年，工行开发区分行推进风险管理前移，围绕投融资规划，把控新增融资质量，提高选择客户能力；提升前瞻性风险管控能力，防控劣变风险，对有风险化解可能的客户，将缓释处置工作前移。开展非自然人客户受益所有人识别、个人客户信息治理、商户POS客户治理、对公客户信息治理、国际涉敏业务审查等反洗钱工作。强化员工异常行为排查管控，开展行长讲合规课、警示与反思大讨论、内控合规知识竞赛、合规文化上墙、征集合规箴言等活动。

（李志刚）

〔中国建设银行开发分行〕 2023年末，中国建设银行股份有限公司天津开发分行（简称建行开发分行）各项贷款余额586.22亿元，全口径存款余额300.66亿元。

服务实体经济 2023年，建行开发分行服务国家级高新技术企业、军工导航龙头企业、国家级“专精特新”“小巨人”企业、制造业单项冠军企业，投放制造业贷款33.67亿元。至2023年末，制造业贷款（含贴）余额69.13亿元，全年制造业贷款（含贴）新增23.56亿元，任务完成率294.5%，增幅51.69%。

绿色信贷 2023年，建行开发分行推动节能环保产业、清洁能源产业、基础设施绿色升级、生态环境产业等领域绿色信贷投放，截至年末，建行开发分行绿色信贷余额75.5亿元，较年初增加37.61亿元，任务完成率289.63%。投放种类涉及固定资产贷款、流动资金贷款、福费廷、供应链融资、住房租赁贷款、个人支农贷款等。

2023年7月，建行开发分行参加“绿色租赁生态港”共建单位代表签署倡议活动

乡村振兴 2023年，建行开发分行走访相关村委会，了解村民金融需求，通过“裕农+普惠”服务场景，拓展县域个人客户，促进农户经营贷款等业务。截至2023年末，建行开发分行管辖的87个“裕农通”服务点活跃率100%，涉农贷款新增8691万元，涉农贷款客户新增184户。

服务民生 2023年，建行开发分行通过安心养老系统、惠农惠民一卡通系统，发放滨海新区高龄老人关爱金等涉老补贴50余万次、金额1.5亿余元，老年群体可居家一站式申领补贴。开通老年助残服务机构线上订餐、配送、支付业务，全年维护一级助餐机构61户，设置助餐点359个，产生25.1万食堂订单，订单金额326.6万元，发放政府补贴金额67万元。建立滨海新区不动产登记中心、公积金管理中心开发管理部、建行开发分行3家合署办公的“一站式”服务模式，办理不动产交易、税费缴纳、征信查询、公积金咨询、个人贷款受理等业务。

促消费活动 2023年，建行开发分行搭建金融消费场景，先后同滨海新区本级及经开区、生态城、东疆综合保税区等功能区开展9次促消费活动，累计发放政府消费券近2500万元，涵盖购车、餐饮、商超等领域，拉动消费逾10亿元、政府税收近2亿元，带动建行开发分行购车分期交易额4800万元。

2023年1月20日，“喜迎新春 乐购滨城”品质生活促消费系列活动启动

（郝旺强）

〔中国农业银行开发区分行〕 2023年，中国农业银行股份有限公司天津经济技术开发区分行（简称农行开发区分行）日均存款余额280余亿元，同比增加80余亿元；营业收入逾8亿元。2023年末，各项贷款余额逾400亿元，年增量逾70亿元。

区域服务 2023年，农行开发区分行强化城市更新、新基建、非首都功能疏解等重点项目合作，机床一厂城市更新项目、大港街城市更新项目投放金额逾11亿元。坚持线上线下一体化经营，全年创建163个重点客群，拓展个人客户，促进个人存款业务；建设智慧场景项目，成立场景建设突击队，落地智慧食堂场景4个、智慧校园场景16个。

风险防控　2023年，农行开发区分行通过信贷评议制度，开展择优准入工作，从源头降低信贷风险；监控大额用信客户，防范集团客户风险劣变、传导和蔓延；防控线上贷款风险，落实贷后管理责任。开展安全风险排查和隐患治理，防范重大安全生产事故发生。第三大街支行获总行级“2023年度中国农业银行合规标杆单位”“2023年度总行运营合规标杆单位”。

（王佳懿）

〔天津银行滨海分行〕　2023年，天津银行滨海分行为国企盘活存量资产提供融资，通过经营性物业贷、特色园区贷等产品，盘活空中客车（天津）总装有限公司厂房。为海港城市更新项目、“于响”片区楼宇资产盘活项目等提供信贷支持，以“产业导入”盘活闲置资产。为滨海新区老旧小区改造提供金融支持，助力改善民生。

天津银行滨海分行围绕专精特新、高新技术、绿色经济等领域，提供金融支持，为天津市某工业园改造汽车厂房发放固定资产贷款，助推某汽车企业新能源商用车制造基地项目落户该工业园。开展绿色融资业务，为天津某钢铁集团产能置换升级改造项目提供授信，贷款利率低于同期市场报价水平，是天津市地方法人金融机构首次投放碳减排贷款。立足民生领域，通过智慧通金融服务平台，为滨海新区商超便利店、综合零售、休闲娱乐等民生小型经济体提供智慧结算及小微融资服务，辐射中小型经济圈群90余个，惠及商户9万户，市场覆盖率58%。关爱特殊群体，滨海新区8家支行被认证为适老示范网点，部分网点单独设置老年客户专属柜台通道。推行“金融+文化”“金融+体育”发展模式，嵌入文旅、夜市经济等场景，支持东疆“泡泡音乐节”“国际青年沙滩排球邀请赛”等活动。

（李　璐）

〔渤海银行新区分行〕　截至2023年末，渤海银行天津滨海新区分行（简称渤海银行新区分行）在滨海新区共开设经营机构15家，各项存、贷款余额为282.93亿元、352.12亿元。

服务天津“十项行动”　2023年，渤海银行新区分行成立“十项行动”（京津冀协同发展纵深推进行动、制造业高质量发展行动、科教兴市人才强市行动、港产城融合发展行动、滨海新区高质量发展示范引领行动、中心城区更新提升行动、乡村振兴全面推进行动、绿色低碳发展行动、高品质生活创造行动、党建引领基层治理行动）工作专班，建立分行、支行联动工作机制，优化金融服务质效。助力滨海新区企业“走出去、引进来”，协助招商部门引进多个项目落地滨海新区，协助滨海新区民营企业“走出去”参与国际制造业市场；聚焦东疆综合保税区特色产业，制订“园区企业激励贷”授信方案，该金融创新模式为相关企业提供授信超亿元；支持港、产、城融合发展，为港口基础设施建设融资17.38亿元；拓宽与职能部门、入区企业合作渠道，加大对滨海新区重大投资项目、城市公共服务建设项目、滨海新区城市更新项目等的投放力度，全年向178家企业提供授信273.17亿元。至2023年末，渤海银行新区分行累计发放各项贷款逾2000亿元。

普惠金融　2023年，渤海银行新区分行强化民营和小微企业金融支持，开展平行进口车现货、货权质押业务；依托港口资源，发放贷款，带动冷链物流行业发展，为某企业提供信用额度1亿元；强化涉农领域金融服务，汉沽支行与天津渔业协会建立合作机制，为养殖商户提供金融支持；提升科技型小微企业金融服务水平，建立政、银、企联动合作机制，坚持“一户一策”方针，围绕客户开展金融服务。

零售银行　2023年，渤海银行新区分行推进厅堂一体化工作，围绕细化工作流程、提升专业水平、增强服务意识、强化管理能力等方面逐项通关演练，提升厅堂服务效能；强化客户分层分户管理，建立包含资深财富管家、高级财富管家、财富管家、大堂经理/厅堂营业经理、资产团队的客户经理队伍。截至2023年末，渤海银行新区分行零售财富资产余额175亿元。

金融便民服务　2023年，渤海银行新区分行聚焦重点人群，进农村、进社区、进校园、进企业、进商圈，开展一系列“线上+线下”金融知识普及活动。落实住房和城乡建设部、中国人民银行、金融监管总局及天津市相关单位发布的“降低存量首套住房贷款利率”“优化个人住房贷款中住房套数认定标准”等相关政策及管理办法，调整存量首套住房贷款利率。

安全保卫　2023年，渤海银行新区分行开展重大事故隐患排查整治专项行动，围绕重要节点、高风险点，开展各项专项检查。完成滨海新区第八轮银行业金融机构安全评估工作，渤海银行新区分行被评为安全防范优秀单位。全年零事故、零案件。

（王晶月）

其他金融机构

〔北方国际信托股份有限公司〕 2023年，北方国际信托股份有限公司（简称北方信托）管理资产总额2135.17亿元，其中，信托资产2066.02亿元，自营资产69.15亿元；全年营业收入6.03亿元，利润3.03亿元，股东权益57.21亿元，为委托人创造收益36.68亿元。

国企改革 2023年，北方信托提出“以未分配利润向全体股东同比例转增从而提升注册资本金”方案，提升公司风险抵御能力。12月14日，收到国家金融监督管理总局天津监管局行政批复，核准公司注册资本金增至20.02亿元，股权结构保持不变。

业务经营 2023年，北方信托制订高质量发展规划三年行动方案，推动业务转型。落地天津市首单“绿色+”公益慈善信托、天津市首单知识产权信托、天津市首单保险金信托、天津市首单“保交楼”房屋预售资金账户服务信托、天津市首批“信世系列”家庭服务信托。

落地天津市某集团风险处置服务信托，中标破产重整项目服务信托受托人。落地3单慈善信托。其中，“恒星计划关爱独孤症患者1期慈善信托”是北方信托联合公募基金会首次在腾讯公益平台进行公开募集；“中伦文德励志奖学金慈善信托”全部为外部捐赠资金，充实公益慈善信托资金来源。

风险管控 2023年，北方信托健全风控合规体系，成立与专业评审会并列的资本市场业务审查委员会，专门审议资本市场相关业务；成立风险管理部，强化对业务事前、事中、事后全方位风险管理。制订年度经营活动制度规划，全年制订制度27项、修订制度22项、废止制度26项，推进风险管理、业务审查审批、激励约束、人员管理等管理环节制度化、规范化。开展“信托文化确立年”活动，印发《信托文化建设工作手册》，编制《金融消费者权益保护法律法规汇编》，规范推介营销行为，开展违规拼单等排查工作，保护投资者合法权益。推进风险处置化解工作，建立党委委员对在诉风险项目督导机制，督促经营层加大处置力度，实施台账管理，定期跟踪督办，修订《涉诉风险资产处置实施细则》，规范资产处置和案件管理工作。

（沈思瀚）

〔人保财险天津开发区支公司〕 2023年，中国人民财产保险股份有限公司天津经济技术开发区支公司（简称人保财险天津开发区支公司）保费收入2.25亿元，增速3.59%，利润4946万元。

人保财险天津开发区支公司梳理客户需求，推进“保险+科技+服务”服务模式，推出网络安全综合保险，为港口企业数字化升级提供保险服务，构建支持数字经济的保险体系。为“专精特新”“小巨人”企业提供覆盖研发、生产、销售等各环节的全生命周期综合性保险方案。推进“天津惠民保”二期项目，减轻群众因大额医疗费用带来的经济负担。

推广环境污染治理类保险，建立“环责险+环境风险管理服务”业务模式。推出风电、光伏、储能等绿色产业保险，服务清洁能源体系建设；推出“碳”保险，降低相关领域风险，服务绿色低碳发展。

推广“保险+风险减量服务+科技”商业模式，推出安全生产责任险，为企业提供事故预防服务与风险隐患排查服务，帮助企业降低安全生产风险。落实国际化战略，为大型央企、国企、民企提供海外资产保险服务。

（赵　静）

〔平安人寿开发区支公司〕 2023年，中国平安人寿保险股份有限公司天津分公司开发区支公司（简称平安人寿开发区支公司）保费1.40亿元，全年长险签单4860件；销售险种百余种，为客户提供养老、医疗、意外伤害等保险保障。

平安人寿开发区支公司“智慧客服”依托数字化科技，运用生物认证、大数据、远程视频等技术支持保全业务“在线一次性办理”，改变客户必须到柜台办理的传统模式，运用AI技术，通过人脸识别、声纹识别实现“实人认证”。

“平安金管家”手机客户端APP建立“保险+互联网”模式，整合集团资源，与电商合作，在保单管理基础上，融合财富管理、生活助手、健康管理、精彩活动四个板块，搭建移动财富生活管家平台，为用户提供移动财富生活服务；与“平安好医生”合作，为用户提供就医绿通、家庭医生、健康习惯、健康测评等健康类服务。

（曲永杰）

教育

- 教育管理
- 教育促进
- 学前教育
- 基础教育
- 高等教育

教育管理

〔简况〕 2023年，泰达街有各级各类教育教研单位43所：幼儿园30所，其中公办园11所，民办园19所；中小学7所，其中公办中小学6所，民办中小学1所；属地高等学校3所；教研机构1所；成人社区教育学院1所；青少年宫1所。在校学生18938人，在校教职工1536人，专任教师1311人，外籍教师30人。学前教育普惠率100%，义务教育阶段入学率100%，巩固率100%，高中入学率68%。

（李林超）

〔高中新课程新教材实验〕 2023年，泰达街依据《滨海新区"拔尖创新人才培养工程"实施方案》，支持泰达一中、泰达中学申报并入选滨海新区拔尖创新人才培养"强基"工程实验校。以强基实验校建设为契机，探索建设"大中小"协同育人机制，与南开大学泰达学院签订合作协议，挖掘优质高等教育资源，加强教育合作。将泰达一中品牌高中与强基工程实验校工作深度融合，组织泰达区域品牌高中建设研训，加强提升教师专业能力及品牌高中质量。

（李林超）

〔"双减"背景下义务教育提质增效〕 2023年，泰达街通过举办区域性展示交流活动、进校教学视导、专项检查课程表等形式，指导各学校提高教学效率。面向各义务教育学校，组织开展6场"双减"背景下学校"提质增效"教学、作业管理等展示活动，累计300余人参加。在滨海新区课堂教学设计与作业设计展评活动中，泰达区域在作业设计案例评选中获得48个一等奖、71个二等奖；在课堂教学设计评选中获得13个示范奖、38个优秀奖。依据《市教委关于实施"天津市义务教育阶段中小学课程基地建设"的通知》，组织申报天津市义务教育基地校，形成"政策解读、专项指导、集中申报、择优推荐"工作机制。泰达区域5所学校17个学科入围市级复评，最终9个学科入选，另有11个学科被选为泰达区域基地校。

（李林超）

〔毕业年级教学指导〕 针对初、高中复习，聘请市级评价团队进行学科反馈和复习指导。组织召开毕业年级教学工作会、初中学校中考模拟考试成绩分析研讨会、2023届初中毕业班学业质量分析会，引导学校总结往届毕业工作经验，制订改进措施。2023年，泰达区域447人参加高考，一本上线287人，本科上线439人，最高分698分，690分以上2人，650分以上57人，620分以上146人。

（李林超）

〔学前教育保教质量提升〕 2023年，泰达街采取"行政+教研"形式，组织开展公办幼儿园提高保教质量专项培训指导工作，实地指导7所公办幼儿园，统一组织教师岗、保育员岗测评，217名保教人员参加测评，评价B级以上人员占比96%。5—7月，根据教育部《关于开展2023年全国学前教育宣传月活动的通知》，组织开展"2023年泰达区域学前教育宣传月"活动，举办启动仪式、市级优质课程评选、基本功技能比赛、食育竞赛等，累计200余名教职员工参加。

（李林超）

〔特色教育〕 2023年，泰达街在泰达一中、市教科院附中应用智学网产品，智学网大数据精准教学系统在校内实现基本功能应用。至2023年9月，泰达一中使用大数据精准教学系统组卷1725套，校本卷库解析增加73套，试题1673道；市教科院附中使用系统选题组卷1695套，校本卷库解析增加147套，试题2934道。依托各级各类科技比赛，科技周科普日主题活动、学校科学节、万象讲堂、综合实践活动等项目开展活动，依据天津市科技周活动主题，开展图片展、讲座、实际考察、知识竞赛等活动。各中小学在课堂教学中增加科技含量，强化科技实践能力，在科学、计算机、科技活动、劳技、综合实践活动课堂中培养动手操作能力、科技创新能力。

（李林超）

〔校园安全〕 2023年，泰达街建立文教集团领导包保、管理部门定期抽查、校园安全网格信息推送排查、各校园自查的四级安全管理体系。制订《泰达街教育系统安全生产风险隐患排查整治和督导检查工作方案》《文教集团关于做好2023年燃气安全集中排查整治检查工作的通知》等，完成反恐、防汛、食品安全、燃气安全、消防安全、玻璃幕墙隐患等排查工作，累计安排检查人员200余人次，发现

350余项安全隐患并督促整改。牵头主办“滨海新区教体系统2023全民国家安全教育日系列活动——泰达街道文教集团2023年校园反恐应急演练”。组织反恐处突、燃气安全、消防安全、校园安保考核、食品安全、校园意外伤害事故和校园欺凌现象等专业防范培训。

（李林超）

〔经开区社区学院〕 2023年，经开区社区学院增加指导家庭教育培训、海河英才落户审批、督导中小学创文等新职能。与8家培训机构及民间组织和4个社区党群服务中心联动打造“泰达终身教育共同体”，开设电子钢琴、声乐、古筝、书法、绘画、太极拳等免费公益课程，有23个教学班，累计招收老年学员574人。全年海河英才文教集团窗口审核材料4874人次，最终1414人落户。

在华纳社区党群服务中心创建家庭教育实践基地，举办“滨城泰达中小学家长家庭教育系列培训讲座”，向家长普及心理健康教育常识，300余人次参加。与滨海宜童医方诊疗中心合作开办“泰达儿童心理健康咨询工作室”，每月举办一次公益性活动，为51名家长提供“一对一”免费咨询服务。与天津科技大学签订合作协议深化泰达街“校家社协同育人”工作，申报教育部“校家社协同育人”训练中心。5月9日，社区学院5名师生到天津广播电台“老有老精彩”栏目“枫叶正红”节目直播间，讲述泰达老年教育，介绍泰达老年教育特色案例。11月11日，开展“永远跟党走 夕阳无限好——让学习成为一种生活方式”泰达第十七届社区教育展示周暨2023年全民终身学习活动周及经开区社区学院2023汇报演出。12月，在泰达街各中小学、幼儿园举办15场家庭教育讲座。

（王　婷）

教育促进

〔中小学思政课一体化建设〕 2023年，泰达街以市级双线领导、多元协作、市区校三级辐射的教研模式为引领，强化思政课地位，学期过程中开展对各中小学课程计划落实情况的教学视导，确保各学校开齐开足思政课时、落实思政课程内容等。在天津市中小学课程思政研究基地遴选中，泰达一小被评为天津市级基地校、市教科院附中被命名为滨海新区基地校。在滨海新区思政课教学设计大赛中，泰达街1人获得一等奖、10人获得二等奖、10人获得三等奖。以邓冰工作室为引领，加强专业教师队伍建设。开展课程思政融合教研，指导1节课例入选全国优质课例，1节案例获市级一等奖，1名教师入选天津市思政教师年度影响力人物、1名教师获得市级基本功比赛三等奖、19个作品进行市级展示。

（刘晓静）

〔教研新机制〕 2023年，制订《泰达街道文化教育事业集团所属中小学、幼儿园兼职教研员管理办法》，选聘邓冰等39名教师为泰达街中小学兼职教研员，建立10个区级中心组，助推学科建设。创建“提质增效、研训一体”教研新机制，全面落实《泰达区域2023—2024学年教学工作要点》。坚持科研引领，推进4个天津市教育学会规划课题立项，134个经开区第三届区级课题结题，9个经开区第二届幼儿园区级课题结题。组织参加市、区二级各类教研活动205场次，承担1场市级精品教研活动，组织泰达区域教研活动71场次，组织义务教育阶段20个学科参加“网络云教研活动”80场次，承办2023年“科学衔接、伴童成长”学前保教月宣传活动。承办滨海新区“深化课程设置改革　推进课堂教学实施”专题培训，开展校本课程教师专题培训，提升教师课程建设能力。

（刘晓静）

〔教师队伍建设〕 2023年，泰达街组织开展2022—2023学年新入职教师培训，组织完成2021首批市级骨干教师考核及第二批增补工作，市级骨干教师新增3人，累计9人。组织“滨海新区名师工作室”泰达站工作，成立17个名师工作室，累计297名成员，开展专题活动20场次。做好中小学教师第六周期继续教育三级培训工作，完成第六周期继续教育结业考核。完成中小学信息技术应用能力提升工程2.0校本研修达标校、示范校验收评估工作，国际学校、泰达一小、市教科院附中被评为滨海新区示范学校，71位教师获得滨海新区“中小学教师信息技术应用能力提升工程2.0”融合创新案例一、二、三等奖。

（刘晓静）

〔督导体制机制改革〕 2023年，泰达街调整中小学及幼儿园责任督学队伍，由文教集团、教育促进中心和学校组成15人督学队伍。编制《泰达区域督导工作手册》，开展督学培训。加大教育督导问责力度，依据《滨海新区义务教育质量优质均衡发展不达标指标和整改通知》，开展有针对性整改工作，提交《关于泰达区域义务教育优质均衡发展"达标"工作的情况分析》调研报告，组织完成2023年度国家义务教育质量监测样板学校抽测。

（刘晓静）

学前教育

〔泰达第一幼儿园〕　天津经济技术开发区泰达第一幼儿园（简称泰达一幼）是滨海新区四星级幼儿园、天津市环境教育友好型幼儿园（绿色幼儿园）、天津市卫生保健先进单位、天津市节水型先进单位，获得天津市滨海新区总工会"工人先锋号"称号。2023年，上半年设小、中、大班各4个；下半年设2个小班、4个中班、4个大班，在册幼儿315名。全园教职工51名，专任教师26名，其中高级教师3名，一级教师10名。泰达一幼确立以"园本课程"为基础课程，以思政课题为引领，科研带动教研开展主题教育，以幼儿兴趣为出发点，开展武术、水墨画、创意画、体智能等活动。采用集体教学、区域游戏、自由活动等教学形式增强师生互动。开展教师技能技巧比赛、师德故事分享会、公开课展示、游戏教育故事比赛、户外游戏评比等活动，形成"以研促教，以教促研"。泰达一幼区级教育科学研究课题"家长有效参与幼小衔接的实践研究"结题。邀请交警到园开展安全讲座，普及交通安全知识，开展4次大型消防安全演练，每月开展1—2次员工消防安全及食品安全教育培训。

2023年11月，泰达一幼邀请交警到园普及交通安全知识

（丁金萍）

2023年，泰达一幼有2名入党申请人，培养1名入党积极分子，1人按期转为正式党员。召开8次支部党员大会，制订党建工作要点，召开2次支部委员会研究党建工作。开展14次主题党日、6次党课学习。组织13次党的二十大报告、《社会主义发展史》《中国共产党章程》等专题学习。

（丁金萍）

"放飞梦想　快乐启航"泰达一幼2023年度六一儿童节演出

（丁金萍）

〔泰达第二幼儿园〕　天津经济技术开发区第二幼儿园（简称泰达二幼）是市一级一类幼儿园、滨海新区四星级幼儿园、市环境教育友好型幼儿园（绿色幼儿园）、市级卫生先进单位、残联指定的孤独症幼儿社区康复定点幼儿园、泰达少儿艺术团民乐培训基地。2023年，设12个教学班，在园幼儿344人。有教职工59人，专职教师24人。

制订爱国主义教育方案，以主题教育为核心，在国庆节、元旦、春节、传统二十四节气等开展相关主题活动。坚持秉承"全纳"教育理念，对孤独症幼儿实施融合教育，为20余名特殊幼儿提供融合康复训练。个训教师为孤独症儿童制订方案、安排课程并确定辅导教师，实行班内融合和每天1小时的个别训练相结合的教学。1名教师参加天津市孤独症儿童康复教师技能大赛，获得"十佳教师"称号，取得"VB教学高级治疗师"资质。泰达二幼获得天津市首届孤独症儿童康复教师技能大赛组织奖。2个第二届区级课题结题，4个第三届区级课题结题。承办泰达区域教师技能大赛。组织第六周期继续教育、滨海新区2023年幼儿园提高保教质量专项培训。

逐级签订岗位安全责任书及消防逃生安全责

任书，落实一岗双责。修订《安全管理工作手册》，每学期开展安全教育周，组织教师进行安全知识培训，将安全教育与主题教学相结合，开展防溺水、防触电、防食物中毒、防骗等教育。组织师生开展消防、反恐、防拥挤等应急疏散演练。3月，泰达二幼党支部换届选举，成立新一届支委会，同时成立党小组。全年发展2名入党积极分子，7人提交入党申请书。开展专题研讨、专题党课、主题学习等，为全体教师、青年教师专题宣讲2次，组织党员干部志愿者到社区开展志愿服务活动8次。建立和完善党组织领导下的园长负责制，坚持党建引领共同缔造，与区域内相关职能部门签订共建协议。

（刘佳　李懿润）

〔天津市教育科学研究院附属滨海泰达幼儿园〕　天津经济技术开发区泰达第三幼儿园（天津市教育科学研究院附属滨海泰达幼儿园）是天津市一级幼儿园、滨海新区四星级幼儿园、天津市公办示范幼儿园。有12个班级，在园幼儿378人，教职员工54人，其中高级教师3人，一级教师9人，二级教师17人。2023年5月29日，泰达三幼更名为“天津市教育科学研究院附属滨海泰达幼儿园”（简称市教科院附幼）。结合《天津市幼儿园保教质量规范》《天津市幼儿园一日生活指南（2023版）》培训，开展精细一日生活各环节研究，通过日常检查、园长巡班、分层指导等形式交流指导教师日常教学工作。依托传统节日开展教育活动，开展亲子晨练活动、快乐小军营活动、秋季运动会、消防站参观活动、“开笔礼”活动，组织开展“庆六一”文艺会演，亲子秋游活动等。全体教师参加“滨海新区保教质量培训”，开展以“教育深化改革”为主题的园本培训。利用国家智慧教育公共服务平台和天津市中小学教育平台，

2023年5月31日，“萌动六一　相伴成长”泰达三幼庆六一联欢会　（朱　玲）

对全园教师、保育员开展“师德集中学习教育”。

组织全员签订岗位安全责任书、消防安全责任书，修订安全工作方案及预案，对各班级和共享区域的关键点位落实责任人。定期开展反恐防暴演练活动及防灾减灾安全教育。开展“心向阳光　护童成长”儿童预防性侵安全教育。落实园领导及教师代表陪餐制度，监督伙食质量，定期召开伙委会，通过问卷调查、参观食堂、现场陪餐等形式接受家长监督。

市教科院附幼党支部坚持贯彻党的二十大部署，根据天津市委、滨海新区区委及泰达街关于主题教育总体安排，落实“学思想、强党性、重实践、建新功”总要求，制订《开展学习贯彻习近平新时代中国特色社会主义思想主题教育》工作计划。落实“三会一课”，按时召开支委会和组织生活会。组织全体党员及入党积极分子开展志愿行活动15次，开展“健康城市志愿行，共享共建新滨城”主题活动。组织党员学习习近平总书记著作及《中国共产党章程》。

（朱　玲）

〔泰达第四幼儿园〕　2023年，天津经济技术开发区泰达第四幼儿园（简称泰达四幼）有10个教学班，317名幼儿。6月，泰达四幼被评为天津市学前教育学会健康教育基地。9月，通过天津市公办园等级评定，晋升为天津市一级幼儿园。承办泰达街学前教育宣传月启动仪式、民办幼儿园食堂管理员和保健医培训、泰达文教集团纪检书记讲党课3场活动。

2023年，泰达四幼承办泰达街学前教育宣传月启动仪式

（赵梓萌）

组织教师到静海模范幼儿园、南开大学幼儿园、大港润泽幼儿园、大港三幼参观学习，参加“幼儿游戏与保教质量论坛”6场线上学习和线下集中

学习。引导幼儿进行游戏故事记录，鼓励幼儿通过多种方式进行表达，推动幼儿自主游戏的自然发展。1位教师在天津市学前教育学会“十四五”教育科研滚动课题中获市级立项。在天津市基础教育2023年“教育创新”论文评选中，1位教师获得市级三等奖、2位教师获得区县级二等奖、2位教师获得区县级三等奖。在2023年“天津市幼儿品德教育优秀论文”评选活动中，1位教师获得市级二等奖、1位教师获得市级三等奖。9月，在2023年天津市教育学会学前教育专业委员会论文评审活动中，3位教师获得市级三等奖。10月，在2023年度第十一届全国幼儿教师优秀论文评选活动中1位教师获国家级二等奖。12月，在天津市教育学会家庭教育专业委员会首届学术年会征文活动中1位教师获市级三等奖。

2023年，泰达街工委研究成立泰达第四幼儿园党支部，泰达四幼召开全体党员大会，选举支委，建立党组织的架构，进行党员责任区分工。制订《泰达第四幼儿园章程》和《幼儿园发展三年规划》，明确各岗位安全责任和工作职责及各项工作的规章制度和安全预案。

（赵梓萌）

2023年3月31日，泰达四幼春季亲子运动会 （赵梓萌）

〔泰达第五幼儿园〕 2023年，天津经济技术开发区泰达第五幼儿园（简称泰达五幼）开设6个班级，在园幼儿185人，教职工26人。9月，泰达五幼被评定为“二级园”。组织开展“走进消防站致敬火焰蓝”“书香满园阅读美”“畅游佳沃”“童心迎国庆浓浓爱国情”“爱满重阳孝润心”“童心同乐同分享亲子运动共成长”等主题教育和社会实践活动，组织幼儿参观中新友好图书馆。参加和平保育院、大港油田幼儿园和汉沽实验幼儿园等优质园所开放、观摩活动，邀请骨干教师传授教学经验并组织教师开展教学技能竞赛。开展师德演讲大赛、优质课评选大赛和教学故事大赛。执行刷卡接送幼儿和外来人员登记制度，组织师生开展消防、反恐、防震等应急疏散演练。成立以园长为组长、全体班子成员为组员的网络安全和舆情应对工作领导小组，把意识形态工作与园所工作活动同研究、同部署，落实微信公众号、微信视频号信息发布审核制度。

（韩昭阳）

泰达五幼“我和秋天有个约会”佳沃世界亲子秋游活动

（韩昭阳）

〔泰达第六幼儿园〕 2023年，天津经济技术开发区泰达第六幼儿园（简称泰达六幼）有12个教学班，380名幼儿，54名教职工。9月，通过原等级一级核定，被评为一级一类幼儿园。在每个传统节日设计主题教育，开展春节、元宵节、端午节、中秋节等主题活动。区级课题“以绘本阅读为载体培养大班幼儿学习习惯的实践研究”结题。

组织教师参加“2023年学前教育评价学术研讨会”线上会议培训，观摩骨干教师半日活动案例，参加保教质量提升培训、继续教育培训、信息技术培训等。组织骨干教师到武清区崔黄口镇中心幼儿园、河西十六幼、河西二十六幼和华夏未来幼儿园观摩学习，开展以“躬耕教坛、强国有我”为主题的教师节活动。引领全体党员、教师结合自身工作实际贯彻党的二十大精神，泰达六幼党员教师在天津市滨海新区泰达区域幼儿园第十一届“优秀教育活动”评选活动中获区级一等奖。建立师德建设管理体系，每学期制订师德师风专项计划，签订师德承诺书。开展师德演讲比赛及“寻找最美教师”等系列活动。完善《安全防护制度》，落实落细各项安全措施；运行“园长、管理人员、教师”三级管理网络，坚持“每周一活动，每月一排查”，全年整改维修项目145项。每月9日，开展全园师生安全教育，与滨海新区开发区交通大队联合开展1次交通安全主题授课，开展3次反恐演练、2次防拐骗演练，1次防震演练、1次防汛演练。规范食堂管理及运作流程，加强相关从业人员培训。

（刘　阳）

〔井德(布朗)幼儿园〕　井德(布朗)幼儿园是滨海新区三星级幼儿园、天津市一级幼儿园。2023年，设有12个教学班，在园幼儿364人，教职工60人。布朗教育集团以心学和儿童心理学为理论基础，顺应儿童天性、遵循幼儿身心发展规律，让幼儿在生活中体验、情境中感悟、游戏中学习、反思中成长、再回到生活中实践。与滨海新区泰达街乐胜体育公司承办的体操小健将选拔活动合作，开展幼儿体操训练，发展幼儿体能。在班级教学中，多样化开展主题活动，培养幼儿的学习习惯和兴趣。多次举办教师培训会及专业学习研讨会，细化管理一日保教工作。组织教职工学习《民族自信与文化复兴》《了凡四训》。9月，邀请经开区洞庭路派出所民警到园为保安人员指导反恐防暴防范技术。与武警部队建立“军民一家亲”合作关系，与康翠社区签订党政联动合作协议。井德(布朗)幼儿园是泰达街社会组织第二党支部成员之一，按要求发展党员，健全党组织，开展专题教育和专题学习。

（顾晴晴）

〔泰达保育院分园〕　2023年2月，原启明幼儿园转制为公办园，更名为天津经济技术开发区泰达保育院分园(简称泰达保育院分园)。全园教职工60人，带班教师31人，保育员13人，班级配置两教一保，平均班容量为25人/班。园所开展“一日生活皆课程”教学模式，以发展八项智能为目标，开展探究活动。园所秉承“幼儿教育重要的不是知识的灌输，而是引发幼儿终身不离的学习兴趣”的教育理念，开展“以二十四节气为线索培养绿色环保小公民”特色教学活动，在传统二十四节气开展观察、实践体验等探究活动。以关爱地球、保护环境为切入点，将培养生态环保意识作为教育活动的核心内容，全面促进幼儿发展。根据公办园规定细化采购、验收、食品加工等流程，保证幼儿食品健康安全。园所建立健全各项安全制度、签订安全责任书，各岗人员明确安全职责。定期对家长、教师进行消防、交通、反恐等安全知识普及。开展幼儿消防演习、反恐演习、地震逃生演习等活动。

（郭　娟）

2023年，原启明幼儿园转制为公办园，更名为天津经济技术开发区泰达保育院分园　（郭　娟）

〔育树家幼儿园〕　2023年，天津经济技术开发区育树家幼儿园(简称育树家幼儿园)开设12个班级，在册幼儿381人，其中大班139人、中班125人、小班117人，在职员工52人。深入研究“全人星球”课程的教育精髓，开发园本课程。以节日和传统二十四节气为主题开展活动。组织教师学习《天津市幼儿园一日生活指南(2023)版》，强化一日生活组织的科学性、规范性。成立以园长为组长，保教、后勤主任为副组长，各班班长为组员的师德师风工作领导小组。结合幼儿园工作实际，制订师德师风工作实施方案，组织学习《新时代幼儿园教师职业行为准则》《幼儿园教师违反职业道德行为处理办法》《天津市严禁教师接受礼品礼金的规定》《滨海新区教育系统师德建设“七条禁令”》《滨海新区教师“十倡导”“十禁止”》。开展交通安全主题月、食品安全主题月、消防安全主题月、自我保护安全主题月等活动。联合南海路派出所民警开展电信反诈宣传工作，参观消防队并开展“火速行动　防患未燃”消防安全课程和消防演习。对教师如何报警、火灾预防、火场自救及逃生等消防安全基本常识进行培训并现场演示水袋、灭火器的操作程序。对园所来访人、幼儿家长登记，加强对大门周边巡查。根据食药监局统一要求对食堂进行规划和整改，执行一级膳食管理。

（李雅萍）

〔三之三幼儿园〕 2023年，天津经济技术开发区三之三幼儿园（简称三之三幼儿园）设12个教学班，有教职工52名，其中专任保教人员36人。配有美术创意室、绘本阅览室、科学研发室、感统训练室、多功能音体室等专业教室。依据《幼儿园教育指导纲要》，以《3—6岁儿童学习发展指南》为基本框架制订教育教学目标，课程涉及语言、社会、科学、健康、艺术五个领域。三之三幼儿园特色教学是“怡”教育，课程理念是：怡身、怡心、怡行。每月组织大型活动，利用班级群及微信公众号与家长互动，举办开学典礼、运动会，开展“最美和声”、迎新年等活动。在教师节主题活动时开展师德师风演讲考核，强化教师师德意识。在学期末，组织幼儿展示学习成果。把控幼儿标准进餐量和每日菜品，每周更新食谱，不断强化食品安全意识。

（金明珠）

2023年，三之三幼儿园腊八节主题活动 （金明珠）

基础教育

〔经开区第一小学〕 2023年，天津经开区第一小学（简称泰达一小）两个校区有68个教学班，学生3047人，教职工180人。全年获得3项国家级奖项、25项市级奖项、18项区级奖项。全年15人提交入党申请书，发展4名入党积极分子。4月10日，举行“天津经济技术开发区第一小学教育集团揭牌仪式”，泰达一小教育集团以《滨海新区集团化办学促进优质均衡发展实施方案（试行）》为依据，创新管理模式，整合教育教学资源、管理团队和教师力量。

2023年，泰达一小与滨海职业学院马克思主义学院、泰达一中签署共建协议，开展5次思政一体化

2023年4月10日，天津经济技术开发区第一小学教育集团揭牌 （王小君）

活动，邀请思政教师到校讲授8节思政课，初步形成“大中小一体化思政育人”新格局。泰达一小课程思政入选天津市中小学课程思政研究基地项目，道德与法治学科入选天津市义务教育阶段中小学课程基地建设项目。围绕市重点课题“小学项目式学习实践研究”，以30个微型课题组为单位，开展理论与实践相结合的“项目式学习”“基于大单元主题教学的项目式学习”研修活动。开发“项目式学习”校本特色课程资源。开展“悦读阅美”读书月系列活动。在天津市第一届青少年诗词英雄大会团体竞技中，泰达一小代表队获得一等奖第一名。开展“阳光体育”“艺术唯美主题月”“劳动技能大赛”等活动。

主办6场区级精品教研活动，组织教师参加教育主管部门及专业机构组织的各类比赛、评选活动。建立新入职教师、青年教师、骨干教师、学科带头人、卓越教师等不同阶段教师发展和培养方案，定制新教师培养项目，发挥青蓝工程“传、帮、带”和示范引领作用，开展培训、比赛、论坛、说课活动。开展4次天津、甘肃两地“云课堂”教学教研活动，泰达一小与甘肃省张家川县张川学区小学联合申报的甘肃省教育科学“十四五”规划2023年度重点课题立项。泰达一小入选全国第二批“央馆人工智能课程”规模化应用试点校。

教师邓冰被评为天津市第二届学校思想政治理论课教师（义务教育组）年度影响力人物；教师张杨获得天津市第十三届青年教师论坛一等奖；教师吉慧获得天津市青年教师学术论坛二等奖；教师周海思获得天津市中小学思想政治理论课基本功技能大赛三等奖。

（王小君）

〔天津市教育科学研究院附属滨海泰达小学〕 天津市教育科学研究院附属滨海泰达小学(简称市教科院附小),原天津经济技术开发区第二小学,2023年5月同泰达第三幼儿园、经开区第二中学及天津市教育科学研究院共同启动建设,由幼儿园、小学、中学组成“三位一体”K-12创新教育实验区项目。有教职员工123人,高级职称15人,中级职称79人,初级职称22人。

2023年5月29日,K-12体系创新实验区签约授牌仪式
(吴学东)

2023年,市教科院附小开设包括必修、选修等涉及“道德公益、人文社会、体育健康、艺术审美、科技创新”五大领域113门课程。在课后服务时间分年级、分层次设置学校特色课程,供学生自主选择。探索跨学科类课程教学实施管理办法,各学科教师联合教研,共同设计、研讨跨学科教学案例,组织学生开展以“课程整合,学习多元化、自主性、实践性”为特征的跨学科学习实践活动。获批滨海新区“中华优秀传统文化艺术传承学校”,建立陶艺和版画教室。

制订关于建立“研修—反思—践行”一体化研训机制,结合“PBL项目化学习”课题,邀请天津市教科院博士、北京项目化学习专家到校举办讲座,组织开展“学习二十大 永远跟党走 奋进新征程”主题思政课,引领广大少先队员思想建设,建立健全少先队组织生活制度,定期组织班队会。以重大节日、纪念日为契机,组织学生开展思政教育,发挥实践育人功能。清明节前,组织全校师生开展“缅怀革命先烈,传承红色基因”大中小一体化主题教育实践。组织学生到大思政实践基地参观。组织学生到泰达图书馆开展区情区史思政大讲堂教育。邀请北海航海保障中心天津航标处的工作人员到校开展“国家安全人人有责”思政大讲堂,牢固树立和全面践行国家安全观,提高学生国家安全意识。教师深入学习“家校社政”共育理念并实施,在“中国家校社共育三十人论坛”活动中,何艳、张晓禹、梁春光、乔璎、耿文哲5名教师获奖。落实校领导讲思政课工作,思政教师开发校领导思政课内容,将主题内容落实于每月的“童心向党思政讲堂”。

(吴学东)

〔经开区第一中学〕 2023年,天津经济技术开发区第一中学(简称泰达一中)有66个教学班,学生2747人,教职工254人。2月11日,泰达一中获评全国第四批“AICE青少年人工智能核心素养测评共建示范校”。3月14日,“外研社杯”全国中学生外语素养大

2023年3月14日,“外研社杯”全国中学生外语素养大赛
(全　崴)

3月24日,同济大学授予泰达一中“优质生源基地”称号。3月28日,泰达一中与天津市高级人民法院、天津电视台开展“沉浸式”学法活动。4月28日,泰达一中开展第二十六届田径运动会,1076人参

泰达一中获评第37届全国青少年科技创新大赛十佳学校
(全　崴)

加，129位学生参加裁判工作。7月，泰达一中八(2)中队获评“2023年度全国红领巾中队”。7月22日，泰达一中学生在2023年全球发明大会中国区全国总决赛中获得1个金奖、1个银奖、9个铜奖。8月，泰达一中在第37届全国青少年科技创新大赛获评十佳学校。

9月8日，泰达一中被中国科协、教育部评为“2022年英才计划优秀组织实施单位”。10月22日，在滨海新区第一届诗词大赛团体赛中，“青春闪耀 筑梦未来”泰达一中获得滨海新区首届诗词大赛初中组、高中组冠军。2023年是天津市与日本神户市缔结友好城市关系50周年。天津市人民政府外事办举办“感知天津·日本友城青少年津城友好行”活动，11月2日，日本神户市高中师生代表团到泰达一中开展学访活动。11月12日，泰达一中爵士舞团、民族舞团、合唱团获得2023年天津市学校美育实践课堂一等奖。12月4日—11日，泰达一中举办以“弘扬长征精神·唱响青春旋律”为主题的第二十六届校园艺术节“班班唱”合唱活动。12月18日，泰达一中联合津药达仁堂举办天津市2023年“安全用药月”暨津药达仁堂“中医药文化进校园”活动。

（仝　崴）

〔天津市教育科学研究院附属滨海泰达中学〕　天津市教育科学研究院附属滨海泰达中学(简称市教科院附中)，原天津经济技术开发区第二中学。

2023年5月，原泰达二中更名为天津市教育科学研究院附属滨海泰达中学　　（张咏洁）

2023年3月，获批滨海新区拔尖创新人才培养强基实验校。5月，同泰达第三幼儿园、经开区第二小学及天津市教育科学研究院共同启动建设，由幼儿园、小学、中学组成“三位一体”K-12创新教育实验区项目。学校有教职员150人，初高中在校生1500余人。全年线上线下开展大思政活动10余次，邀请天津海关等六家大思政共同体单位送课进校园，与近10家企事业单位建立共建关系并授牌市教科院附中思政综合实践基地，开展19场职业规划、科技类讲座，累计4900余人次参与大思政活动。

市教科院附中开展小学期综合实践周思政一体化实践活动　　（张咏洁）

成立学校“守正学院”，聘请校内外专家开展3场面向学生和家长的守正讲堂活动，400余人次参加。以推动校本教研和公开课变革为抓手，强化推动各学科组、备课组建设，开展以解决实际问题和难题的校本教研和公开课、研究课，全年开展专题校本教研300余场次，教师申请公开课(考评课)200余节次。2023年，学校教师参加各类比赛，获得国家级奖项9人次、市级奖项104人次、区级奖项143人次。义务教育阶段4个学科被评为市级学科特色建设基地，信息技术学科获批滨海新区拔尖学科建设基地。集中开展体育活动、劳动教育、职业规划教育、班团活动、社会实践和研学旅行活动。

制订市教科院附中党员积分制方案，在志愿服务、党员学习、“三会一课”等方面提升党员教师参与度，发挥党员模范带头作用。完成新一届教代会、团委改选，组建学校学术委员会和安全委员会。推进教职工绩效考核积分制，制订小档晋级方案、绩效考核积分方案、职称评审方案。坚持每日巡视排查制度，定期维护设备，加强对食堂、物业和外来人员监管。

（张咏洁）

〔国际学校〕 2023年，天津经济技术开发区国际学校（简称国际学校）一至九年级学生3837人，教职员工253人，其中行政管理岗位4人，专任教师239人，教辅岗位9人，工勤岗位1人。1月，获评2022年度影响力美育学校。4月，国际学校成为天津市首批教育支援示范校创建单位。5月，国际学校获得第五届国际智能体育大会“优秀组织奖”。6月，国际学校在第五届“致敬英雄”全国青少年文化艺术创作主题教育竞赛活动中获得国家级优秀组织单位。12月，国际学校在天津市滨海新区中小学教师信息技术应用能力提升工程2.0评选中获得“校本研修示范校”。

组织241名任课教师，完成天津市中小学教师第六周期继续教育校本研修、面授、学分统计、核对、补修等工作。刘明娜名校长工作室入选天津市“双名”工程。开设艺术、体育、综合实践、文学素养类百余门课程。形成“学业辅导”和“拓展素质的多样性课程”为主体的课后延时服务体系。开展“万象讲堂”“六一嘉年华”等德育实践活动，举办系列阳光体育竞赛、趣味运动会、校园篮球争霸赛、全明星啦啦操比赛、校园艺术节。科技辅导员辅导学生获得64项国家级奖项、269项市级奖项、191项区级奖项。组织学生在全国青少年书画艺术大赛中获得71项国家级奖项。小海燕合唱团获全国青少年合唱展演一级团队，中学男篮第八次获得中国篮球联赛（天津赛区）冠军，啦啦操社团在2023年全国啦啦操联赛（天津站）中获得九个项目冠军。

2023年3月，在2022—2023中国初中篮球联赛（天津赛区）初中男子组冠军比赛中国际学校初中男篮夺得冠军

（赵　阳）

学校有党员105名。学校党委下设11个支部，其中小学6个支部，中学3个支部，国际部、天津分校各1个支部。全年召开2次主题教育领导小组办公室专题会议，开展5次专题研讨，组织开展集中学习5次，支部书记讲党课11次。组织党员干部交流研讨3次，党员干部志愿者到社区开展志愿服务活动9次。以“党建凝聚力量”为党建品牌，开展“融合互促”的大思政共同体共建活动，启动“书记工作室”建设工作。

（赵　阳）

〔泰达实验学校〕 天津泰达实验学校（简称泰达实验）有东西两个校区，一至九年级101个教学班，4500余名学生，有教职员工296人，其中管理岗21人、专任教师266人、校医4人、雇员5人。设中共天津泰达实验学校党总支部委员会，辖4个党支部，党员104人。

推进落实思政课建设，把控思政课教师的授课内容、授课计划和教学实践各环节。学校初中部有8名思政课教师，其中中级1名、初级7名。开展系列以思政教育为主题的社会实践活动。通过升旗仪式、板报、手抄报等形式，开展学生思想政治教育。在天津市基础教育“教育创新”论文评选中，2位教师获得区级奖项。教学管理中心多次召开教研组长、备课组长会议，引导教研组、备课组利用教研活动时间，统一进度，讨论、推敲作业内容形式，形成基本作业项目，报送优秀作业设计案例40篇。规范管理课后服务，明确活动时间、活动地点、活动内容、收费标准、安全管理等，合理分配作业完成时间及社团活动时间。组织教师参加滨海新区继续教育、信息技术培训等系统培训和教学专业培训、课题研究培训、师德培训等学校自主培训。为青年教师搭建平台，每学年举办校级“同美杯”展示课、论坛及小课题交流分享活动。体育组规范阳光体育活动开展质量，落实大课间体育检查结果每周点评制度和班级评优制度。

2023年，天津泰达实验学校首届“兰亭杯”迎新春学生书法大赛

（徐文佳）

泰达实验以毛笔书法为特色课程,有2位专职书法教师,邀请天津市著名书法家到校指导毛笔书法特色课程和优秀学生作品,获得"滨海新区中华优秀传统文化艺术(书法)传承学校"称号。举办"兰亭杯"迎新春学生书法大赛,"庆六一书画学生作品展"及三八国际妇女节教师书法展,教师书法培训等活动。

2023年,在天津市文艺展演中获得14项市级奖项;在天津市"绿书签·好书伴我成长"读书系列活动中获得小学组一等奖;在2023年天津市滨海新区田径运动会中获得小学组季军;在2023年第七届全国青少年书画艺术大展活动中获得优秀团体奖;在2023年第五届"致敬英雄"全国青少年文化艺术创作主题教育竞赛中被评为"优秀组织单位奖";在2023年全国啦啦操联赛(天津站)中获得公开儿童混合组冠军。小学信息科技和初中语文学科被评为区级学科基地校,泰达实验获得天津市滨海新区中小学人工智能编程比赛——编程马拉松项目优秀组织单位。获得天津市滨海新区"青春闪耀 筑梦未来"诗词大赛小学组一等奖、中学组三等奖及优秀组织单位。组织学生参与国家级、市级、区级举办的各类书画学生活动及文艺展演比赛,在第七届"希望颂"——全国青少年书画艺术大展中104幅学生作品入选国赛,8人获得国家级特等奖、21人获得一等奖、24人获得二等奖、34人获得三等奖、17人获得优秀奖,泰达实验被全国青少年书画艺术大展、中国国际书画艺术协会联合授予优秀团体奖。

(徐文佳)

〔天津泰达枫叶学校〕 2023年,天津泰达枫叶学校有教职工249人,其中外教30人,57个教学班,在校生1562人。首届枫叶世界学校课程毕业生收到419份来自美国、英国、澳大利亚、加拿大、中国等大学录取通知书,135人被QS排名世界百强大学录取。6月17日,学校举行毕业典礼暨成人礼。在第二十五届"语文报杯"中学生主题征文活动中,泰达枫叶10人获得金奖、29人获得银奖、56人获得铜奖、94人获得优秀奖。高中中文学术课程开发京剧艺术、掐丝珐琅、青花瓷等系列非物质文化遗产类校本课程。12月11日,泰达街高中美术教师到校开展学科教学教研活动,分享交流"传承非物质文艺遗产——掐丝珐琅"课例。面向师生、家长开展心理健康主题培训,提高全校师生及家长对心理健康的认知和心理问题干预能力。11月25日,邀请心理学专家到校作"危机事件应对处理以及教师关怀"专题培训。开展法治宣传教育,4月13日,举行法治副校长聘任仪式并举办预防校园暴力主题讲座;9月13日,邀请滨海新区公安局网安支队到校作"学生上网 网安护航"主题报告;12月6日,邀请南海路派出所民警就预防电信诈骗、预防校园欺凌作专题讲座。

泰达枫叶党总支下设第一支部、第二支部,党员57人。全年发展2名新党员及43名新团员。落实党组织领导的校长负责制,组织开展"党员亮身份""强国有我""筑牢初心使命,勇当模范先锋"等主题活动,组织观看"党课开讲啦·二十大代表讲党课",学习习近平总书记《扎实推动教育强国建设》等重要文章精神。团总支优化组织架构,开展学习伟人精神、参观周邓纪念馆主题团日,开展"学习二十大 永远跟党走 奋进新征程"主题教育实践、"九一八"纪念主题团日。

(高淑霞)

高等教育

〔南开大学泰达学院〕 2023年,南开大学泰达学院(简称泰达学院)有教职工95人,其中正高级职称24人,副高级职称19人,专任教师36人,国家级人才项目入选者8人,市级人才项目入选者13人,南开百青项目入选者8人。有在籍学生107名,其中包括58名硕士研究生和49名博士研究生。另有软件学院、生命科学学院、物理科学学院、环境科学与工程学院等本科生、硕士生、博士生754名学生在院学习生活。2023年,泰达学院招收硕士研究生21人,博士研究生10人。

泰达应用物理研究院承担科研课题49项,总经费15725万元;新增立项课题9项,新增经费2123万元;在SCI检索四区及以上国内外著名学术期刊上发表论文40篇,总影响因子307.8;申请发明专利12项,获授权发明专利8项。泰达生物技术研究院承担科研课题32项,总经费2820.72万元;新增立项课题9项,新增经费342.05万元;发表SCI论文26篇,总影响因子181.3;申请发明专利3项,获授权发明专利5项。其他驻院单位承担各类科研课题117项,总经费8050.36万元;发表各类论文146篇,申请各类专利23项。2023年，与泰达街文教集团签署“教育合作框架协议”，开展“大中小学思政一体化建设”。制订《南开大学泰达学院成果产业化工作方案（2023—2027）》，明确任务指标，定期跟踪工作进展和成效，推进科技成果转化。与天津宝坻区牛家牌镇、湖北省仙桃市张沟镇等地共建南开大学中国式现代化乡村工作站。排查实验室安全隐患，加强管理危化品存放和使用。组织师生开展消防演习，举办“泰达校区安全教育活动月”系列活动；完成食堂招标，集中定点采购食堂大宗物资，保障食品安全。

2023年，泰达学院开展12次中心组学习、1次读书会、1次专题民主生活会。围绕学习领会党的二十大精神、国家安全等主题开展主题党日和实践活动。优化整合团支部，推进党团班一体化建设。推进巡视整改，列出9条问题清单，制订17项整改措施。严格落实意识形态工作责任制，坚持执行研判会商制度。加强阵地管理，强化审批流程，审批6次讲座、报告会等学术活动。科级干部重新竞聘上岗，提任2名正科级干部，推荐3名干部参加学校中层副职竞聘，推荐1名干部参加学校巡视工作。

（王红芳　李征）

〔天津科技大学〕　2023年，天津科技大学有在校生2.7万余人，教职工2182人，其中专任教师1426人，教授、副教授710人，院士7人（含双聘）。有国家特支计划等国家级重大人才工程人选27名，天津市杰出人才、天津市杰出津门学者、天津市特聘教授等省部级人才148名。本科招生专业57个，其中17个专业入选国家级一流本科专业建设点，15个专业入选天津市一流本科专业建设点。轻工技术与工程、食品科学与工程两个学科获得上级重点支持并入选天津市高校顶尖学科培育计划。有轻工技术与工程、食品科学与工程、化学工程与技术、机械工程4个一级学科博士学位授权点和生物与医药专业学位博士授权点，20个一级学科硕士学位授权点和12个硕士专业学位授权类别。天津科技大学科技园在孵企业82家，其中科技型中小企业14家、高新技术企业10家、雏鹰企业10家。大学科技园运营公司通过科技型中小企业和天津市科技成果评价机构认定，以知识产权作价入股投资企业6家。获评天津市第十六届优秀调研成果三等奖2项，第十八届天津市社会科学优秀成果奖9项。生物学与生物化学、化学、农业科学、工程学、材料科学5个学科进入ESI全球排名前1%。食品科学与工程学科软科排名世界第27位，高分子学科在U.S.News全球排名第21位。新增陆海统筹和海洋碳中和技术、智能安全感知与控制等6个天津市高校服务产业特色学科群。推进材料与化工专业学位博士点、软件工程等一级学科博士点、智能科学与技术等硕士点申报，做好2023年16个学位授权点合格评估工作，完成《研究生教育发展质量年度报告》《学位授权点建设年度报告》。学校全年经费总收入114992.51万元，经费总支出110914.97万元。制订《天津科技大学2023年学生思想政治教育工作要点》，统筹开展全年工作。组织开展2023年校院两级大学生思想政治教育工作考核，学校连续7年获评天津市大学生思想政治教育工作考核优秀单位。2023年毕业生初次毕业去向落实率为90.02%，留津率36.72%，被评为天津市2023届高校毕业生就业质量考核评价优秀单位，获得“全国征兵工作先进单位”称号。

指导化工与材料学院党委、体育部党总支、图书馆党总支和86个基层党支部按期换届选举。指导人数超过30人的43个学生党支部完成拆分调整，推动基层党支部结成33个党建互学小组。推进与北京科技大学天津学院共建，与教育系统党建互学小组成员单位互学互促，协同创新。制订干部队伍建设规划任务分解台账，召开基层党委（党总支）书记联席会（扩大会议），专题部署干部队伍规划工作。全年发展党员1212名，其中发展高知群体、青年教师党员4名。处级及以上领导干部讲专题党课155场次，全校党员师生围绕5个专题开展研讨，共查摆问题47980个，提出整改措施48159条。深入开展调查研究，校院两级领导班子主要负责同志主

2023年9月22日，天津科技大学庆祝65周年庆祝晚会

（刘绍帆）

持制订调研计划，聚焦推动学校事业发展的重点难点问题确定调研课题58个，开展调研295次，收集意见建议384条，解决问题162个。组织开展建校65周年座谈会、校庆晚会、校友返校日、校友邀请赛等系列庆祝活动。组织校友企业专场招聘会，119家企业参加，提供千余个工作岗位。举办天津科技大学教育发展基金会感恩答谢会，向与会单位或个人颁发“杰出天科贡献奖”“天科贡献奖”“杰出天科之友奖”“天科之友奖”“天科情缘奖”。

（任超杰）

卫生

- 医疗卫生监督
- 疾病监测与预防控制
- 国办医疗机构
- 民办医疗机构

医疗卫生监督

〔简况〕 2023年，经开区有10家综合性医院，3家专科医院，48家社会力量办其他医疗机构，1家社区卫生服务中心，8家社区卫生服务站，30家企业保健站。有卫生技术人员2377人，全年诊疗人数204.89万人。

（李林超）

〔日常卫生监督〕 2023年，经开区防病站对医疗机构开展日常检查73户次、专项检查83户次，校验28张放射诊疗许可证，监督检查消毒产品生产企业2户次，调查79户次用人单位职业卫生工作。在职业病危害项目申报系统中审核241家企业申报资料，审核50824人职业体检报告，监测8户次企业职业性有害因素。走访生活饮用水单位11户次，对13家单位开展水质检测执行标准专项督导，调查走访区域内19个社区、41个小区，了解现制现售水情况，维护44户二次供水单位、4户涉水产品生产企业和1户涉水产品在华责任单位信息。对医疗机构开展控烟督导37户次并上报医疗机构控烟台账。

（张 宇）

〔安全生产检查〕 2023年，经开区防病站配合泰达街健康集团开展2次医疗机构安全生产联合检查，建立区域内各医疗机构安全生产专员、危险化学品底册，考核二级以上医疗机构公共卫生能力建设和执行情况。配合健康集团组织民营医疗机构签订消防安全责任书、上报危险化学品目录。督促博爱医院整改压力蒸汽灭菌器安全隐患。配合健康集团对3户次医疗机构开展季度安全生产联合检查。对14户次医疗机构开展国家“双随机、一公开”监督检查，抽检1户消毒产品企业、1户集中式供水单位出厂水水质并填报国家双随机平台信息。对11户次医疗机构、2户次公共场所开展泰达街“双随机、一公开”联合执法检查。

（张 宇）

〔专项监督检查〕 2023年，经开区防病站组织民营医疗机构开展依法执业、医学检验专项自查及传染病报告质量自查，调查医疗美容机构预付卡办理情况，落实消毒产品生产企业卫生安全评价报告专项检查。对13户单位开展二次供水水质检测执行标准专项督导。指导用人单位申报职业危害项目，241家单位申报。推进经开区用人单位职业卫生量化分级管理工作。推广滨海智慧职业健康云监管系统，组织用人单位安装系统并填报信息，全年审核36家甲、乙、丙三级用人单位。对12户医疗美容机构、4个疫苗接种单位开展专项监督检查，对网络平台发布的“穿耳孔”“洗纹身”信息开展专项监督检查，排查12条无证行医线索，现场核查9家机构。组织8家涉及冶金、建材行业用人单位开展职业卫生管理自查。组织25户医保定点医疗机构开展规范医保基金工作台账专项自查。完成“2023天津市抗（抑）菌制剂专项整治”工作，梳理经开区内涉及抗（抑）菌制剂零售、连锁总部、批发企业台账，开展抗（抑）菌制剂隐患产品专项排查并报送天津市卫生健康监督所。

（张 宇）

〔投诉举报〕 2023年，经开区防病站调查处理164起投诉举报，其中涉及52起医疗卫生、28起职业卫生、84起公共场所卫生，均给予回复并及时办理。配合泰达街健康集团、综合执法大队处理对22户次机构涉嫌无证行医投诉。

（张 宇）

〔卫生宣传〕 2023年，经开区防病站对泰达街综合执法人员开展调查处理无证行医等卫生领域执法监督专业知识培训。组织各医疗机构开展医疗废物分类目录培训。5月15—21日，开展“饮用水卫生宣传周”活动，普及《传染病防治法》《生活饮用水卫生监督管理办法》及饮水卫生安全知识。5月29日—6月2日，在泰达街范围内开展“控烟宣传周”活动。宣传《职业病防治法》，各企业在“天津职业健康”微信公众号投稿89篇。对用人单位职业卫生管理员及主要负责人进行岗前、岗中培训。在双叶协展机械有限公司讲解职业卫生管理量化分级工作。开展中医药服务监督法制宣传、“9·12预防出生缺陷日”和“9·20全国爱牙日”主题宣传。

（张 宇）

疾病监测与预防控制

〔传染病发病情况〕 2023年，经中国疾病预防控制信息系统网络直报天津经开区传染病5374例，无甲类传染病报告，报告乙类传染病9种977例，丙类传染病5种4032例，报告其他非法定报告传染病3种95例。无死亡病例报告。

（张　宇）

〔重点传染病防控〕 2023年，经开区防病站对22例流行性腮腺炎、9例猩红热、1例风疹、17例百日咳病例开展流行病学调查。对1例疟疾病例进行流调采样处置，调查1例AFP病例并采集6份密切接触者样本。调查处置21起有聚集趋势集中发病传染病，指导相关单位落实各项防控措施。

（张　宇）

〔肠道门诊管理〕 经开区防病站组织泰达医院和社区卫生服务中心相关人员参加滨海新区肠道传染病防治工作培训会。4月底，指导泰达医院肠道门诊做开诊前准备，督促整改发热门诊和服刑人员体检室占用肠道诊区、隔离室内堆放防疫物资等问题，发放霍乱诊断血清和培养基等试剂、耗材。5月1日，天津市泰达医院肠道门诊启用，儿科设置肠道门诊专区。8月9日，防病站进行1次现场督导。自开诊起，接诊腹泻患者649人次，其中菌痢111例，其他感染性腹泻225例，非感染性腹泻313例。

（张　宇）

〔食源性疾病监测〕 2023年，经开区食源性疾病监测哨点医疗机构包括天津市泰达医院和经开区社区卫生服务中心2家。防病站参加天津市卫健委食品安全监测工作启动培训会，组织哨点医院相关人员参加滨海新区统一培训。现场督导哨点医院食源性疾病监测工作，指导哨点医院维护管理信息系统。全年，审核哨点医院通过食源性疾病监测报告系统报送的病例信息162例。对泰达医院接诊的7名患者进行流行病学调查。配合滨海新区疾控中心对泰达医院食源性疾病信息管理系统网建设工作进行调研。

（张　宇）

〔饮用水水质监测〕 2023年3月14日、8月14日经开区防病站协助滨海新区疾控中心完成泰达水业有限公司净水厂丰水期和枯水期的出厂水现场采样及现场检测工作，采集出厂水样品2份，检测33项指标，通过“全国饮用水质卫生监测信息系统”系统上报结果。

（张　宇）

〔预防接种工作〕 2023年，经开区防病站推进建设泰达医院产科接种室、动物致伤处置门诊及社区卫生服务中心预防接种智慧化门诊系统。审核泰达医院1名狂犬病疫苗管理人员账号。对预防接种单位及动物致伤处置门诊开展现场督导，现场评审社区卫生服务中心新冠病毒疫苗和流感疫苗临时接种点。维护预防接种单位年度编码，及时更新接种单位信息。组织泰达医院动物致伤处置门诊、泰达医院产科接种室、社区卫生服务中心免疫规划门诊工作人员参加滨海新区统一培训。组织查验各学校、幼儿园学生疫苗接种情况，漏种疫苗647剂次，完成补种557剂次。11月1—2日，为天津科技大学大一新生接种麻腮风疫苗1043剂次。

开展乙肝患者密切接触者和高危人群疫苗接种民心工程，检测31名乙肝患者密切接触者，为24人接种首针乙肝疫苗。“4·25”预防接种日，防病站联合社区卫生服务中心开展以“主动接种疫苗，共享健康生活”为主题的宣传活动。

（张　宇）

〔传染病防控培训〕 2023年2月15日，经开区防病站联合泰达街文化教育事业集团（简称泰达街文教集团）对各学校、幼儿园开展防治春季重点传染病培训，50余人参加。结合天津市及滨海新区传染病发病情况，对防控诺如病毒要求进行培训，传达新型冠状病毒感染“乙类乙管”防控和处置措施。9月1日，组织各学校、幼儿园开展秋季传染病防控工作培训，43人参加。制订《卫生防病站关于做好2023年泰达街秋季重点传染病预防控制工作的通知》，对学校、幼儿园等重点单位秋季传染病防控工作进行部署，抽查9所学校、幼儿园传染病防控工作落实情况。11月20日，联合文教集团组织召开泰达街学校呼吸道传染病防控工作会，指导各单位落实各项防控措施。

（张　宇）

〔健康宣教〕 2023年，经开区防病站向辖区部分医疗机构、学校发放3000余份健康宣传材料。开展卫生健康进校园、进企业、进社区等现场宣传活动，联合泰达街文教集团开展学校、幼儿园春季传染病防控培训。在泰达保育院、泰达六幼、三之三幼儿园开展防治手足口病宣传活动，180余人参加。联合泰达街卫生健康集团、双叶协展公司开展防控职业病及诺如病毒等传染病专题讲座；在时尚广场社区开展防治流感知识讲座，向居民发放传染病和慢性病防治宣传折页及手部消毒液、口罩等。11—12月，开展“世界艾滋病日”主题宣传活动，开展1次宣传讲座，1次现场宣传活动，发放1000余份传染病防控知识宣传折页。

（张　宇）

〔爱国卫生〕　2023年，泰达街道组织各社区举办8场居民健康科普宣传讲座，向居民发放病媒生物防制用品及防虫鼠害常识宣传单2000余份。加大健康教育宣传力度，推动控烟宣传执法，开展多种形式的健康教育宣传和咨询活动。开展“5·31世界无烟日”宣传活动，对辖区内50余家医疗机构100余人次开展控烟培训，监督检查日常控烟执法150户次。按照滨海新区创建国家卫生城市复审工作要求，制订泰达街“巩固国家卫生区成果实施方案”，开展6次爱国卫生志愿服务活动，组织各系统开展“美丽滨城，清洁家园”活动。

（李林超）

国办医疗机构

〔泰达医院〕　2023年，泰达医院门诊诊疗517418人次，急诊诊疗179402人次，出院患者16258人次。

医疗改革　编制《泰达医院2023年财务预算方案》，推行医保DRG（疾病诊断相关分组）管理，以病种为单位，通过病种费用结构分析，临床科室规范诊疗行为，控制医疗支出。成立医疗运营部，结合国家考核指标、DRG付费及等级医院评审标准细化临床科室考核指标。制订《天津市泰达医院采购管理办法》，修订泰达医院耗材管理委员会、医疗器械临床使用管理委员会制度，推动外科、骨科等相关耗材国家集采工作。与南开医院签约医疗联合体，8月22日，两院合作共建普外二科开诊。组建成立天津市麻醉专科联盟，泰达医院被授予天津市麻醉专科联盟核心成员单位。

医政管理　开展院长行政查房，制订《泰达医院手术分级管理制度》《泰达医院手术分级目录（2023版）》。开展全院医疗技术人员年度考核及医疗技术（含手术）再授权工作，建立“泰达医院个人专业技术档案”。开展全员心肺复苏技能考核，提高全院急救技能。完成11批次249种药品集中采购工作，降低药品价格，减轻患者药费负担；引进中药配方颗粒剂，完善品种目录，满足患者需求；持续强化处方审核和处方点评，规范医师用药行为。

便民服务　设立“助老服务”窗口、成立“助老服务”小组，在门急诊、住院病区多区域设置30余台多功能自助机，中医科、针灸推拿科开设“午间门诊”和“夜间门诊”，周末开设专家门诊。建立眩晕MDT门诊、肾脏血液净化MDT门诊。开设内科、外科、神经内科、中医科等在线问诊、线上缴费、药品快递、处方流转等线上服务。20余个科室开展“互联网+护理”服务，为出院患者、生命终末期患者或行动不便老年人等提供上门护理服务及延续护理服务。修订《泰达医院门急诊退费管理制度》。与经开区47家大型企业签订急诊就诊绿色通道服务协议，承担泰达足球场足球赛事等多项区域内重大活动医疗保障。

学科建设与技术创新　2023年，泰达医院获批天津市创伤中心，建立院前急救、急诊抢救、手术治疗、重症监护一体化救治体系。创伤中心及卒中中心实现海上、空中及陆地联动转运救治伤员。创建以急诊科、神经内科、神经外科、康复科、放射科、麻醉科、检验科等多学科合作的“泰达卒中急救模式”。医疗美容科获批执业资质。

信息化建设　开展以电子病历为核心的医院信息平台建设，建设信息集成平台与数据中心，通过电子病历应用水平四级评审。推进电子病历、智慧服务、智慧管理“三位一体”的智慧医院建设和医院信息标准化建设。开通智慧门诊、智慧住院、智慧病房服务，“智慧病房”被评为2022年度天津市“互联网+医疗健康”示范项目。

对口帮扶　2023年，泰达医院与甘肃省张家川县第一人民医院签订《框架合作协议》，制订《结对帮扶张家川县人民医院实施方案》，7名专家到张家川县第一人民医院开展义诊、查房教学、手术指导工作。4名专家到青海省黄南州同仁县同仁人民医院开展医疗帮扶。

行风建设　落实党委领导下的院长负责制，落实“三重一大”集体决策制度。开展医药购销领域腐败问题集中整治工作，成立专项整治工作领导小组，全员开展自查自纠。在招标采购、财务管理、选人用人等方面严格执行“三重一大”议事程序。重点监督骨科、外科、脑外科等具有高值耗材申请、使用审批权限负责人。针对药械采购、后勤基建、项目招标等环节进行风险评估、查找漏洞、提出建议。制订《泰达医院合同管理办法》等11项党政管理制度。

（郑琳琳）

〔泰达国际心血管病医院〕 2023年，泰达国际心血管病医院（简称泰心医院）门、急诊诊疗308156人次，出院患者36051人次。员工1042人，卫技人员891人；高级职称143人、中级职称422人；拥有法国国家医学科学院院士1人、国务院政府特殊津贴专家2人、国家级学会委员12人、博士研究生导师4人、硕士研究生导师15人、专兼职教授7人。

医疗改革 2023年，泰心医院建设生命救援“立体120”和“互联网+心血管病”医联体、建设微创技术和大血管手术为重点的技术体系、建设以心脏移植和心室辅助装置应用为核心的“双心工程”的终末期心脏病综合诊疗中心。组织危重疑难病例多学科讨论会、并发症讨论会。深化以左心室辅助装置（LVAD）置入术为代表的核心技术临床应用，完成37例LVAD置入术，为北京协和医院、解放军总医院、华西医院、湘雅二院、中山医院等18家医院进行培训指导和手术带教。常态化、精细化管理国家药品集中采购和药品合理使用，落实国家医保谈判准入药品（国谈）的配备使用，制订β内酰胺类抗菌药物皮肤试验管理制度、医保限定药品目录等。修订2项应急预案及应急管理控制程序、应急预案，定期巡检急诊应急库和物资储备库，落实消毒供应中心常备公共卫生事件应急手术器械和无菌物品。

便民服务 2023年，泰心医院互联网医院新增注册患者26917人次，接受线上问诊59000人次，为53882人次开具线上处方。115位专家加入“泰心云医”，为877人次提供线上咨询，为3895人次提供远程心理咨询服务。新增11家医院及连锁药店为互联网医疗协作单位，搭建101个中海油公司海上平台远程医疗系统，为1554人次远程会诊。医院实行无陪护管理，免费为患者提供三餐、护工、视频探视服务。加强老年护理服务，简化老年人就诊流程，开展老年护理专业培训，培训相关科室护理人员364人。

教育与科研 2023年，泰心医院获批8项国家级继续教育项目、5项天津市级项目，开展科内继续教育230场次。组织研究生导师遴选，新增天津大学博士生导师3人、硕士研究生导师8人。招收博士研究生3人、硕士研究生7人，接收高校毕业实习生145人，接收进修生97人（医联体单位进修人员15人）。获批1项国家自然科学基金项目、1项天津市教委科研计划项目（自然科学）、1项天津市卫生健康科技项目、12项滨海新区卫生健康科技项目、1项天津市医院协会医院管理研究项目、1项天津市护理学会科研课题。作为第一单位发表SCI论文20篇、中文期刊论文56篇，主持编写《先天性心脏病基因诊断规范》。

对口帮扶 2023年，泰心医院向河北省雄安新区安新县派驻2名医师开展帮扶工作，接收1名安新县医院医生到院进修。与唐山利康医院建立帮扶合作关系，长期派驻2名心内科医生、1名护理管理者，接收唐山利康医院3名医师、2名技师到院进修。

信息化建设 2023年，泰心医院通过国家电子病历应用水平分级评价五级认证。完善以HIS系统为总集成，PACS、心电、LIS、CIS、手术麻醉、NIS、指挥调度、HRP、OA、患者自助服务、互联网医疗等等各系统互联互通有机整合数据共享，形成智慧医院信息管理体系。完成VAD平台、EDC平台、外包实验室接口、手麻系统升级、PACS影像系统云端、影像AI辅助诊断以及三级公立医院绩效考核指标建设等。进行HRP建设，完成人力资源、物资、合同、公文管理等模块上线，实现财务凭证、高值物资与HIS接口，完成医院质控管理专网改版，智慧后勤系统上线。

行风建设 落实医药领域腐败问题集中整治工作，深入贯彻《医疗机构工作人员廉洁从业九项准则》《天津市清廉医院建设实施方案》。开展10余次行风培训教育，完成2023年度医德医风考评。建立健全问题线索清单、风险岗位清单、制度措施清单，组织全院医务人员、药事委员会、医疗设备和耗材管理委员会、全体中层干部等重点岗位自查自纠。

（金潇潇）

〔经开区社区卫生服务中心〕 天津经济技术开发区社区卫生服务中心下设8个居民卫生服务站、1个儿童计划免疫接种保健科。2023年，有家医团队10个，全科医生17人，全科护士12人；主任医师4人，副主任医师8人，主治医师9人；副主任护师5人，主管护师7人。

2023年，经开区社区卫生服务中心门诊诊疗45694人次。0—7岁在册儿童7489人，免疫规划疫苗接种率95.5%。全年接种疫苗35762剂次，其中免疫规划疫苗19272剂次，非免疫规划疫苗16490剂次。流感疫苗接种7600剂次。新建16611份居民健康档案，累计建档64739份，家庭医生新增签约16595人次。为空巢老人、行动不便老人以及泰达养老院老人提供上门问诊、查看病情、中医辨识、指导用药等服务。开展40余次义诊、咨询、健康讲座活动。计划免疫科加装接种登记服务台和接种室排队叫号显示系统，升级智能接种留观一体机并启用接种电子知情同意书，儿童计划免疫接种门诊成为天津市示范化接种门诊。

（王世琦）

民办医疗机构

〔圣爱医院〕 天津经开区圣爱医院是一级综合性（普通合伙）医院，设有内科、外科、妇科、皮肤科、麻醉科、医学检验科、医学影像科、中医科，是诊断和治疗胃肠及肛肠疾病的专业医院。至年末，有员工60人，其中卫生技术人员34人，门诊诊疗12911人次。

（张亚平）

〔奥华医院〕 天津经开区奥华医院有中、西医专家和中青年医师、护理、技师等50余人。设有体检中心、内科、外科、体检科、中医科、皮肤科、口腔科、康复理疗科、耳鼻喉科、检验科、放射科、超声科、心电图等科室。2023年，门诊诊疗7600人次，入职及健康体检24392人次。

（任会军）

〔金海岸中医医院〕 金海岸中医医院是一家民营一级医疗机构，2023年，门诊诊疗61587人次。设有内科、妇科、儿科、口腔科、医学检验科、医学影像科、中医科。开设特色诊疗项目有针灸、艾灸、小儿推拿、中医推拿等。聘请来自北京、天津各大医疗机构中医名家。全程监管药品采购、储存、使用。中药饮片均经过农药残留、重金属检测。每月定期开展处方点评，规范临床用药。针对不同人群开展健康知识公益讲座。

（王禹辰）

〔天津爱心医院〕 2023年，天津爱心医院有员工27人，其中执业医师7人，护士6人，医技3人，管理人员5人，勤杂6人。门诊诊疗3066人次。3月，外科停诊。5月，更换领导班子，调整岗位人员。爱心医院申请母婴保健技术服务，按照母婴保健技术要求改造院内环境、设施、设备。8月，通过验收并取得执业许可证。

（王 萍）

〔华泰医院〕 天津华泰医院是医保定点的一级综合性医院，设有内科、外科、妇科、儿科、中医科、皮肤科、医疗美容科、口腔科、眼科、康复科、医学检验科、医学影像科等。医院内设有1家体检中心，为企事业单位职工及社区居民提供入职体检、团队体检、个人健康体检服务及职业健康查体。2023年，接诊76327人次，接待体检12497人次。在周边36个社区开展甲状腺相关疾病筛查公益活动，累计筛查1564人。

（刘 倩）

〔天津金桥医院〕 天津金桥医院是集医疗、预防、保健为一体的综合性一级医院。设有内科、外科、妇科、中医科、预防保健科、医学影像科、医学检验科、计划生育技术服务科。2023年，有职工30人，临床医疗人员5人，临床护理人员7人，临床医技人员3人，工勤人员15人。门诊诊疗15336人次。加强医德医风和行风建设，设立举报电话、意见本，接受病人投诉及建议。

（张 娜）

〔天津医方嘉明医院〕 天津医方嘉明医院有医技人员55人，有高级职称15人、中级职称14人。医院设临床医技科室17个，有儿科、口腔科、眼科、心理健康、医疗美容5个特色科室。2023年，接收门急诊病患2.75万人次，完成各类手术146台。制订医疗、护理、药事、放射辐射、检验、医院感染、传染病管理、安全生产、后勤保障等管理制度。开展义诊、体检等公益活动，为困难人群减免检查费用2万元；开展儿童康复健康培训，配合泰达街道完成2万余名中小学生秋季体检。按照国家有关规定修订药事管理工作制度，严格管理药品准入、储存、使用，加强麻醉、精神药品等特殊药品监管。

（李　志）

社会事业

- 概　况
- 社会保障
- 消　防
- 社区管理

概　况

〔文化〕　2023年，泰达街道持续提升基层公共文化服务水平，推动文化惠民活动品质升级。举办各类文体活动、公益沙龙讲座、公益演出、阅读推广活动、展览展示284场。其中，文体活动163场、公益沙龙讲座66场、公益演出43场、阅读推广活动10场、展览展示2场。举办“重启活力泰达　用爱温暖滨城”2023灯光节、泰达春日生活节、滨城夏日向海乐活节开幕式、乌戈世界国潮嘉华·于响音乐节、第十一届泰达经典音乐广场音乐会、泰达夏日艺术季、第九届“泰达杯”钢琴大赛等活动。开展泰达爱乐艺术团招新、培训及演出工作，138人加入，艺术团参加全国合唱节、滨海新区全国广场舞大会等活动。

（李林超）

2023年6月30日，滨城夏日向海乐活节

〔体育〕　2023年，泰达街树立“在泰达　动起来”特色健康理念，以人民为中心，创新、务实推动全民健身事业发展，搭建体育公共服务体系，完善体育场地设施多样化建设，优化体育发展环境。开展“全民健身泰达行——国民体质监测”三年行动计划，抽样测试10376人。8月8日，组织20家体育机构及公共室外体育场开展双免活动（免场地费、免指导费），在泰达第二体育场开展篮球嘉年华表演赛。推动“全民健身泰达行——体育进校园”活动，在学校、幼儿园开展“全民泰达行击剑项目进校园”“冰雪项目进校园”“体操类项目进校园”等活动，普及多项体育运动技能。引入网球、体适能、跑步、击剑、健身、国民体质监测等6个全民健身营地建设项目，开展100余场活动，服务4000余人次。

（李林超）

〔市容环卫〕　2023年，泰达街道冲洗重点区域花砖、便道200余万平方米，累计安排洗路车2300台次，生活垃圾清运总量10.79万吨。加强社区环境卫生日常排查整治，组织3714人次参与清理，处理5211处居民小区及楼门小广告。清理重点点位、物业管理薄弱小区中无主垃圾、大件垃圾。

（李林超）

〔邮政〕　2023年，经开区邮政局邮务类业务收入360万元，代理金融类业务收入1845.42万元。其中，函件集邮业务214.14万元，包裹快递37.01万元，国内普包2.27万元，分销类业务100.01万元。通过强化数据通报、系列培训、督导检查和强化指标管控等一系列措施，全年各项运行服务质量指标提升。与华纳社区以党建共建为引领，开展“爱心邮你”慰问活动。

（赵梦磊）

社会保障

〔就业促进〕　2023年，经开区有效用工登记就业人员38万人，累计新增就业登记9.91万人，其中新增大专学历以上就业人员2.75万人。为3700家次企业争取补贴6951万元；依托滨海新区公共就业示范项目及经开区用工保障政策，兑现招聘会补贴、吸纳就业补贴等政策资金499万元。全年开展85场线下招聘活动，1620余家次企业参加，发布7000余个岗位，5200人达成就业意向。为20家企业对接引流高校资源，组织61家企业开展东北9校对接活动，接收简历4250份。

（袁威威）

2023年3月16日，中国天津人力资源服务产业园（滨城园区）招聘会

〔就业帮扶〕 2023年，经开区人力资源和社会保障局（简称人社局）对口帮扶青海省黄南自治州同仁市乡村振兴，落实劳务协作项目资金60万元，举办9场线上及线下招聘会，提供2800余个就业岗位，帮扶农牧区650人就近就地就业。开办8个职业技能培训班，动员350人参加技能培训。做好2023年未就业离校毕业生等青年服务攻坚工作，制订"政府+市场化"帮扶促就业方案，未就业毕业生就业帮扶率95%。

（袁威威）

〔见习基地〕 2023年，经开区组织阳光泵业有限公司等39家单位认定为天津市就业见习基地，启动实施"百万就业见习岗位募集计划"，全年募集就业见习岗位数2856个，发放就业见习补贴2154万元。依托见习基地政策，在滨城产业园试点设立就业见习共享服务中心，为滨城产业园所在商圈入驻企业和区域科技型中小企业提供集合式、一站式、代办式服务，见习共享中心备案24家见习单位，4家企业开展见习活动，组织见习人员100余人。

（袁威威）

〔经办服务效能提升〕 2023年，经开区人社局服务窗口针对园区飞地、重点企业推行"人才专属管家"工作机制，推行企业办事"零跑腿"。优化"泰省事"智慧人社系统，系统累计注册用户3.3万余人，业务经办量50余万件。窗口业务服务科代表作为天津市人社局代表团成员参加"2023年全国人社法治知识竞赛"。

（袁威威）

〔社会保障〕 2023年，经开区养老保险参保人数40.78万人。完成重点企业1080家次失业动态监测，协助31949人次领取失业保险金、失业补助金5559.552万元。经开区认定42家医保定点医疗机构、51家医保定点零售药店。

（袁威威）

〔完成征缴扩面指标〕 2023年，社保经开区分中心完成基本养老保险征收94.91亿元，失业保险征收3.96亿元，工伤保险征收1.9亿元。全年城镇企业基本养老保险缴费人数40.78万人，新增4.85万人；失业保险缴费人数40.1万人，新增1.76万人；工伤保险缴费人数41.17万人，新增1.77万人。全年基本养老保险新增参保人数累计48503人。辖区内有登记单位5.03万户，参保缴费单位1.96万户，新增参保单位4676户。

（张永翔）

〔缓缴社保〕 2023年，119户单位、6822名职工缓缴社会保险费8018.44万元，其中企业养老保险缓缴7686.49万元、失业保险245.36万元、工伤保险292.88万元。

（张永翔）

〔社保支付〕 2023年，新增退休人员3958人，社会化发放养老待遇46.88万人次，发放金额23.92亿元。为1327人办理工伤登记，全年为1992人支付工伤保险基金，支付金额1.09亿元。工亡待遇支付3641.13万元，为1739人次垫付医疗费，支付金额1098.51万元，为5255人次支付联网医疗费，支付金额695.66万元。为263人次审核灵活就业补贴，累计为8019人次支付，支付金额544.71万元。为6398人次审核2023年一次性扩岗补助。核定2889人失业金，累计为31949人次支付失业金，支付5220.12万元。受理7961人次技能提升补贴申请，核定补贴6849人次，支付1028.41万元。

（张永翔）

〔社保转移〕 2023年，社保经开区分中心办结7746人次养老保险异地转出业务，转移基金2.99亿元；办结5367人次转入业务，接收基金3.49亿元。

（张永翔）

〔稽核风控〕 2023年，核查业务风险点数据148条。按照开展"双随机、一公开"年度检查计划以及执法程序开展稽核检查，追回欠缴保险费67.03万元。接待860余人次参保职工来访来电，受理150余起社保缴费违法举报案件，针对社保缴费违法举报立案88起，促成和解补缴267.6万元。

（张永翔）

〔社会救助〕 2023年，泰达街道对低保对象、困境儿童、困难残疾人、高龄独居老人和空巢老人等重点群体包保到人，重点关注、重点保障、重点服务，按时足额发放各类补贴。有低保户32户42人，特困供养2户2人，困境儿童11人，事实无人抚养儿童6人。有残疾人953人，其中重度残疾270人，办理残疾人证20个、死亡注销3个。有60岁以上老年人1.5万人，80岁以上老年人907人，办理老年人乘车卡94个、老年优待证76个，为12位老年人申请镶牙补贴。组织开展救助相关政策培训会、“困难群体走访随访”“特奥日”残疾人趣味运动会、“喜迎亚残会奋进新征程”残疾人全民健身周等爱心活动。

（李林超）

消　防

〔简况〕　2023年，经开区消防救援支队（简称经开区消防支队）接处警1135起，派出车辆2626辆次，派出警力1.4万人次，抢救被困人员39人，疏散被困人员8人。辖区未发生亡人及较大以上火灾事故，

（杨　舟）

〔运行机制〕　2023年，经开区消防支队落实《经开区消防安全责任制实施办法》，建立政府定期研究、消防救援机构定期报告“双定期”机制和消防安全委员会和消防工作联席会“双协调”机制，形成高效协同、上下联动的运行机制和责任链条。以消防安全委员会名义印发《经开区消防安全重大风险隐患排查整治2023专项行动工作方案》等消防安全文件20余份，召开全区消防工作会议4次，检查消防工作30余次。港云路消防救援站投入使用，提升南港片区灭火救援能力；众昌道消防救援站投入使用，填补汽车产业园消防站空白。

（杨　舟）

2023年1月19日，经开支队举行众昌道消防救援站揭牌暨车辆装备配发仪式

〔隐患整治〕　2023年，经开区消防支队推动消防安全重点单位开展“三自主两公开一承诺”（自主评估风险、自主检查安全、自主整改隐患，向社会公开消防安全责任人、管理人，承诺本场所不存在突出风险或者已落实防范措施）工作，召开负责人集中约谈会、火灾高危单位消防安全管理现场会，督促指导各单位开展“风险自评、安全自查、隐患自改”，落实消防安全主体责任。开展消防安全重大风险隐患专项排查整治2023专项行动，巩固“消防安全整治三年行动”成果；开展高层建筑、仓储物流、大型商业综合体等传统领域风险治理，管控老旧和闲置厂房改变使用性质违规出租、汽车制造及其配套企业、多业态中小企业园等新兴领域隐患。全年检查单位1984家，整改火灾隐患2848处，临时查封单位14家，三停单位（停止施工、停止使用或停产停业）18家，罚款87.26万元，挂牌并督改重大火灾隐患单位3家。

（杨　舟）

2023年1月20日，经开区开展春节前消防安全联合检查

〔消防宣传〕　2023年，经开区消防支队组织管委会24个部门和60余家社会单位召开消防培训会5次，培训消防安全管理人、企业微型消防站队员等关键岗位人员，警示约谈单位300余家。建立“消企联合”宣传模式，指导试点企业建立消防安全学习培训基地，以点带面辐射整个辖区，建成汽车企业、电子企业、劳动密集型企业、石化企业、职工公寓等消防安全培训基地5处。全年开展主题宣传活动70余次、集中教育培训50余次，发动基层网格力量开展敲门行动60余次，开放消防科普教育基地、消防站330余次；发放宣传资料2万份，辐射3万余人。

（杨　舟）

〔全员练兵〕 2023年，经开区消防支队强化“日练、周查、月考、季评”工作，建立“全员普考、过关考核、尖刀特训、教练带训”练兵法，开展全员普考、对抗赛、企业专职队及微型消防站比武等考核活动50余次。承接天津市消防救援总队全国火焰蓝5000米跑科目集训教学工作，组建10人比武集训队，聘请教练指导训练。

（杨　舟）

〔特勤业务培训〕 2023年，经开区消防支队瞄准“训练示范队、实战攻坚队、大战核心队”的特勤站建设方向，建立作战和保障2个编队10个模块的训练模式，编制21种危化品储罐火灾扑救实战手册，实地拍摄石油储罐火灾扑救示教片。联合南港应急局、企业专职消防队、社会应急联动力量39人，到国家危险化学品应急救援实训演练濮阳基地，开展为期一周的应急救援队伍危险化学品事故处置实训工作。组建4人调研团队，走访大连、连云港、舟山3个地区，学习石油化工特勤站建设经验，并形成专项调研报告。举办6期水域救援、绳索救援等业务培训班；47人参加舟艇、地震、无人机飞手等专业培训并获资质证书；开展50余次专家授课、案例复盘、桌面推演、真烟真火、紧急避险、实地测试等活动；开展10余次地震、防汛、石油化工、冰冻雨雪、直调直报等无预案实战拉动演练；开展40余次高层、医院、仓储物流等专项熟悉演练，修订预案200余个。

（杨　舟）

〔调度指挥〕 2023年，经开区消防支队推动管委会建成智慧消防信息化指挥中心，装配卫星通信指挥车等信息化设备，为基层队站配备无人机、防爆电台、4G单兵等通信器材，构建集作战指挥、辅助决策、视频会议、日常监控为一体的作战指挥平台。全勤指挥部实施“一体化”值班值守制度，全程跟踪每起警情。联合应急局，修订《天津经济技术开发区火灾事故应急预案》；联合规资局，运用“泰达一张图”手机客户端APP，共享影像地图、应急力量、政企管理等数据；与大型工程机械保供单位天津星途应急技术有限公司，签订联动服务保障协议；走访滨海新区公安局、经开区应急局、经开区规资局等政府职能部门及燃气、电力等社会联动单位，建立应急救援信息共享机制。

（杨　舟）

〔企业消防〕 2023年，经开区消防支队推动企业专职消防队正规化建设，7家企业专职消防队在执勤能力、正规化建设、卷宗档案等方面达到国家队标准。承办2023年度危化品单位驻厂轮训班；组织天津国储、天津商储、泰奥石化等企业专职消防队60余人，开展危化品化工装置驻厂轮训工作；联合各企业专职消防队，开展工艺处置专项训练，交流经验；在中石化液化天然气接收站、天津泰奥石化物流有限公司等大型危化企业开展实战演习12次；联合经开区应急、规建、公安、交通、环保等部门及各企业专职消防队，在天津渤海化工集团有限公司举办南港工业区2023年危化品事故消防联合演习。在“8·3”秦滨高速LNG（液化天然气）罐车事故救援处置中，调集南港工业区7家企业专职消防队到现场协助处置。

（杨　舟）

〔装备保障〕 2023年，经开区管委会全额批复消防支队全年经费1.4亿元，较2022年度增长16.7%，保障消防业务、人员工资绩效、消防装备等专项经费。消防支队按照“满足需求、适当超前”原则配备装备器材，投入7800万元配备高喷、重型泡沫、排烟等消防车22部，地震、防化、破拆、大功率灭火机器人等装备器材6700余件（套）。定期邀请厂家技术人员逐队上门开展接装培训，保障指战员掌握装备性能、用途和操作规程，提升实战效能。“营房改造三年规划”完成，提升辖区所有消防救援站营房环境和硬件基础。

（杨　舟）

〔队伍建设〕 2023年，经开区消防支队建立“党委领学、支部研学、岗位述学、专家教学、互动活学”五学机制，开展“四级书记督学”工作，制订党委成员、普通党员2类“任务书”，细化9项任务、22条措施；举办“先锋模范”微课堂8次，邀请专家授课10期，遴选20名代表谈体会。年内，八大街消防站获评第27届“中国青年五四奖章集体”，1名指战员获评第2届“中国消防忠诚卫士”，2人、1个集体获评经开区“两优两红”表彰，2人入选滨海新区好人榜。

（杨　舟）

社区管理

〔简况〕 2023年，泰达街道完善基层社区组织队伍建设，制订《泰达街道居委会补选工作方案》《社区居委会补选工作方案》。完善社区自治，提升业主委员会工作能力，优化六支自治队伍，发展业主委员会委员队伍。对158个居民住宅小区和部分楼宇的园区业主大会、业主委员会及物业管理工作开展监督指导和备案工作，27个居民小区选举业主委员会，18个居民小区选聘和续聘物业服务企业，协调解决多个小区信访投诉问题。培育社区社会组织，至年末，新增39个社区社会组织，均完成备案。建成华纳社区和时尚广场社区“一刻钟便民生活圈”，华纳社区“一刻钟便民生活圈”建设经验入选商务部《城市一刻钟便民生活圈典型案例》。新建康翠社区、雅园社区、福瑞社区等10个“五爱”教育阵地。

（李林超）

〔康翠社区〕 2023年，康翠社区有建筑户数4302户，居住人口8700余人。调解涉及物业纠纷、邻里纠纷、婚姻家庭纠纷、合同纠纷等25件。制订“社区创建文明城区任务书”，辖内21个小区、13个物业公司、15个业主委参与。联合派出所、城管执法队排查燃气安全，对30余家使用燃气存在安全隐患商户发放整改通知单，清理各类违规燃气罐。联合相关部门治理群租房。为7位残疾人办理残疾证，发放独生子女奖励945元，办理13件一胎生育证、13件二胎生育证。开展5次“我们的节日”主题活动，200余人参加。组织7次“幸福里巷”文化集市活动，累计600余人次参加。开展6次环境清整活动，组织12次“党员巡逻”“文明祭扫”，100余人参加。

（李 悦）

〔雅园社区〕 2023年，雅园社区联合综合执法大队、洞庭路派出所、环卫公司、市政公司整治绿地圈占、楼道堆物等重点环境卫生问题，清运大件垃圾32吨。开展“楼道革命”专项整治，清理楼道堆物500余处。开展20余次爱国卫生、学雷锋志愿活动，1160人次参加。召开12次安全例会，开展2次消防安全演习，发出1200余张安全隐患通知单。联合经开区金融局成立滨海新区首个以社区为单位的“防范非法集资志愿服务站”，开展5次集中宣传，打击1处疑似传销窝点。审批蓬仁园、东英广场等小区、商业体11项重大事件，推动业主委员会换届及物业续聘工作。全年接待来访1500余人，来电3400余次。办理16张退伍军人优待证，为老年人领取46张乘车卡，新增10位老年人领取“80岁老年人关爱金”。为5名残疾人办理残疾证，帮助2名重度残疾人申请重度残疾人补贴，每月协助29名残疾人完成重残补贴认证工作，为8名残疾人申请辅助器具。

雅园社区党委在册党员297人，在职党员675人，发展1名积极分子，1名预备党员转正。组织开展2次党员大会、12次两委及扩大会议、1次组织生活会，组织10次各级党组织书记讲党课，发放200余本学习材料。与20余家共建单位组织联动，以“我们的节日”主题为基础为辖区居民开展40余场活动。举办社区品牌活动—“雅园杯”乒乓球比赛，200余名选手参加。组织8次志愿服务活动，900余人次参加。

（孙梦瑶）

“扣好人生第一粒扣子”雅园社区主题教育实践活动

（孙梦瑶）

〔华纳社区〕 2023年，华纳社区与辖区20家单位党组织、45家单位建立党建联建，完成组织生活会及民主评议党员工作，1名预备党员转正。召开12次安全工作部署会议，开展2次消防安全演习。治理电动车“飞线充电”，推动3个小区建成电动自行车充电桩。线下举办5场反电信诈骗宣传讲座，线上开展150余次反诈宣传。排查群租房137户并发放安全隐患通知单。指导加孚园、华纳豪园小区完成业主委员会换届工作，指导御景园邸、白云公寓、展望园、阳光新园4个小区业主委员会换届流程，指导沁园、银河、明珠园小区完成物业公司续聘工作，指导海望园、瑞园小区业主委员会开展物业公司续聘流程。落实“楼道革命”整治行动，联合综合执法大队、洞庭路派出所、物业公司共同治理环境卫生，清理200余处小广告、300余处楼道堆物。发挥新时代文明实践站阵地作用，开展48场文明建设活动，志愿服务人数累计1835人次。开展18次文明祭祀劝导，中考、高考期间治安巡逻，爱国卫生志愿服务等活动。开展46场“我们的节日”“健康在线”“家庭成长大本营”等活动。承接天津市民政局“五社联动·家园助力站”项目，开办“纳爱同行”周末市集项目。新增“成长助力加油站”“纳福手工坊”“医疗志愿服务队”3个社区社会组织。开展“我爱我家”文艺汇演、“情暖社区爱在立冬”“予爱童行”暑期夏令营等各类主题系列活动100余场。

（薛　娜）

〔紫云社区〕 2023年，紫云社区组织开展9场学雷锋志愿服务活动，召集志愿者1000余人次，安排工作人员200人次，清理700余处垃圾堆物。召开12场社区物业工作会议，每月初评定住宅小区物业管理服务星级，指导荣鑫园小区业主委员会、阳光花园小区业主委员会换届选举。开展120余次防电信诈骗、电动自行车充电、交通安全、消防安全、食品安全等各类安全宣传工作。全年开展40余次安全巡查、8次专项检查，安排工作人员352人次。3个小区建成电动自行车车棚。开展小区底商和居民燃气使用安全宣传，对25处底商开展燃气检查210余次。联合泰达司法所、天津标高律师事务所、天津金诺律师事务所等共建单位组织开展3场普法教育、反邪教宣传等活动，提供法律咨询服务，邀请律师事务所为居民提供电话咨询，定期在社区进行现场咨询。为7位残疾人办理残疾证、1人申请重度残疾护理补贴、5人申请残疾人助学金、1申请残疾人奖学金、1人申请低保残疾人困难生活补贴。为8位残疾人申请辅助器具，开展未就业残疾人职业技能培训意向需求调查。为35名退伍军人办理退伍军人优待证，为社区9名80岁以上老年人申请关爱金，为38名满65岁老年人发放敬老卡，为4名60岁以上老年人办理老年优待证，为2名70岁以上老年人申请镶牙补贴。开展8场大型文化活动、33场各类文娱活动，开展社区第七届“玩转暑期夏令营”活动。

（徐立萍）

〔格调社区〕 2023年，格调社区有居民建筑户数2608户，人口约3362人。在册党员135名，在职党员345名。全年召开12场物业业主委员会联席会。协助泰达燃气完成居民燃气改造工作，开展10余次燃气安全宣传活动，排查辖区12个商业点位燃气安全隐患，推动建成3个电动自行车充电桩。开展12次交通安全宣传活动，发放100余份交通安全宣传单。每月对辖区各小区进行消防安全检查，联合物业公司清理各小区楼道堆物200余处，开展10余次消防演习。按照泰达街道和社区治理中心要求每日向居民微信群转发防电信诈骗微信推文。社区有残疾人28人，2023年新增残疾人6人，为3人补办残疾证。摸底排查辖区内持证精神病人和无证精神病人住院情况。有80岁以上老人38人，为65岁以上老年人发放20张乘车卡，为2人在“滨海通办”申领老年优待证。排查经济困难特殊老年人群体并上报2人进行初步评定。发放2023年新春慰问物资，完成每月实物救助基层事权平台公示、困境儿童生活费补贴公示、每月低保对象社区公示及健康确认台账。为1人办理事实无人抚养儿童补贴、1人办理监护人补贴，完成2023年低保户复审工作。社区有退役军人58人，为16人次发放退役军人优待证，为2名退役军人免费筛查白内障，发放“八一慰问金”。迎接创建全国文明城区复审，联合物业公司、共建单位清理各类堆物300余处，安排工作人员100余人次。更换100余处文化宣传展板，拆除20余处破损围挡，维修20余件损坏宣传品。开展“党建引领共同缔造 我帮社区做点儿事”系列活动，累计600人次参加。

（张　桐）

〔泰丰社区〕 2023年，泰丰社区建立健全安全维稳制度，落实日常巡视走访，排查75件安全隐患并发放安全隐患整改通知单。联合黄海路派出所、交管队等单位开展法制宣传、预防电信诈骗、“零酒驾”、食品安全等19场专题活动。调解20件居民纠纷并成形调解案例。开展燃气安全专项综合整治，举办2场“燃气安全进社区”活动，推动泰丰一期小区燃气改造工作。指导泰丰二期小区业主委员会换届、润景苑业主委员会筹备工作。指导泰丰一期、泰丰二期小区业主委员会续聘物业公司，提交桐景园消防系统维修申请。累计开展9场急救知识普及、健康咨询、义诊服务，服务居民500余人次。在桐景园东门岗设立1个户外劳动者服务站。联合综合执法大队、黄海路派出所、物业公司清整圈养家禽、圈占绿地及清理楼道堆物。开展“楼道革命”专项治理，建立台账，清理200余处楼道堆物。在泰丰一期、泰丰二期小区建立垃圾分类投放点并开展9场主题宣传活动，推动垃圾分类宣传，引导社区居民树立垃圾分类环保意识。开展“缤纷夏日 欢度六一”儿童节手绘、“党史教育进校园 红色基因代代传”理论宣讲、“齿轮传动——小小神枪手”未成年人科普、“扣好人生第一粒扣子 争做新时代好少年”主题宣讲、“科普筑梦 快乐成长”青少年科学实验等16场未成年人活动。

（王　蕊）

2023年6月5日，泰丰社区开展“积极践行垃圾分类 共创优美人居环境”活动　（王　蕊）

〔泰祥社区〕　2023年，泰祥社区有建筑户数3146户，常住人口5687人。在册党员286名，在职党员557名。全年召开12次安全工作培训会议，开展30次各类安全巡查、4次消防演练及防潮防汛演练，200余人次参加。包保6家在辖区内住房注册的食品单位，开展9次食品安全检查。完成15户燃气改造，开展71次交通安全宣传、12次各类普法活动，为10余人提供法律咨询。指导伴景湾小区筹划新一届业主委员会和成立丰合园小区首届业主委员会。全年为36名党员办理组织关系转入，为7名党员办理组织关系转出。发放4枚“光荣在党50年”纪念章。组织党员学习党的二十大精神，发放200余份学习材料、书籍。指导居民线上办理40余件计生事项，为2人发放独生子女费，办理65张老年乘车卡、12个老年优待证，为2位老年人申请镶牙补贴，每月为43位老年人审核发放老年关爱金。为2名退役军人办理优待证，为3人办理关系转入，发放“八一慰问金”。为4名重度残疾人办理补贴、5名残疾人申请通信补贴、1名残疾人申请一户多残采暖补贴，为1名残疾人发放辅助用具，为1名残疾人办理残疾人助学金，组织残疾人进行免费体检。为4名失独人员发放特扶金34560元。开展“楼道革命”治理行动，清理各类堆物堆料366处，更换50余处宣传展板，拆除8处破损围挡。组织开展9次“爱国卫生志愿服务日”活动，800余人次参加。组织开展甲状腺筛查、口腔义诊、中医讲座等，400余人次参加。联合黄海路派出所、律师事务所到养老院开展10余次防诈骗、普法知识讲座。

（王春苗）

〔时尚广场社区〕　2023年，时尚广场社区组织13次大型安全排查，发现240处安全隐患，整改200处，上报处置40处。清理140余处楼道、竖井堆物，清理2处私圈绿地，举办1次安全大篷车活动、1次防灾减灾日活动，举办2次食品安全讲座、3次消防安全讲座、14场法律讲座，组织开展12次消防演练。社区网格员每月排查50户底商及18户群租房。组织开展6场防范电信诈骗活动，发放150余张反诈宣传页，向居民微信群转发1000余条反诈信息。全年办理1例一孩生育登记，组织7名离岗待业育龄妇女体检。社区有残疾人24人，登记退役军人75名。社区人民调解委员会处理30余件人民调解案件，开展11场公益法律咨询。开展“魅力时尚·津彩假日”、学雷锋志愿服务、“妇女节口红DIY”“党建引领，共同缔造——我为群众办实事”便民服务月、滨海美术馆参观、“迎七一华诞，展时代风貌”党的生日文艺汇演、“魅力时尚——快乐成长”暑假班、“防范非法集资——守住钱袋子，护好幸福家”“魅力时尚，向上吧少年”寒假班等各类活动85场，4330人次参加。建成“五爱”（爱祖国、爱人民、爱劳动、爱科学、爱社会主义）教育阵地，以培育和践行社会主义核心价值观为主线，以“新时代好少年”为主题，开展心理健康、童心向党、科普宣传等形式多样的未成年人活动24场，500余人次参加，累计活动时长50小时。

（宗　仙）

〔盛清社区〕　2023年，盛清社区居民总建筑户数3716户（含商户16户）。开展“学雷锋志愿服务”“环境大清整”等活动，社区工作人员、物业工作人员、社区志愿者集中清理400余处堆物。召开11次安全工作培训会议，开展30余次安全讲座、维稳座谈、安全巡逻等活动，累计400余人次参加。开展12次消防演习、消防知识宣传活动，覆盖4000余人。排查商户燃气罐使用安全，发放各类安全宣传材料。全年协调解决30余件居民纠纷，每日在居民微信群转发反诈骗宣传信息并举办2次线下讲座。为7人办理一胎生育登记、11人办理二胎生育登记、1人办理多孩生育登记。办理3个退役军人优待证，为65人发放“八一慰问金”，社区有残疾人25人，10人享受重残补贴，为5人发放残疾人助学金，办理8个老年优待证，发放老年关爱金30680元。每月开展一场老年人健康讲座和义诊活动，结合传统节日开展10余场各类文体活动，举办4场法律知识讲座。开展5场“暑期玩转夏令营”系列活动、6场传统文化小课堂、4场科普实验讲堂。开展2场儿童口腔、眼科义诊活动，组织开展25场青少年活动。

（李星卓）

2023年10月14日，盛清社区开展“心关爱 爱随行”做情绪的主人——青少年成长呵护主题活动（李　明）

〔福瑞社区〕 2023年，福瑞社区召开11场社区物业联席会、4场小区专题联席会，指导朗月轩、月荣轩业主委员会换届，推动建设星月轩、朗月轩电动自行车充电桩车棚。与50家共建单位、共建组织志愿者开展76场志愿活动。联合南海路派出所、交管队等单位开展法制宣传、预防电信诈骗、燃气安全、消防安全等20余场宣传活动。巡查群租房、楼道堆物等，累计发放900余张安全隐患整改通知单。开展20次各类消防演习，安排百余人次开展防汛工作，检查58处防汛点位。组织开展10场环境清整活动，开展45场垃圾分类活动。在星月轩建成1个生活垃圾分类箱房、5个集中投放点，在朗月轩建成1个生活垃圾分类箱房，在月荣轩建成1个生活垃圾分类箱房、1个集中投放点，在星缘东轩建成1个集中投放点。为7名80岁户籍老人申请关爱金，发放44张老年人乘车卡，协助8位老年人补办乘车卡，办理10个60岁以上老年人优待证，办理159张退役军人优待证，为135人核实并发放“八一慰问金”。为6名残疾人办理残疾证，发放残疾人通信补贴2160元、重残补贴13800元。开展低保户复审工作，每月走访慰问社区独居、空巢老人，定期帮扶困难老人群体。开展100余次健康讲座、义诊、科普宣传、线上答题竞赛等健康活动，组织40余场未成年人主题活动，累计600余人参加。

（王　月）

〔天保社区〕 2023年，天保社区组织开展15次在职党员志愿活动，1200余人次参加，开展10余次以“党建引领 共同缔造”为主题的系列共建活动，联合周边8家共建单位参与红色文化学习平台建设。开展11次物业联席会、20次小区沟通协调会。协调物业公司巡查小区环境、楼道堆物、小广告、消防器材，清理楼道堆物200余处。组织志愿者开展10次“环境大清整”活动，在重点防控日、重大节庆日期安全巡查20余次，200余人次参加。对社区四至范围及104个楼门、60户小商户开展隐患排查，张贴100余张电动自行车安全使用宣传单。入户排查燃气安全2913户次。办理46例生育登记、17例流动人口事务；组织离岗待业育龄妇女体检、老年人体检；登记办理300余张退役军人优待证，发放重残人员补贴。社区人民调解委员会处理16件人民调解案件。社区开展“儿童友好社区创建”系列活动20余次，600余人次参加。天保社区成立12支文体团队、3支志愿队伍，开展56次文化活动。

（李岳锜）

〔远洋社区〕 2023年，远洋社区每月召开安全工作部署会暨物业联席会议，开展“楼道革命”专项治理，消除500余处楼道堆物。开展4次消防安全讲座、4次消防安全演习，联合公安、消防、金融等单位开展“国家安全月安全宣讲活动”，发放700余份防诈骗、金融安全、消防安全宣传品。走访排查106户群组户，全年发放1000余张安全隐患整改通知单。

联合小区物业检查底商燃气安全，提示安全隐患并要求落实整改，配合燃气公司开展入户检查燃气安全。每季度对辖区包保的2户食品经营企业开展1次食品安全检查。开展7次反诈宣传活动，每日在居民微信群内转发反诈宣传信息。远洋社区有低保户1户2人，残疾人29人，重度残疾人12人。为2名残疾人申请辅助器具，2名残疾人申请免费体检。办理4张退役军人优待证，办理8张敬老卡、16张老年人优待证，开展助老活动，为老人免费理发，提供义诊服务等。指导夏荷园小区成立业主委员会，组建远洋社区太极拳队、远洋社区书法队、远洋社区舞蹈队，开展“棋乐融融 乐活新峰”“书法交流，翰墨飘香”系列活动。开展“远洋社区 Happy summer 暑期夏令营”活动。举办10场“益企出发，快乐研学游”系列活动，组织100余组未成年人与家长参观经开区各类企业、单位。举办“津彩假日”红领巾活动、“幸福远洋 健康无忧”口腔义诊活动、“爱心义剪”活动、“垃圾分类 志愿先行”HOME减碳行动站活动、春季亲子游活动、“花香袭人 告白母爱”活动、“少年财富传棋”等各类特色活动60余场。

（陆　鹏）

〔贝肯山社区〕　2023年，贝肯山社区完善包含派出所、居委会、物业公司、业主委员会、平安志愿者在内的安全维稳工作体系，在重要节假日、重要会议期间开展安全巡逻。召开12次安全联席会，强化消防安全治理行动，联合11个小区物业公司开展“万人环境大清整”“学雷锋志愿服务”活动，集中清理200余处楼道堆物、50余处竖井堆物。联合消防支队开展4次防灾减灾讲座、演习。组织60余次安全宣传和教育活动，通过社区广播、宣传栏、社区微信群等向居民传递各类安全知识和信息。开展29场文体活动，累计900余人次参加。全年张贴3000余张公益性海报、通知、提示宣传科技、环保、安全、文体、环境、征兵、青少年活动等。开展16次社区志愿服务活动，800余人次参加，组织6次党员巡逻、文明祭扫劝导，90余人次参加。

（殷莹莹）

〔东海社区〕　2023年，东海社区召开12次物业联席会、5次社区联席会，每月初评定住宅小区物业管理服务星级。指导泰达时代花园小区、市民文化广场（住宅）2个小区业主委员会换届选举。协助泰达时代花园小区、市民文化广场（住宅）、尊品庭苑3个小区选聘物业服务公司。复查1户低保家庭并为其申请子女助学金、采暖补贴等。为29名退伍军人办理优待证，为6名80岁以上老年人申请关爱金，为35名65岁以上老年人办理敬老卡，为4名60岁以上老年人办理老年优待证，为4名残疾人申请残疾证。落实创建全国文明城区复审工作和“楼道革命”专项治理工作，清理300余处楼道堆物、8车大件垃圾。组织社区志愿者开展环境清整活动，1600余人次参加。东海社区对辖区内9个小区每周进行1次全面安全检查，排查安全隐患300余处并发放安全隐患整改通知单。开展15次消防演习、12次消防专题培训会议。联合南海路派出所、执法大队巡查辖区内62处群租房，联合泰达燃气举办3次燃气安全专题讲座。推动建成滨海新城、尊品庭苑小区电动车充电车棚。对辖区内14户餐饮企业每季度开展1次食品安全督导。联合南海路派出所举办9场反诈专题讲座，每日在居民微信群转发反诈骗信息。调解23件涉及物业纠纷、邻里纠纷等民事纠纷案件。联合泰达司法所、大有律师事务所等共建单位开展法制宣传、反邪教宣传等活动，联合大有律师事务所举办6次法律安全讲座。开展“颂百年辉煌　唱时代赞歌”“迎中秋 庆国庆”2场文艺汇演，组织学生开展“小小银行家，成就大梦想”“创意美术绘画”等暑期夏令营系列活动。

（宋英杰）

2023年6月25日，东海社区开展“七一”文艺汇演活动

（宋英杰）

〔翠亨社区〕　2023年，翠亨社区有建筑户数4226户，居住人口7600余人。260余户“住改商”和底商，80余户群租房，社区网格员每月定期排查商户和群租房安全隐患。在节假日、“安全生产月”“11·9消防宣传日”向辖区单位及居民宣传《安全生产法》

《消防法》《道路安全法》等法律法规。每日在居民微信群转发防范电信诈骗信息。配合燃气公司检查底商燃气管道和煤气使用安全，定期上门检查老年人家庭燃气设备。指导芳林泰达园、鸿泰公寓、佳缘公寓、金融街东区业主委员会换届。核实失独残独家庭信息并发放补贴，为4人办理三孩准生证。新增9名年满80周岁户籍老人并为其申请办理高龄老人关爱金。办理6个老年优待证，协助17位老人补办乘车卡。办理5个残疾证，接转3位残疾人关系。新增微创新项目——“小纽带，大幸福”亲子互动项目，累计活动9次，开展各类主题活动33场，累计600余人次参加。开展各类志愿活动14场，2000余人次参加。骨干志愿者、下沉干部，在职党员等组成志愿巡逻队，在传统祭扫节日开展文明祭扫劝导。

（赵婷婷）

2023年3月15日，翠亨社区邀请专职律师开展防范养老诈骗知识讲座　（赵婷婷）

〔永利社区〕　2023年，永利社区有建筑户数6995户，其中居民建筑户数6458户，红线商户537户。对辖区10个小区开展日常巡查，排查消防器械及水栓设备，联合各小区物业开展10余次消防演习。配合塘沽燃气、港塘燃气检查辖区底商燃气罐使用安全，发放安全隐患整改通知单并督促整改。社区组织5次环境大清整活动，90余人参加，清理200余处卫生死角及堆物，组织社区志愿者开展4次文明祭扫劝导。全年召开12次物业联席会，联合5家共建单位开展手工制作、科普讲座、文艺汇演等活动20余次，累计800余人次参加，培育和发展3支新社区社会组织。协助9人线上办理准生证，完成新生儿信息回访采集及系统录入工作，发放独生子女补贴、失独家庭家政补贴。办理5张老年优待证、14张老年乘车卡。为14位老年人发放老年关爱金，为8名残疾人申请重残补贴，为46名退役军人发放“八一慰问金”。发挥社区大党委作用，联合滨海新区图书馆党支部开展“凝心聚力心向党　共学共建共发展”共建活动，调动辖区资源与6家党建共建单位开展15次活动，380余人次参加。

（李　惠）

〔响螺湾第一社区〕　2023年，响螺湾第一社区成立社区矛盾纠纷排查调处领导小组，调解34件纠纷。常态化开展60余次反电信诈骗、养老诈骗等各类宣传。组织物业召开8次安全生产专题会议，组织13次安全生产宣传、演练活动。开展“楼道革命”专项治理，累计排查90余处各类隐患并督促整改。开展居民住宅区各类消防安全隐患专项整治40余次，排查16处自建房。联合执法大队、中心商务区派出所等部门在汛期转移安置48名滞留户人员。制订社区《残疾人工作计划》，成立响螺湾第一社区残疾人工作小组，社区有残疾人4人，1人享受重度残疾护理补贴。社区有90岁以上老人1人、80—89岁老人1人、65—79岁老人45人。开展“智享晚年——中老年智能手机微课堂”等大型活动，联合医疗门诊机构开展10余次牙科、中医理疗、甲状腺筛查等义诊。在春节、建党节等节日联合辖区6家共建单位及支部党员定期走访慰问失独、重残、无事实抚养儿童等家庭。社区申请环保类别微创新项目，举办“多彩文化小市集”等活动，开展“冬衣捐赠——闲置物品再利用让爱循环”活动，17位居民捐赠187件衣物。

（孙晨曦）

党建党务

- 概　况
- 组织建设
- 干部管理
- 干部监督
- 教育培训
- 人才工作
- 宣　传
- 统　战
- 机关党建
- 国资局党委
- 两新党委
- 基层党建

概　况

〔思想政治建设〕　2023年，天津经开区高质量开展学习贯彻习近平新时代中国特色社会主义思想主题教育，将“学思想”放在主题教育“总要求”第一位，党委理论学习中心组开展四个专题学习研讨，各基层党组织一体推进，组织全体党员学思想、谈体会。加强组织领导，构建“9+3”工作格局，推动主题教育在各领域全面开展。围绕主题教育制订50项问题清单、175条整改措施。结合大兴调查研究工作12个方面，聚焦7个领域，确定200余个调研选题，深入基层实地调研、联系企业400余次，形成230篇各类调查报告。

（档案馆）

〔基层党组织建设〕　2023年，天津经开区完成基层党组织换届、“两新”党组织覆盖、发展党员等党建任务。推动机关党组织走好“第一方阵”，持续实施“红色领航”计划，42个基层党组织深入服务各园区100余次，与街镇社区结对形成117个办实事案例，60个合作共赢案例。打造特色国企党建品牌，开展“党建强基、凝心聚力”管理提升年专项行动。加强“两新”党建，开展“我为企业代言”活动，帮助企业解决129个问题。“党建诊断分析”工作方法和“七个一”泰达党建模式分别入选全国“第六届基层党建创新典型案例”“年度百佳园区党建品牌案例”。经开区基层党组织在2023年度滨海新区基层党建工作评议中获评“好”的比例占85.9%，比2022年提升11.9个百分点。

（档案馆）

〔干部队伍建设〕　2023年，天津经开区深化新一轮法定机构聘期管理工作，做好中层干部和科级干部选拔任用、交流调整、年轻干部挂职锻炼等工作，优化领导班子和干部队伍年龄结构、专业结构。培养“会干事”的本领，坚持教育培训服务高质量发展，举办领导干部进修班和“泰达讲堂”，开展新任职干部培训。统筹推进干部考核、绩效考核，落实差异化岗位绩效薪酬制度，发挥考核评价激励导向作用。推进各退休支部全面开展主题教育，启用泰达老干部活动中心新址。

（档案馆）

〔全面从严治党〕　2023年，天津经开区落实全面从严治党主体责任，高标准制订并落实党委班子2023年度落实全面从严治党主体责任清单和任务清单，分解责任事项11项、任务措施43条。整改落实中央、市委巡视反馈的南部新兴产业区园区空置、药研院中试研发生产平台项目投资建设缓慢等问题。强化监督“一把手”和领导班子，46个基层党组织制订“两个清单”。开展统计工作违纪违法突出问题、失业补助金问题专项整治，对44家企业获得的155项科技和专项奖励补贴情况进行专项监督。立案18件，查处17人次职务违法、酒驾醉驾等问题。运用典型案例拍摄警示片，召开持续净化政治生态推进会暨警示教育大会，开展“警钟长鸣筑防线　廉洁奉公促发展”警示教育月活动，组织中层正职以上干部到监狱接受现身说纪说法警示教育。围绕“于响”片区高质量发展、科技创新工作开展各类巡察3轮次，对13家单位党组织进行政治体检，发现75个问题。

（档案馆）

组织建设

〔组织体系建设〕　2023年，天津经开区以学习贯彻习近平新时代中国特色社会主义思想和党的二十大精神为主题主线，以高质量党建推动高质量发展。推动党委高站位抓好“学用结合”，带头学习习近平经济思想、习近平文化思想，跟进学重要讲话、重要指示批示精神，专题学现代产业体系重点领域知识，将拥护“两个确立”及做到“两个维护”体现在推动事业发展上。深入学习贯彻习近平总书记关于党的建设的重要思想，落实新时代党的建设总要求和新时代党的组织路线，全面贯彻全国组织工作会议部署要求，不断夯实组织体系，197个党组织完成换届，47家基层党组织与周边街镇42个社区（村）结对共建，7000余名党员深入社区报到。经开区党委高质量召开学习贯彻习近平新时代中国特色社会主义思想主题教育专题民主生活会，党委班子成员带头落实双重组织生活制度。

（刘　凯）

〔党员教育管理〕　2023年，天津经开区新发展党员176名，在册党员14715名。向11名党员发放“光荣在党50年”纪念章，走访慰问生活困难党员65人次，50名党员、50名党务工作者、20个党组织获得“两优一先”表彰。1035个党支部召开学习贯彻习近平新时代中国特色社会主义思想主题教育专题组织生活会，开展2023年度民主评议党员工作。

（刘　凯）

〔党建引领共同缔造〕　2023年，天津经开区落实《滨海新区2023年“党建引领共同缔造·基层党建六项行动”实施方案》，牵头组织滨海新区“三考合一”（领导班子、绩效、督查三项考核）党建引领共同缔造考核工作。202篇共同缔造“好经验、好做法”在中央和市级媒体报道。通过党组织共建为企业、为基层、为群众办实事并形成案例117个，发动国企与非公企业党组织共建、非公企业党组织之间共建，促成产业链上下游企业合作共赢案例60个。

（张　弛）

干部管理

〔干部选拔任用〕　2023年，天津经开区党委调整优化16个领导班子，选拔聘任3名中层正职、11名副职，交流使用中层干部1人。选拔聘任9名一级职员，提拔聘任39名正科长，补充配备3名国企领导人员。

（朱玉丽）

〔年轻干部培养〕　2023年，天津经开区进一步加强优秀年轻干部培养工作，选拔3名45岁以下年轻干部到中层正职岗位锻炼。强化干部实践锻炼，选派14名年轻干部到海外、新疆、西藏、市区委办局、市属高校挂职锻炼。

（朱玉丽）

〔干部人事档案〕　2023年，天津经开区建设基层干部人事档案库房，规范管理1300余卷科级及以下干部人事档案。对300余卷科级领导干部档案开展专项审核“回头看”。开展科级及以下干部信息填报工作，将1300余名科级及以下干部信息集中汇入“干部管理信息系统”。

（侯天竺）

〔优化内部管理机制〕　2023年，天津经开区按照中共天津市滨海新区委员会全面深化改革委员会印发的《天津经济技术开发区法定机构新一轮聘期管理实施方案》有关要求，坚持优化协同高效，对照上级职能部门及实际工作需要，科学界定和细化各部门职能，制订印发各部门“三定”方案，推进各部门优化内部管理机制，制订内设科室职责及岗位说明书，构建分工明确、衔接顺畅的内部运行体制。

（徐永娟）

干部监督

〔选人用人监督〕　2023年，天津经开区持续深化选人用人监督，对46个单位开展科级干部“一报告两评议”工作，规范各单位选人用人程序。开展经开区国企领导人员“兼职取酬专项清理”工作，排查委管企业及所属公司中层及以上领导人员。受理查核4条选人用人问题线索，查阅选人用人资料、核实问题线索，未发现违反选人用人规定情况。

（刁永佳）

〔干部监督管理〕　2023年，天津经开区执行上级关于加强对“一把手”和领导班子监督的工作要求，通过个人有关事项填报与查核比对、列席民主生活会、考核考察谈话等持续对各单位“一把手”和领导班子进行监督，做好提醒与预防监督，增强监督的针对性和实效性。组织经开区领导班子、委管中层干部填报个人有关事项，强化领导干部纪律和规矩意识。审批10余名集团公司领导干部到所属公司兼职情况。

（郝吉卿）

〔干部考核〕　2023年，天津经开区优化干部年度考核与干部绩效考核体系，对46个单位领导班子和230名委管干部开展2022年年度考核，指导各部门完成基层干部年度考核工作。完成经开区干部2022年第四季度绩效考核、2022年年度考核及2023年第一、二季度绩效考核。

（郝吉卿）

教育培训

〔主题教育〕　2023年9月，天津经开区启动第二批学习贯彻习近平新时代中国特色社会主义思想主题教育。195名处级及以上领导干部、939个党支部、13499名党员围绕“学思想、强党性、重实践、建新功”总要求，把握“深入学习贯彻习近平新时代中国特色社会主义思想”主题主线和根本任务，坚持“学思用贯通、知信行统一”，推动形成“全覆盖学习、全过程统筹、全链条落实、全方位践行”局面。

（张　驰）

〔党员教育培训〕 2023年，天津经开区落实《2019—2023年全国党员教育培训工作规划》要求，开展党员教育培训，打造“红色党校”。依托党群服务中心打造天津经济技术开发区党校，建立党员教育培训“根据地”。组织党组织书记、党务工作者到天津市委党校、滨海新区区委党校深造，组织3期机关党员轮训、2期组织委员培训、1期纪检委员培训、3期党建联络员专项培训、1期新党员筑基培训。做好离退休党员干部培训，在“离退休干部工作”“枫叶正红与党同行”“天津滨海老干部之家”微信公众号发送学习资料。

（刘凯　孙晶）

〔干部教育培训〕 2023年，天津经开区组织开展1期中层干部“学习党的二十大精神”集中培训班，组织开展3期领导干部进修班，举办6期“泰达讲堂”。选派130余名干部到合肥、苏州、成都等地学习培训。举办新任职科级干部培训班，37人参加。围绕习近平新时代中国特色社会主义思想、新时代廉洁文化建设等开展8期网络专题培训班，累计1500余人次参加。

（侯天竺）

人才工作

〔滨城“人才节”〕 2023年，天津经开区承办滨海新区“人才节”系列活动。举办人才创新创业大赛，93名高层次人才及来自11个国家和地区的1506个团队4667名青年报名参加，评选出33名“领军人才”，166人获“青年创客”奖项。经开区推荐的长效生长激素产品研发及产业化项目获特等奖。成立经开区“人才首站”，设有创业投资项目洽谈专席、人才会客厅，集“商务洽谈+人才落地+创业帮办”三位一体。举办滨城人才峰会，滨海新区区委书记、天津市副市长、天津市人才工作各相关部门人员出席，30余所高校及行业专家等400余人参加。18个获奖项目与高校、金融机构现场签约。

（杨　毅）

〔人才工程〕 2023年，天津经开区推动实施“海河英才”“鲲鹏计划”，协助指导企业人才参加各类人才工程及人才项目评审。组织人才申报“国家和天津市重点联系专家”“国务院政府特殊津贴专家”“滨海新区创新创业领军人才”等工程和项目，争取政策支持。全年有2人入选“国家重点联系专家”，2人入选“中国留学人员回国创业启动支持计划”，6人获国务院政府特殊津贴，9人获评“滨海新区创新创业领军人才”，20名青年英才入选“滨海新区青年创新人才培育计划”。

（杨　毅）

〔人才联盟〕 2023年，天津经开区人才联盟成员突破600家，新成员覆盖产业链上下游企业、应用场景、高校和科研院所等领域，涉及研发、生产制造、应用、人才引育等方面。人才联盟组织召开3场座谈会，协助联盟成员解决30余个问题。全年，各联盟秘书处通过人才联盟吸引110个项目落地，协议投资额逾200亿元。

（杨　毅）

〔人才服务〕 2023年，天津经开区帮助凯莱英医药集团、华熙生物科技（天津）有限公司等领军企业认定12名急需型人才。向滨海新区人才基金申请一次性奖励资金487万元。协助8名国家重点人才办理200余万元个人所得税返还。为8名高层次人才办理“滨城人才服务证”白金卡。优化人才服务环境，组织开展“人才服务季”，面向广大企业和人才围绕经开区各人才联盟、各科技创新创业载体、各主题园区，以宣讲会、对接交流、座谈问策、定向招聘等形式开展活动。到南开大学、天津科技大学、医药联合研究院、滨海—中关村科技园等开展人才服务和宣讲活动，举办各类活动8场次。梳理汇总各领域7个方面40余条政策，编成《经开区人才政策一本通》。对接服务160余家企业，帮助企业和人才解决公寓、医疗、教育、法律等问题。

（姜　坤）

〔人才引领〕 2023年，天津经开区深入贯彻落实党委联系专家制度，春节前夕走访慰问60名经开区高层次人才。深化服务英才“结对子”活动，推动管委会党委、各内设部门机关基层党组织与专家“结对子”，直接联系服务各领域领军人才102人。各基层党组织按照“季度有对接、年度有慰问、日常有联络”要求分别开展对人才的精准服务，主动上门讲政策、送服务、解难题。

（姜　坤）

宣　传

〔党委理论学习中心组学习〕 2023年，天津经开区推动滨海—中关村科技园入选首批天津市中国特色社会主义思想的理论体系研究中心主题实践基地。发挥党委理论学习中心组领学促学作用，深入滨海—中关村科技园项目现场开展学习，将理论学习课堂搬到基层一线。全年开展12次集体学习，组织300余场党的二十大精神基层宣讲活动，14300余人次参加。

（吴新华）

〔社会面宣传〕 2023年，天津经开区围绕宣传党的二十大精神、建设现代化泰达等主题在东区绿化带、高铁滨海站建造15个大型景观。围绕中央大道、迎宾大道等布设灯杆道旗。配合重大节日、活动开启海河两岸夜景灯光秀，利用8K大屏、LED道旗开展动态宣传。以海昌极地海洋馆、周大福金融中心K11文化旅游综合体为重点地段深化宣传。利用新闻媒体宣传精神文明典型案例。以“草地音乐汇”“龙舟赛”“向海乐活节”等群众性活动，扩大泰达影响力和知名度。9月，区域党建宣传平台“泰达党建”微信公众号获得天津市委宣传部“天津市优秀理论宣讲公众号”称号。

（吴新华）

〔文明城区建设〕 2023年，天津经开区优化全国文明城区常态长效建设工作领导组织机构，党委领导牵头，长效办和9个分指挥部各负其责，做好中央文明办年度考核测评准备。推荐7家单位参与评选“市区级文明单位”、8人参与评选“滨海好人”。参加“你好·天津”短视频大赛，以中石化南港乙烯项目一分部经理为主角，拍摄“典型人物引领”短视频。在高铁滨海站、滨河公园雷锋驿站开展“泰友爱”志愿服务活动1000余场次，“争做文明有礼天津人”志愿服务活动被《天津日报》报道。

（吴新华）

统　战

〔对台事务〕 2023年，天津经开区开展“助力台企高质量发展促进行动”，进一步服务台企台胞投资兴业。组织投资促进办公室等招商部门到天津市台湾同胞投资企业协会走访交流，探讨区域经济和文化发展合作。举办服务台企台胞经开区专场恳谈会，围绕“滨海新区高质量发展支撑引领行动”，台企台胞讲述工作成效、创新举措及对企业高质量发展、优化营商环境等方面的意见和建议。组织“两岸媒体津沽行”参访团到海河生物医药科技集团有限公司、天隆农业科技有限公司等企业参观考察，组织企业参加“津台大健康创新科技研讨会”。在第十四届津台投资合作洽谈会中，牵头组织敏实集团、南侨食品有限公司与经开区管委会签约。

（宋　阳）

〔民族宗教工作〕 2023年，天津经开区落实宗教工作三级网络和两级责任制（县/市/区/旗、乡/镇/街道、村/社区三级宗教工作网络和乡/镇/街道、村/社区两级责任制），完善经开区宗教工作体系。滨海新区区委统战部为经开区统一战线领导小组成员单位以及相关单位开展党的民族宗教政策法规专项辅导。经开区统一战线工作领导小组召开专题会议，研究部署民族宗教相关工作。做好清真“三化”（制度化、规范化、程序化）治理情况排查工作，全面排查112家酒店、商务楼宇、公寓、工地、商超、食品领域企业、个体工商户、菜市场。做好潮音寺“农历二月十九观音庙会”相关工作。

（宋　阳）

〔发挥统战人士作用〕 2023年，天津经开区组织开展“人工智能与ChatGPT沙龙”，天津大学、天津工业大学等高校教师及经开区企业家探讨新技术应用。举办“泰达青年科学家论坛”，组织人工智能领域科学家到国际学校与中学生交流。引导党外知识分子联谊组、新的社会阶层人士联谊组（简称新联组）开展各类活动，在一汽-大众新阶层基地举办“家年华天津基地开放日”活动，新联组和天隆众创空间联合举办5场创业沙龙活动，在政治思想引领、品牌活动打造、平台载体建设、反哺奉献社会等方面发挥积极作用。在微信公众号“同心·人才说”栏目推送统战领域代表人士创业故事，展现统一战线精神风貌。

（宋　阳）

〔民主党派〕　2023年，天津经开区在各民主党派和无党派人士、党外知识分子、新的社会阶层人士中组织开展“凝心铸魂强根基，团结奋进新征程”主题教育，组织统战人士参观觉悟社旧址，集中观看爱国主义教育电影《单声》。支持民革开保支部组织“万人钢琴世界纪录挑战天津地区活动认证录制”活动。支持民建开发区支部建成“会员之家”，推动邀请民建河北区第十支部、民建北辰区参政议政专委会联合组织开展“美丽天津，绿色低碳”主题共建交流。支持九三学社开发区委员会与经开区环境保护协会、诺维信生物医药有限公司共同开展“建设人与自然和谐共生的现代化　携手共建美丽滨海”公益植树活动。

（宋　阳）

机关党委

〔机关党建〕　2023年，天津经开区机关党委召开11次机关党委会，新成立1个党支部、3个临时党支部。8个党组织完成换届，12个党支部增补委员，新发展14名党员。开展机关党委“两优一先”评选表彰，评选出8个先进基层党组织、50名优秀共产党员、20名优秀党务工作者。春节和“七一”前夕慰问困难党员52人次，发放慰问金5.2万元。向7名党员颁发“光荣在党50年”纪念章。组织机关党员干部为防汛抗洪救灾、助力乡村振兴等捐款54.7万元。定期排查党务外包、流动党员、规范党建标识设计使用等情况，做好转接党员组织关系、管理党费等日常工作。开展机关党组织“评星定级”活动，“践行党的二十大精神、让党旗在园区高高飘扬”主题党日，组织机关党组织深入飞地园区开展主题党日100余次。组织机关各党组织党务干部到塘沽海关党委、天津一重公司党委、可口可乐公司党委等单位开展交流观摩活动。

（孙　晶）

〔机关纪委〕　2023年，天津经开区机关纪委认真落实《关于加强新时代廉洁文化建设的意见》，引导机关各党组织打造廉洁文化阵地，开展“机关廉洁文化阵地建设互比互看”活动。与经开区纪委、总工会联合开展“感悟泰达精神　追寻发展印记”科技专列游泰达活动和“赓续民族气节　传承红船精神”童心向党育新苗活动。每季度更新机关1600余名六类监察对象信息。给予机关5名党员纪律处分并监督完成处分的宣布执行及后续帮扶工作。对机关3名科级实职年轻干部和各单位其他重点岗位17名年轻干部持续开展指导工作。全年在“泰达党建”微信公众号“清风机关”栏目发布36期推文、“书香机关”栏目发布10期推文。

（孙　晶）

〔机关工会〕　2023年，天津经开区机关工会慰问职工219人次，发放慰问金28万元。指导工会会员用好《天津市总工会职工重病关爱资金实施办法》《天津市在职工会会员大病救助资金实施办法》《滨海新区在职工会会员大病救助资金实施办法》等各级制度，制订《机关工会干部荣誉退休制度》。为29名患病职工向上级工会申请救助金21.05万元。优化工会小组长培训机制，开展2次日常培训和1次大病救助申请专项培训。为机关干部职工发放生日慰问品、节日慰问品、电影票及劳保物资等。三八国际妇女节期间，开展“巾帼风采绽芳华，凝心聚力新时代”趣味运动会，200余名女职工参加。组织机关干部职工参加滨海新区“健行健康　活力滨城”健步走活动，参加经开区总工会“奋进新征程　建功新时代”职工羽毛球混合团体比赛、三人篮球比赛、飞盘比赛等。举办“阐释书法精神，传承文化精髓”专题书法讲座和“迎春送福”书法培训。与经开区纪委、总工会联合开展“楹联笔会贺新春，翰墨怡香颂清风”活动。支持机关太极拳团队开展活动。

（孙　晶）

〔机关团委〕　2023年，天津经开区机关团委组织集体学习天津市第十五次团代会精神。指导经开区财政局成立财政局团支部，经开区税务局团支部获

“天津市级青年先锋队”称号，组织机关代表队参加经开区团委五四青年节知识竞赛。机关7个团组织和18名青年在经开区“两红两优”（“两红”指五四红旗团委和五四红旗团支部，“两优”指优秀共青团员和优秀共青团干部）评选及优秀青年、青年文明号评选中获奖。组织机关团员青年参加各类活动，组织全体团员开展线上“青年大学习”，按季度缴纳机关团员团费。

（孙　晶）

国资局党委

〔加强政治建设〕　2023年，经开区国有资产监督管理局（简称国资局）党委制订党建工作“大清单”，指导区属国企党组织规范前置研究讨论重大经营管理事项、“三重一大”集体决策程序，开展党组织书记抓基层党建工作述职评议。严肃党内政治生活，指导监督24家区属国企党组织召开年度民主生活会，审阅材料98份次，反馈62条意见。高质量开展主题教育，指导各集团党委将专题研讨、调查研究、推动发展、检视整改有机融合、一体推进。

（付　丹）

〔组织建设〕　2023年，国资局党委组建60个基层党组织，调整撤销44个党组织，推动　53个党组织完成换届，按计划发展31名党员。全年开展12期党员轮训、支部书记培训、党务干部培训，1200余人次参加。开展党务外包及国企干部兼职取酬排查等专项治理，深化“党建引领，共同缔造”，成立“2+4”联系点工作组（2名国资局机关支部党员对应区属国企4个基层党组织），开展32次活动。

2023年6月28日，2023年度国资系统新党员入党宣誓

（付　丹）

（付　丹）

〔党建引领〕　2023年，国资局党委组织开展“强管理、新启航”“党务小课堂”“自己成绩自己讲”等16项党建示范引领活动。在“假如我是总经理”金点子征集活动中征集1107条企业高质量发展思路建议。推动区属国企党建品牌建设，打造城发集团“红色游船场景资源”、产发集团“星火产发”、南港集团“党建+项目”、新金融公司“寻宝于家堡”等党建品牌。

（付　丹）

〔作风建设〕　2023年，国资局党委开展“注重家庭家教家风建设，涵养廉洁齐家自觉”廉洁文化活动，组织党员领导干部观摩庭审现场，到滨海新区教育矫治所开展“廉润国资”警示教育。开展国资系统公务用车情况专项监督检查，完善管理机制。推动企业构建合规管理体系，建立国资国企合规联合检查工作机制，开展区属国企合规管理情况专项监督检查，强化企业合规管理，建立健全长效工作机制。

（付　丹）

两新党委

〔主题教育〕　2023年，制订《经开区两新党委深入开展学习贯彻习近平新时代中国特色社会主义思想主题教育的实施方案》，编发《“两新”党组织主题教育工作提示》《学习计划建议清单》等，指导基层党组织开展主题教育。利用视频讲座、情境课堂等方式推动1万余名基层党员开展学习。针对流动党员进行一对一学习辅导，定期跟踪学习进度；针对距离较远、人员分散的党组织，通过电话联系、邮寄资料等方式传达重要事项，主题教育覆盖800余个“两新”党组织。

（靳玉雪）

〔“两个覆盖”工作〕　2023年，排查2万余家企业，加强“专精特新”重点企业服务对接，创新积极分子培养模式。发展131名党员，查找并转入952名党员，新建21家独立党组织，党组织覆盖率较2022年提升7个百分点，非公企业覆盖率38.2%，社会组织覆盖率78%。137家党组织完成换届，打造15个党建工作示范点。50名党员、50名党务工作者、20个党组织获得　“两优一先”表彰。至年末，有871个“两新”党组织11406名党员。（“两个覆盖”指党的组织覆盖和党的工作覆盖）

（靳玉雪）

2023年5月10日，两新党委“党建引领促发展　共建共融颂新篇”知识竞赛活动　（靳玉雪）

〔体制机制〕　确立党组织全周期管理模式，形成“组建、走访—诊断、服务—提升、融入—示范、引领”全过程工作闭环，指导65家成长类、稳健类、领航类党组织分类提升。持续完善“驻企服务”“党建直通车”等党建服务机制，开展“我为企业代言”工作，帮助企业解决供需对接、融资需求等129个问题。深化党建融入机制，45家“两新”组织党建工作进入公司章程，新增42个党员创新示范岗、工作室。

（靳玉雪）

〔党建引领〕　2023年，两新办统计于响片区楼宇党建、资源、招商情况，出台楼宇党建工作方案，划分6个片区中心，建成25个楼宇服务台，加大党组织间联建力度。滨海—中关村科技园“将支部建在孵化器上”的党建模式，提升党员和党组织覆盖数量。汽车产业链党建联盟依托云上VR展厅，开展同行业“互学互看互助”等活动；互联网行业党建联盟开展网络安全专题讲座、网络应急实战演练等。11月，在“全国第六届基层党建创新典型案例优秀案例”评选中《推行“党建诊断分析书”，打造两新党建新高地》获奖。12月，在全国党建研究会非公经济组织专委会会刊《非公有制企业党建》杂志主办的“2023年度百佳园区党建品牌案例”评选中“‘七个一’组合拳”党建品牌获奖。

（靳玉雪）

〔党员学习教育〕　2023年，两新办从政治理论类、企业管理类、经营创新类、金融经济类、人力资源类等8个方面展开调查，收集基层意见，形成年度培训清单，开展12期党组织书记和党员培训班。组织7批34人次党组织书记、党务工作者及党员参加上级调训。开展“百场活动进基层”党员教育活动，全年开展8个方面主题活动97场次。

（靳玉雪）

2023年4月25日，两新党委在滨海—中关村科技园企总部基地“Bestown创梦空间”举办第一期“淬火大学堂”党员教育培训班　（靳玉雪）

基层党建

〔投资促进办公室〕　2023年，投促办党支部召开全体党员会6次、支委会13次、组织生活会2次，开展主题党日活动5次。制订党建工作要点，修订全面从严治党主体责任清单。与中技国际招标有限公司联合开展“聚焦数字经济、携手共谋发展”主题党日活动，与党委办党总支联合开展学习贯彻党的二十大精神业务“大比武”党建共建主题党日活动，与中区管理中心党支部开展“党建引领，业务共融”主题党日活动；组织全体党员干部参观《跨越时空的井冈山精神主题展》；与中塘镇西河筒村党总支开展党建共建活动。开展“警钟长鸣筑防线　廉洁奉公促发展”警示教育月活动。

（敬英欣）

〔电子信息局〕 2023年8月，电子信息局党支部组织全体党员到微电子工业区三星高新电机（天津）有限公司交流研讨，借助园区内龙头企业影响力，推动上下游产业配套，推进园区产业转型。12月，电子信息局党支部邀请部分半导体设备企业及天津泰达科技投资股份有限公司等产业投融资机构到泰达中小企业园开展党日活动，召开半导体设备企业对接会，推动企业“三新”“三量”（科技创新、产业焕新、城市更新，盘活存量、培育增量、提升质量）工作。

（王　璁）

〔新经济局〕 2023年，新经济局以学习贯彻习近平新时代中国特色社会主义思想主题教育为核心，开展集中学习讨论10余次、专题党课2次、组织生活会1次。储备党员队伍后备力量，1人递交入党申请书，4名积极分子进入培养考察阶段。践行“党建+服务基层”理念，与西部片区管理局党支部微电子管理中心党小组开展“践行二十大精神、让党旗在园区高高飘扬”主题党日活动，就盘活园区载体、助力招商引资等达成共识，以党建带动园区建设。加强干部培育，开展关于特医食品、长租公寓及第三方支付等产业培训，丰富招商引资人员专业知识。

（刘哲岳）

〔滨海—中关村〕 2023年，滨海—中关村科技园党支部制订抓基层党建工作清单、全面从严治党“两清单”，压实党建工作责任。围绕主题教育开展读书班、讲党课活动，落实“三会一课”、主题党日、谈心谈话、党建联建等活动，全年党支部召开扩大会2次、集中学习15次；与泰达街道、管委会职能部门联合开展党日活动4次，到现场教学点开展党建活动3次。

（任飞飞）

〔财政局〕 2023年，财政局制订主题教育实施方案、工作计划和班子成员个人计划，筛选《习近平著作选读》《专题摘编》等教材中的必学篇章，逐字逐句学原文。执行《全面从严治党主体责任清单》，制订《2023年度全面从严治党主体责任清单和任务清单》，推动责任落实。制订《2023年财政局党支部工作方案》《财政局党支部深入开展学习贯彻习近平新时代中国特色社会主义思想主题教育实施方案》，引导全体党员参与。落实意识形态工作责任制，将意识形态教育纳入党员教育培训计划。落实中共中央《关于在全党大兴调查研究的工作方案》，围绕区域平台经济发展、强化财政预算管理、化解经开区债务问题、落实真过紧日子、区域金融业发展等课题，开展调查研究，了解企业经营现状及诉求，形成一批调研成果。开展与企业共建、慈善捐款活动等主题党日活动。成立财政局团支部，选举新一届团支部委员。以“警钟长鸣筑防线　廉洁奉公促发展”为主题，开展为期一个月的警示教育，排查财政局、财务中心重点岗位廉政风险，制订资金拨付等廉政风险点防控举措；开展财会监督专项行动，形成经开区工作方案。

（张春明）

〔金融局〕 2023年，金融局召开支委会16次、党员大会4次、主题实践活动14次、组织生活会2次，发展共产党员2名。全年组织集中学习6次，支部书记宣讲1次，制订学习习近平新时代中国特色社会主义思想主题教育工作和学习计划并开展交流研讨。落实意识形态工作责任制，在重要时间节点并按月召开支委会研判意识形态领域风险点，全年报送意识形态隐患排查信息及思想文化类活动信息6条，召开意识形态总结研判会1次，依照检查考核清单未排查出意识形态重大风险。

（王新璐）

〔审计局〕 2023年，审计局加强政治机关建设，组织学习习近平总书记关于审计工作的重要指示批示精神，开展主题党课，开展调研并形成调研报告。落实“三会一课”制度，全年召开支委会35次、支部党员大会9次、组织生活会1次、民主评议党员1次、党课教育及宣讲3次，开展主题党日12次。坚持党建工作与审计业务工作同谋划、同部署、同落实，围绕重点领域和环节，规范审计权力运行。履行选举和换届程序，完成支委补选和支部换届工作。

（薛　亮）

〔市场局〕 2023年，市场监管局党总支与产发集团党委开展政企共建，举办“致敬她力量　巾帼绽芳华”三八国际妇女节党建共建主题活动；以支部共建为载体，与天津药业研究院股份有限公司党总支开展“党建联建凝合力　激发创新促发展”主题支部共建活动，针对企业提出的知识产权问题，邀请国家知识产权局专利局专利审查协作天津中心专家、专利代理师为企业研发人员开展知识产权专题培训。

（付壮壮）

〔西部片区局〕 2023年，西部片区管理局开展学习贯彻习近平新时代中国特色社会主义思想主题教育，推动业务工作与主题教育深度融合。用党的创新理论指导实践，构建企业运营服务平台，开展园区运维“三机制一提升”工作，建设园区生活配套微环境；深化“党建+业务”行动，推动园区企业服务、环境提升、招商引资、安全维稳等工作。

（董　尧）

〔政务服务办〕 2023年，政务服务办党支部推动“学思想、强党性、重实践、建新功”主题教育专题学习，召开13次支委（扩大）会议、6次党员大会，组织各类主题党日活动15次，开展“政青说”青年理论学习、“政清风”廉洁文化进政务、理论知识竞赛等活动，推动青年干部学懂弄通做实习近平新时代中国特色社会主义思想。

（邹圣扬）

〔金融监管分局〕 2023年，国家金融监督管理总局滨海监管分局把党的政治建设摆在首要位置，落实“第一议题”制度，深入贯彻落实习近平总书记重要指示批示精神。加强政治理论学习，各级基层党组织以固定学习日、专题学习、集体研讨等方式开展学习，参加贯彻党的二十大精神培训班，学习中央金融工作会议精神。开展主题教育，成立主题教育领导小组，制订实施方案。

（孙爱翔）

〔税务局〕 2023年，税务局开办主题教育读书班，邀请党校教授作专题讲座；组建区主题办工作专班，推进主题教育实现快承接、快推进、快落实、快反馈；开展调查研究，建立“局领导+业务骨干+青年干部”调研机制，累计走访企业400余户，领导班子确定调研课题6个，解决问题19个，完善制度20项，推动成果转化23项；修订税务局党委会工作规则、税务局工作规则，制订重大事项协调机制、国内公务接待费报销管理办法、干部职工退休仪式操作规范等制度，编制制度汇编，推动制度执行到位、工作落实到位；召开专题民主生活会，推动22个党支部和团支部召开专题组织生活会，将查摆问题纳入整改清单。制订政治机关建设方案，细化20条重点任务；落实党委理论中心组学习、党支部“三会一课”、主题党日等制度，党委理论中心组学习12次。开展“一支部一品牌”创建活动，推行“导师+管理所+青年干部”学习调研机制，税务局青年先锋队获天津五四青年奖章，被评为“感动天津税务”集体，团支部获评天津市五四红旗团支部。开展违规吃喝问题专项整治、“六个一”活动，寄送廉洁家书，开展廉洁家访、家属座谈，推进廉政建设。

（何　梅）

〔南港产业促进办〕 2023年，立足招商部门职责使命，以高度政治自觉抓项目、稳投资、促增长。以“三会一课”为抓手，全面提升党支部组织力，全年召开12次支委会、12次党员大会、15次全局会、2次“我讲党课”。以开展支部共建为抓手，推进党的建设和业务工作有机融合，到肯纳金属公司、中海油、中石化化销开展主题党日共建活动，加强政企联系，以党建活动带动业务发展。全年发展1名党员，4名入党积极分子。2023年，产业促进办党支部被经开区以招商引资青年突击队名义授予“天津经开区青年文明号”称号。牢牢把握“学思想、强党性、重实践、建新功”的总要求，成立领导小组，制订学习方案。紧贴单位实际、坚持深入调研，把解决问题、推动工作作为调查研究的出发点和落脚点，形成5篇高质量调研报告，制订4方面12项问题清单和23项整改措施，确保所有问题整改到位、取得实效。

（毛苑颖）

〔南港综合办〕 2023年，扎实开展学习贯彻习近平新时代中国特色社会主义思想主题教育，研究制订学习计划，通过“三会一课”、主题党日等形式开展5次专题学习，开展2次“学习贯彻习近平新时代中国特色社会主义思想主题教育”专题党课。围绕绿色化工园区申报、园区危化品专用线建设、化工园区宣传推介、海域综合治理等重点领域开展调研，完成3篇调研报告并梳理13条调研走访发现的问题。全年走访企业197家次，组织32次企业服务会、专题对接会、培训会，推动研究解决管廊建设、项目立项等问题30余件，助推壳牌润滑油有限公司入选智能制造标杆企业、长芦盐场有限公司申报高新技术企业，推动化解各类上访案件150余起。组织10余次全面从严治党专题会议、观看警示教育片、案例通报、节前教育等廉政警示教育，制订并实施南港综合办领导班子和班子成员“两个清单”，与支部党员及关键岗位人员签订“廉政责任书”。

（杜楠楠）

〔南港规建办〕 坚持党建引领共同缔造，组织开展“互比互看、互学互鉴”活动，与雄安高速铁路有限公司天津指挥部党支部、中国铁建大桥局津潍高铁站前一标项目部党工委开展“建好津潍高铁　助力滨海发展”三方联合共建活动，共同签署《党建共建协议》，建立“平安津潍联合党建工作室”。抓党建促建设，加强党务工作深入基层，大兴调研之风，开展各分管领域调查研究工作，通过实地走访、现场调研、座谈交流等方式完成调研报告，推进以党建引领基层开展工作。严格执行各项纪律规定，自觉遵守中央“八项规定精神”，积极开展警示教育，通过观看《无处逃遁》等警示教育片，深化警示教育。

（李哲铭）

〔南港应急办〕 制订主题教育实施方案，领导班子带头学习实践，支部书记带头宣讲专题党课，发布42期主题教育“微党课”，形成6项主题教育成果。研究印发支部委员会2023年工作要点，明确实施4类20项重点任务。印发《南港应急管理办公室关于经开区高质量发展支撑引领行动的保障方案》《南港应急管理办公室2023年重点工作任务清单》，推动13类108项重点任务。推动渤化发展实训基地暨南港工业区安全应急实训基地揭牌投用。履行主体责任严格执行“三会一课”制度，严格落实“三重一大”议事规则，全年组织32次“学习日”集体学习，累计发布201期“微党课”；组织召开2022年度组织生活会，全年发展2名入党积极分子，1人按期转为正式党员。联合中海油油田化工、绿菱气体公司党支部开展主题党日。以南港基层监督站为依托，打造支部特色廉洁文化阵地，制订年度全面从严治党主体责任清单和任务清单，规范用好监督执纪“第一种形态”。落实意识形态工作责任制，定期排查梳理意识形态安全重大风险隐患，排查举办报告会、讲座等活动情况。

（苑恩文）

〔中区管理中心〕 2023年，中区管理中心获批成立中区管理中心党支部。按程序选举支部书记、支部委员，确定党务人员，完善党支部组织架构，夯实党务工作基础。严格落实经开区党委关于开展学习贯彻习近平新时代中国特色社会主义思想主题教育的部署安排，紧紧围绕“学思想、强党性、重实践、建新功”的总要求，高质量高标准开展主题教育。开展4次“学习铁人精神、凝聚奋斗力量”等主题党日。中区管理中心党支部组织2次政企交流活动，以政企座谈、茶餐叙谈等方式与企业家面对面交流，30余家企业负责人参加。联合发改局、科技局、人社局、南港应急办党支部走进园区企业金桥焊材科技有限公司开展党支部共创共建活动。

（阮学峰　王昊洋）

纪检监察

- 纪检工作
- 巡察工作

纪检工作

〔简况〕 2023年，中共天津经济技术开发区纪律检查委员会(简称经开区纪委)坚持以习近平新时代中国特色社会主义思想为指导，全面贯彻落实党的二十大精神，主动在围绕中心、服务大局中发挥职能作用，推动党员干部深刻领悟“两个确立”、坚决做到“两个维护”，为经开区高质量发展提供坚强保障。

（孟　玉）

〔政治监督〕 2023年，经开区纪委围绕贯彻落实习近平总书记系列重要讲话精神和党中央重大决策部署，结合实际制定“1+N”监督清单，监督检查17个基层党组织学习贯彻党的二十大精神情况。聚焦学习贯彻习近平新时代中国特色社会主义思想主题教育工作开展情况，监督推动党委检视查摆的50个问题和10个方面专项整治等整改工作走深走实、对账销号。认真落实习近平总书记关于做好安全生产、防汛防洪救灾等工作的重要要求，组织42个检查组91人次，检查116个点位，推动问题立行立改，确保贯彻执行过程不走样、不走偏。深入凯莱英医药集团等8个重点项目实地督导，推动玉砂道桥等重大工程开工建设，帮助企业解决申报“专精特新”过程中遇到的问题。紧盯巡视巡察整改任务，协调推进南部新兴产业区园区开发、药研院中试研发生产平台建设等。

（孟　玉）

〔审查调查〕 2023年，经开区纪委受理信访举报68件，处置问题线索72件，立案18件，处分16人，收缴违纪款108.77万元。精准运用“四种形态”，其中对56人次运用“第一种形态”、5人次运用“第二种形态”、9人次运用“第三种形态”，2人次运用“第四种形态”。

（孟　玉）

〔深化“以案四说”〕 2023年，经开区纪委开展工程建设招标采购领域专项整治，推动产发集团等13家单位自查自纠，组成3个检查组抽查112个项目，发现3个方面9类问题，督促整改。深刻分析国企工程建设领域违纪违法问题，运用典型案例拍摄警示片《破防》并组织全体干部观看，深入发案单位开展廉政宣讲，召开12场反思会。召开2场警示教育大会，组织210名年轻干部参观全面从严治党主题展，组织观看《折翼的“头雁”》等警示片140场次。开展“警示教育月”系列活动，召开经开区持续净化政治生态推进会暨警示教育大会，组织中层正职以上51名领导干部到天津监狱听取服刑人员现身说纪说法。

（孟　玉）

〔廉洁文化建设〕 2023年，经开区纪委牵头组织开展“楹联笔会贺新春　翰墨怡香颂清风”活动，邀请12名书法家及书法爱好者现场书写，经开区50余名党员干部参加。开展“清风劲节　国韵润廉”——2023年经开区家庭助廉系列活动，组织党员干部及家属开展“科技专列游泰达”“童心向党育新苗”“家庭共育体验”“廉语廉话寄亲情”活动。

（孟　玉）

〔纠治“四风”问题〕 2023年，经开区纪委立案查处违反中央八项规定精神问题3件3人。转发39起典型案例，联合市场局、税务局等部门明察暗访228个点位，针对用车审批不规范、外出报备不严格等问题，及时提醒纠偏。针对中央纪委关于借培训之名组织公款旅游典型问题和天津市纪委、滨海新区纪委通报的关于4起违规吃喝问题，开展专题教育。

（孟　玉）

〔深入整治形式主义官僚主义和不担当不作为突出问题〕 2023年，经开区纪委紧盯统计工作违纪违法突出问题、截滞留稳岗返还资金以及骗取失业补助金等问题，组织召开专题会议、组织有关人员签订自查承诺、督促主责单位开展系列专项整治。紧盯医药领域腐败问题和不正之风、国有企业领导干部违规兼职取酬问题。发掘防汛救灾工作中14名担当作为先进典型事迹并广泛宣传，为1名受到不实举报干部澄清正名，对受处分人员开展回访教育30人次，对表现优秀的2名干部予以推优，引导干部担当尽责。

（孟　玉）

〔监督“关键少数”〕 2023年，经开区纪委紧盯“关键少数”和年轻干部，约谈提醒159人次，对15名新任职领导干部集体廉政谈话。

（孟　玉）

〔深化基层监督〕 2023年，经开区纪委巩固滨海—中关村科技园基层监督“360”工作经验，在西区等3个飞地片区建立监督工作站，在政务服务中心建立“一站一码一卡一员”监督机制，选聘31名特约监督员，畅通反映问题渠道，助力营商环境持续改善。

（孟　玉）

〔教育整顿〕 2023年，经开区纪委开展纪检监察干部教育整顿工作，制订实施方案，成立工作专班，召开动员部署会。坚决落实“第一议题”要求，通过书记会、支委会和全体会等形式，及时跟进学习习近平总书记重要讲话和重要指示批示精神45次，集中学习29次，开展价值体系大讨论5次。组织全体纪检监察干部开展“读原著、学原文、悟原理”，突出忠诚教育、革命传统教育、党规党纪教育和警示教育作用，推动纪检监察干部深入开展检视整治，累计形成党性分析报告43人次，查摆问题305个。

（孟　玉）

巡察工作

〔靶向发力开展巡察〕 2023年，党委巡察办组织开展“于响”片区高质量发展、科技创新专项巡察2轮次，巡察“回头看”1轮次，对13家单位开展政治体检，发现75个问题，提出21条建议。

（孟　玉）

〔巡察成果运用〕 2023年，党委巡察办强化以巡促改、以巡促建、以巡促治，抓实巡察整改。向党委提交1份监督建议书，推动党委完善相关统筹调度机制。对相关单位推动“于响”片区高质量发展工作开展巡察整改督查，督促进一步压实整改责任。

（孟　玉）

〔巡察规范化建设〕 2023年，党委巡察办深化党委书记约谈机制，党委书记约谈被巡察党组织领导干部12人次。坚持挂图作战，根据巡察任务需要，为巡察组制订监督检查内容、方法参考和法规政策摘编。

（孟　玉）

群众团体

- 总工会
- 团　委
- 妇　联
- 文　联
- 社会服务志愿者协会
- 慈善协会
- 残疾人联合会

总工会

〔“三基地一中心”运维〕 2023年，经开区总工会发挥“三基地一中心”（工会组织孵化基地、创新创业基地、企业服务基地、升级版职工服务中心）示范作用，在各功能区推广相关经验。全年组织22批400余人次到“三基地一中心”调研考察，制订“三基地一中心”第二版服务清单。开展主题读书会、“有你探索”打卡活动、工会干部系统内训等13类46个活动项目，累计3800场次，服务21万人次。

（吕　巍）

〔基层工会组织建设〕 2023年，海河生物集团、敏实集团、井芯微电子技术有限公司等100家企业加入工会组织，4300余人加入零散务工人员工会和网约车司机工会，新业态会员累计1.5万余人。

（吕　巍）

〔产业工人队伍建设〕 2023年，经开区总工会开创“创新实训基地”授牌机制，为企业发展、职工成长搭建创新创效阵地。指导立中车轮有限公司、正标津达线缆有限公司等企业创建91家三级创新工作室，累计8家创新工作室获滨海新区“星级劳模和工匠人才创新工作室”称号。全年举办10场劳动竞赛，承办“金锤杯”职业技能大赛，组织开展园区级劳动竞赛，涵盖460余个项目，2.5万名职工参加。组织开展6期班组长示范培训班，800余名一线班组长参加。一汽-大众汽车有限公司、诺和诺德制药有限公司等7家企业获得“第二届大国工匠展”参展资格。开展“金牌团队”评选和“企业精益管理展示”大赛系列活动。

（吕　巍）

2023年12月，“金锤杯”机器人系统操作员大赛比赛现场

（吕　巍）

〔和谐劳动关系构建〕 2023年，经开区总工会强化工会法律监督机制，指导275家基层工会建立劳动法律监督委员会或设置劳动法律监督员。线上开展“唱响时代力量 奋斗铸就辉煌”“致敬劳动者 奋进新征程”“矢志不渝跟党走 团结奋进新征程”“有你泰好 温暖泰达”等会员普惠活动，2万余名会员领取普惠物品。为20余万名一线职工、新就业劳动者等开展“冬送温暖、夏送清凉”活动。开展心理健康知识答题活动，1.2万余名职工参加。泰达儿童之家托管班和敏实集团职工子女托管班获得天津市及滨海新区级“爱心托管班”称号。

（吕　巍）

2023年，“致敬劳动者 奋进新征程”夏送清凉活动

（吕　巍）

〔文体公益活动〕 2023年，经开区总工会完善“泰达智慧群团”平台功能，线上引领线下活动，覆盖企业400余家、职工16万人次。在泰达工会云课堂设置1900余门课程，1.3万人注册，11万余人次参与学习。开展“奋进新征程 建功新时代”职工文体系列活动200余场次。经开区获“2023年职工健康运动展演大赛暨第三届滨海新区经开区高新区职工健康运动会”羽毛球混合团体赛冠军和羽毛球男子单打青年组冠军。举办36场“和富杯经开区职工音乐K歌台”线下活动，推动成立173个职工社团，开展活动600余场次。

（吕　巍）

2023年9月，“和富杯”经开区职工音乐K歌台线下活动
（吕　巍）

〔财务管理〕　2023年，经开区总工会完善财务制度体系，严格规范财务审批流程，强化年度预算管理，完善项目绩效评价。有效管理资产购置、使用、管理、转移、处置等全生命周期。强化基层财务培训工作，完善基层台账。对经开区150家基层工会2020—2022年经费收支、预决算执行、资产管理、内控制度等情况开展审计。

（吕　巍）

〔荣誉〕　2023年，经开区“泰达智慧群团平台”被全国总工会和中央网信办评为“互联网+工会普惠服务优秀平台县（区）级十佳平台”；经开区总工会微信公众号获“全国工会网络正能量新媒体（微信组）区县十佳账号”；获得天津市五一劳动奖章、奖状，天津市工人先锋号、模范职工小家等14个天津市级荣誉。获得“金锤杯滨海职业技能大赛”优秀组织奖等滨海新区级工会荣誉。

（吕　巍）

〔党建工作〕　2023年，经开区总工会开展40余次线上线下理论学习。全面贯彻落实党中央大兴调研之风要求，领导班子成员带队开展百余次“助力泰达高质量发展，工会组织在行动”调研活动。以多种形式推动党的二十大精神和各级工会重要会议精神“进企业、进车间、进班组”。总工会微信公众号发布1600余条视频、推文等内容，刊发11期《工会通讯·泰达群团》。组织参加“党的二十大精神书法剪纸作品”展览和“元宵节里竞答题　廉味十足过佳节”“服务京津冀协同发展　助力园区展群团作为”“廉洁泰达　有你泰好”“廉政建设树正气　警示教育筑防线”等主题党日。

（吕　巍）

团　委

〔简况〕　2023年，天津经济技术开发区团委（简称经开区团委）深入学习宣传贯彻党的二十大精神和团的十九大精神，用党的科学理论武装青年，用党的初心使命感召青年。组建和提升90余个基层团支部，组织4万人次参与“青年大学习”活动。开展20次主题宣讲、10次主题团日。

（徐艳伟）

〔全面从严治团〕　2023年，经开区团委深化“泰达团建”模式，调研走访泰达建设集团、敏信机械有限公司、一汽-大众天津分公司、英泰汽车有限公司、安吉智行物流有限公司、公元管道有限公司、渤化化工发展有限公司等40余家单位，完成1篇调查研究报告。《攻坚非公企业团建　构筑青年服务网络——天津经开区团委打造非公团建“泰达模式”》在《中国共青团》杂志刊载。经开区团委全年收缴团费212475.97元，上缴滨海新区团委84990.38元。

（徐艳伟）

〔宣传教育〕　2023年，经开区团委组织基层团组织面向广大团员和青年深入学习宣传贯彻党的二十大精神和团的十九大精神，开展学习贯彻习近平新时代中国特色社会主义思想主题教育。10月20日，共青团天津经济技术开发区第一届委员会第四次

2023年10月20日，共青团天津经济技术开发区第一届委员会第四次全体（扩大）会议暨青年座谈会召开。　（杨久祥）

全体(扩大)会议暨青年座谈会在宝信大厦召开，天津经开区党委常委、管委会副主任出席，40余名企事业单位、机关单位代表参加会议及座谈会。持续组织开展青年大学习活动，全年累计4万人次参加。

(徐艳伟)

〔主题活动〕 2023年3月2日，经开区团委在经开区八大街消防救援站举办2023年共青团工作推动会暨“学雷锋”主题团日活动。4月10日，泰达控股公司团委与经开区团委到经开区百旗广场联合开展“春风十里 正植有你”义务植树主题团日活动，50名团员青年参加。5月4日，经开区团委、泰达街道团工委和泰达控股团委共同举办“学习二十大 永远跟党走 奋进新征程”五四青年节知识竞赛，60名青年干部参加。5月6日，经开区团委联合泰达街道卫生健康事业集团、泰达街道团工委、泰达控股团委在泰达第二体育场举办“青春飞扬 筑梦远航”天津经开区青年职工飞盘趣味赛。7月20日，经开区团委协助滨海新区团委开展“青春心向党 奋进新征程”示范宣讲活动，团中央宣讲团、滨海新区团十九大代表开展宣传，推动团的十九大各项部署落实。

(徐艳伟)

2023年5月4日，“学习二十大 永远跟党走 奋进新征程”五四青年节知识竞赛 (杨久祥)

〔志愿服务〕 2023年，经开区团委开展“青梦大课堂”“关爱孤独症儿童——星娃趣味运动会”等18项志愿服务活动，累计8100余人次参加。举办纪念青年梦想家志愿服务中心成立十周年主题活动。为“中国石油和化工民营经济高质量发展大会”提供志愿服务支持。2023年，经开区团委持续推进新时代青年人才工作，搭建青年人才汇聚平台，开展“青年学子滨城行”活动，接待清华大学、北京大学、天津大学、南开大学等20余家高等院校400余名学生到经开区各企业参观。

(徐艳伟)

2023年7月，“青年学子滨城行”活动 (杨久祥)

〔荣誉奖项〕 2023年，经开区团委推荐经开区八大街消防救援站获“中国青年五四奖章(集体)”；推荐经开区税务局青年先锋队获“天津市青年五四奖章(集体)”；推荐天津航天长征火箭制造有限公司刘岩获“天津市优秀共青团干部”；推荐富士康(天津)科技园获“天津市青年文明号”。推荐经开区八大街消防救援站团支部、天津航天长征火箭制造有限公司数控加工车间团支部、中粮可口可乐饮料(天津)有限公司团委获“滨城青年先锋(集体)”；推荐富联精密电子(天津)有限公司曹海波、天津航天长征火箭制造有限公司张月、天津立中车轮有限公司郝佳惠、一汽-大众天津分公司赵晨昱获“滨城青年先锋(个人)”。经开区团委评选出37名“天津经开区优秀青年”，10个“天津经开区青年文明号”集体，9名“天津经开区优秀团员”，10名“天津经开区优秀团干部”，10个“天津经开区五四红旗团委(团支部)”。

(徐艳伟)

妇　联

〔简况〕 2023年，经开区妇联全面学习宣传贯彻党的二十大精神、中国妇女十三大精神、天津市妇联十五大精神、滨海新区妇联三大精神，践行服务妇女儿童的初心使命，维护妇女儿童权益，打造妇女儿童暖心服务品牌。

(王欣欣)

〔组织建设〕 2023年，经开区妇联优化组建流程，灵活组建形式，强化“五亮”标准化建设行动（亮妇联标识、亮组织架构、亮执委身份、亮工作职责、亮活动内容），联动式构建完善立体化、多层面的妇联组织体系。新建天津傲迅科技发展有限公司妇联等40家妇女组织，新建中钢海洋工程服务有限公司妇女之家、中泰融众（天津）人力资源有限公司妇女之家等20个妇女阵地。召开经开区妇女第三次代表大会，选举产生新一届经开区妇联主席、兼职副主席。

（王欣欣）

2023年12月27日，召开天津经济技术开发区妇女第三次代表大会　（王欣欣）

〔思想引领〕 2023年，经开区妇联深化实施“基层领头雁培训计划”，发放2000余册《习近平走进百姓家》《习近平关于妇女儿童和妇联工作论述摘编》。开展12场巾帼宣讲，在微信公众号等线上平台设置“巾帼大学习”、习近平“家语”等专栏。拍摄《璀错·灿若春华皎若月——泰达“她魅力”》宣传片，弘扬“她”拼搏、“她”奉献、“她”团结的巾帼精神。为基层妇联干部、先进女性代表订阅《中国妇女报》《中国妇女》杂志等400余份妇联材料，强化广大女性思想引领。

（王欣欣）

〔关爱女职工〕 2023年，经开区妇联开展10场“女职工普法宣传月”活动，开设8期“巾帼普法”线上课堂，普及《妇女权益保障法》《促进工作场所性别平等指导手册》《女职工劳动保护特殊规定》《中华人民共和国家庭教育促进法》等相关知识点，9000余人次参加。开展10场“进企业送法课程”，开展11场“蘭心女性关爱”心理课堂。关注特殊儿童家庭，开展4场“蘭心关爱”公益行动，服务儿童400余人次。开展20场“盛夏送清凉”“冬季送温暖”蘭心关爱行动，关怀高温及户外作业一线女职工身心健康。关注基层困难女职工家庭，为29名困难女职工家庭送生活必需品，发放体检补贴、慈善救助金5200元，为单亲困难母亲子女申请市级及滨海新区级秋季助学教育补贴款6000元。

（王欣欣）

4.26世界知识产权日主题活动“女性和知识产权，加速创新创造”　（王欣欣）

〔荣誉称号〕 2023年，2户家庭被评为天津市“最美家庭”，4户家庭被评为滨海新区“最美家庭”，3户家庭被评为滨海新区“文明家庭”。中科蓝海全民科学素质与创新发展研究中心三八红旗集体榜样室、一飞智控（天津）科技有限公司三八红旗集体榜样室被评为首批滨海新区“三八红旗手（集体）榜样室”。国图众创空间等3家众创空间被评为滨海新区“巾帼众创空间”。国家粳稻工程技术研究中心育种团队等6家单位被评为滨海新区“巾帼服务示范岗”。“泰达儿童之家”职工子女托管班公益孵化项目、“彩虹桥——群养之家”获得滨海新区“十佳服务品牌”称号。

（王欣欣）

〔品牌活动〕 泰达最美女人季　2023年，经开区妇联启动“雅韵·绽放”——泰达最美女人季三八国际妇女节系列活动，开展“春瑞·惠风送暖助开颜”——节日福利放送活动、“璀错·灿若春华皎若月”——行业女性泰达“她面孔”宣传短片展播、“养怡·修身养性体长健”——女职工健康关爱行动、“志学·书香颂美墨卷恒”——“育苗”儿童成长活动、“竞魁·丰戏场中赛锦标”——第三十一届“三八健康杯”女职工气排球趣味运动会、“比翼·缘定花朝赴春约”——为爱而来相亲交友活动、“厚德·百行之冠敦孝悌”——蘭心幸福家庭活动、“三尺·尚法笃行以致用”普法答题送课系列活动、“折桂·承以惟精拔头筹”经开区第十一届叉车女驾驶员大赛、“铸颜·蘭心毓秀绽风华”女性素质提升课程活动等,服务经开区6万余名妇女儿童和家庭。

“折桂·承以惟精拔头筹”天津经开区第十一届女职工叉车驾驶员趣味大赛　　(王欣欣)

“为爱而来”相亲交友　经开区妇联举办9场“为爱而来”相亲交友活动,服务企业百余家,500余名单身职工参加。

“蘭心幸福”品牌　开展蘭心家庭“礼育”活动、“蘭心幸福家庭——劳动赋能插秧忙　不负田园好风光”“节约新‘食’尚　劳动创未来”等亲子实践主题活动。开展4期“清风劲节　国韵润廉”——2023年经开区家庭助廉系列活动,60余组干部职工家庭参与现场活动,收集百余幅书法、绘画、手工等作品。

“巾帼联盟”品牌　发挥巾帼创业联盟作用,新建3家经开区级巾帼众创空间,推动创建2家经开区巾帼创新工作室。承办天津市第五届巾帼家政职业技能大赛暨首届“滨城工匠杯”家政服务大赛,150余人参赛。

“泰达儿童之家”品牌　开展7期“泰达儿童之家”暑期职工子女托管班,提供暑期托管、作业辅导、兴趣培养、素质提升等服务,累计托管4—12岁职工子女105人次。引导企业自设职工子女托管班,泰达儿童之家托管班、敏实集团职工子女托管班获得天津市及滨海新区级“爱心托管班”称号。开展泰达儿童之家“小雏鹰”品牌——强国少年科技行系列活动、“童心飞扬心向党　踔厉奋发启新航”暑期成长营等活动17期。

“宝宝储粮室”品牌　2023年,经开区建设提升华熙生物科技生物有限公司、立中车轮有限公司、纬湃汽车电子(天津)有限公司等8家企业母婴室,

泰达儿童之家　　(王欣欣)

其中6家被评为滨海新区级及天津市级“爱心妈咪之家”。完善《天津经开区“宝宝储粮室”母婴室运行孵化手册》,为新建母婴室制作“宝宝储粮室”宣传标识。

“女职工健康安全岛”品牌　2023年,建设提升40家“女职工健康安全岛”,开展14场“乐享健康生活‘轻’运动”系列活动,推动匹克球、旱地冰壶等“轻”运动进入企业。开展“女性养疗云课堂”,邀请天津市滨海新区塘沽妇产医院公益讲师开设5期线上医学知识讲座。开展首届经开区女职工旱地冰壶大赛,200余名女职工参加。

(王欣欣)

旱地冰壶　　(王欣欣)

文 联

〔简况〕 经开区文学艺术界联合会(简称经开区文联)成立于2006年2月16日,有900名会员、12个下属协会。2023年7月,经开区文联参加中国文联网络培训云平台的“第四期全国市县文联文艺骨干网络培训班”。组织会员学习习近平总书记在文化传承发展座谈会上的重要讲话精神。

(郭蕴雯)

〔出版内刊〕 2023年,文联出版1期内刊《大潮》。杂志刊登泰达街各协会文艺会员和文艺爱好者的绘画、书法、摄影、文学等作品和文艺评论。宣传泰达街灯光节、健身操比赛、“于响”音乐节等活动。

(郭蕴雯)

〔线上宣传〕 2023年,经开区文联在“天津开发区文联”微信公众号发表60篇文章。展示泰达街文化建设工作,反映泰达街各协会文艺会员和文艺爱好者的创作动态、创作成果。发布文联活动相关资讯,为泰达街文艺爱好者开辟线上学习、展示和交流平台。

(郭蕴雯)

〔文艺活动〕 2023年8月,举办经开区首届“阅读影像”摄影艺术展览评选活动。展览由中共天津市滨海新区委员会泰达街道工作委员会、经开区文学艺术界联合会共同主办。展现全民阅读的成果,用影像记录“最美阅读面容”“最美阅读空间”“最美阅读活动”。影展收到105位作者522份作品,评出138件精选作品。

(郭蕴雯)

〔文化参与〕 2023年3月,经开区摄影家协会在第二十届天津市摄影艺术展中获得“组织工作奖”。4月11日,参加天津市作家协会学习贯彻党的二十大精神推动会暨第五届主席团第五次会议、委员会第四次扩大会议。5月15日,经开区摄影家协会组织会员参加庆祝泰达发展有限公司成立15周年“定格美好”摄影书画巡展。10月,组织会员参加2023年“大美中国”图片和短视频征集活动,征集20余件作品。文联组织文艺轻骑兵到社区、学校开办艺术知识讲座,组织文艺志愿者到图书馆、学校以艺术的形式记录全民阅读活动。

(郭蕴雯)

社会服务志愿者协会

〔简况〕 2023年,天津经济技术开发区社会服务志愿者协会(简称志愿者协会)推动志愿服务队伍建设、落地实施《滨海新区泰达街道志愿服务激励办法(试行)》。广泛招募来自机关企事业单位、院校、社区等志愿者,招募5个动植物食品检疫团队、小蚂蚁志愿团队、睦邻志愿服务等团队。完善泰达街道新时代文明实践宣讲团、泰达街道文明风尚宣导团队、泰达街道体育文化服务团队、泰达街道“泰YOU爱”互助俱乐部及相关志愿服务团队建设工作。泰达街道有注册志愿者13612人,注册志愿服务团队183个。

(李林超)

〔志愿活动〕 2023年,推广“泰YOU爱”微信小程序落地实施,其使用单位覆盖泰达街道20个学雷锋志愿服务站和20余个团队,累计27055人使用,累计兑换积分130454分。凝聚各企业团队、高校、社会组织及志愿者协会旗下各志愿服务团队开展生态环保志愿服务项目、“创文创卫”志愿服务项目、文明劝导志愿服务项目、流浪动物救助治理志愿服务项目、学雷锋志愿服务日活动、定向志愿服务基地志愿服务项目等志愿服务保障工作,为2023年泰达夏日艺术季和大型文娱活动提供志愿服务。开展理论宣讲进社区、新时代文明实践等活动,2.5万余人次参加,累计提供志愿服务长约20万小时。

(李林超)

慈善协会

〔简况〕 天津经开区慈善协会(简称慈善协会)作为具备公开募捐资格、“税前扣除资格”的慈善组织,专款专用、善款善用,维护协会的公信力和影响力，借助媒体和自媒体平台公示捐助信息，自觉接受社会监督。2023年，依照慈善协会章程，召开会员大会，表彰12家“泰达慈善特别贡献奖”企业会员，新增4家会员单位，累计60家会员单位。全年慈善协会捐赠总收入991.63万元，其中捐款收入839.02万元，捐物收入152.61万元，总支出790.52万元，捐款支出614.26万元，捐物支出176.26万元。举办2023年瞳心公益慈善芭莎音乐会、“西部阳光”支教、2023年慈善拍卖会、“光大杯”慈善乒乓球赛等活动。慈善协会被天津市慈善协会授予优秀慈善协会奖，慈善协会秘书长被中华慈善总会授予“优秀慈善工作者”称号。

（陈继红）

〔品牌项目〕 2023年，经开区慈善协会“幸福泰达”项目，协助泰达街民政系统关爱弱势人群，资助4名困难家庭子女上学；在中秋节、春节对45户失独老人给予补贴和关怀，发放补贴款2万余元。多家爱心企业到养老院、自闭症儿童中心等机构慰问，捐送日常生活物资。为泰达街20个社区热心居民、低保户、90岁以上老年人送上新年慰问礼盒。“PPG多彩社区”项目，出资35万元为贝肯山社区服务中心粉刷内墙。敏实集团信泰公司设立“泰达教育奖助金”，支持国际学校11名学生到敏实集团嘉兴总部开展研学之旅。在助学项目中，通过“朝阳行动”宝坻助学、“西部故事”公益助学、“金诺Plus大学生”“真爱明天计划”“新疆助学”“大渔助学”“瞳心公益”等项目，通过一助一的方式，资助天津、陕西、四川、甘肃、青海、新疆、河北7个省市自治区942名学生，累计捐赠88.80万元助学金。通过“心希望”“金诺Plus”“英泰宝宝”“卡博特宝宝”“莎莎宝宝”“抚佑童心”等项目救治67名先天性心脏病儿童，为1名藏族学生安装假肢。通过“济世救心”医疗慈善项目，救治3名心衰患者。在东西部协作乡村振兴项目中，出资30余万元装修改造青海省黄南藏族自治州尖扎县的希望之家福利院平房宿舍；为内蒙古自治区乌海市乌达区幸福街小学增添黑板、桌椅及讲桌等物品；为甘肃甘南州、新疆和田等学校捐赠5个爱心图书室，累计有81个慈善协会“爱心图书室”。在“东方白鹳救助”项目中，组织开展3次湿地环保宣传活动，为冬季迁徙候鸟提供补饲和保护。

（陈继红）

残疾人联合会

〔残疾人帮扶〕 2023年，泰达街有975名持证残疾人，其中22人多重残疾、62人视力残疾、93人听力残疾、3人言语残疾、696人肢体残疾、67人智力残疾、32人精神残疾。持续发放残疾人各项补贴，为14户低保残发放水电气补贴3687.6元，为283人发放重残护理补贴679200元，为18人发放困难残疾人生活补贴44400元，为41户发放取暖补贴16400元，为6户发放区级采暖补贴2400元，为16户发放冬季补贴4800元，为173人发放通信补贴58290元，为36名残疾学生发放助学金32070元，为6名残疾学生发放奖学金13000元，为1人发放自主创业补贴20000元，为2人发放燃油补贴520元，为50人发放居家托养补贴113000元，为5名精神病患者发放服药补贴7481.58元，为17位低保残疾人申报意外保险，为100名残疾人赠送“公益家财”保单。为残疾人发放轮椅、腋拐、防褥疮床垫、助听器、坐便椅等辅助器具，为残疾人提供免费体检、白内障筛查及视力义诊等服务。

（李林超）

〔残疾人活动〕 2023年，加强残疾人教育管理、就业培训工作，对残疾人进行职业技能培训意向需求调查及能力测评，对应届残疾学生建立就业服务卡，利用微信群及社区宣传栏发布30余条残疾人招聘信息，协调残疾人就业基地。协助滨海新区残联“春风行动暨就业援助月”，为残疾人开展专场网络直播带岗活动，提供残疾人就业机会。开展“爱耳日”宣传教育活动、“防诈骗”——普法知识讲座、“心手相牵，为爱融合”交流分享活动、“关爱残疾人，志愿助残”走访助残机构活动、书香助残活动、助残月跳蚤市场义卖活动、全国残疾特奥日趣味运动会、健身周活动、关爱残疾人健康义诊讲座活动等，丰富残疾人精神文化生活，帮助残疾群体更好地融入社会。

（李林超）

法治·军事

- 概　况
- 司法行政
- 法律援助
- 海事审判
- 公　证
- 武　警

概　况

〔法律法规〕　2023年，经开区司法局审核《天津经济技术开发区“互联网+民宿”合规经营指引》《天津经济技术开发区突发事件信息报送制度》《天津经济技术开发区突发事件总体应急预案》《天津经济技术开发区2023年安全生产、应急管理及综合防灾减灾工作要点》等4部规范性文件和政策文件，重新编纂印发《经开区法制工作制度汇编》，梳理经开区管委会行政规范性文件台账和档案资料，建立行政规范性文件动态清理工作机制。清理经开区管委会制定的规范性文件12件，其中，拟继续有效的3件，拟废止的1件，到期失效的8件。开展行政复议专项清理1次，对照国务院令第764号《国务院关于修改和废止部分行政法规的决定》开展专项清理1次。

（高玉翠）

〔法律建议〕　2023年，经开区司法局为管委会提供法律意见21件，其中，行政决策法律意见6件，地块控规法律意见15件；审核管委会及有关部门合同101件。发挥管委会法律顾问作用，为管委会各部门提供法律服务227件次，594工时；提供法律意见275件次，592工时，内容涉及政府信息公开、投资协议、行政执法程序、建设工程、应急处置、房地产等领域，服务满意率100%。

（高玉翠）

〔行政执法监督与培训〕　2023年，经开区司法局管理、运行行政执法监督平台，定期分析各执法单位执法工作情况，落实末位约谈和工作提示制度。开展2023年度经开区行政执法人员公共法律知识培训考试和证件申领工作。举办行政执法专题培训7次，并分别举办贯彻落实习近平法治思想暨强化行政执法能力建设和《天津市滨海新区行政检查办法》专题线上培训。

（高玉翠）

〔规范提升武装工作〕　2023年，天津经开区武装部完成“三室一库”（办公室、文件室、活动室、战备器材库）建设并通过滨海新区军事部验收。编建民兵连队，将民兵连建设和企业党建相结合，组织民兵学习军事理论、党建思想。在八一建军节前夕慰问民兵企业，组织机关退役军人参观学习。组织民兵参与防汛救援、应急处突、安全宣传等工作。

（周志微）

司法行政

〔律师管理〕　2023年，经开区司法局推动区内律师职称评审工作，65名律师提交初、中、高级职称申请。考核全区37家律师事务所、660名律师，换发律师事务所执业许可证、律师执业证书。办理律师执业机构变更等行政管理事项305余次，处理律师投诉8件。

（马　忠）

〔社区矫正〕　2023年，天津经开区接收社区矫正对象127人，调查评估15人，解除矫正79人。全年天津经开区社区矫正对象133人，个别教育谈话990余人次。治理社区矫正对象私自外出行为，警告处理2人，提请治安处罚1人。

（马　忠）

〔安置帮教〕　2023年，天津经开区安置帮教对象248人，其中，刑满释放人员81人，社区矫正期满转入人员167人。为13名刑满释放人员发放首站救助款3.94万元，帮助刑满释放人员融入社会。

（马　忠）

〔人民调解〕　2023年，天津经开区各人民调解委员会调解各类矛盾纠纷119件，其中，邻里纠纷85件，物业纠纷31件，其他纠纷3件。

（马　忠）

〔律师党建〕　2023年，天津经开区律师行业综合党委所属基层党组织26个，党员256名。设立、换届、改选、撤销党组织23次；转接党员组织关系82人次；新发展党员10名，转正5名。举办各类学习教育50余场。选举、推荐天津市第九次律师代表大会代表，推选经开区律师代表15名、理事5名、监事1名。

（马　忠）

法律援助

〔简况〕 2023年，天津经济技术开发区法律援助中心（简称法援中心）开展法律咨询、法律援助、普法依法治理、公共法律服务、信访与法律援助一体化及综治维稳处突等工作，促进社会和谐稳定。

（张进荣）

〔法律援助服务〕 2023年，法援中心受理、指派、办理各类法律援助案件264件，接待到访法律咨询1257件次；审查、修改、报送法律援助案例报告12篇。组织社会律师参加天津市司法局“法律援助案件同行质量评估”培训，提升法律援助办案质量。开展农民工工资清欠保支特色维权服务，全年接待农民工讨薪到访咨询450件次，为其中191位农民工提供法律援助代理服务，为300余位农民工进行现场调解和电话调解，共计为农民工讨回工资款750余万元。法援中心对全年法律援助办案质量和来访咨询进行服务质量跟踪和满意度调查，案件质量合格率和服务满意度均为100%。

（张进荣）

〔公共法律服务〕 2023年，法援中心制订经开区公共法律服务工作指导及实施考核方案。指导泰达街道20个社区与律师事务所签订2023年度村居法律顾问协议；建立社区公共法律服务调度员制度，组织泰达街道各社区20名司法社工担任调度员，重新组建经开区社区公共法律服务联络群。开展经开区公共法律服务质量月活动，了解居民法律需求，督促法律顾问开展公共法律服务工作，与社区党组织以党建共建形式提升公共法律服务质量，全年组织村居法律顾问为社区提供法律服务196次。以企业需求为导向，开展6期滨海—中关村“普法惠企”大讲堂活动；以区内企业为服务对象，组建“云端”服务律师团队，利用“企业服务云”线上平台开展公共法律服务，为企业提供典型案例、普法小知识及普法微视频素材。

（张进荣）

〔普法宣传〕 2023年，法援中心制订全区普法依法治理工作任务清单和“谁执法谁普法”重点宣传方案，修订经开区普法责任清单。开展“美好生活民法典相伴”主题宣传活动，在全区征集法治宣传教育工作案例；开展国家“八五”普法规划中期推动工作，并组织“八五”普法中期考核。开展年度“谁执法谁普法”履职报告评议，组织全区中层以上领导干部参加天津市国家工作人员网上学法用法考试。在各种纪念日节点和普法宣传节点开展以专业特色维权为重点的普法宣传活动；开展国家宪法日主题系列活动。

（张进荣）

海事审判

〔简况〕 2023年，天津海事法院案件改发率、法定审限内结案率、平均审理天数、服判息诉率、调撤率等质效指标位列天津市高级、中级人民法院第一，改发率、结案率、平均执行天数位列全国海事法院第一。1个案例入围“新时代推进法治进程2023年度十大案件”并入选“两高”（最高人民法院、最高人民检察院）海洋资源与生态环境检察公益诉讼典型案例，1个案例入选2022年度十大海事审判典型案例，2个案例分别入选全国法院、天津法院服务保障京津冀协同发展案例。

（赵学欧）

〔服务天津“十项行动”〕 2023年，天津海事法院制订“天津海事法院服务保障‘十项行动’任务清单”（“十项行动”指京津冀协同发展纵深推进行动、制造业高质量发展行动、科教兴市人才强市行动、港产城融合发展行动、滨海新区高质量发展示范引领行动、中心城区更新提升行动、乡村振兴全面推进行动、绿色低碳发展行动、高品质生活创造行动、党建引领基层治理行动），涵盖京津冀协同发展、港产城融合发展等8个方面，21条措施。

助力京津冀协同发展　2023年，天津海事法院通过3个派驻河北省法庭，建设跨地域海事诉讼服务体系；发挥曹妃甸审判庭等12个内陆巡回审判点“前哨”作用，巡回开展法律服务，预防并化解纠纷。向京津冀相关单位发送司法建议10份，1篇司法建议入选天津市法院十大优秀司法建议。

助力港产城融合发展　2023年，天津海事法院化解9起涉案标的额近6亿元的海洋开发利用纠

2023年7月18日，天津海事法院、北京市第四中级人民法院联合召开服务保障京津冀协同发展战略座谈会

纷，审理海上货运、海上保险、货运代理等类案件，营造法治化营商环境。审结涉外和涉港澳台案件124件，涉及20多个国家和地区。化解天津首例涉他国禁诉令国际海运索赔案，该案例被《人民日报》和最高人民法院《简报》刊发报道。设立驻天津港法官工作室、国际航运服务集聚区“共享法庭”，为港口企业和行业协会提供全流程海事司法服务。

2023年2月21日，“天津海事法院驻天津港法官工作室”揭牌成立

助力滨海新区高质量发展　2023年，天津海事法院与东疆综保区管委会签署协作机制框架协议，联合举办第六届中国海事金融法律高端研讨会；执结船舶融资租赁类案件16件，标的额5亿元，助力滨海新区建设金融创新运营示范区。与天津市第二中级人民法院、天津市第三中级人民法院、滨海新区人民法院共同召开营商环境联席会，与天津市第三中级人民法院、滨海新区人民法院、经开区共同举办“司法服务滨海新区支撑引领行动发布会暨主题教育实践活动”。与天津市国际货运代理协会、天津市多式联运行业协会、天津东疆保税港区融资租赁促进局等共同发起“提交司法送达地址确认文书倡议”，83家企业响应并提供司法送达地址。在北塘渔港码头设立滨城沿海联合工作站，为京津水产消费及游艇、海钓等休闲旅游业态提供司法保障。

（赵学欧）

〔执行工作〕　2023年，天津海事法院解决海事民生案件，执行到位328万元。与大连、青岛海事法院签署强化环渤海海事执行协作协议，与天津、河北、山东三地10家沿海法院建立环渤海海事执行协作一体化机制，实现海事案件异地执行“同城效应”。开展执行信访“百日攻坚”专项行动，执行工作零信访。

（赵学欧）

2023年5月30日，天津海事法院与河北省秦皇岛市中级人民法院共同召开座谈会并签署司法协作框架协议

〔诉讼服务〕　2023年，天津海事法院“线上诉服”（诉讼服务）投入运行，立案、交费、送达等实现“一网通办”，群众办理诉讼事务全天候“不打烊”、全流程“零跑腿”；完善“厅网线巡”（诉讼服务大厅、诉讼服务网、12368诉讼服务热线、巡回诉讼服务）诉服体系，提高集约化、信息化水平，提升群众诉讼体验。

（赵学欧）

公　证

〔简况〕　2023年，泰达公证处办理公证14925件，同比增长18%，按可比口径恢复至2019年同期的

116%，经济领域公证服务恢复至2019年同期的158.8%。在天津市公证机构年度绩效综合考评中连续两年名列全市第二。

（彭久华）

〔优化营商环境〕 2023年，泰达公证处参与制订经开区优化营商环境政策，与多个职能部门交流公证业务参与企业服务的路径和方法，优化营商环境。开展天津市工程招投标及政府采购招投标“评定分离”改革试点工作，完成公证项目700余个，占全部现场招标公证总量的37%。为通标标准技术服务有限公司天津分公司、康希诺生物股份公司等企业办理批量涉外公证，助力企业拓展国际业务。办理金融领域赋予债权文书强制执行效力公证350件，涵盖金融信贷、融资租赁、金融信托、保理等金融活动。与滨海新区知识产权法庭、经开区市场管理部门协作，办理天津首例数据知识产权存证公证。参与社会公共服务，参与滨城人才创新创业大赛决赛、天津市“海河英才”创新创业大赛博士后创新创业赛等比赛现场监督公证，为经开区多所学校校服制作企业遴选过程进行现场公证。

（彭久华）

〔党建工作〕 2023年，泰达公证处开展普法活动，公证员到滨海新区各个街道、20多个社区、养老院、残联开展法律宣讲、法律咨询等公益活动60余次，配合滨海新区人民法院开展司法辅助工作，受理调解案件900余件。泰达公证处党支部“作风传承宗旨永恒”党建品牌是经开区机关党委系统首个基层党组织党建品牌，被天津市公证行业党工委认定为天津市公证行业两个优秀品牌之一。

（彭久华）

武　警

〔简况〕 中国人民武装警察部队天津市总队执勤第三支队执勤二大队（原开发区武警大队，简称武警二大队）下辖5个中队，主要负责重要目标守卫和城市武装巡逻勤务。2023年，武警二大队深入贯彻习近平新时代中国特色社会主义思想和习近平强军思想，学习三级党委扩大会议精神、十九届五中全会精神、军委基层建设会议精神，对照《军队基层建设纲要》《加强党员领导干部政治能力训练三十条》《武警部队大队工作基本规范》等法规制度，强化检查指导，提升备战能力。

（张国付）

〔政治工作〕 2023年，武警二大队以“传承红色基因、担当强军重任”主题教育为主线，深入学习党的十九大精神、党章党规党纪、习近平重要讲话精神等，全环节、多层次落实教育内容。武警二大队被武警天津总队评为“四铁”先进大队；武警二大队执勤六中队党支部被武警天津总队授予“先进基层党组织”称号，执勤六中队被武警天津总队评为“先进基层团支部”、被武警天津总队第三支队评为“四铁”先进单位。执勤七中队一班获集体三等功；武警二大队6人获个人三等功，58人获“四有”优秀个人称号，84人获嘉奖，17人入党。武警部队司令员王春宁、政委张红兵、副司令员朱文祥等到武警二大队检查调研。

（林　程）

〔军事训练〕 2023年，武警二大队落实军事训练大纲，提升重点、难点课目训练水平，开展比武竞赛。参加武警天津总队“五手评比暨八一枪王挑战赛”，获03式自动步枪第一名；参加第三支队“五手”评比，1人获擒敌能手第三名；参加军人运动会“强军杯”篮球比赛，获第三支队第一名、武警天津总队第二名。7月，武警天津总队举办“卫士-2023”演习，武警二大队开展航天目标守卫群防卫作战课题演练。

（张国付）

〔执勤处突〕 2023年，武警二大队把握自身定位和目标方位，围绕航天目标守卫群防卫工作，担负7次陆海武装押运；处置无人机非法飞行、员工无证尾随，及地方人员上访、跳河自杀、突发疾病等情况10起。开展中学生军训工作；高考期间，加强社会面警戒巡控。

（张国付）

〔双拥共建〕 2023年，武警二大队以热爱群众、服务群众为出发点，和街道、学校签署双拥共建协议，与泰达第二幼儿园、暖馨公益志愿服务组织、河东区文艺支部开展3次双拥共建活动。八一建军节，经开区党委慰问武警二大队。

（林　程）

附录

- 天津经济技术开发区2022年党委、管委会领导名录
- 天津泰达投资控股有限公司2022年领导名录
- 天津经济技术开发区2022年各单位主要负责人名录
- 天津经济技术开发区2022年度百强企业
- 天津经济技术开发区2022年度营业收入50强企业
- 天津经济技术开发区2022年度税收收入50强企业
- 天津经济技术开发区2022年度营业利润50强企业

天津经济技术开发区2023年党委、管委会领导名录

姓名	职务
洪世聪	天津经济技术开发区党委书记、管委会主任
张　青	天津经济技术开发区党委副书记
刘越红	天津经济技术开发区党委常委、纪委书记
任东生	天津经济技术开发区党委常委，天津泰达产业发展集团有限公司党委书记、董事长(兼)
马建军	天津经济技术开发区党委常委、管委会副主任，南港绿色石化园区管理局局长(兼)
金香花	天津经济技术开发区管委会副主任
叶　炜	天津经济技术开发区党委常委、管委会副主任
徐　斐	天津经济技术开发区党委常委、管委会副主任
曹红钢	天津经济技术开发区党委常委、管委会副主任
周　勍	天津经济技术开发区党委常委、管委会副主任
吴　鹏	天津市滨海新区泰达街道党工委书记、天津经济技术开发区党委常委(兼)

天津泰达投资控股有限公司2023年领导名录

姓名	职务
曲德福	党委书记、 董事长
胡　浩	党委副书记、 总经理
于卫国	党委副书记、工会主席
刘振宇	副总经理
李卫华	副总经理
刘德胜	副总经理
张　旺	副总经理
徐志勇	党委委员、驻司纪检监察组组长
陈林云	总会计师
贾晋平	总经理助理、总法律顾问

天津经济技术开发区2023年各单位主要负责人名录

姓名	职务
王　峥	投资促进办公室主任
马　萱	电子信息产业促进局局长
刘雁梅	装备及智能制造产业促进局局长
卢金锁	新经济促进局局长
王义珠	南港工业区产业促进办公室主任
徐祥斌	医药健康产业促进局局长
赵　磊	金融局局长
邹方芳	贸易发展局局长
王长坤	科技创新局局长
陈　强	滨海—中关村科技园办公室主任
张瑞华	中国(天津)自由贸易试验区中心商务片区工作局局长
孙洪雨	发展和改革局局长
王　皓	工业和信息化局局长
曾　利	财政局局长、财务中心主任(兼)
王安波	人力资源和社会保障局局长
翟国强	规划和自然资源局局长
周弘泽	生态环境局局长
张子龙	建设和交通局局长
李伟华	企业服务局局长
冀　军	应急管理局局长
迟越峰	审计局局长
白丽莉	国有资产监督管理局局长,天津经开区国有资产监督管理局局长、副书记,天津新金融投资有限责任公司党委书记、董事长
孙启俊	政务服务办公室主任
黄礼胜	市场监督管理局局长
马剑峰	西部片区管理局局长
唐海军	南港绿色石化园区管理局副局长、南港工业区综合办公室主任(兼)

续表

姓名	职务
刘红伟	南港绿色石化园区管理局副局长、南港工业区规划建设办公室主任(兼)
刘占全	南港工业区应急管理办公室主任
岳毅宏	北部片区管理局局长
孙明胜	党委办公室主任
郎　培	组织人事部部长
刘根柱	纪委副书记
孟繁星	巡察工作办公室主任
刘　征	巡察组组长
刘　炜	巡察组组长
杨学军	非公有制经济组织和社会组织党委办公室主任
王　斌	政策研究室主任
高宏宇	群团工作部(总工会、团委、妇联)部长
韩　虹	群团工作部(总工会、团委、妇联)副部长
郭纪涛	综合保税区管理局局长
龙　苗	南港绿色石化园区管理局副局长、中区管理中心主任(兼)
申　远	综合事务服务中心主任
韩玉刚	档案馆、泰达图书馆馆长
诸葛再旺	金融服务中心主任、金融局副局长(兼)
侯晓路	统计调查中心主任、发展和改革局副局长(兼)
崔宇雄	财务中心主任
李诗南	公寓管理中心主任
夏　亮	交通运输管理中心主任
高文军	建设工程管理中心主任
王鸿刚	天津泰达公证处主任
刘　洪	法律援助中心主任
韩　浩	南港工业区规划建设服务中心主任
吴家海	科技创新局副局长、双创服务中心主任(兼)

续表

姓名	职务
陈旭东	规划和自然资源局副局长、不动产登记中心主任(兼)
傅　鑫	天津经济技术开发区国有资本投资运营有限公司总经理
秦　健	天津泰达城市发展集团有限公司党委书记、董事长,天津泰达环境投资集团有限公司执行董事(兼)
李　华	天津泰达产业发展集团有限公司党委委员、副总经理,天津泰达科技工业园有限公司执行董事(兼)
张立津	天津经济技术开发区南港发展集团有限公司党委委员、书记、董事长、总经理
郭卫东	天津新金融投资有限责任公司党委常委、副书记、总经理

天津经济技术开发区2023年度百强企业

排名	企业名称
1	一汽丰田汽车有限公司
2	一汽-大众汽车有限公司天津分公司
3	大众汽车自动变速器(天津)有限公司
4	滴滴出行科技有限公司
5	诺和诺德(中国)制药有限公司
6	中国石油集团渤海钻探工程有限公司
7	兴业金融租赁有限责任公司
8	富联精密电子(天津)有限公司
9	天弘基金管理有限公司
10	天津三星电机有限公司
11	工银金融租赁有限公司
12	恩智浦半导体(天津)有限公司
13	中信金融租赁有限公司
14	天津金城银行股份有限公司
15	腾讯数码(天津)有限公司
16	天津电装电子有限公司
17	奥的斯电梯(中国)有限公司
18	天津长城滨银汽车金融有限公司
19	天津三星视界移动有限公司
20	天津渤化化工发展有限公司
21	长城汽车股份有限公司天津哈弗分公司
22	中铝物资有限公司
23	PPG涂料(天津)有限公司
24	三星(天津)电池有限公司
25	中沙(天津)石化有限公司
26	天津顶益食品有限公司
27	凯莱英生命科学技术(天津)有限公司

续表

排名	企业名称
28	国新商业保理有限公司
29	天津津路钢铁实业有限公司
30	天津建龙钢铁实业有限公司
31	天津药明康德新药开发有限公司
32	纬湃汽车电子(天津)有限公司
33	爱玛客服务产业(中国)有限公司
34	中建二局第四建筑工程有限公司
35	天津神州数码信息科技服务有限公司
36	天津润达实业有限公司
37	摩拜信息技术有限公司
38	三星高新电机(天津)有限公司
39	富联云计算(天津)有限公司
40	贝壳技术有限公司
41	维斯塔斯风力技术(中国)有限公司
42	正大预混料(天津)有限公司
43	摩拜出行服务有限公司
44	天津北海油人力资源咨询服务有限公司
45	施维雅(天津)制药有限公司
46	SEW-传动设备(天津)有限公司
47	天津英泰汽车饰件有限公司
48	信达资本管理有限公司
49	五八同城信息技术有限公司
50	天津三星视界有限公司
51	SEW-工业减速机(天津)有限公司
52	迪安汽车部件(天津)有限公司
53	凯莱英医药集团(天津)股份有限公司
54	狮桥融资租赁(中国)有限公司
55	渣打环球商业服务有限公司

续表

排名	企业名称
56	天津三快信息技术有限公司
57	中石化天津液化天然气有限责任公司
58	天津三环乐喜新材料有限公司
59	邦基正大(天津)粮油有限公司
60	中石化化工销售(天津)有限公司
61	康龙化成(天津)药物制备技术有限公司
62	天津三星LED有限公司
63	陕有色(天津)供应链有限公司
64	天津双叶协展机械有限公司
65	中国石油化工股份有限公司天然气分公司华北天然气销售中心
66	天津港航工程有限公司
67	爱信(天津)车身零部件有限公司
68	天津市元合利科技有限公司
69	诺博汽车零部件(天津)有限公司
70	壳牌(天津)润滑油有限公司
71	天津摩比斯汽车零部件有限公司
72	唯捷创芯(天津)电子技术股份有限公司
73	一重集团国际资源有限公司
74	国家管网集团天津天然气管道有限责任公司
75	诺维信(中国)生物技术有限公司
76	天津丰田通商钢业有限公司
77	约翰迪尔(天津)有限公司
78	北京燃气集团(天津)天然气销售有限公司
79	高济(天津)投资有限公司
80	天津滨海概念人力信息科技有限公司
81	津药药业股份有限公司
82	诚通商业保理有限公司
83	天津爱信自动变速器有限公司

续表

排名	企业名称
84	中联重科融资租赁(中国)有限公司
85	渤海证券股份有限公司
86	奥的斯电梯曳引机(中国)有限公司
87	天津博纳艾杰尔科技有限公司
88	通用半导体(中国)有限公司
89	天津立中车轮有限公司
90	西迪斯(天津)电子有限公司
91	天津中财型材有限责任公司
92	天津瑞奇外科器械股份有限公司
93	卡博特高性能材料(天津)有限公司
94	国家管网集团工程技术创新有限公司
95	中建六局建设发展有限公司
96	锦湖轮胎(天津)有限公司
97	福迪威西特传感工业控制(天津)有限公司
98	罗姆半导体(中国)有限公司
99	格拉默车辆内饰(天津)有限公司
100	通标标准技术服务(天津)有限公司

天津经济技术开发区2023年度
营业收入50强企业

排名	单位名称
1	滴滴出行科技有限公司
2	一汽–丰田汽车有限公司
3	中铝物资有限公司
4	一汽–大众汽车有限公司天津分公司
5	天津建龙钢铁实业有限公司
6	天津润达实业有限公司
7	大众汽车自动变速器（天津）有限公司
8	诺和诺德（中国）制药有限公司
9	中沙（天津）石化有限公司
10	中国石油集团渤海钻探工程有限公司
11	中石化化工销售（天津）有限公司
12	富联精密电子（天津）有限公司
13	长城汽车股份有限公司天津哈弗分公司
14	陕有色（天津）供应链有限公司
15	天津三星电机有限公司
16	天津津路钢铁实业有限公司
17	恩智浦半导体（天津）有限公司
18	天津渤化化工发展有限公司
19	三星（天津）电池有限公司
20	中建二局第四建筑工程有限公司
21	奥的斯电梯（中国）有限公司
22	深大联合物产有限公司
23	富联云计算（天津）有限公司
24	天津三星视界移动有限公司
25	天津电装电子有限公司
26	天津象屿进出口贸易有限公司

续表

排名	单位名称
27	一重集团国际资源有限公司
28	维斯塔斯风力技术(中国)有限公司
29	纬湃汽车电子(天津)有限公司
30	天津顶益食品有限公司
31	邦基正大(天津)粮油有限公司
32	工银金融租赁有限公司
33	天津太钢大明金属科技有限公司
34	三星高新电机(天津)有限公司
35	五八同城信息技术有限公司
36	摩拜信息技术有限公司
37	天津渤化南港国际贸易有限责任公司
38	中国石油化工股份有限公司天然气分公司华北天然气销售中心
39	PPG涂料(天津)有限公司
40	兴业金融租赁有限责任公司
41	北京燃气集团(天津)天然气销售有限公司
42	联泓化工销售有限公司
43	天津渤化物产商贸有限公司
44	天弘基金管理有限公司
45	中国石油集团渤海石油装备制造有限公司
46	天津精海泰进出口贸易有限公司
47	天津恒运能源集团股份有限公司
48	天津锦铭供应链管理有限公司
49	天津港航工程有限公司
50	天津市元合利科技有限公司

天津经济技术开发区2023年度税收收入50强企业

排名	单位名称
1	一汽-丰田汽车有限公司
2	一汽-大众汽车有限公司天津分公司
3	大众汽车自动变速器(天津)有限公司
4	滴滴出行科技有限公司
5	工银金融租赁有限公司
6	天弘基金管理有限公司
7	诺和诺德(中国)制药有限公司
8	兴业金融租赁有限责任公司
9	中信金融租赁有限公司
10	腾讯数码(天津)有限公司
11	天津长城滨银汽车金融有限公司
12	天津金城银行股份有限公司
13	长城汽车股份有限公司天津哈弗分公司
14	天津电装电子有限公司
15	国新商业保理有限公司
16	PPG涂料(天津)有限公司
17	天津顶益食品有限公司
18	天津三星视界移动有限公司
19	奥的斯电梯(中国)有限公司
20	天津三星电机有限公司
21	天津市泰达国际控股(集团)有限公司
22	贝壳技术有限公司
23	恩智浦半导体(天津)有限公司
24	施维雅(天津)制药有限公司
25	天津三快信息技术有限公司
26	富联精密电子(天津)有限公司

续表

排名	单位名称
27	天津英泰汽车饰件有限公司
28	天津滨海新区建设投资集团有限公司
29	中铝物资有限公司
30	天津市元合利科技有限公司
31	滴滴(中国)科技有限公司
32	凯莱英医药集团(天津)股份有限公司
33	天津药明康德新药开发有限公司
34	迪安汽车部件(天津)有限公司
35	德佑(天津)房地产经纪服务有限公司
36	三星高新电机(天津)有限公司
37	纬湃汽车电子(天津)有限公司
38	诺维信(中国)生物技术有限公司
39	爱信(天津)车身零部件有限公司
40	天津雀巢有限公司
41	信达资本管理有限公司
42	天津渤化化工发展有限公司
43	壳牌(天津)润滑油有限公司
44	天津三星LED有限公司
45	康师傅饮品投资(中国)有限公司
46	诚通商业保理有限公司
47	天津复地置业发展有限公司
48	郑州哈拜网络科技有限公司天津分公司
49	渤海证券股份有限公司
50	中石化化工销售(天津)有限公司

天津经济技术开发区2023年度
营业利润50强企业

排名	企业名称
1	一汽-丰田汽车有限公司
2	一汽-大众汽车有限公司天津分公司
3	大众汽车自动变速器(天津)有限公司
4	兴业金融租赁有限责任公司
5	天弘基金管理有限公司
6	诺和诺德(中国)制药有限公司
7	天津建龙钢铁实业有限公司
8	富联精密电子(天津)有限公司
9	腾讯数码(天津)有限公司
10	天津长城滨银汽车金融有限公司
11	康师傅饮品投资(中国)有限公司
12	中信金融租赁有限公司
13	滴滴出行科技有限公司
14	国新商业保理有限公司
15	凯莱英医药集团(天津)股份有限公司
16	奥的斯电梯(中国)有限公司
17	天津药明康德新药开发有限公司
18	工银金融租赁有限公司
19	正大预混料(天津)有限公司
20	天津电装电子有限公司
21	天津三星电机有限公司
22	恩智浦半导体(天津)有限公司
23	摩拜信息技术有限公司
24	PPG涂料(天津)有限公司
25	纬湃汽车电子(天津)有限公司
26	天津三星视界移动有限公司

续表

排名	企业名称
27	渤海证券股份有限公司
28	天津酷熊爱客科技有限公司
29	天津滨海新区建设投资集团有限公司
30	天津顶益食品有限公司
31	贝壳技术有限公司
32	信达资本管理有限公司
33	SEW－传动设备(天津)有限公司
34	天津金城银行股份有限公司
35	德佑(天津)房地产经纪服务有限公司
36	天津市金桥焊材集团股份有限公司
37	天津渤化化工发展有限公司
38	天津中财型材有限责任公司
39	唯捷创芯(天津)电子技术股份有限公司
40	国家管网集团天津天然气管道有限责任公司
41	三星(天津)电池有限公司
42	SEW－工业减速机(天津)有限公司
43	迪安汽车部件(天津)有限公司
44	诺博汽车零部件(天津)有限公司
45	维斯塔斯风力技术(中国)有限公司
46	中石化化工销售(天津)有限公司
47	天津英泰汽车饰件有限公司
48	天津海贝科技服务有限公司
49	诚通商业保理有限公司
50	康龙化成(天津)药物制备技术有限公司

天津经济技术开发区2023年度战略性新兴产业50强企业

排名	企业名称
1	诺和诺德(中国)制药有限公司
2	富联精密电子(天津)有限公司
3	天津三星电机有限公司
4	三星(天津)电池有限公司
5	富联云计算(天津)有限公司
6	天津三星视界移动有限公司
7	维斯塔斯风力技术(中国)有限公司
8	中沙(天津)石化有限公司
9	三星高新电机(天津)有限公司
10	五八同城信息技术有限公司
11	天津渤化化工发展有限公司
12	天津太钢大明金属科技有限公司
13	天津三环乐喜新材料有限公司
14	PPG涂料(天津)有限公司
15	SEW-传动设备(天津)有限公司
16	天津丰田通商钢业有限公司
17	长城汽车股份有限公司天津哈弗分公司
18	贝壳技术有限公司
19	纬湃汽车电子(天津)有限公司
20	天津药明康德新药开发有限公司
21	唯捷创芯(天津)电子技术股份有限公司
22	天津正标津达线缆集团有限公司
23	天津三快信息技术有限公司
24	天津三星视界有限公司
25	霍尼韦尔(天津)有限公司
26	天津三星LED有限公司

续表

排名	企业名称
27	天津摩比斯汽车零部件有限公司
28	SEW-工业减速机(天津)有限公司
29	华海智汇技术有限公司
30	东方电气(天津)风电叶片工程有限公司
31	天津立中车轮有限公司
32	施维雅(天津)制药有限公司
33	腾讯数码(天津)有限公司
34	天津电装电子有限公司
35	津药药业股份有限公司
36	诺维信(中国)生物技术有限公司
37	天津神州数码信息科技服务有限公司
38	天津利安隆新材料股份有限公司
39	奥的斯电梯曳引机(中国)有限公司
40	华电国际电力股份有限公司天津开发区分公司
41	同道精英(天津)信息技术有限公司
42	大众汽车自动变速器(天津)有限公司
43	天津新立中合金集团有限公司
44	中海油安全技术服务有限公司
45	沃百富信息科技(天津)有限公司
46	凯莱英医药集团(天津)股份有限公司
47	科凯风力发电(天津)有限公司
48	中海油(天津)油田化工有限公司
49	天津市金桥焊材科技有限公司
50	康希诺生物股份公司

索　引

TEDA

说明:1.本索引采用主题分析索引方法,主题词词首按汉语拼音音序排列;

2.主题词后的数字表示该题材所在的页码,a、b分别表示在左栏、右栏;

3.本索引不包括文献、大事记、附录部分。

H

J

K

L

M

N

P

Q

R

S

T

Z

天津经开区政务网

天津经开区微信公众号

天津经开区
档案(图书)馆网站

天津经开区
档案(图书)馆微信公众号

天津经开区
志书年鉴电子版

图书在版编目(CIP)数据

天津经济技术开发区年鉴. 2024 / 天津经济技术开发区管理委员会编. -- 天津 : 天津社会科学院出版社, 2024. 10. -- ISBN 978-7-5563-1003-6

Ⅰ. Z522.1

中国国家版本馆CIP数据核字第20244TC789号

天津经济技术开发区年鉴. 2024

TIANJIN JINGJI JISHU KAIFAQU NIANJIAN . 2024

选题策划：韩 鹏

责任编辑：刘美麟

装帧设计：明轩文化 · 李晶晶

出版发行：天津社会科学院出版社

地 址：天津市南开区迎水道7号

邮 编：300191

电 话：(022) 23360165

印 刷：天津中图印刷科技有限公司

开 本：889×1194 1/16

印 张：27

字 数：893千字

版 次：2024年10月第1版 2024年10月第1次印刷

定 价：168.00元

ISBN 978-7-5563-1003-6

ISBN 978-7-5563-1003-6
定价:168.00元